全国教育科学规划课题国家一般课题"大学本科教育的'学习范式'转型：
国际趋势与本土探索"（BIA180172）

The Transformation of
"Learning Paradigm" in
Undergraduate Education
International Trends and Local Exploration

大学本科教育的"学习范式"转型

吴立保 ◎ 著

国际趋势与本土探索

科学出版社
北　京

内 容 简 介

进入 21 世纪，信息化成为推动高等教育变革的重要力量，受此影响，本科教育向"学习范式"转型成为必然趋势。这是一种整体性转型，涉及大学组织、管理者、教师、学生及学习空间设计等诸多方面，其本质是从"教"到"学"的转变。在"学习范式"下，本科教育的发展理念、课程改革、教师发展、学习评价等方面的变革都强调学生中心、学习中心，学习成为本科教育的轴心，大学成为一个真正的学习共同体，本科教育的目的在于促进学生产生有意义的学习。

本书系统梳理了"学习范式"的理论演变及国内外大学本科教育向"学习范式"转型的实践探索和成功经验。本书可供高校教师、高校教学管理人员、高等教育学及相关专业的博士研究生和硕士研究生参阅。

图书在版编目（CIP）数据

大学本科教育的"学习范式"转型：国际趋势与本土探索 / 吴立保著. —北京：科学出版社，2021.12
ISBN 978-7-03-070828-1

Ⅰ.①大⋯ Ⅱ.①吴⋯ Ⅲ.①本科-教育质量-研究-世界 Ⅳ.①G649.1

中国版本图书馆 CIP 数据核字（2021）第 259957 号

责任编辑：朱丽娜　冯雅萌 / 责任校对：王晓茜
责任印制：李　彤 / 封面设计：润一文化

科学出版社 出版
北京东黄城根北街 16 号
邮政编码：100717
http://www.sciencep.com

北京建宏印刷有限公司 印刷
科学出版社发行　各地新华书店经销

*

2021 年 12 月第 一 版　开本：720×1000 B5
2023 年 1 月第二次印刷　印张：22 3/4
字数：410 000
定价：128.00 元
（如有印装质量问题，我社负责调换）

序

呈现在我们面前的,是南京信息工程大学高等教育研究所所长、江苏省高等教育学会秘书长吴立保教授的研究专著,冠以《大学本科教育的"学习范式"转型:国际趋势与本土探索》之名,是全国教育科学规划国家一般课题的研究成果。

《大学本科教育的"学习范式"转型:国际趋势与本土探索》这本专著成书于我国高等教育从大众化向普及化阶段迈进的关键时期:2002年,我国高等教育毛入学率突破15%[①],整体进入大众化阶段;2019年,我国高等教育毛入学率达到51.6%[②],整体进入普及化阶段。英国高等教育学家阿什比在《科技发达时代的大学教育》一书中指出,大学是遗传和环境的产物。[③]同样

[①] 教育部. 各级教育毛入学率[EB/OL]. 2014-12-16. http://www.moe.gov.cn/s78/A03/moe_560/s8492/s8493/201412/t20141216_181724.html.

[②] 教育部. 2019年全国教育事业发展统计公报[EB/OL]. 2020-05-20. http://www.moe.gov.cn/jyb_sjzl/sjzl_fztjgb/202005/t20200520_456751.html.

[③] 〔英〕阿什比. 科技发达时代的大学教育[M]. 滕大春,滕大生,译. 北京:人民教育出版社,1983:56.

道理，尽管高等教育有自身的发展规律，但是许多国家结合自己的传统、文化、体制等形成了独特的高等教育体系，这些高等教育体系既有共性也有个性。进入 21 世纪，普及化成为世界高等教育发展的主要趋势：截至 2015 年，统计范围内的 195 个国家（地区）中有 70 个国家（地区）处于普及化高等教育阶段，有 65 个国家（地区）处于大众化高等教育阶段，有 60 个国家（地区）处于精英化高等教育阶段。①"四个第一"是对普及化阶段高等教育发展共性的高度概括：高等教育作为"科技第一生产力""人才第一资源力""创新第一驱动力""文化第一软实力"这"四个第一"的重要结合点，在经济社会发展中发挥着特殊、重要且不可替代的作用。高等教育普及化阶段带来了新的任务和挑战，毛入学率、就业率等数据指标已难以反映高质量发展的要求，在进一步扩大高等教育有效供给的同时，也需要不断改善供给质量、培养更多适应高质量发展的各类人才。因此，世界各国纷纷重视高等教育发展，关注人才培养质量。该书第二章开篇提到："对于本科教育来说，更加突出'以学生为中心'，以学生的学习为中心，推进向'学习范式'的本科教育转型发展，促进学习成功，是 21 世纪初期美国本科教育改革的核心和主要发展趋势。"

当前，新一轮科技革命和产业革命正在孕育兴起，推动互联网、大数据、人工智能和实体经济深度融合，教育与生产劳动和社会实践相脱节的矛盾突出，迫切需要加强学生实践创新能力的培养，这对我们加强和改善人才培养工作提出了新的要求。纵观世界知名高校在这个阶段的表现，都有变与不变的取舍，不变的遵循是大学的育人文化和价值追求——抓紧培养能够适应和引领未来发展的新人，特别注重培养人的核心素养和创新能力，培养和集聚大批拔尖创新人才；不断变化的是教育教学的模式和方法。尤其是 2019 年底

---

① 别敦荣，易梦春. 普及化趋势与世界高等教育发展格局——基于联合国教科文组织统计研究所相关数据的分析[J]. 教育研究，2018（4）：135-149.

出现新型冠状病毒肺炎疫情，全球高校正常的开学秩序和课堂教学受到影响。为实现"停课不停教、停课不停学"的目标，我国大规模、成建制地开展了线上教育，各级各类学校面向 2 亿多名学生开展了在线教学实践。以慕课、微课程、翻转课堂、混合式教学为代表的智慧课堂，已逐渐成为教育教学的新常态；远程直播、互动课堂、移动教学、实时投屏等这些过去相对陌生的词，现在已经成为老师信手拈来的教学手段。这些变革不仅对高校及师生队伍的信息化能力提出了更高要求，也推动了教育教学模式和方法的系统再造与变革创新。

《大学本科教育的"学习范式"转型：国际趋势与本土探索》一书从"学习范式"的理论视角剖析了我国本科教育质量革命的实然与应然。教育是国之大计，是民族振兴、社会基本的重要基石，本科教育在整个高等教育体系中发挥着重要的导向和引领作用。新中国成立以来，尤其是改革开放以来，优先发展教育事业一直是中央和地方各级政府和党委的重要战略部署，是国家各项事业发展的重要先手棋。从 1950 年的第一次全国高等教育会议到 2018 年的新时代全国高等学校本科教育工作会议，再到 2019 年我国高等教育毛入学率超过 50%，我国高等教育发展战略发生了转移：在高等教育精英化及大众化阶段，高校以一流学术研究来实现一流人才的培养目标；随着高等教育迈入普及化阶段，我国高等教育发展战略提出必须把本科教育放在人才培养的核心地位、教育教学的基础地位、新时代教育发展的前沿地位，落实"以本为本"。过去，在高等教育精英化阶段，我们是"穷国办大教育"，困难多、底子薄；随着高等教育向大众化、普及化阶段迈进，我们是"大国办强教育"，一手补短板，一手抓质量。过去，我们在高校人才培养过程中存在专业教育归专业教育工作、德育教育归思政工作的现象，把专业教育和德育教育隔开，形成各自的封闭系统，导致培养过程中出现了教育"两张皮"的现象。全国高等学校本科教育工作会议、全国教育大会都提出把立德树人作为根本任务和学校工作的主线，融入思想道德教育、文化知识教育、社会实践教育各环节。诚如该书指出的："本科教育向'学习范式'转换是高等教育发展到一定阶段，从外部来看，是对适应社会经济政治环境变化的教育改革调整，从内部来看，是本科教育发展内部矛盾变化的结果，本科教育的主要矛盾发生了根本变化，国家逻辑、院校逻辑和个人逻辑相互作用的关系发生变化，进而形成了本科教育变革的制度变迁，从制度安排上逐渐从宏观的国家逻辑占主导地位向微观的院校个人逻辑转变，促进人的发展成为本科教育的内在动力，由此，以学生为中心，促进学生全面发展和个性化发展成为本科教育'学习范式'的制度逻辑和内在价值取向。"回望地方实践，江苏省高等教育在坚持立德树人方面着重强化江苏省教育厅厅长葛道凯同志提出的"八个理念"——以德为先、全面发展、面向人人、终身学习、因材施教、知行合一、融合发展、共建共享。①这与"学习范式"理念高度契合。

《大学本科教育的"学习范式"转型：国际趋势与本土探索》一书明晰了"学习范式"转型的关键举措是激励教师投身教学，以共建师生共同体为目标。长期以来，我国高校人才评价中在一定程度上存在"五唯"倾向——唯论文、唯帽子、唯职称、唯学历、唯奖项，使得教师教学发展面临"口号响、落地难""重施教、轻育人""重科研、轻教学"的选择性偏差。令人欣慰的是，当前高等教育评价的指标已经发生了变化，近年来，国家多次制定和发布关于"破五唯"的指导性意见，如《教育部 科技部印发〈关于规范高等学校 SCI 论文相关指标使用 树立正确评价导向的若干意见〉的通知》《科技部印发〈关于破除科技评价中"唯论文"不良导向的若干措施（试行）〉的通知》《清华大学发布〈关于完善学术评价制度的若干意见〉》《关于完善高校学科评估制度，

---

① 葛道凯. 把握新时代新阶段新要求 深入推进江苏高等教育高质量发展[R]. 南京：江苏省高等教育学会 2020 年学术年会.

促进教育治理体系和能力现代化的提案》《教育部印发〈关于正确认识和规范使用高校人才称号的若干意见〉的通知》《人力资源社会保障部 教育部关于深化高等学校教师职称制度改革的指导意见》等，其中，最具指引性和纲领性的文件是《中共中央 国务院关于全面深化新时代教师队伍建设改革的意见》《中共中央 国务院印发〈深化新时代教育评价改革总体方案〉》。职称评审制度和人才评价制度的深化改革与落地实施，使得教书育人的首要任务从社会各界共识的理念层面转变为绩效考核的工具之一，从而凸显教学才是教师的立身之基、育人方是教师的立身之本的初心。教育评价改革需要破立并举、革弊立新，改到难处和痛处是人才评价和教师评价——人才评价是"破文凭学历至上等不合理用人观"，"立以品德和能力为导向的人才使用机制"；教师评价是"破重科研轻教学、重教书轻育人等现象"，"立潜心教学、全心育人"。革弊是为了立新，立新自有难处，难在"动利益"，难在"立新规"，既不能在难处前坚持原有极端，又不能在机会前走向另一个极端，需要坚持问题导向、科学精神和人文情怀。在高等教育精英化阶段，一些哲学家、思想家认为，大学是由学者与学生组成的、致力于寻求真理之事业的共同体。"共同体"旨在强调人与人之间的亲密关联，形成共同的精神意识以及共同的归属感和认同感。该书作者倡导"回归师生共同体，促进学生产生有意义的学习"的观点——"真正的教育应是人与人之间灵魂的沟通，是在特定场域下对教育价值和意义的追求，具有不确定性和生成性，而非仅仅教授确定性的知识。因此，我们必须从人本性的价值性存在来重新审视大学本科教育，大学也应从传统的'学者共同体'走向'师生共同体'"。对此，我深表认同。教师教学需要围绕学生的学展开，通过师生课上的互动及课后的密切接触，构成大学师生共生、创生的共赢局面。

窥一斑而知全豹。以上只是我从《大学本科教育的"学习范式"转型：国际趋势与本土探索》一书中择其二三进行的阐述，读者可以预见整本书的学术品味与研究价值。大学是一个复杂而精巧的多元化系统，承担着人才培养、科学研究、社会服务、文化传承和国际交流等多种职能。这个系统由许多相互关联的子系统组成，包括职能部门、二级学院等。在从精英化向大众化、普及化迈进的过程中，大学类型也更加丰富，结构更趋复杂，数量持续增加，学校发展目标、定位、路径等呈现出多样性、特色化等特点。该书对不同类型高校本科教育教学方面的改革进行了分类叙事，既有哈佛大学、斯坦福大学、麻省理工学院等建设世界一流大学的举措，也有复旦大学、南京大学、上海交通大学等"双一流"高校的创新，还有行业特色高校南京信息工程大学的改革，以及新建本科院校常熟理工学院的探索。读者可以从中发现不同类型高校本科教育的一般性规律，从而认识"扎根中国大地办学"的特殊性以及"以本为本"推进本科教育向"学习范式"转型的重要性。

江苏省高等教育学会会长

丁晓昌

2021年1月于南京

目　录

序（丁晓昌）

第一章　"学习范式"：本科教育的范式转型与内涵诠释 ……………… 1
　一、"学习范式"兴起的社会背景 ………………………………………… 2
　二、20世纪80年代美国本科教育质量改革运动的经验教训 …………… 8
　三、"学习范式"的理论诠释 ……………………………………………… 15
　四、本科教育向"学习范式"转型的价值旨归 …………………………… 25
　五、本科教育向"学习范式"转型的挑战与阻力 ………………………… 32

**第二章　域外镜鉴：美国大学本科教育向"学习范式"
　　　　　转型的探索实践** ………………………………………………… 39
　一、美国大学本科教育向"学习范式"转型的进程轨迹 ………………… 40
　二、美国社区学院向"学习范式"转型的实践探索 ……………………… 53
　三、美国研究型大学本科教育向"学习范式"转型的实践探索 ………… 56
　四、美国斯坦福大学本科教育推进"学习范式"转型的案例分析 ……… 58
　五、美国大学本科教育向"学习范式"转型的实践经验 ………………… 69

第三章 政策演进：我国大学本科教育改革的历史制度主义分析……77
一、历史制度主义的分析框架……78
二、新中国成立后我国大学本科教育的调整整顿……79
三、改革开放后我国大学本科教育的制度安排……83
四、21世纪我国大学本科教育的制度变革……91
五、新时代我国大学本科教育的深化改革……98
六、我国大学本科教育改革的趋势展望……105

第四章 本土探索：我国大学本科教育推进"学习范式"转型的案例分析……109
一、世界一流大学建设高校：南京大学"以学生发展为中心"的本科教育改革案例……110
二、世界一流学科建设高校：南京信息工程大学"以生为本"的本科教育改革案例……134
三、新建本科院校：常熟理工学院"以学生为中心"的本科教育改革案例……151
四、"强基计划"：大学本科教育向"学习范式"转型的中国样板……163

第五章 教学学术："学习范式"视域下的高校教师发展……169
一、教学学术的理论进展及其对教师发展的影响……170
二、教师发展理论模式的范式转换……179
三、国外教师发展中心建设的经验借鉴……187
四、我国教师发展中心建设的实践探索……203
五、"学习范式"下我国高校教师发展策略……215

第六章 学生为本："学习范式"视域下大学本科教学课程改革……221
一、大学本科教学向"学习范式"的转换……222
二、国外大学本科课程向"学习范式"转型的趋势与改革实践……229
三、我国大学本科课程向"学习范式"转型的探索……248

第七章 学习成果:"学习范式"视域下大学本科教育学习评价改革 ·········· 267
 一、美国大学本科教育学习成果评价的理论进展与实践探索 ·········· 268
 二、国外其他国家本科教育学习成果评价的理论进展与实践探索 ······ 285
 三、我国本科教育学习成果评价的理论进展与实践探索 ················ 291
 四、"学习范式"视域下本科教育学习成果评价的发展趋势 ············ 296

第八章 中国逻辑:我国本科教育向"学习范式"转型的发展策略 ·········· 301
 一、我国本科教育向"学习范式"转型的内在逻辑 ······················ 302
 二、我国本科教育向"学习范式"转型的实践困境 ······················ 311
 三、我国本科教育向"学习范式"转型的路径选择 ······················ 318

参考文献 ·· 337

后记 ·· 351

第一章　"学习范式"：本科教育的范式转型与内涵诠释

20世纪是人类社会发展最为迅速的一个世纪，即使经历了两次世界大战的短暂停顿，也没有阻挡社会现代化发展的强劲步伐，尤其是第二次世界大战以后，科学与技术的进步加速了工业社会向信息社会转型变迁的进程，同时也促进了高等教育的快速发展，这无疑对高等教育的发展提出了许多新的要求。西方发达国家在第二次世界大战后先后迈入高等教育普及化阶段，由此带来了高等教育质量观和发展模式的变革。20世纪90年代中后期，"学习范式"（learning paradigm）一词的提出，掀起了一场从"教"到"学"的高等教育改革运动，颠覆了长期以来"教学范式"（instruction paradigm）占主导地位的局面。向"学习范式"转型成为21世纪本科教育改革的主旋律，对世界高等教育发展产生了深刻而又重要的影响。

一、"学习范式"兴起的社会背景

（一）信息社会与学习革命的影响

20世纪60年代以来，西方社会开始由工业社会进入信息社会，信息社会的竞争无处不在，面对信息社会的政治、经济压力，特别是市场化的发展，大学也面临着转型的压力和艰难的选择。尤其是第三次科技革命带来的科学技术的分化与整合，导致人类的社会生活方式发生了天翻地覆的变化。大学作为社会知识主要生产者的地位最先受到冲击。在信息时代，信息的多渠道性给人们的学习带来了很大的自由度。换句话说，人们要学习不一定要到大学，尽管大学仍然是人们学习的重要场所，但已不再是人们学习的唯一场所。这是因为人们对教育的看法发生了根本性改变，接受教育不仅是从大学那里接受知识，更主要的是进行反思性学习，以此帮助人们仔细审查事实和真理，提出问题，分清事实和解释及其与它们的表象之间的区别，教育的过程是产生理解的过程。[①]教育的主体性越发重要，学习成为教育的中心。因此，到了20世纪90年代，一场被称作学习革命的浪潮席卷教育领域，鉴于学习革命的影响，甚至有人提出用学习时代来代替信息时代。

在美国，一系列事件标志着学习革命的到来，例如，1994年，《商业周刊》宣布学习革命处在进行中；1995年，《时代周刊》设专列讨论学习革命；1997年，美国教育委员会和社区学院联合会出版了《21世纪学习型大学》；1998年，美国公立广播系统和社区学院改革联盟赞助召开了"学习型大学：一份进展报告"的国际电视电话会议；1998年，教会慈善信托公司和社区学院改革联盟发起了一项评估学生学习成果的国际研究项目。这种现象也出现在英国、加拿大等国家，但是，总体来说，这只是学习革命迅速扩展的基础。进入21世纪，学习革命得到进一步推进，其对教育事业的影响不仅意义重大，而且引起的改变将是根本性的。因为学习革命的核心目的是通过彻底革新传统的教育结构，所以把学习置于高等教育的政策制定、课程设置和教学实践中的首要位置。[②]为了适应学习革命的需要，高等教育变革势在必行。

[①] Rowley, D. J., Lujan, H. D., Dolence, M. G. Strategic Choices for the Academy: How Demand for Lifelong Learning Will Re-Create Higher Education[M]. San Francisco: Jossey-Bass Publishers, 1998: 5.

[②] O'Banion, T. The learning revolution: A guide for community college trustees[J]. Trustee Quarterly, 1997(1): 2-19.

第一章 "学习范式":本科教育的范式转型与内涵诠释

1995 年,多伦斯(Dolence)和诺里斯(Norris)在《改变高等教育》(*Transforming Higher Education*)一书中提出,社会正经历着从工业时代到信息时代的根本变化。信息时代高等教育与工业时代高等教育有着较大的差别,多伦斯和诺里斯归纳出工业时代和信息时代高等教育的不同特点(表 1-1)。[①] 工业时代与信息时代高等教育的本质区别是从"教"向"学"的转换,工业时代高等教育注重教育过程的投入与产出的质量,而信息时代高等教育更多的是注重学生学的权利和需要,关注的重点是学生高质量的学习经历,体现出学生的中心地位。

表 1-1 工业时代和信息时代的高等教育

工业时代	信息时代
教的权利	学的权利
由教学者推动、预先设定的学习时间	个体化学习
信息基础作为支持工具	信息基础作为改变的基本工具
个别的技术	技术的协作
滞后的教育	及时的学习
继续教育	终身学习
彼此孤立的学习系统	融合的学习系统
传统的课程、学位和校历	以学习者需要为基础的非捆绑式的学习经历
教学和证书合在一起	学习和证书相关联,但彼此独立
按头尾学习时间长短一次性付费	以附加值为基础,按所交换知识产权分点付费
零碎的、狭窄的、不同系统的集合	互相融合、浑然一体的综合式、开放式系统
官僚机制	能自我省察、自我纠正的机制
严格的、预先设计的过程	能根据学习者和教职员工需要灵活调整教学工作
技术推动	学习远景的吸引

信息技术对高等教育的影响是深刻而又重大的。2000 年,美国教育委员会主席法兰克·纽曼(Frank Newman)预测,信息技术推动高等教育变革的结果是高等教育界的竞争将会比过去激烈得多,而且将会更加以学习为中心(learning-centered)。[②]这些观点都还是基于信息技术发展对高等教育变革趋势的预判,信息技术对高等教育的革命性变革则发生在最近几年,随着分布式处

[①] 转引自〔美〕迪·芬克. 创造有意义的学习经历——综合性大学课程设计原则[M]. 胡美馨,刘颖,译. 杭州:浙江大学出版社,2006:10.

[②] 转引自〔英〕维克托·迈尔-舍恩伯格,〔英〕肯尼思·库克耶. 大数据时代:生活、工作与思维的大变革[M]. 盛杨燕,周涛,译. 杭州:浙江人民出版社,2013:15.

理、并行处理和网格计算的综合发展，我们迎来了"云时代"，大数据的应用开启了一次重大的时代转型。大数据已经撼动了世界，从商业科技到医疗、教育、经济、人文及社会的其他领域。①2011 年，大规模在线开放课程（massive open online course，MOOC）的横空出世被称为高等教育的革命。它对高等教育的影响不仅是技术方面的，更重要的是思维的变革和教育理念的更新。它对高等教育的发展产生世界性的冲击促进了高等教育的范式转换，改变了高等教育中教和学的各个环节。教育理念、教育价值观、课堂教学、教学组织与实施、学习与考核的方式已经发生改变，新的高等教育范式已经出现。

（二）高等教育普及化阶段学习需求的变化

美国高等教育学家马丁·特罗（Martin Trow）以高等教育毛入学率的 15%和 50%为标准，将高等教育划分为"精英化""大众化""普及化"三个阶段。从形式上来看，这是高等教育规模，即量的变化，但更为重要的是高等教育规模变化带来的高等教育结构，即质的变化。在不同高等教育发展阶段，高等教育的发展理念、价值取向、发展方式等都有质的不同。马丁·特罗对高等教育三个阶段的划分是揭示变化的一种理论，是揭示变化的一个信号，具有预警功能。随着高等教育阶段的变化，高等教育要发生重大变化，对即将发生的变化，我们要有所准备。②正如马丁·特罗所言，三个阶段划分是他的一种想象和推断，是一种根据事实而进行的逻辑判断，是他根据自己从事高等教育的经验对当时世界高等教育发展形势做出的一种判断。由此说明，由于高等教育规模在量上的增加，高等教育的全部活动都要发生变化。

从发展历程来看，第二次世界大战以后，在《退伍军人权利法案》的支持下，1946—1956 年，有 225 万名退役军人进入大学，使美国高等教育毛入学率由第二次世界大战前的 15%迅速上升到 50%，实现了高等教育大众化向普及化的迈进。③按照马丁·特罗的理论，高等教育大众化向普及化阶段的转型，在以下方面会发生根本性变化：第一，高等教育入学机会由相对多数者的权利转变为所有人的义务；第二，大学升学的条件由准制约的（某种制度化的资格）转变为开放的（个人的选择）；第三，高等教育的目的由知识技能的传

---

① 〔英〕维克托·迈尔-舍恩伯格，〔英〕肯尼思·库克耶. 大数据时代：生活、工作与思维的大变革[M]. 盛杨燕，周涛，译. 杭州：浙江人民出版社，2013：15.
② 邬大光. 高等教育大众化理论的内涵与价值——与马丁·特罗教授的对话[J]. 高等教育研究，2003（6）：6-9.
③ 冒荣. 高等学校管理学[M]. 南京：南京大学出版社，1997：35.

承转变为提供新颖、广泛的经验；第四，高等教育的主要功能由培养专业化的精英及社会领导层转变为培养能适应产业社会的全体国民；第五，课程由结构化及弹性化（软性架构）转变为非结构化（阶段式学习方式的瓦解）；第六，主要的教学方法及手段由非个别的多人数式的讲课式及辅助式的小组讨论、工读型、"三明治"型课程转变为函授式，以及对电视、电脑及教学机器等的利用；第七，学生的升学就学模式由高中毕业后、非直达车式及一时性的休学、中途辍学转变为入学期延后及休学、成人及工读生的升学、具有工作经验者再入学；第八，高等教育机构的特色由多样性（具有多样水准的高等教育机构及综合式教育机构的增加）转变为极度的多样性（丧失共同的一定水准，对于"标准"之物有所疑惑）；第九，高等教育机构的规模由学生及教职员工总数3亿人（与其说是共同的学术共同体，不如说是头脑的都市）转变为学生数的无限制性（共同的学术共同体意识的荡然无存）；第十，社会与大学的界限由相对淡薄化开放的大学转变为界限区分的消失，大学与社会趋于一体化；第十一，最终权力的所在与政策决定主体由精英团体+利益团体+政治团体转变为一般大众；第十二，挑选学生的方式由能力主义+个人教育机会均等化的理念转变为全民教育的保证+团体所应达成水准的均等化；第十三，大学的管理者由专职化的大学人+巨大的官僚职员转变为管理者的专业化；第十四，大学内部运作形态由资深教授+年轻教师+参与的"民主式"支配转变为校内共识的瓦解？依赖校外者的支配？（马丁·特罗在此用了两个问号，表明对普及化阶段大学内部运作状况还不能深刻把握，毕竟当时世界上只有美国高等教育进入普及化阶段）。①

1990年以前，只有美国和加拿大率先进入高等教育普及化阶段。1995年，美国、加拿大、法国、澳大利亚、韩国等9国的高等教育毛入学率超过50%，进入普及化阶段。到2000年，全世界共有27个国家进入高等教育普及化阶段。2004年，有38个国家和地区的高等教育毛入学率超过50%，进入普及化阶段。②2019年，我国高等教育也跨越毛入学率50%的门槛，进入普及化阶段。随着高等教育的快速发展，未来将有更多国家进入高等教育普及化阶段。作为一种教育权利，高等教育普及化是世界高等教育发展的必然趋势和结果。在普及化阶段，高等教育的价值重心发生了转移，逐步从社会工具性价值转变到个体发展性价值，高等教育的目的是使人才培养实现知识能力发展与素质修养发展的统一、学会做事与学会做人的统一，使人作为社会的人得到充分

---

① 杨思伟. 高等教育普及化发展模式初探[J]. 上海教育科研, 2001（4）：2-8.
② 高书国. 全球高等教育普及化进程分析[J]. 高校教育管理, 2007（3）：44-47.

而自由的发展。同时，高等教育普及化阶段需要高等教育体系围绕人才培养发生变革，在人才培养方面需要建立以受教育者为中心的制度，重点不再只是保证受教育者应有的平等权利，而是转变到了每一个人个性化发展要求的满足上。这就需要从受教育者个性发展需求出发，考虑多样化受教育者的广泛差异性，采取富有极大的包容性和弹性的教育教学模式，促进每一个受教育者的发展；需要树立普及化高等教育理念，修订人才培养方案，改革教学模式，更新教学方法，完善教学标准和评价手段，改善人才培养环境和条件，创新人才培养过程，全面增强人才培养的弹性与灵活性。[①]高等教育教学体系的调整要最大限度地满足受教育者复杂而多样的学习需求，应当建立起以学生为中心的教育教学体系，依据高等教育需求呈现出多样化和个性化特征，在教学方式方法上更为强调学习者的积极主动性，强调师生主体互动合作。[②]

高等教育进入普及化阶段，社会对大学的需求越来越多样化，对学生的要求也越来越多样化，传统的培养方式已难以满足社会对多样化人才的需要，社会需要学生掌握超过学科知识以外的其他能力，对学生综合素质的要求越来越高。例如，商业人士和学术领袖等要求学生具有有效的交流能力、批判思维能力和解决问题的能力。除此之外，社会需要大学生具有更为深厚的道德意识、独立能力、道德判断能力、主动探究能力、创造能力、与他人共事的能力、全球意识以及尊重多元文化，最重要的是要有公民责任和效率。[③]高等教育普及化阶段，人们逐渐用学习者来代替传统教育场域中的学生，这一变化带来了一系列新需求和新环境，也使高校知识的传播途径发生了变化。学习者除了与学生一样寻求知识以外，还表现出以下特征：第一，学习者主动决定他们需要学习什么领域的知识；第二，学习者寻找能满足他们的时间限制、可得资源、工作需要和限制的学习方法；第三，学习者懂得今天的很多知识基础正在改变，渴望成为知识创造者的一部分，渴望参与知识的分析和提炼过程；第四，学习者知道他们有很多选择，知道利用这些选择去获得他们所需要的东西。这些变化使学习者成为消费者，他们对学习什么、如何学习具有发言权，这种变革对高校的挑战是：大学必须提供一种新的、不同的教育方式。[④]传统的大学教育往往从"来"的角度看待大学在学生学习中的责任，从大学的视角

[①] 别敦荣. 普及化高等教育的基本逻辑[J]. 中国高教研究，2016（3）：31-42.
[②] 董立平. 多样化：高等教育普及化阶段的基本特征[J]. 中国高等教育，2016（17）：10-11.
[③] Newman, F., Couterier, L., Scurry, J. The Future of Higher Education: Rhetoric, Reality, and the Risks of the Market[M]. San Francisco: Jossey-Bass Publishers, 2004: 137.
[④]〔美〕丹尼尔·雷诺，〔美〕赫伯特·谢尔曼. 从战略到变革：高校战略规划实施[M]. 周艳，赵炬明，译. 桂林：广西师范大学出版社，2006：9.

看学生，从大学的利益出发，所以大学教育总是被看作学生"来"到大学、"来"参加大学所提供的一切活动。在这样的前提假设下，大学是一个拥有自己由来已久、根深蒂固的政策、实践举措、学科课程和标准的制度化机构，以满足其置身其中的社会的需要。①学生"来"大学学习知识和技能，然后从中获取更高的社会地位和更高薪水的工作等工具性价值，为此就必须适应大学的一切做法。大学是一个社会地位和经济地位再生产的地方，学生必须通过自我调适来符合大学的要求，才能通过大学这个社会"过滤器"走向社会化。大学是一个制度化的机构，在这样的机构里，学习的责任在学生而不在大学。但与之相对应的是另一种视角——学生"去"上大学，也就是从学生的视角出发，每个人"去"上大学都有自己独特的理由。在未来社会里，随着高等教育多样化发展，学生是否"去"上大学、"去"上什么样的大学，在很大程度上取决于大学能否满足他们的需要，这就需要大学对学生的学习负责，学习者作为教育过程的主要参与者的角色日益明显。迪尔（Dill）和斯波恩（Sporn）指出，这一现象将高等教育的传统角色由知识的提供者转换为服务者。他们将这一现象描述为"一个全新的知识产业"，主要的学术组织将成为"社会的学习共同体"。②由于环境的变化，高等学校必须面对消费市场，高校要迎合消费者的需要，必须对市场有更多的认识，并依据市场来设计课程，以及开展教学和研究，要最大限度地满足学习者的需求和社会对大学生提出的新的更高的要求。高等教育普及化阶段大众学习需求的变化成为推动大学本科教育向"学习范式"转型的重要力量之一。

（三）终身学习的内在需求

1965 年，法国著名成人教育专家保罗·郎格朗关于终身教育的提案打破了传统的教育观念，主张应当使教育在每一个需要的时刻，以最好的方式提供必要的知识和技术。终身教育理念的提出，需要大学从传统的教师中心向学习中心转变，大学围绕学生的学习开展使命的重塑与体系的重构。首先，终身教育要求大学必须充分开放，让每个人都有参与学习的自由选择权。大学必须从时间和空间的角度重新思考其与各级各类教育的交替衔接问题，构建一种使人们"从一类或一级教育过渡到另一类或一级教育更加容易"③的转换制度，这

---

① 〔加〕许美德，潘乃容. 东西方文化交流与高等教育[M]. 南京：南京师范大学出版社，2003：71.

② Dill, D. D., Sporn, B. Emerging Patterns of Social Demand and University Reform: Through a Class Darkly[M]. New York: Pergamon Press, 1995: 126.

③ 吴立保，严燕. 论以学习中心大学的构建策略[J]. 黑龙江高教研究，2010（4）：11-14.

就要求改革传统教学强制性的学习为灵活自主的学习，采用灵活、富有弹性的教学管理体制，以适应不同学习群体的需要。其次，终身教育要求大学教育形式要多样化。终身教育理念要求大学充分利用教学资源，利用信息传播技术和手段实施远距离教育、多媒体网络教育、函授教育、广播电视教育、夜间大学等多种形式，以适应各层次的学习要求。最后，终身教育理念更加注重高等教育阶段的"回归教育"，进入成年阶段任何时期的人都可以回归到大学接受其所需要的教育。"回归教育"制度打破了传统的学习年限的限制，改变了先学习后工作的传统做法，使学习和工作、教育和劳动交替进行，形成"教育—劳动—教育—劳动"的循环。因此，大学必须更加灵活、具有弹性，才能适应人在一生中不同时期的学习要求。学习成为大学的目的，大学要围绕学习中心的原则来建立。终身教育的理念更倾向于将高等教育视作公民的一种义务，其主要目的是通过更加多样化的高等教育机构和教育形式，提高人们对社会的适应能力，注重终身学习以及教育机会均等的理念。

1972 年，联合国教育、科学及文化组织（United Nations Educational, Scientific and Cultural Organization，UNESCO，以下简称联合国教科文组织）出版了《学会生存——教育世界的今天和明天》，其主旨是倡导终身教育。该报告认为，未来社会发展迅速，需要培养终身学习者，建立"学习型社会"。[1]UNESCO 发表的报告《教育——财富蕴藏其中》中提出了四大学习支柱：学会认知（learn to know）、学会做事（learn to do）、学会做人（learn to be）、学会共存（learn to live together）。[2]该报告指出，教育应围绕人的四种基本学习来安排，四大学习支柱将成为每个人一生中的四根支柱。这是国际社会对未来高等教育的共同宣言，更加强化了终身教育的重要性。同时，这两份报告对学习的强调从本质上指明了未来高等教育变革的趋势与方向。

二、20 世纪 80 年代美国本科教育质量改革运动的经验教训

经历 1945—1970 年的"黄金时代"，美国高等教育得到了空前发展。由于外部环境的恶化，尤其是受严重的财政危机的影响，1970—1980 年，美国

---

[1] 联合国教科文组织国际教育发展委员会. 学会生存——教育世界的今天和明天[M]. 华东师范大学比较教育研究所, 译. 北京：教育科学出版社, 1996：225.

[2] MacKenzie, N., Eraut, M., Jones, H. Teaching and Learning: An Introduction to New Methods and Resources in Higher Education[M]. Paris: UNESCO Press, 1976.

高等教育进入"危机时代"。①克拉克·克尔认为，这段时间美国进入"高等教育大转变时期"，但是转变的方向令人担忧，美国高等教育学家约翰·塞林将 1970—2000 年的美国高等教育称作"陷入麻烦的巨人"。②20 世纪 60 年代的美国社会危机和经济危机是 20 世纪 70 年代美国高等教育危机产生的根源，造成美国高等教育财政投入的严重不足，美国高等教育呈现出不同的发展趋势，不断恶化的财政条件迫使大学校长首先考虑的是削减学校的各种计划，甚至是缩小学校的发展规模。③由此带来的直接影响是许多高校，尤其是私立院校被迫关门。克尔和加迪尖锐地指出："大学在为提高中等教育质量作出贡献的同时，如何保证并提高大学本身的质量，是 20 世纪 80 年代面临的一大问题。"④针对这种情况，20 世纪 80 年代，美国的一些官方机构和民间团体教育组织开展了大量调查和研究，由此掀起了高等教育质量改革运动。

（一）《投身学习：发挥美国高等教育的潜力》：美国高质量高等教育研究小组的调查报告

1983 年，美国联邦教育部任命"美国高质量高等教育研究小组"开展高等教育质量调查。1984 年 10 月，该小组发表了《投身学习：发挥美国高等教育的潜力》（Involvement in Learning: Realizing the Potential of American Higher Education）的报告。该报告的前言部分就明确提出，之所以进行本次调查是因为担心本科教育的现状，尤其是担心大学一、二年级学生和文科教育（liberal education）削弱的势态。因此，该报告提出的建议旨在提高本科教育质量，以促进各年龄层最大多数学生的学习和个人发展。⑤该报告在分析美国高等院校的教育实践、教育技术、办学规模、学生与学校的关系、学校管理等多方面发生变化的基础上，提出了美国高等教育发展的警告信号：随着高等教育的迅速发展，接踵而至的是近年来经费的紧缩和在校人数的渐趋稳定，从而使高等教育受到重大损失。学生的学习课程的连贯性、设备的质量、教师的精神状态以及教学水平等方面的现实状况，都已不再符合当时美国的要求。本科

---

① 黄福涛. 外国高等教育史[M]. 上海：上海教育出版社，2003：341.
② 〔美〕约翰·塞林. 美国高等教育史（第二版）[M]. 孙益，林伟，刘冬青，译. 北京：北京大学出版社，2014：292.
③ Herry, D. Challenge Past, Challenge Present: An Analysis of American Higher Education Since 1930[M]. San Francisco: Jossey-Bass Publishers, 1975: 39.
④ 转引自瞿葆奎. 美国教育改革[M]. 北京：人民教育出版社，1990：530.
⑤ 教育发展与政策研究中心. 发达国家教育改革的动向和趋势——美国、苏联、日本、法国、英国 1981—1986 年期间教育改革文件和报告选编[M]. 北京：人民教育出版社，1986：33.

教育中学生成绩日益下降，以及教师对自身职业的彷徨、困惑，是美国在本科教育质量提升过程中必须认识和解决的、当前的和潜在的两方面问题。

关于本科教育中存在的问题，美国高质量高等教育研究小组从五个方面进行了分析：①新生素质下降，学生学习成绩不佳；②本科教育专业设置不合理，普通教育被削弱，职业性过于明显；③教师工作环境恶化，内部关系紧张，精神状态低迷；④在规模巨大的研究型大学中，官僚主义化严重，学生参与的机会减少和热情降低；⑤本科教育评估体系受损，评价标准降低。[1]该报告认为，本科教育质量下降不能完全归结于学生入学准备不足，大学自身也没有做好提升入学巩固率以及提高学生成就的准备，大学在一定程度上是能够做到的，但却对此忽视，大学重视数量而忽视质量是本科教育的重要问题。同时，在专业设置上，过于专业化使得大学专业设置越来越窄，文科教育被严重削弱，专业之间变得互不联系、互相隔绝，结果许多学生获得的只是一些支离破碎、狭窄有限的知识，本科教育失去了它培养共同的价值观念和知识的潜力。

该报告在分析美国高等教育所面临的问题的基础上，提出了三条改进建议：学生投身学习、严格要求、评价和反馈。对于改善本科教育来说，学生投身学习也许是最重要的一条建议。所谓"投身学习"，指的是大学生在学习过程中投入了多少时间、精力和努力。此外，还应该有严格的要求以及正规而定期的评价和反馈。为了促进学生投身学习，该报告提出了27条建议，旨在提高本科教育质量，促进各年龄层大多数学生的学习和个人发展。[2]该报告的核心思想建立在教育心理学研究与实践的基础上。研究表明，学生学习投入程度与学习动机呈正相关，学生学习投入度越高，学习效果越好。因此，提高本科教育质量的有效途径是通过激发学生的学习动机来增加学生的学习投入。这一思想主要来自加利福尼亚州立大学洛杉矶分校教育学院教授阿斯汀（Alexander W. Astin）开展的关于大学生学习投入的调查。阿斯汀的研究打破了传统教育质量调查的"投入-产出"的黑箱理论，通过监测学生学习过程的投入情况，提出教学质量改进的策略与建议。[3]这是美国全国大学生学习投入调查（National Survey of Student Engagement，NSSE）的前身，后来被广泛应用到世界各国，成为本科教育质量评估的重要手段。

---

① 贺国庆，何振海，等. 战后美国教育史[M]. 上海：上海交通大学出版社，2014：58.

② 吕达，周满生. 当代外国教育改革著名文献（美国卷·第二册）[M]. 北京：人民教育出版社，2004：25.

③ Astin, A. W. Student involvement: A developmental theory for higher education[J]. Journal of College Student Development, 1999(5): 518-529.

（二）《学院——美国本科生教育的经验》：卡内基教学促进基金会的报告

1983年，卡内基教学促进基金会对美国的大学，特别是综合型和研究型大学的本科教育进行了长达4年的调查研究，1987年，由内斯特·博耶（Ernest L. Boyer）执笔的《学院——美国本科生教育的经验》（College: The Undergraduate Experience in America）一书出版，这是继《投身学习：发挥美国高等教育的潜力》之后，又一次聚焦美国本科教育质量的研究报告，对美国本科教育尤其是研究型大学的本科教育存在的质量问题进行了深刻分析。

博耶指出，尽管美国高等教育取得了许多重要成就，但是作为高等教育的核心部分、承担着大学"独一无二"使命的本科教育却是"一个问题重重的机构"。他分析了美国大学特别是研究型大学本科教育面临的八个冲突问题。[①]

1）中学与高等教育不相衔接。博耶指出，本科生从中学到大学的过渡是无计划的、混乱的，这使得大学新生质量难以得到保证，同时也很难激发大学教师的教学热情。

2）教育目标混乱。在市场需求的驱使下，很多本科生院失去了使命感，学科变得支离破碎，学生感到很难在他们的课程中看清范例，而且很难把他们所学的知识与实际生活相联系。

3）教学与科研的分工使得教师对工作的忠诚度减弱，教师对本科教育的责任让位于科学研究工作，让位于"著书立说"，这对大学教授队伍的统一和活力产生了威胁，进而影响到本科教育的正常发展。这一点在研究型大学中的表现尤为明显。

4）课堂中一致性与创造性之间存在冲突。本科生课堂上缺乏生动的思想交流，学生的兴趣只有在教师提醒学生所讲授的内容要考试时才会被激发，挑战传统、检验新知的本科生院失去了青春活力，变得死气沉沉。

5）本科教育阶段的学术生活与社会生活相互隔离，有时竟达到完全割裂的程度。许多教师和学术管理人员远离学生生活，而且对他们在非学术问题上的职责感到含混不清。

6）大学本科学院管理混乱，行政人员和教师、学生在如何建立学习社区的问题上意见不一，存在很大分歧。

7）本科教育评价体系不完善，大学缺乏对整体教育质量（学生整体素质）进行评估的更为合理和全面的办法。

[①] 吕达，周满生. 当代外国教育改革著名文献（美国卷·第二册）[M]. 北京：人民教育出版社，2004：74-76.

8）大学与外部世界存在一条"鸿沟"。高等院校故步自封，在学术和社会方面的孤立导致本科教育效果显著降低，并且严重限制了学生的视野。

在此基础上，博耶提出了若干条改进建议，包括提高新生质量、加强普通教育、重建学术标准、丰富校园生活、完善学院管理、改进本科教育评估体系等。与此同时，大学教授也开始撰文批评美国大学，"几乎所有的批评都指向了顶尖的研究型大学"①。

（三）其他相关组织的研究报告

除了以上两个重要的调研报告之外，20世纪80年代，美国有关本科教育质量改革的调查报告还包括以下几个。②

1）《提高高等学校质量的六十七条建议》。1982年，该报告由美国全国高等教育问题委员会完成，强调发挥大学的作用，鼓励各方面为提高质量而协调合作，并针对提高学校质量提出八个方面共67条具体建议。

2）《进入大学前的学术准备——学生应该掌握什么知识和具备什么能力》。1980年，该报告由美国大学考试委员会组织调查，1983年正式在《高等教育纪实报》上发表，主要从学生进入大学前的课程设置入手，通过学生入学质量的提升来提高本科教育质量。

3）《为高质量而行动——一项改进我们国家学校工作的全面计划》。1985年，该报告由美国州际教育委员会所属的全国教育与经济发展小组委员会完成，强调从国家高度重视改进美国高等教育质量，指出美国国家的生存取决于美国教育的不断进步。

4）《美国的竞争性调整——全国应做出反应》。1983年，该报告由美国实业界和高等教育界17位人士共同完成，强调通过实业界与高等教育界的相互合作来提高教育质量。

5）《改造遗产》。1983年，该报告由美国国家人文科学捐赠基金会完成，主要针对人文科学教学的专题研究报告，强调通过加强对西方文明的理解来恢复人文学科在高等教育中的重要地位。从某种意义上说，该报告是针对《投身学习：发挥美国高等教育的潜力》中所提到的文科教育被忽视而进行的一次专项调研。

6）《完善大学本科教育课程》。1983年，该报告由美国学院协会（Association

---

① 〔美〕德里克·博克. 回归大学之道：对美国大学本科教育的反思与展望[M]. 侯定凯，梁爽，陈琼琼，译. 上海：华东师范大学出版社，2012：2.
② 陈学飞. 美国高等教育发展史[M]. 成都：四川大学出版社，1989：191.

of American College，AAC）发起、由著名本科教育课程史专家弗雷德里克·鲁道夫（Frederick Rudolph）完成，强调本科课程设置要加强学生技能领域培训，重点列出了建立高质量本科生教育的六个技能领域。

7）《学院课程完整性》。1985 年，该报告由美国学院与大学协会（Association of American Colleges and Universities，AACU）完成，其主旨在于提高本科学位和课程质量。经历 20 世纪六七十年代美国高等教育的大规模扩张之后，为了适应学生入学水平降低的实际情况，本科课程的系统性、一致性、严格性和完整性都"下降到危险的程度"。因此，该报告呼吁美国高校要严肃对待学位与课程质量下滑问题，明确提出要应付未来挑战，教师要重新检查自己的课程和教学，以保证教学质量。①

8）《国家为 21 世纪的教师作准备》。1986 年，该报告由卡内基基金会完成，主张"重建"教师教育制度，并阐述了"重建教学力量"的八点纲领性建议。该报告认为，注重教师质量的提升是美国高等教育改革的关键。

（四）20 世纪 80 年代美国本科教育质量改革运动的省思

20 世纪 80 年代，美国的官方与民间组织发表了许多有关本科教育的调查与分析报告，其主要聚焦在美国本科教育质量方面，表现为两个方面的问题。

一是美国本科教育质量危机。从众多的调研报告来看，较为一致的观点是：本科课程缺乏统一目的，本科教育质量下滑；大学变成就业训练基地，博雅教育不再是其核心；大学教授只关注自己的研究，不关心教学和学生。德里克·博克（Derek Bok）说："遗憾的是，在过去 20 年的批评浪潮中，人们并没有提出任何实质的改革建议。"②本科教育质量下滑是 20 世纪 80 年代美国高等教育面临的最大难题。本科教育质量下滑除了表现在一些衡量本科生教育的根本性指标上之外，更为重要的是学校在争夺学生和市场需求的驱使下失去了原有的目标和理念，不再热衷于传播高等教育所依赖的高级知识和价值观。20 世纪 80 年代，美国高校数量受财政影响在逐渐减少，但学生数量不降反增，学生的构成成分发生了变化，一些"新型"学生（那些在高中成绩一般或较差的学生、少数民族裔学生、低收入家庭出身的学生）和"非传统"学生（年龄在 22 周岁以上的学生以及参加非正规教育计划的学生等）的大力增加，改变了大学的发展定位，大学的职业教育倾向大大增强，许多大学本科教

---

① 王英杰. 美国高等教育的发展与改革[M]. 北京：人民教育出版社，1993：98
② 〔美〕德里克·博克. 回归大学之道：对美国大学本科教育的反思与展望[M]. 侯定凯，梁爽，陈琼琼，译. 上海：华东师范大学出版社，2012：2.

育把职业准备作为大学的首要目标，大学教育的学术性被削弱，存在高等教育质量日益下降的潜在危机。高等教育危机的根源在于学生求学的变化，受"学生消费者至上"观念的影响，学生在美国高等教育中的地位发生了变化，阿瑟·列文把美国高等学校学生的变化归结为七种因素的影响，其中最主要的影响是大学和学生的关系。受财政影响，按照市场规则运行的美国大学已经由"卖方市场"（学校）转向"买方市场"（学生），降低了学校的地位，从而造成学生比以前更加以自我为中心。学校为了迎合学生的需要，开设的课程大量增加，但对学生的相关要求却在降低，高等学校成为"超级市场"，由"消费者"，即学生来决定的质量观造成了 20 世纪 80 年代美国高等教育质量的持续下降，大学不得不开设数学、阅读、科学等方面的高中阶段的补习课程，与 20 世纪 80 年代美国在全球科技革命竞争中的要求相比，高等教育质量下降的问题更加凸显。

二是美国本科教育质量改革运动总体上是不成功的。英国高等教育学家埃里克·阿什比指出，"凡有办大学经验的人都知道，大学的进化很像有机体的进化，是通过继续不断的小改革来完成的，大规模的变革往往会导致毁灭。大学的改革必须以固有的传统为基础"[1]。受 20 世纪 70 年代美国高等教育危机的影响，20 世纪 80 年代以来，在高等教育发生一系列变革的同时，高等学校面临的种种难题依然存在，某些方面的情况甚至更加恶化。[2]所以，进入 20 世纪 90 年代，在一些学者看来，美国大学本科教育的状况并没有明显改观。美国联邦教育部前部长卡瓦佐斯曾公开承认，尽管过去建议的某些根本性改革已经扎下了根基，但是 20 世纪 80 年代"零碎"的学校改革总体上已经失败。卡瓦佐斯提出，"作为一个国家，我们仍然没有严肃认真地承担起改善所有美国人教育的责任"，因此他呼吁迫切需要"即刻的和根本性的改革"。[3]在本科教育中，尤其令人担心的是美国研究型大学的本科教育，一直以来，研究型大学本科教育是美国高等教育竞争力的核心，但是，美国研究型大学的本科教育状况处于一种危机之中。1998 年，博耶在《重建本科教育——美国研究型大学发展蓝图》中再次指出，"在知识创新和完善方面，美国的研究型大学

---

[1]〔英〕埃里克·阿什比. 科技发达时代的大学教育[M]. 滕大春，滕大生，译. 北京：人民教育出版社，1983.

[2] 转引自全国比较教育研究会. 国际教育纵横——中国比较教育文选[M]. 北京：人民教育出版社，1994：559.

[3] 转引自全国比较教育研究会. 国际教育纵横——中国比较教育文选[M]. 北京：人民教育出版社，1994：562.

已是非常成功的，但在本科教育方面，它们做得还不够，甚至是失败的"①。约翰·塔戈（John Tagg）结合自己25年的教学经验，尤其是学生在课堂与课外活动的注意力与动机的观察发现，美国本科教育质量改革运动失败的根本原因在于所有的改革还没有跳出传统的"教学范式"，这样修补式的本科教育改革加剧了改革的难度，这是因为，"教学范式"以特定的方式降低了学生的学习动机，抑制了学习。②因此，大学本科教育向"学习范式"转型势在必行。

三、"学习范式"的理论诠释

20世纪后半叶以来，社会环境的变化和来自多方面的压力促使高等教育理念更新，传统的以教师为中心的"教学范式"框架被不断突破，以学生为中心的教育理念潜在地推动高等教育范式的转换。1995年，美国加利福尼亚州的帕洛马学院（Palomar College）的罗伯特·B.巴尔（Robert B. Barr）和约翰·塔戈（John Tagg）根据科学哲学家托马斯·库恩（Thomas Kuhn）和未来学家巴克（Joel Bark）的理论，提出本科教育的新范式——"学习范式"。"学习范式"的兴起改变了高等教育的走向，以学生为中心、以学习为中心成为高等教育变革的基调。

（一）巴尔和塔戈："学习范式"的首次提出

巴尔是美国社区学院帕洛玛学院发展规划处的负责人，在给学院做规划的过程中，他在思考"学校核心目标是什么"这一问题时惊讶地发现，帕洛玛学院，乃至整个美国大学的高等教育都是关注"教"而不是关注"学"。这一发现极大地震惊了巴尔和他的同事塔戈，通过研究与反思，他们合作完成了《从教到学——本科教育的新范式》一文，发表在1995年第6期《改变》（Change）杂志上。该文章首次提出了"学习范式"这一概念，并运用二元比较的方法提出了"学习范式"的概念框架。他们将长期以来高等教育占主导地位的传统范式称为"教学范式"，并指出美国高等教育正在经历从

---

① The Boyer Commission on Educating Undergraduates in the Research University. Reinventing Undergraduate Education: A Blueprint for America's Research Universities[R]. New York: State University of New York at Stony Brook, 1998: 5.

② Tagg, J. The Learning Paradigm College[M]. San Francisco: Jossey-Bass Publishers, 2003: 122.

"教学范式"向"学习范式"的转换，教学的重心由教师的"教"向学生的"学"转移。"学习范式"的探讨促进了"学习中心大学"的兴起，进而引起了本科教育的整体性变革，《从教到学——本科教育的新范式》一文也成为高等教育研究领域引用最多的论文。由此可见，"学习范式"理论对高等教育改革具有划时代影响。自"学习范式"提出以来，经历了多年的实践探索与理论拓展，本科教育向"学习范式"转型的意义与价值在世界范围内逐渐得到认可。

巴尔和塔戈在《从教到学——本科教育的新范式》一文中开门见山地提出，美国高等教育正经历着范式转换，传统占据统治地位的大学范式的基本假设是，大学是产生教学的机构，但是，大学范式需要发生转换，大学应是产生学习的机构。这种范式转换将是颠覆性的，既是我们需要的，也是我们所期望的。[①]巴尔和塔戈认为，传统的"教学范式"以教学为中心，以教师为中心，教师通常采取讲授法作为传授知识的最基本方法，大学生应对自己的学习负责，其基本假设是，大学提供课程、教师、图书馆、图书、计算机和网络等基础设施，通过制定一定的教学目标，以此为基础设置一系列课程，按计划要求学生完成每一门课程并通过考试，就认为学生掌握了进入社会所需要的知识和技能。在该范式的支配下，大学创造复杂的结构就是为了提供50分钟一节课的教学活动，其主要任务是传授知识（deliver instruction）。[②] "教学范式"的最大弊端在于以手段代替目的，大学教育的目的是教学和传授知识，从本质上讲，这只是大学教育的手段而非目的，大学教育的真正目的在于让学生采取适合他自己的手段或方法去学习，产生学习才是大学的真正目的。

巴尔和塔戈提出"学习范式"的概念，目的在于关注学生的个性化存在与个性化的知识学习方式，大学通过创造学习环境和经历让学生去发现和建构知识，让学生成为学习共同体成员，在学习共同体中发现并解决问题，由此进一步创造更为丰富的学习环境。巴尔和塔戈从任务与目标、成功标准、教学结构、学习理论、生产力和经费投入以及角色性质六个方面比较了"教学范式"和"学习范式"的差异（表1-2）。[③]

[①] Barr, R., Tagg, J. From teaching to learning—A new paradigm for undergraduate education[J]. Change, 1995(6): 13-25.

[②] Barr, R., Tagg, J. From teaching to learning—A new paradigm for undergraduate education[J]. Change, 1995(6): 13-25.

[③] Barr, R., Tagg, J. From teaching to learning—A new paradigm for undergraduate education[J]. Change, 1995(6): 13-25.

表1-2 "教学范式"与"学习范式"特征比较

项目	教学范式	学习范式
任务与目标	提高教的质量	提高学的质量
成功标准	灌输学生的教学质量	激发学生的教学质量
教学结构	教了多少教学内容	特定的学习成果
学习理论	学习是渐进式的、线性的	学习是套嵌式的,是知识框架的互动互通
生产力和经费投入	以每个学生每小时的教学成本计算生产力	以每个学生每单位的学习成本计算生产力
角色性质	教师主要作为讲解者	教师主要作为学习方法和学习环境的设计者

通过两种范式的比较,可以看出两者存在以下明显的不同。

1)在任务与目标方面,"教学范式"的目标是大学提供知识和教学,方法和结果合二为一,两者是一样的,目的就是手段。"学习范式"的目标是大学要产生学习,目的和手段是分离的,目的统治手段。"教学范式"向"学习范式"的转换,使大学的责任由提高教的质量向提高学的质量转变。学生作为学习的合作者,理所当然地应为自己的学习负责。因此,大学和学生是在"双赢"模式中为学习结果负责,而不是非此即彼的教师中心主义或学生中心主义。大学和学生形成合力,共同为学生的学习负责,将会产生更为积极和丰富的成果。

2)在成功标准方面,在"教学范式"下,教师按照自己的标准评判学生的学习成绩。在"学习范式"下,教师依据环境或方法对学生学习的影响来评判学生的学习成效。以学习环境为例,如果学生在A环境中比在B环境中学习更有效,那么就判定A优于B。

3)在教学结构方面,在"教学范式"下,教和学的进程按照学习内容进行严格的时间划分,规定多长时间教学多少内容。在"学习范式"下,课程结构相对松散,甚至变得可有可无,学期、宿舍、讲座、实验室、教学大纲,甚至包括课程本身都可以由学生选择,而不是学生被迫接受或强制要求学生选择。

4)在学习理论方面,在"教学范式"下,人们是以原子主义方式来界定学习的。根据定义,知识是由教师分配或传递的物质组成的,在这个过程中,主要的代理人是传授知识的教师,学生被视为被动接受的容器,为了通过考试而吸收知识。在"学习范式"下,人们是以整体主义方式来界定学习的,学习过程的主要代理人是学习者,即学生。

5)在生产力和经费投入方面,在"教学范式"下,生产力被定义为每小时教授每个学生的成本，在这种情况下，教与学的质量因生师比的提高而受影响。在"学习范式"下，生产力被重新定义为每个学生每单位的学习成本。少花钱多办事成为可能，因为"学习范式"产生的多是学习，而不是数小时的指导。

6）在角色性质方面，在"教学范式"下，教师主要被认为是通过讲课来传授知识的学科专家，教师角色的本质特征是传授知识。在"学习范式"下，教师主要是学习环境的设计者，教师的角色是研究和应用最好的方法来使学生产生学习和获得成功。

（二）威廉·康普尔和卡尔·史密斯：新旧范式的内涵比较

在巴尔与塔戈对"学习范式"研究的基础上，1997年，威廉·康普尔（William Campbell）和卡尔·史密斯（Karl Smith）也进行了类似研究，他们将"学习范式"与"教学范式"称为大学教学的"新范式""旧范式"（表1-3）。[1]

表1-3 大学教学新旧范式对比表

项目	旧范式	新范式
知识	由教师向学生传输	由学生自主建构
学生	接受教师知识填灌的被动容器	积极的知识建构者、发现者和改造者
学习方式	记忆	关系
教师的目标	将学生进行分门别类	培养学生的能力和才干
学生的成长和目标	学生竭力完成教学要求，获得某一学科的证书	学生尽力在一个更宽泛的系统内关注持续的终身学习
关系	学生之间和师生之间的非个人关系	学生之间和师生之间的个人关系
环境	竞争性个人行为	教室内的合作学习、教师合作团队
气氛	一致性、文化同一性	多样性与个人尊严，文化多样性和共同性
权利	教师拥有并施行权利、权威和控制	学生被授权，权利在学生内部和师生之间共享
评估	参数参照（在曲线上打分）；以多项选择为典型做法；教学结束时给学生定级	标准参照（根据预先设定标准打分）；以课堂表现和学习档案为典型做法；教学结束时给学生定级，教学过程中的持续性评估
理解方式	逻辑性、科学性	叙事性
认识论	归纳主义；事实和记忆	建构主义；探究和创造

---

[1]〔美〕迪·芬克.创造有意义的学习经历——综合性大学课程设计原则[M].胡美馨，刘颖，译.杭州：浙江大学出版社，2006：15.

续表

项目	旧范式	新范式
技术使用	练习和实践;课本替代物;粉笔——讲解替代物	解决问题,交流,合作,信息渠道,表达
教学假设	任何学科专家都会教学	教学是复杂的,需要一定的培训

威廉·康普尔和卡尔·史密斯关于新旧范式的二元对比,从理论方法上与巴尔和塔戈如出一辙,在理念上也是强调从"教"向"学"的转变。但是,威廉·康普尔和卡尔·史密斯体现出更为明显的建构主义色彩,其中关于师生共同体的构建、师生合作性的团队关系、权利在师生之间的共享与交流合作以共同解决问题的表达,在实际层面更加强调"教"与"学"的平衡和相互依存。对于"教"来说,学科专家需要经过培训才能胜任,因为教学是复杂的,教师发展中心在教师培训中的作用就显得尤为重要。对于"学"来说,建立在师生之间和学生与学生之间的合作关系,是基于个人存在的主体性交往关系,而不仅仅是知识层面的传授与接受的非个人关系,通过交流合作实现探究和创造才是学习的根本所在。

(三)迪·芬克:"学习范式"内涵在于产生有意义的学习

作为俄克拉何马大学教学发展中心主任,迪·芬克积极关注教师发展,尤其关注教师的课堂教学。他认为,教师教学工作有两种选择:一种是继续遵循传统的教学路子,重复以往教师常用的方法继续灌输知识;另一种是在课堂中开展大胆尝试,采用一些特殊的方式来有效提升学生的学习质量。学习质量提升的标志就是促进学生产生有意义的学习。因此,迪·芬克非常赞成巴尔和塔戈提出"学习范式"的观点,并结合自身的教学实践和理解对"学习范式"概念做出了调整,认为教学机构不只是"产出学习",而且是"产出有意义的学习"[1]。大学的根本任务是寻求有效途径为学生提供有意义的学习经历,这种学习经历需扎根学生生活并对学生生活具有重要意义,可以从过程和结果两个维度来理解有意义的学习经历。从过程维度来看,学生作为主体要投入学习中去,从而使课程充满活力。从结果来看,有意义的学习经历是有意义的、持续的变化,课程教学不仅仅是知识的传递与积累,更是给学生带来有意义的变化,这种变化在课程结束后,甚至在学生毕业后还将持续下去。有意义的学习是学生主动学习,学生投入学习之中,教师和学生形成教育性教学互动,从而

---

[1] 〔美〕迪·芬克.创造有意义的学习经历——综合性大学课程设计原则[M].胡美馨,刘颖,译.杭州:浙江大学出版社,2006:14.

使课堂充满活力。学生的学习不仅在于获得文凭，也在于学校生活结束后还将在他们的生活中具有价值，学生通过学习有意义的东西给生活带来持续的变化，这种变化能够提高学生的生活价值，学生所学的东西在课程结束后还将在他们的生活中具有价值，它将提升他们的生活价值，使他们为进入不同社会群体或者进入工作领域做好准备。①

（四）奥班尼恩："学习范式"旨在构建学习中心的大学

奥班尼恩（O'Banion）认为，传统的教育结构必须向学习中心转变，他用精练的语言概括出传统的"教学范式"的弊端为时间限制、地点限制、效益限制和角色限制。②

时间限制指的是学习时间被划分为课程、学期和学年。学生按照固定的时间到校，按照固定的时间学习，按照每学期完成的课程时数获得学分，在固定的年限完成固定的学分就可以毕业。这种以时间为测量单位的学习框架用时间来代替任务，而不考虑学生的理解能力和学习效率。从理论上来说，学生不应该为时间服务，而是时间服务学生。囿于时间限制的学习模式要求不同资质的学生在相同时间完成相同的学习任务，不符合学生的个性化学习需要。

地点限制指的是学生被限制在校园、教室和图书馆这些固定的场所，这些是封闭的、私密的和神圣不可侵犯的地方，大学是象牙塔，与社会相对保持孤立。教室是一个独立的"细胞"，由此形成边界，使学生在固定的领域接受知识。地点限制使许多学生失去在开放的社会运用新技术和新方法获取新知识的机会。

效益限制指的是教育套用商业价值模式，在"科学管理"的口号下注重线性的投入与产出的效率模式，甚至连课堂教学也要考虑资源投入与时间的效率关系。

角色限制一方面是指对"教"的期望过高，而对"教"的对象的要求较少，甚至很少有具体要求；另一方面是指教师角色赋值过载，教师被看作学科专家、评价者、管理者、资料控制者、团队组织者、咨询者、信息处理者、演讲者、问题解决者、监督者等，教师教育却因没有专门针对胜任这些复杂职业角色的培训而无所适从，最终，教师只好局限在传统的学科专家的角色之中，尽可能快地将知识传授给学生，讲授法是最基本的教学方法，教师成为学生成

---

① 〔美〕迪·芬克. 创造有意义的学习经历——综合性大学课程设计原则[M]. 胡美馨，刘颖，译. 杭州：浙江大学出版社，2006：5-6.

② O'Banion, T. A Learning College for the 21st Century[M]. Phoenix: Oryx Press, 1997: 10.

绩的评价者。关于教师角色的核心问题基于教师代表上一代人将知识传授给下一代人的隐喻，其核心是知识或信息的传递。其方式是教师是主导者，而学生是一群被动的跟从者。教师成为知识的源泉，而学生只是接受知识的容器。讲授是最便捷、最容易的方法，成为占主导地位的教学方法。

传统的"教学范式"下，学校就是教学工厂，课程分数是基本生产单位。但是，正如保罗·德雷塞尔（Paul Dressel）所言，课程分数不足以反映学生对某一不确定材料中未知比例的掌握程度的偏颇和多变的判断所做的不准确判断，无论多么有效的累积学分计算，都无法克服成绩开始时的混乱状态。[①]这种传统的以教学为中心的大学，其组织核心部分是大学，大学生应对自己的学习负责，其基本假设是：大学提供课程、教师、图书馆、图书、计算机和网络等基础设施，通过制定一定的教学目标，以此为基础设置一系列课程，按计划要求学生完成每一门课程并通过考试，就认为学生掌握了进入社会所需要的知识和技能。[②]学校要做的就是通过修改教学计划、调整课程设置、改进教学模式等方式来提高教学效果，而不关心也没有真正地去了解学生在这个过程中学习到了什么、学习是怎样发生的，至于学好或学不好，那是学生的事，即"师父领进门，修行在个人"，学生对自己的学习负主要责任。这在一定程度上忽视了学生的权利，限制了学习的丰富内容和深远意义。

针对"教学范式"暴露出来的问题，需要用一种新的方式来思考本科教育，核心是把学习置于整个教育结构的中心，将学习作为教育的主要目的。因此，奥班尼恩提出，为了适应教育的剧烈转型，需要构建适应21世纪需要的"学习中心大学"。"学习中心大学"的核心理念就是要实现从"教学范式"向"学习范式"的转型。奥班尼恩指出，"学习中心大学"是把学习放在首位，通过任何方式，在任何地点和任何时间为学习者提供教育经验。[③]这种范式的基本假设在于，教育经验是为便于学习者的学习而设计的，而不是为了教师教的方便。为此，他提出"学习中心大学"的六条基本原则。[④]第一，"学习中心大学"使学习者的个体学习产生实质性改变。这是首要原则，是不证自明的、最基础的原则，但也是最容易被忽视的原则。作为首要原则，其必须被反复强调并渗透到其他原则之中，以成为其他原则的价值基础。第二，"学习中心大

[①] 转引自 Chickering, A. W. Grades one: More tilt at the windmill[J]. American Association for Higher Education Bulletin, 1983, 35(8): 10-13.

[②] Newman, F., Couterier, L., Scurry, J. The Future of Higher Education: Rhetoric, Reality, and the Risks of the Market[M]. San Francisco: Jossey-Bass Publishers, 2004: 136.

[③] O'Banion, T. A Learning College for the 21st Century[M]. Phoenix: Oryx Press, 1997: 22.

[④] O'Banion, T. A Learning College for the 21st Century[M]. Phoenix: Oryx Press, 1997: 47.

学"是学习者全身心投入学习进程中，并且设定学生要为自身的学习选择负首要责任。"学习中心大学"聚焦引导学生面对新的学习环境，使学生明确自身的学习期望，一方面，学生要全身心投入学习经验的创造和实施过程中；另一方面，学生要对自己的学习目的和学习选择负首要责任。第三，"学习中心大学"创造并提供尽可能多的学习机会。"学习中心大学"为学习者提供涉及学习时间、地点、结构和方法等多方面的选择。每一种学习选择都有特定的目的和需要达到的能力标准以及特定的学习结果测量方式。"学习中心大学"为学习者持续不断地创造更多的学习机会，很多学习机会是基于学生自身学习经验而产生的。第四，"学习中心大学"帮助学习者形成和参与合作学习活动。"学习中心大学"将传统的"学者共同体"的大学理念转变为"学习者共同体"。在"学习者共同体"中，学生和教师以及其他学习专家共同创造学习型社会结构，为学习者个体提供支持与帮助。研究证明，"学习者共同体"有助于提高学习质量，因而也就成为"学习中心大学"的一个显著特点。第五，"学习中心大学"把自己定位于根据学习者的学习需要调整为学习的促进者角色。在"学习中心大学"中，教师要根据学生的特点和个体学习需求来开展教学，大学中的每个教职员工都要思考自己的工作在学生的学习过程中能够发挥怎样的促进作用，其中也包括学生自己。学生作为"学习中心大学"的建设者，也要积极扮演他人学习的促进者角色。学生的参与一方面降低了大学的人力资本成本；另一方面，学生作为同辈群体，会对其他学生的学习产生很好的促进作用。第六，"学习中心大学"及其学习促进者角色的成功取决于学生学习的改进、学习范围的扩大和学习成果可以被记录和追溯。"学生学了什么""学生能做什么"等是"学习中心大学"必须回答的问题，这就要求大学对学生学习过程进行记录与评估，通过评估学习效果来评价学习目的是否达成。

以上六条是构建"学习中心大学"的基本原则，其中最基本的教育哲学思想是以学生为中心，学生要处于所有教育活动的中心地位。因此，"学习中心大学"首要的是把学习放在首位，为学生提供学习经验，让学生真正投身到学习之中。

（五）弗兰克·菲尔："学习范式"的多维隐喻

巴尔和塔戈提出的"学习范式"是他们对美国高等教育发展实践反思的结果，是一种对现象的分析，并非严格意义上的逻辑概念界定。这就造成了概念内涵的模糊性，巴尔和塔戈提出的"学习范式"被有些学者嘲讽为"稻草人"，在理论与实践层面都存在诸多误解。2001年3月，在圣地亚哥召开的北美第五届"学习范式"会议上,与会者采用隐喻的方式探讨"学习范式"应有的内涵。与会者要求用简单的隐喻来描述各自对"学习范式"的理解,因为隐喻的方式能够将复杂的问题形象化,便于理解和交流。Fear 等将与会者提出的 26 个"学习范式"的隐喻分成 5 个主题并进行了归纳总结(表1-4)。[①]

表1-4 关于"学习范式"的主题和隐喻

主题	隐喻
探究和发现	①淘金;②夜航的船只;③勇敢的探险家;④揭示已经存在的雕塑;⑤旅行——发现的过程;⑥脑海中的惊讶想法
自然系统动力学	①一棵以学习成果为叶的大树;②生态系统丰富的沼泽地,其中遍布着落水洞、流沙、毒蛇(策略)和短吻鳄(奖励系统);③散布着流星的星系,流星坠落,垂垂老矣;④加热而炸开的爆米花——这种加热创造了一种环境,在这种环境下,里面已经存在的东西可以喷薄而出
关系	①学习共同体;②师徒制;③团队建设;④训练;⑤餐桌上的讨论
矛盾和冲突	①旷野中的嚎叫;②在有钉子的路面上骑车;③推巨石上陡坡;④在湖中游泳和沉没;⑤从机舱中一跃而下的跳伞运动员;⑥远望着"学习范式"被一堵尖桩栅栏围住
选择和内容	①一份档案袋;②一个购物中心,教授们在为不同的店铺提供商品;③大人教小孩子过马路,从牵手到放手;④烤松饼——烤出来是什么取决于厨师的手艺、烘盘的质量、炉火的温度和配方的好坏;⑤跳水运动员和跳板之间——决定跳水结果的因素包括跳板的灵活性、风速,以及运动员的动力大小、脑海中的意愿强弱和自身能力水平

隐喻除了体现修辞学的语言表达之外,还反映出主体对客观事实的价值判断(价值论)、现实认知(本体论)、认知方式(认识论)和参与方式(方法论)的哲学偏好。通过探索隐喻与"学习范式"之间的关联,我们可以认识"学习范式"的多个参照系——概念框架、哲学框架和学术框架,这样有利于我们进一步解释和理解"学习范式"的内涵。多样化隐喻可以诠释与会者对"学习范式"较为一致的理解。

在价值论上,"学习范式"自身不仅是"目的地",还可以被延伸理解为到达"目的地"的路径。也就是说,学习范式不是固定不变的模式,而是教学改革的方向及路径。比如,将"学习范式"比作一种"旅行",旅行是一个探索的过程,通过"旅行"的隐喻,"学习范式"更容易被理解为一个动词而不是一个名词,也就是说,"学习范式"不是固定的框架,而是向明确方向流淌的"河流",虽然存在多种变化,但万径归海。

---

① Fear, F. A., Doberneck, D. M., Robinson, C. F., et al. Meaning making and "the learning paradigm": A provocative idea in practice[J]. Innovative Higher Education, 2003(3): 151-168.

在本体论上,"学习范式"强调一种关系性存在,学习者通过与环境的联系主动建构自己的学习经验。

在认识论上,"学习范式"不是空洞的概念框架,必须投入运用。"学习范式"必须思考教学改革的背景,而不是特定的内容。它能促进人们产生新思考和新思想,而不是通过想象解决一切问题。

在方法论上,"学习范式"是对"教学范式"的整体性超越和转变,包括大学组织整体层面和个体层面两个维度的转变。在整体层面,大学从闭塞的、自我封闭的、静态的机构向开放的、持续学习和不断变化的组织转变,使大学在教育学生的过程中变得更加有效和高效。在个体层面,大学由传授给学生知识向提升学生的学习能力转变。

总之,"学习范式"概念提供了包罗万象的隐喻,预示着大学本科教育的整体性转型。"学习范式"不是要在实践中去实现它,而是引发一种新的思维方式,重新思考教育的本质和教学的内涵,以学习为关注点,推进从"教"向"学"的转变。巴尔与塔戈在与同行专家的讨论、交流和反思的基础上对"学习范式"给予了简洁概括,将"学习范式"理解为"能够产生深度学习,并随着时间的推移越来越好"[1]。"深度学习"指的是在情感、精神和认知等多个层面参与和改造个体的过程。当学习环境和经验与学习者的兴趣相一致时,当学习环境能"负担"得起学习者的主动学习和互动时,深度学习就可以被激发。"随着时间的推移越来越好"从理解深度学习的复杂性出发,将人们的注意力集中到大学作为学习机构是如何不断提高学生的深度学习能力上,包括大学组织和文化的有效转变,以及大学规划、治理范式、资源分配、课程开发和所有的教学支持服务都要聚焦于提高学生的深度学习能力。

(六)从"教"到"学":本科教育向"学习范式"转换的内在本质

本科教育向"学习范式"范式的转换是时代发展的需要。"学习范式"强调大学是产生学习的机构,而不仅仅是传授知识的场所。大学通过创造环境和经验使学生自己发现和建构知识,形成批判性思考能力,同时使学生成为大学中发现和解决问题的学习共同体中的成员,并且成为学习过程中的主要行动者,必须整体性地建构学习,使学生自身成为知识的发现者和建构者。

"学习范式"的提出,其本质是高等教育质量观的改变,是对传统本科教

---

[1] Fear, F. A., Doberneck, D. M., Robinson, C. F., et al. Meaning making and "the learning paradigm": A provocative idea in practice[J]. Innovative Higher Education, 2003(3): 151-168.

育的反思，从"教"到"学"的转换是根本。英国学者拉斯特（Rust）表示，"有一种范式的转移，从关注'教'转向关注'学'，超出了修辞学的意义，更加关注技能的发展，尤其是通识、可迁移的技能"[①]。但是，严格意义上来说，巴尔和塔戈并没有明确定义何为"学习范式"。正如有学者指出的那样："他们提出了一个框架，提出了一种新的操作方式，并给出了一个令人难忘的名字——学习范式。"[②]"学习范式"的价值在于提出了一系列"新的问题和可能的答案"，其核心在于将大学的使命重新定义为学习。巴尔和塔戈关于"学习范式"的诠释在实践层面也得到了回应。1997 年，全美州立大学和赠地大学协会发布的《回归我们的根源：学生的经验》报告中提出了"学习范式"的三大理念：第一，大学必须真正以学习为中心；第二，学习共同体必须以学生为中心；第三，学习共同体应该重视营造良好学习环境的重要性。[③]

"学习范式"强调教学过程中"学习"的中心地位。教的目的在于引发学，教是手段，使学生产生学习才是最终目的。"学习范式"的提出引发的是一场从"教"到"学"的转变的教育运动，抑或是一场教育大讨论，"学习范式"概念内涵的精确性已经不是重点，重要的是人们开始用新的视野、开放的态度重新思考本科教育问题。

四、本科教育向"学习范式"转型的价值旨归

本科教育向"学习范式"转型成为 21 世纪高等教育的潮流，相对于传统的"教学范式"，当下应沿着新的范式引领的改革方向推进本科教育改革，为此，必须从本质上把握"学习范式"的真正内涵。"学习范式"作为一个探索性进程，首要的是从整体层面真正理解其价值旨归，只有这样才能对本科教育实践产生指导作用。

（一）"学习范式"提供理解本科教育的新视野

"学习范式"至今还没有一个完整的、被学术界公认的定义，学者大多采

[①] Rust C. The impact of assessment on active learning[J]. Active Learning in Higher Education, 2002(3): 145-158.

[②] Fear, F. A., Doberneck, D. M., Robinson, C. F., et al. Meaning making and "the learning paradigm": A provocative idea in practice[J]. Innovative Higher Education, 2003(3): 151-168.

[③] Kellogg Commission on the Future of State and Land-Grant Universities. Returning to Our Roots: The Student Experience[R]. Washington: National Association of State Universities and Land-Grant Colleges, 1997.

用二元分析的方法来诠释"学习范式"的内涵特征。尽管如此,"学习范式"概念的模糊性并没有降低其在教育改革中的理论价值。"学习范式"的提出,一方面不是凭空出现的,其内在理念上有着深厚的教育哲学思想的积淀,尤其是"以学生为中心"思想的传承以及现代心理学发展的影响;另一方面,在一定程度上,这是本科教育发展到特定阶段的内在需求。

从发生学的视角来看,尽管"学习范式"作为一个学术概念是在20世纪末才出现的,但是,"学习范式"的教育哲学基础是以学生为中心、以学习为中心。纵观历史,中外教育史上很早就出现了以学习为中心的思想。中国的孔子提出的问答式教学方法就是以学生为中心的典型代表。世界上最早的教学论著作为《学记》,其教育教学思想就体现了以学生为中心,如"大学之法:禁于未发之谓豫,当其可之谓时,不陵节而施之谓孙,相观而善之谓摩。此四者,教之所由兴也"。同时,在教学方法上,《学记》强调围绕"学"而"教",如"道而弗牵,强而弗抑,开而弗达。道而弗牵则和,强而弗抑则易,开而弗达则思"。《学记》中的这些论述表明,好的教学应该是建立在发挥学生学习的主动性基础上的。在西方,古希腊的苏格拉底提出的产婆术以及柏拉图提出的囚徒理论也都强调以学生为中心。此外,我们在卢梭、杜威以及罗杰斯的著作中也可以看到这种思想的延续。杜威被称作20世纪最伟大的教育学家,他指出,"如果用昨天的方式教今天的学生,我们就毁了他们的明天"[①]。这一观点就是教学范式转换思想的一种体现。20世纪60年代,布鲁姆及行为主义教育家提出以学习为中心的教育(learning-centered education),产生了广泛影响。另外,社会认知心理学、建构主义心理学、人本主义心理学在学习理论等方面的理论进展,使"以学生为中心"有了更为科学的理论依据。正是这些长期存在的深刻教育哲学传统和基础,为"学习范式"的提出奠定了基础。从教育理论发展来看,"学习范式"是"学习中心"理念的理论概括,因此,在很大程度上,"学习范式"概念的提出与其说是一种理论创新,更不如说是一种发现,巴尔和塔戈的贡献在于提炼了高等教育建立学习中心的核心思想。

从范式转换的视角来看,从"教学范式"向"学习范式"的转换是一种范式思维,而不是简单的模式变革。托马斯·库恩(T. S. Kuhn)在《科学革命的结构》一书中用"范式转换"来解释科学革命的进程,科学革命按照"常规—反常—危机—革命—新常规"的发展过程发生结构变革。库恩指出,范式

---

① 转引自赵炬明. 论新三中心:概念与历史——美国SC本科教学改革研究之一[J]. 高等工程教育研究,2016(3):35-56.

作为科学方法论的重要概念，提供的是一种基于对世界根本看法的方法论体系而不只是某种具体的研究方法。① 范式转换过程就是一个范式取代另一个范式的过程，这是科学发展进程的整体性超越。所谓的整体性超越，指的是一旦"范式"变了，我们看世界的方式变了，看到的世界也就变了。相反，如果范式不变，我们看世界的方式不变，也就看不到新的世界。对科学如此，对教育也是如此。所以，"学习范式"不只是一种新的理念，而是拓展了教育的范围，使我们不再局限于"教学范式"的边界。在这方面，我们必须重新认识"学习范式"与"教学范式"的关系，两者不是非此即彼的矛盾关系和相互排斥关系，而是包含与被包含的关系（图1-1）。②

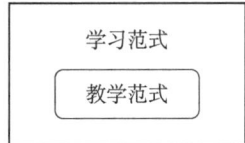

图1-1　"教学范式"与"学习范式"的关系

从概念内涵的范围来看，"学习范式"涵盖了"教学范式"的所有领域，所不同的是看问题的方式和思维发生了根本性变化。"学习范式"涉及教育整体的改革，包括学校的文化、使命与目标、教学管理与资源配置等，而不局限于教学改革的范围。从"学习范式"与"教学范式"的关系来看，在"教学范式"里能做的事情，在"学习范式"里都可以做，例如，"教学范式"里的讲授法、多样化的选择测验、分学期的教学计划等，这些从形式上在"学习范式"中都合理存在，虽然形式没有发生改变，但是目的却发生了根本性变化。目的不同，产生的结果也会不一样，以讲授法为例，在"教学范式"下，如果以传授知识为目的，以教师为中心，就是"教学范式"的思路；而"学习范式"并不排斥讲授法，通过系统讲授，引发学生批判性思考，引导学生自主学习，讲授法也是"学习范式"下必不可少的教学方法之一。所以，方法永远是手段，不能以手段代替目的，无论怎样创新教学方法，如果目的偏离了学生学习，都是不值得倡导的，这样就成了"为方法而方法"的教学改革。

总之，本科教育"学习范式"包含"教学范式"的所有要素，但是，"学习范式"的目标发生了转移，以更为广阔的视野来审视本科教育，是基于学生"学习"的整体性变革。这种变革是一种整体的转变，而不是一部分一部分的

---

① 转引自冯向东. 高等教育研究中的"范式"与"视角"辨析[J]. 北京大学教育评论，2006（3）：100-108.

② Tagg, J. The Learning Paradigm College[M]. San Francisco: Jossey-Bass Publishers, 2003: 37.

原子式改革，通过部分的变化是难以组装一个整体的学习范式的，这就是整体大于部分之和的效应。

（二）"学习范式"倡导建立"学习中心大学"

本科教育向"学习范式"转型，是建立在对"学习"重新认识的基础上，大学的使命是产生学习，需要构建"学习中心大学"。[①]这就需要推动学校层面的改革，强调本科教育的整体性变革，"学习中心大学"的目标定位应是：把学习放在首位，创造有意义的学习环境，大学对学生的学习负责。

构建"学习中心大学"，要把学习放在首位，以提高学生的学习质量为目标，对学生的学习负责。但这并不是唯一的目标，这也就意味着并不排斥大学同时具有的科研与服务社会的功能，只是在目标层级上，提高学生的学习质量这一目标应居于首位。在大学目标定位的过程中，要善于抓住触发事件（trigger event）[②]，以触发事件为突破口，引发大学目标改革的大讨论，为大学目标改革创造有利的舆论氛围。巴尔则指出，建立"学习中心大学"必须满足五个条件：第一，大学必须能详细地鉴别出显性学习的结果；第二，大学必须开发一个能从学生个体水平到整个班级、教学计划以及整所大学水平上测量学习成就的系统；第三，大学课程建设明显落后于显性学习的结果，必须不断开发；第四，为了获得所需要的学习结果，大学必须提供广泛而有权威的选择权；第五，为了增强学生的学习能力，大学必须持续、系统地研究可供选择的教学方法。[③]

要构建"学习中心大学"，就要创造有意义的学习环境，促进学生产生学习。韦恩认为，以学习为中心的范式的本质是创造环境，其他方面的特征虽然重要，但只是结果，而非本质。因此，创造学习环境成为大学的重要任务。[④]大学所创造的环境不仅仅是向学生提供更多的选择机会，更是为知识供应和学习服务创造更多的竞争[⑤]，使学生在竞争的环境中学会学习。大学要重视学生学习的主体性，发挥学生在学习中的自主性，了解学生的学习需要，理解学生

[①] 吴立保，严燕. 论学习中心大学的构建[J]. 黑龙江高教研究，2010（4）：11-14.

[②] O'Banion, T. A Learning College for the 21st Century[M]. Phoenix: Oryx Press, 1997: 227.

[③] Barr, R. B. Obstacles to implementing the learning paradigm—What it takes to overcome them[J]. About Campus, 1998(4): 18-25.

[④] Wayne, G. D. Policy Governance: An Example of the Learning Paradigm in Action[R]. Presented at the Learning Paradigm Conference, San Diego, January 10, 1999.

[⑤] Duderstadt, J. A University for the 21st Century[M]. Ann Arbor: The University of Michigan Press, 2000: 29.

在新的时代背景下所具有的参与者、顾客、消费者等多重角色特征和角色冲突,通过大学自身的努力,通过对学习成功进行重新定义以及对学习质量标准进行重新认证,并以此为基础建立学习共同体,提供教育资源,从而满足学习共同体所有成员的需要。

创造新的学习环境意味着,一方面,要满足教学人员自身学习的需要,作为学习共同体的重要一方,教学人员通过自身的学习才能更好地为学生的学习提供更丰富的知识,创造丰富多样的环境,才能努力提供高质量的课程、采取多样化的教学方法,为学生的学习提供高质量的服务;另一方面,要从科学世界的教育和生活世界的教育两个方面创造学习环境,不能把环境局限于学科专业学习上,学生日常生活世界也是学生成长的重要环境,大学应从提高自身的文化品位出发,通过大学文化环境的熏陶影响学生的学习。在创造学习环境的过程中,大学不仅要充分调查学习资源与学习相关人员的需要,也要保持开放的态度,还要融入社区生活中,与社区形成良好的交流和沟通机制,利用好社区资源,为学生提供更为丰富的学习环境。

(三)"学习范式"更加关注学生的学习

大学的改革,最终还是人的改变,我们不是要改变大学这个地方,而是要使生活在大学里的人——领导、管理人员、教师和学生发生改变。在大学的战略规划中,大学领导者应有以学习为中心的意识,不仅学生在学习,大学本身也在学习中取得发展,应把大学建立成学习共同体,通过对学习环境的设计、学习结果的评价,使大学规划有利于学生的学习。对于管理人员和教师来说,无论在理念上还是在行动上,都应渗透以学习为中心的思想,把对学生的学习负责放在重要位置。

"学习范式"关注学生的学习,要求本科教育改革必须致力于消解主要依靠"教"的体系,回归主要依靠"学"的体系。[1]对于学生来说,韦恩认为,以学习为中心的范式是学习者自身引起范式的转换。[2]约翰·霍普金斯大学教育学院院长安德鲁斯以撒米喂鸡来比喻传统的教学范式:"我有一把米和一群鸡。我每天给鸡撒米,它们围着我抢食。我只管撒米,但并不知道每只鸡是不是要吃、喜不喜欢吃、实际吃了多少。几个月后给它们称体重,决定是否让它

---

[1] 郭思乐. 从主要依靠教到主要依靠学:基础教育的根本改革[J]. 教育研究,2007(12):15-20.
[2] Wayne, G. D. Policy Governance: An Example of the Learning Paradigm in Action[R]. Presented at the Learning Paradigm Conference, San Diego,January 10, 1999.

们毕业。"①但是来自哈佛大学的研究表明，真正有效的学习不是这种"喂鸡式"学习，当问及学生对其学习产生深刻影响的特别重要和关键性事件或时刻时，有 4/5 的学生回答发生在教室之外的场景。②良好的学习环境不是完全设计出来的，而是由学生在与环境的互动中创造的。"学习范式"下的课程要向课外活动延伸，课外活动一样能够调动学生的积极性，激发学生的动机，使学生有明确的目的导向性（有深层目标），这样才能使学生的学习产生增量。

"学习范式"关注学习，本质上是关注学生的发展，需要学生主动参与和自主构建。学生不再是大学的被动参与者，而是与大学构成密不可分的伙伴关系，是大学环境的建构者，是学习的主人，理应对学习负责。学生需要改变被动学习的习惯，提高学习质量，适应社会对高质量人才的需求和自身发展的需要。大学要对学生学习提出更明确的要求和期望，构建自由、多元的支持性学习环境，促进学生积极投入学习，将学生学习成果作为人才培养质量的重要标准。关注学生的学习，重点在于激发学生的内在学习动机。当我们关注对个体长期发展具有重要意义的长期事件时，内部动机就显得非常重要。学生越是能够把自己的内部兴趣与大学学习结合起来，就会越享受大学生活，其成功的机会也就越多。社会学研究表明，目的与动机具有习惯性，当目标是自己设定的时候，个人的投入就会越多并努力实现目标；如果目标是别人设定的，个人可能就会觉得无法接受或者感觉没有义务去实现这个目标。③

（四）"学习范式"促进大学教学组织的变革

大学的目标最终还是要依靠教学来完成，正如上文所言，"学习中心大学"并不一定完全排斥传统的教学组织形式，但是从新的视野重新审视教学组织形式的合理性和有效性是必要的。1976 年，联合国教科文组织发布的研究报告《教与学：高等教育新方法和新资源指南》（Teaching and Learning: An Introduction of New Methods and Resources in Higher Education）认为，高等教育扩张给传统大学教学模式和教学方法带来危机，主要问题是无视学生的特点和要求，不能满足学生的多样化需要。该报告建议各国大学应改革传统教学方法，更多关注学生特点、学习过程和学习效果，明确提出要用以学生为中心的

---

① 赵炬明. 论新三中心：概念与历史——美国 SC 本科教学改革研究之一[J]. 高等工程教育研究，2016（3）：35-56.

② Light, R. Making the Most of College: Students Speak Their Minds[M]. Cambridge: Harvard University Press, 2001: 8.

③ Tagg, J. The Learning Paradigm College[M]. San Francisco: Jossey-Bass Publishers, 2003: 128.

教学模式取代传统教学模式。①

教学组织的改革是对原有教学要素的重新组合，其组合的标准是围绕学习这一中心，目的是为学生提供更好的学习环境。大学教学组织的改革主要是围绕教学管理来进行的，要改变传统教学管理中的弊端，以人本化价值取向指导教学管理活动，真正实现管理即服务的理念，在管理形式上实行弹性管理，采用学分制和学年制相结合的形式。教学组织改革要创建适应多样化人才培养的环境，为学生的发展提供多样化的途径：把教育的"选择权"交还给学生，让学生可以按照自我特点，在较宽口径的教学计划中自主选择课程、教师、进程和发展方向；把教育的"参与权"交还给学生，激发学生创造动机和发挥学生创造潜质；教学质量保证由"末端检验或随机性教学检查"向"教学全过程控制或科学制度化的教学质量检查与监控"转变；学生管理由以"管"为主转变为以"理"为主，重在对学生的疏导。西班牙学者加塞特从教育的经济原理出发，指出现代大学必须以学生为基础，而不是以教师或知识为基础。造成这一改变的原因"根本不是学生或其他任何人，而是时代本身和当前全世界的教育现状正再次迫使大学要把学生放在中心位置——为学生服务"②。现代大学应以最普通的学生为起点，发挥他们的主体性，教学组织的改革要以有利于他们的学习和发展为核心，而不是少数精英学生，这是建立以学习为主体的教学组织的重要方面。在教学组织中应注重建立学习的支持系统，进行合理的教学资源分配，做好学生学习评价的工作。学习评价是构建学习中心大学的重要环节，是大学目标的修订和学习环境创造的标准。

总之，本科教育向"学习范式"转型，需要构建"学习范式"大学，以新的思维来审视本科教育的价值。"学习范式"大学是拥有特定内涵的组合，主要包括以下几个方面：第一，"学习范式"大学应该支持学生追求自己的目标。但若仅仅支持大多数青少年或年轻人刚进入大学时已有的个人目标，我们将培养出一代电子游戏专家，或者更糟糕的是，培养出只追求狭隘及肤浅的物质财富的一代人。第二，"学习范式"大学应该要求学生表现活跃。但如果学生积极表现的初衷是自私自利，那么学生的表现将成为沉闷消极、毫无意义的作秀。第三，"学习范式"大学应该经常提供过程反馈。但如果学生不能从大学内在要求和公开标准的角度去理解反馈评价，那么这些反馈将会沦为无谓的分数。第四，"学习范式"大学应该保持学生长远的学习目标。但如果着眼长

---

① MacKenzie, N., Eraut, M., Jones, H. Teaching and Learning: An Introduction to New Methods and Resources in Higher Education[M]. Paris：UNESCO Press, 1976.

② 〔西〕奥尔特加·加塞特. 大学的使命[M]. 徐小洲，陈军，译. 杭州：浙江教育出版社，2001：70.

远的学习不能激发学生的内生动力、为学生带来有效反馈,学生的学习持续性水平将会降低。第五,"学习范式"大学应该提供稳定的实践共同体。但如果共同体不能着眼长远,无法激发学生的内生动力,且缺乏过程性反馈,那么这将会成为大学水平下降的借口,而非借此提升大学内涵。[1]

五、本科教育向"学习范式"转型的挑战与阻力

本科教育向"学习范式"转型是一个艰巨的过程,正如 Magolda 指出的那样,"学习范式"的实践要比其看上去难得多,面临着诸多的不确定性和挑战。[2]必须克服转型的阻力才能将"学习范式"理念在实践中贯彻,才能解决"学习范式"是"稻草人"的尴尬境界。塔戈用"赞成的理论"(espoused theory)和"正在使用的理论"(theory in-use)两种理论来描述人们对待"学习范式"的态度,前者指在理论上赞成,在行动上不一定使用;后者指说是一回事,做又是另外一回事。这种深藏在人们心中的言行不一致,使本科教育向"学习范式"转型面临来自多方面的挑战与阻力。本科教育向"学习范式"转型的阻力主要来自生活在大学中的人,转型的阻力既有大学组织层面的,也有来自师生个体层面的。

(一)来自学校的阻力

作为"学习范式"的倡导者,塔戈对高校为什么难以停止"教学范式"并尝试开始"学习范式"有独特的理解。从"教学范式"向"学习范式"的转换,实践操作要比概念理解所表现出来的复杂得多,这是由教育工作者根深蒂固的关于"教"与"学"的习惯和假设所造成的误解,其中最主要的误解是非此即彼的二元对立观点,即除了以教学为中心外,唯一的选择就是以学生为中心。这就需要首先在学校层面推进向"学习范式"的转换。但是,作为一个组织,学校有着其自身的转型阻力。这是因为每个系统都是经过完美设计来做它所做的事情的。这个关于组织系统的古老格言深刻揭示了要进行组织上的转型,就必须推进系统性的改革,由此决定了大学作为一个复杂组织,要由一种范式向另外一种范式转型,系统自身的阻力是天然存在的。在高校层面推进向"学习范式"转换,需要从两个相互关联但又不同的维度展开:一是大学的目

---

[1] Tagg, J. The Learning Paradigm College[M]. San Francisco: Jossey-Bass Publishers, 2003: 124.

[2] Magolda, M. B. Learning-centered practice is harder than it looks: What it means to challenge our assumptions about learning[J]. About Campus, 1999(4): 2-4.

的要从"产生教学"到"产生学习"转换，这是大学特有的转换；二是大学要向学习型组织转换，这是所有现代性组织共同的转型方向。①

第一，学校层面的转型面临制度性的阻力。对于高校来说，多年以来，它们一直是在"教学范式"下运行的，谁也没有对其基本的教育结构、过程和假设进行质疑与反思。大学是固定的，学生是流动的。大学按照学期时间表一届一届地培养学生，大学设置学科专业，安排课程与教学，通过有计划的教学安排让学生学习知识，学生通过一段时间的学习修满学分就能获得文凭，这是大学一直在做的事情，成了其习惯。毋庸置疑，大学现有的组织制度是围绕"教学范式"设计的，大学向"学习范式"转型，需要实现组织制度的再造。这种再造不是形式结构的再造，而是内在组织设计的理念的再造，在某种程度上是对大学组织属性的自我否定。这就要求大学向"学习范式"转型涉及目标和手段两个方面，这是一种整体性的范式转换，大学要从封闭的、自闭性的、静态的机构向开放的、不断学习的和不断变化的组织转型，这样才能使大学在教育学生方面变得越来越有效和高效。这种范式转换对于大学来说是根本性的、革命性的，如果大学的基本结构和流程不发生重大变化，大学就无法实现向"学习范式"的转型。大学组织结构的变革是必要条件，因为组织结构是个人和集体努力的手段，并由此创造了组织文化环境。正确的结构变化和相应的文化转变会增加应用于成员努力的组织水平，从而将总体组织绩效提升到更高的水平。大学向"学习范式"的转型无疑将涉及一个漫长、复杂和艰难的重新设计、重新组织和文化变革过程。如果没有对整个系统的远景考虑和设计，单靠增量的更改加起来不会有任何意义。

第二，学校层面缺乏向"学习范式"转型的外在压力和内在动力。如果将大学组织变革及大学文化概念与其所面临的社会风险相对应起来，没有外在压力就会导致内在改革的动力不足，就会产生改革的阻力。与高科技、高风险、高回报的高科技企业的竞争和投机文化相比，大学组织的文化风险低、反馈少。高科技企业为了应对市场风险，不仅要投入大量的预算用于开发新产品，而且要根据市场变化重新设计企业的组织结构，通过提升组织学习能力，以提高创造力和生产能适应市场需求的有竞争力的产品，组织变革本身就是一种生产力，能够提升生产的效率和效果。相比之下，大学几乎没有市场风险，对学生学习的反馈是微弱的、间接的，而且通常是延迟的。在目前的管理体制下，大学是社会公益性事业，尤其是公立大学，不管它们的教育产品如何，它

---

① Barr, R. B. Obstacles to implementing the learning paradigm—What it takes to overcome them[J]. About Campus, 1998(4): 18-25.

们从来不会面临失去收入的危险，更不用说破产了。因此，作为组织的大学没有经历过变革的需要，也没有形成自我反省和系统性变革的组织能力，基本上没有系统的学习和改变的能力。因此，在这样的组织中进行变革是一项艰巨的任务。著名的"乔布斯之问"（即为什么计算机改变了几乎所有领域，却唯独对学校教育的影响小得令人吃惊？）映射出了教育信息化建设中高投入与低收益之间的巨大反差，使得人们将教育领域视作信息化的最后"堡垒"。大学作为人类社会发展至今保存时间最长的组织，其组织惯性产生的阻力是巨大的。除了大学这些内部阻力之外，在大学之外还有保持"教学范式"存在合理性的外部力量，社会已经习惯了"教学范式"的存在，尤其是在高等教育领域，很多人生活在"教学范式"的场域里，生于斯，长于斯，反而失去了对"教学范式"合理性的反思，这种传统范式的惯习也是一种强大的阻力。用范式的视角来表达，现有的大学组织机构是按照"教学范式"的要求来设计的，并被现有的治理范式所强化，为了维护"教学范式"的合理性，"学习范式"成为高等教育现在占据统治地位的范式的对立面，大学会将新范式的治理原则作为一种异己力量排除在外。

第三，学校层面的转型缺乏可借鉴的经验。巴纳特指出，"如果一个机构不具备'批判理性'、'真知'和'对话'这样的观念，人们则很难设想它可以戴上'大学'这顶桂冠"[①]。大学作为知识生产与创新的场所，批判精神与批判性思维使大学成为一个理性的场所，使其履行社会的良知的职责。在现有的制度下，大学向"学习范式"转型必须重新拓展教学程序与领域，因为既定的流程，从课程表制作到学术政策等，都是与传统学科课程相适应的。很多高校没有看出关注学生学习方面的改进对作为组织的大学的发展所具有的价值。同时，对于大学来说，由于"学习范式"是一个探索的过程，从外部来看，没有成功的经验可复制借鉴，大学的主动探索需要付出的成本和代价是非常高的；从内部来看，大学向"学习范式"转型需要教职工的全心全意。如果没有关键员工群体的全心全意支持，它们所能做的就是实施零敲碎打的改革。然而，对于范式转换来说，这种零敲碎打的改革方式往往很难成功。但是，如果没有成功的试点，就很难培养出进行系统性改革所需的关键数量的教职员工，这样就陷入了无休止的恶性循环。总的来说，大学向"学习范式"转型，必须把以学习为中心的理念渗透到大学的结构、组织、文化等各方面，才能有效实现范式的转换。1998 年，美国高等教育学会（American Association for Higher

---

① 转引自 Tierney, W. G., Minor, J. T. A cultural perspective on communication and governance[J]. New Directions for Higher Education, 2004(127): 85-94.

Education，AAHE）举办了一场以"认真对待学习"为主题的大型会议，会议指出，"在许多大学，关于学习和以学生为中心的言论已经超越了现实"①。这句话的意思很明确，在一个习惯于传统教学范式的大学，没有理念创新的能力，没有组织学习能力，如何能让这样的大学去推进根本性的变革呢？

（二）来自教师的阻力

本科教育向"学习范式"转型过程中，角色转变最大的是教师，因此来自教师的阻力是最大的，其中，关键问题在于教师对本科教育向"学习范式"转型的价值认知。对于大学改革来说，缺少教师支持与认可的变革多半不会持久，也不会产生重要的影响。②塔戈在美国做过很多场次关于"学习范式"的演讲报告，在受到欢迎的同时，也有很多质疑，有的教师在演讲现场就质疑塔戈所说的"学习范式"在教育实践中是不存在的，"学习范式"理论也一度被嘲笑为"稻草人"，只是一个摆设。塔戈用"赞成的理论"和"正在使用的理论"的区分来进一步说明教师层面向"学习范式"转型的阻力。对于教师个人来说，"赞成的理论"是一个诚实的人所说的控制他的行为的一套原则；"正在使用的理论"是一个无利害关系的观察者通过观察一个人的行为推断出控制他的行为的一套原则。如同许多行政管理者一样，他可能会宣称自己相信参与式民主管理，但是从外在的观察者视野来看，他的管理行为却是专制的，即说是一回事，做又是另外一回事。当教师以新的范式开展教学的时候，就要付出改革成本，传统的"教学范式"深深地扎入教师的潜意识中，牢牢地控制着他们的行为，形成对"学习范式"运用的阻力。所以，在教师层面，向"学习范式"转型是极其困难的，这包括如何学习"用新范式思考"和如何适应"在新范式内思考"两个方面。

首先，"学习范式"带给教师更大的压力。"学习范式"强调，由教师和学生围绕共同的主题组成"学习共同体"来开展合作学习和研究型学习，越来越多的研究发现，这种基于"学习共同体"的学习比传统的学科课程对学生学习更有效，因此许多大学教师都尝试过这种方法。但是，尝试组建"学习共同体"的教师发现，他们自己很难继续下去。他们必须比其他教师更努力地工作，但这并不是因为"学习共同体"比传统课堂需要更多的时间和精力。相

---

① Barr, R. B. Obstactes to implementing the learning paradigm—What it takes to overcome them[J]. About Campus, 1998(4): 18-25.

② Eckel, P. D. The role of shared governance in institutional hard decisions: Enabler or antagonist?[J]. The Review of Higher Education, 2000(1): 15-39.

反，他们必须与旨在支持传统讲座课程的制度力量和机构作斗争。他们必须重新拓展教学程序与领域，因为既定的流程是与传统学科课程相适应的。除此以外，"学习共同体"的构建必须得到其他教师和学术领导的认可，因为它比传统的学科课程花费更多，即使它们确实能带来更高的学习满意度和学生满意度。①

其次，归零原则造成教师对"学习范式"的心理障碍。归零原则指的是当发生范式转换时，以前的经验要重新归零，等于开始新的游戏，要遵从新的规则。②教学范式创造了教师作为讲授者的角色，这一角色长期以来几乎没有改变，以至于对于许多教师来说，他们并不是认为这种角色定位是与之相对应的组织结构化的产物，而是一种独立的个人特征。换句话说，大多数教师认同这一角色。角色转变一旦威胁到教师的角色认同，就会产生教师对"学习范式"的抵制。因此，许多教师尽管在内心上认可"学习范式"，但是在实际运用中遇到挫折或自尊心受到伤害时，又不自觉地回到比较熟悉的教学范式中。

（三）来自学生的阻力

向"学习范式"转型建立在对"学习"的重新认识的基础上，正如罗伯特·格鲁丁所言："学习不仅仅是积累数据，而是重建自己的世界。"③大学需要重建知识的世界，以便创造条件，使学生能够学会重建他们的世界。因此，对"学习"的理解应建立在以下三个基本假设之上：第一，知识是社会建构的，而不只是客观真理；第二，权威的作用是与学习者分享专业知识，相互赋予意义，而不是传授给他们真理；第三，学习者能够思考，评估证据，并利用现有知识来决定相信什么。④向"学习范式"转型，对于学生而言，最大的阻力是角色的转换和思维的转换，尤其是在思维方式上，学生还是通过现在占主导地位的"教学范式"的思维模式和前提假设来看待学习，学习惯性的影响造成学生思维的不适应。

1）学生角色转换的阻力。学生需要为自己的学习负责。在传统的"教学范式"下，学生是顾客，扮演消费者的角色，特别是在高等教育普及化阶段，

---

① Barr, R. B. Obstacles to implementing the learning paradigm—What it takes to overcome them[J]. About Campus, 1998(4): 18-25.

② Barr, R. B. Obstacles to implementing the learning paradigm—What it takes to overcome them[J]. About Campus, 1998(4): 18-25.

③ Grudin, R. The Grace of Great Things: Creativity and Innovation[M]. New York: Ticknor and Fields, 1990: 152.

④ Palmer, P. Teaching and learning in community[J]. About Campus, 1997(5): 4-13.

大学本身的功利化与市场化氛围就相对浓厚，学生通过缴费上学，完成规定的课程后获得相应的学分，最终得到的是学位。整个大学学习过程被量化为学分与学位的交易过程，学习的目标不是学生自己的目标，而是为了得到学位。在"教学范式"下，学生就像提线木偶一样，学习不是学生喜欢的事情，是在外在要求下不得不做、不得不完成的任务。这表明学生没有有意义地参与决定学习什么、如何行为、如何对待他人、如何考虑多样性，以及如何规划自己的未来。但是，在"学习范式"下，学生要用一种新的思维方式来重新认识和思考"什么是学习"。学习是一种责任，是对自己负责，学生需要付出更多的努力。"学习范式"下的大学对学生学习提出了新的要求，在赋予学生设定目标的自主权的同时，要求学生不断对自身学习目标进行反思和调整。与"教学范式"下的学习主要是完成预先设定的目标这样外在的任务不同，"学习范式"下的学生要赋予学习对个人发展的价值与意义，学习是学生完成有意义的任务的过程。在一定程度上，"学习范式"下的大学没有统一的外在标准，学生需要自由探索适合自己的学习目标、标准与模式。如果需要标准的话，这个标准也是对大学提出的要求，唯一的标准是大学为学生的学习提供机会，让学生按照自定的目标开展学术项目探索。"学习范式"下的大学面临的挑战是学生对他们自己的学习负责。如果学生对自己的学习不负责任，就不会产生真正的有意义的学习。从这个角度来看，学生角色转换如果不能成功，就会成为大学向"学习范式"转型的最大阻力。

2）学生的学习动机发生变化。传统"教学范式"下的学习是外部动机驱动的学习，学习是为了完成某种外在任务，学生对何谓"成长"并没有清晰的理解。向"学习范式"转换，对学生的学习行为提出了新的要求，要由任务完成式的学习转向自主选择的学习，这种学习行为变化主要来源于学生的内部动机，内部动机使学生的学习目标具有方向性和稳定性，使学生的学习对自己的个人成长具有价值，而不是简单地证明学生通过学习掌握了某种能力。真正的学习除了证明学习者的能力外，还具有美学价值、共同价值或个人价值。学生的学习行为变化和学习成就与学生的内部动机相关，学生的内部动机可以促进学生产生进一步真正的学习表现。对于专家来说，只有知识是不够的，知识要与特定的背景产生联系才能发挥作用。同样道理，学生的学习要使知识与有意义的真实环境发生联系，这样才有助于解决问题以实现目标。这些学习环境或学习情境不仅是个性化的，而且具有特定时空性，是学生个体积极选择的结果，是学生参与学习环境的构建与交互影响，使学生的学习更富有意义，这对习惯于完成既定学习任务的学生来说是一种巨大的挑战。这就需要学生对学习有统治力，学习不是被动的，而是要靠学习者主动建构去创造学习。失去对学习的统治力，就等于失去自己的个人世界经历。传统的学习是知识的传授，知识从有知识的人那里传输到没有知识的人那里，如果失去知识这个传输实体，学习就不复存在。个体对学习的统治力是对学习目的和目标的掌握，个体明确知道自己要学习什么，为何而学习，对学习的意义有非常清楚的把握，在一定程度上，探索学习的丰富意义也是学习本身。学生为了自己的利益要获得掌控自己学习的能力，学生要锻炼提升自己掌控学习的能力，把学习的权利掌控在自己手中。权利与责任同在，学生在具有选择权、行使学习统治权的同时，就需要主动承担学习的责任，尤其是学习失败的责任，以及对学习结果预期的不确定性，这种无形的压力是学生产生阻力的重要影响因素。

第二章 域外镜鉴：美国大学本科教育向"学习范式"转型的探索实践

美国高等教育史学者约翰·塞林指出，贯穿整个 20 世纪的美国高等教育对"为什么大学不能像商业公司一样运作"这一疑问的挑战与反思，成为引导美国大学改革发展的内在主线，与商业化和消费主义的时代文化相契合，美国的大学沿着市场化与公司化的方向快速发展，成为世界高等教育中心，发展成为世界高等教育的"巨人"。但是，到了 20 世纪末期，美国大学的营利性的负面效应日益显现，演变为"陷入麻烦的巨人"。美国高等教育两面性的根源在于大学忘却了其主要目的，商业投资模糊了教育的基本原则和价值观，致使教育活动混乱，尤其是对本科教育质量的忽视引起了美国对高等教育发展的警惕。以 1998 年博耶委员会发表的报告《重建本科教育——美国研究型大学发展蓝图》为主要标志，美国高等教育开始日益重视本科教育的重要地位。塞林用斯克里普斯学院的校训"新生命的开始"（Incipit Vita Nova）来表达重构 21 世纪的美国高等教育的定位，由此表述出美国高等教育的一种根本性的转型。对于本科教育来说，更加突出"以学生为中心"，以学生的学习为中心，推进向"学习范式"的本科教育转型发展，促进学习成功，是 21 世纪初期美国本科教育改革的核心和主要发展趋势。[①]

[①] 尚红娟. 美国一流本科教育的改革与发展趋势[J]. 现代大学教育，2018（3）：37-48.

一、美国大学本科教育向"学习范式"转型的进程轨迹

第二次世界大战以后,以市场规则和价值为主导的美国高等教育受到大学教育过度市场化的负面影响,本科教育商品化导致教育质量下滑,加剧了本科教育的边缘化。①美国学者埃克尔(Eckel)对本科教育市场化提出了批评,"大学转向课程和教学活动来寻求盈利的机会,以期赢得市场中的一席之地"②。20世纪80年代的改革与反思尽管在实际上没有根本扭转本科教育质量下滑的局面,但是,到了20世纪90年代,美国高等教育领域要重视本科教育,尤其是研究型大学要重视本科教育,已经得到美国高等教育界的普遍认可,在一系列研究报告的推动下,美国大学本科教育加速向"学习范式"转型。

(一)博耶委员会:吹起重建本科教育新范式的改革号角

1995年,由博耶任主席的美国研究型大学本科教育全国委员会开展了一项由卡内基教学促进基金会发起的、历时长达4年的调查研究,于1998年发表了《重建本科教育——美国研究型大学发展蓝图》的著名报告。这份报告对20世纪80年代美国研究型大学本科教育做出的评价是"常常是失败的,而且还在继续衰落"③。在此基础上,该报告提出了美国研究型大学重建本科教育的蓝图,其改革指导思想就是"以学生为中心",重视本科教育。这是一份在美国高等教育历史上具有划时代意义的报告,推动了美国大学本科教育向"学习范式"转型。2001年,卡内基教学促进基金会继续委托博耶跟踪研究美国研究型大学本科教育改革情况,经过3年的跟踪,发表了《重建本科教育——博耶报告三年回顾》。由于这两份报告都是由博耶主持完成的,所以被统称为"博耶报告"。

博耶报告呼吁美国各研究型大学要更加重视本科教育,这在全美引起了很大反响。博耶报告指出:"我们认为大学现在必须致力于重大的变革。研究型大学要立即面对本科教育中的问题,不要为过去的实践所蒙蔽;要考虑基本

---

① 张静宁. 美国本科教育中的"教学资本主义"述评[J]. 现代大学教育,2013(5):87-91.
② 转引自郭丽君. 大学教师聘任制——基于学术职业视角的研究[M]. 北京:经济管理出版社,2007:24.
③ 翁伟斌. 重建研究型大学本科教育的十种对策:来自波伊尔本科教育委员会的建议[J]. 外国教育资料,1999(6):50-55.

的问题并准备对运作方式进行根本性变革。"①博耶报告提出了10条改革建议，其核心在于呼吁美国研究型大学给予本科教育更多的重视。从范式转型的视角来审视博耶报告，关于本科教育改革的理论基础是建立在学生学习的基础上的。博耶报告强调对美国研究型大学本科教育开展彻底的检查，其目的是确立以研究为基础的学习成为本科教育的标准。博耶报告认为，美国研究型大学的本科教育要重申杜威关于教育的观点：学习是基于导师指导下的发现而不是信息的传递。研究型大学要将本科生从接受者转变为探究者，课程设置应给学生提供通过探索获得成功的机会。关于本科生的学习，博耶报告提出如下具体建议：①学生从入学的第一年开始，就应该在尽可能多的课程中参与科研；②学生从入学的第一年开始，就必须知道如何以口头和书面形式有效传递学习成果；③本科生必须进行多领域的探索，以作为对本专业领域的补充并与之对比；④基于探究的学习应顾及联合项目和合作；⑤精心设计的实习可将探究学习转变为实际经验，要广泛提供实习机会。②围绕学生学习，博耶报告提出了关于设置立足基础知识的核心课程、实行以研究为基础的学习、开设新生研讨课、重视学生的能力培养、改革教师奖励制度、教学中广泛应用信息技术等一系列改革措施。1998年，博耶报告不仅引发了新一轮关于研究型大学本科教育的特性的讨论③，而且对美国本科教育产生的深层次影响在于，其唤起了哈佛大学、麻省理工学院、耶鲁大学、斯坦福大学、哥伦比亚大学等美国一流大学的纷纷响应。博耶报告的观念在一批研究型大学中得以实践，博耶报告立足各校本科教育的现状，推进了一系列提高本科教育质量的教育教学改革。

2001年，为了跟踪研究《重建本科教育——美国研究型大学发展蓝图》报告对美国研究型大学本科教育的实际影响效果，博耶委员会受委托开展了一次大规模调查，包括对全美123所研究型大学的问卷调查，以及对40多所研究型大学负责本科教育工作的高级管理人员的后续访谈，组织来自100多所大学的教师和管理人员参加研讨会，全面收集了美国研究型大学本科教育改革实践的理解和成效，形成了《重建本科教育——博耶报告三年回顾》。该报告从8个方面对美国研究型大学本科教育改革进展进行了分析，结果显示，"研

---

① 温伟力. "博耶报告"影响下的美国研究型大学本科教育改革[J]. 外国教育研究, 2010 (9): 79-82.

② 博耶本科教育委员会, 朱雪文. 彻底变革大学本科教育：美国研究型大学的蓝图[J]. 全球教育展望, 2001 (3): 67-73, 2.

③ 朱清时. 21世纪高等教育改革与发展：国外部分大学本科教育改革与课程设置[M]. 北京：高等教育出版社, 2002：67.

究型大学应对其课程和主流教学形式进行重新反思，建立以研究为基础的教学模式"，这一建议引起了广大教师和管理人员的强烈共鸣。①也就是说，《重建本科教育——美国研究型大学发展蓝图》的核心思想逐渐从理念层面落实到本科教育实践之中。调查发现，有16%的大学给所有或75%以上的本科生提供了参与研究的机会，有26%的大学给一半学生提供了研究机会，另有48%的大学给一部分学生提供了研究机会。62%的大学反映其实验学科本科生中有一半以上学生参与研究与创新活动，44%的大学反映其工程学科本科生中有一半以上学生参与研究与创新活动。有近65%的被调查者强调其所属大学是积极鼓励探究式学习的，并建立了相关机构帮助教师掌握推行探究式学习的技巧与方法。有60所大学（66%）为新生制订了建立"有计划的学习团体"的计划，以使新生在2~3门课程的学习中有几个固定的学习伙伴。②透过这些关键性调查数据可以发现，本科生参与研究与创新活动已成为美国研究型大学本科教育改革的一大重点。

1998年和2001年两份跨世纪的博耶报告，对美国大学本科教育产生了深刻影响：一方面敲响了美国大学本科教育的警钟，另一方面也为美国本科教育改革指明了方向，推动本科教育向"学习范式"转型，使美国大学本科教育发生了巨大变化。《重建本科教育——博耶报告三年回顾》报告显示，美国每一所研究型大学都十分重视本科教育，改革的步伐明显加快，一些宣传也发生了变化，如"本科生研究"已成为大部分研究型大学课程手册的核心词汇。③这一时期的美国大学本科教育改革在一定程度上影响了世界高等教育关于大学本科教育的走向。推进本科教育向"学习范式"转型成为世界趋势，大学本科教育成为21世纪高等教育改革的关注重点。

（二）美国学院与大学协会：重组美国大学本科教育的更大期望

2000年，美国学院与大学协会任命了由25名专家组成的全国委员会，这些专家组成员包括顶尖大学的学者、私营部门、公共政策部门和社区领袖。经过两年的调查研究，美国学院与大学协会发表了《更大的期望：学习成为大学的愿景》这一研究报告，呼吁对大学本科教育进行重大调整，创建一个连贯的

---

① Carnegie Foundation for the Advancement of Teaching. Reinventing Undergraduate Education: Three Years After the Boyer Report[EB/OL]. 2001-03-12. http://www.sunysb.edu/press/021006-Boyer/.
② 伍红林. 美国研究型大学本科教育改革新进展——《博耶报告三年回顾》解读[J]. 比较教育研究，2005（3）：71-75.
③ 伍红林. 美国研究型大学本科教育改革新进展——《博耶报告三年回顾》解读[J]. 比较教育研究，2005（3）：71-75.

本科教育系统，更好地适应以学习为中心的变化，确保所有大学生不仅可以获得大学入学资格，而且可以获得具有持久价值的教育。[①]在知识社会里，大学学习处于社会的中心地位，大学的新角色所带来的挑战的复杂性和重要性并存，为了实现对今天的学生、后代的学生，以及更广泛的公众的承诺，高等教育本身需要改变，建立"学习中心的新学院"（learning-centered new academy）正在成为有抱负的大学生和社会对未来需求的答案。[②]为此，该报告从实施支持取得更大成就的政策、期待更大的成就、在个别校园取得更大的成就、准备通过整个教育系统取得更大的成就和让公众更好地理解大学教育的价值五个方面提出了19条建议，以大幅度提高学生在大学学习的质量。

《更大的期望：学习成为大学的愿景》研究报告的发布，一方面是美国重振本科教育的历史机遇，美国对高等教育近乎普遍的需求，以及基于终身学习的需要，人人都要接受高等教育，这些为美国重振本科教育创造了新的紧迫性和机遇；另一方面是美国大学本科教育改革的实践经验，美国的一些大学和学院早已开始了学习中心的本科教育改革。大学和学院在推进本科教育改革的实际行动中，有些院校展现出更高期望的成功范例，使委员会看到了希望，即美国人能够并且将会为每一个大学生提供一个接受新的卓越教育的承诺。委员会也是在访谈和总结这些"更高期望"的公立和私立的学院、社区学院以及大学的基础上形成了这份报告。

《更大的期望：学习成为大学的愿景》研究报告的主旨是推进美国大学本科教育重组，核心在于促进学生学习。该报告指出，尽管学生在大学里攻读不同的专业，但是不管学习什么专业，大学都应教育和帮助大学生成为有意识的学习者（intentional learners），使其能够适应新的环境，整合不同来源的知识，并在一生中继续学习。在一个动荡而复杂的世界里，大学生需要有坚定目标和自我导向，成为这样一个有意识的学习者意味着大学生需要培养自我意识，了解学习的原因、学习过程本身，以及如何使用学习结果。有意识的学习者是整合型思考者，他们能够看到不同信息之间的联系，并利用广泛的知识做出决定。对于有意识的学习者，智力学习与个人生活、正规教育与工作、知识与社会责任相联系。通过理解教育的力量和意义，有意识的学习者有意识地选

---

① Association of American Colleges and Universities. Greater Expectations: A New Vision for Learning as a Nation Goes to College[R]. Washington: Association of American Colleges and Universities, 2002: 16.

② Association of American Colleges and Universities. Greater Expectations: A New Vision for Learning as a Nation Goes to College[R]. Washington: Association of American Colleges and Universities, 2002: 52.

择以道德和负责任的方式行事，能够把自己置身于一个多样化的世界里，这些学习者利用差异和共性产生一种更深层次的学习经验，通过掌握自然界和社会世界的知识，以及基于知识的探究能力和实践技能，对个人行为和公民价值观负责，从而提高自身能力。因此，有意识的学习者也是"有能力的学习者"（empowered learner）、"有见识的学习者"（informed learner）和"有责任的学习者"（responsible learner）。①

美国作为一个在大学上运行的国家（college-going nation），人人都要上大学，美国的成功也就取决于大学的成功。确保所有的学生都有强大的学习能力，不仅为工作做好准备，也为职业发展和充实的生活做好准备，这是社会共同的责任。而最先受到冲击的是大学的责任，因此，该报告呼吁大学要为所有学生提供优质的自由教育，重振自由教育，使其更具包容性。这就需要建立"学习中心的新学院"。关于这一点，委员会对美国大学的未来充满了期望，因为建立"学习中心的新学院"的创新方法已经在一些大学里开展，下一步是将这些孤立的创新转化成一项高等教育全景变革的综合运动。

《更大的期望：学习成为大学的愿景》研究报告强调学习中心。建立"学习中心的新学院"的使命发生了根本性变化，大学应成为人们学习的最重要的地方，而不是教师教书的地方。②大学将以学生学习的目的和意向为导向，将更加关注学生在课程和科目中的学习目标，而不仅仅是教学科目获得的学分数。大学要聚焦学生的学习，学生的学习能力或熟练程度比所教的科目、完成的课程及获得的学分更重要。在这样独特的使命和角色范围内，"学习中心的新学院"不仅要展示丰富多彩的教育方法，更要创造有利于学生学习的教育环境，以实现学生获得更高标准学习成果的共同承诺。

对于大学来说，建立以学习为中心的文化是校长和管理者的主要职责。大学要为学生提供连贯的学习路径，包括正式教育与非正式教育。以课程为例，大学要将传统上单独设置的通识教育课程、专业课程和选修课程整合成一个连贯的课程体系，通过整合课程内容促进学生学习。大学课程既包括大学四年之间的课程连贯性，也包括专业教育与跨学科跨专业教育的关联性，以便学生获得解决复杂问题所需要的多种知识与能力。这是一个雄心勃勃的目标，核

---

① Association of American Colleges and Universities. Greater Expectations: A New Vision for Learning as a Nation Goes to College[R]. Washington: Association of American Colleges and Universities, 2002: 21.

② Association of American Colleges and Universities. Greater Expectations: A New Vision for Learning as a Nation Goes to College[R]. Washington: Association of American Colleges and Universities, 2002: 30.

心在于大学要促进学生学习目标的实现。

对于学生来说,"学习中心的新学院"更加强调培养学生"自力更生的学习能力",即学生要积极参与学习过程中,学生要对自己的学习负责,这将使他们受益终生。在变化的时代,到达学习顶峰的道路早已存在并且有很多条,应该有很多可供学生选择的机会,但关键在于每个学生都需要有方向感,以明确自己学习的目标和方向。这就需要调动学生主动探索的学习积极性,一旦明确学习的目标和方向,学习的方式就是个性化和多样化的,而不一定是统一路径的。

对于教师来说,要为增强学生的学习而教学。这样一来,教师的角色也就发生了根本性的改变。教学方法的选择是依据学生的学习来决定的,每个学生都可以发挥自己的潜力,每个人都可以主动建构知识,由此形成不同的学习风格。在学生个性化学习过程中,大学教师转变成知识渊博的向导,作为学生的导航工具来支持学生的学习旅程。在"学习中心的新学院",大学创造了便于学生学习的丰富环境,大学好比是一片环境丰富的知识森林,教师要教授学生在知识森林中探路所需的认图能力和导航技能,教师成为学生的顾问和引导者。

《更大的期望：学习成为大学的愿景》呼吁,建立"学习中心大学"是全社会共同的责任。大学本科教育的问题对于全社会来说都是共同的,需要全社会认真对待本科教育。推进"学习中心大学"的改革是一项复杂的系统工程,不可能由任何单一的机构来完成,更不可能靠高等教育部门单独完成。因此,该报告针对建立"学习中心大学"提出,要吸引更多机构和群体合作,包括中学和高等教育的合作,以及决策者、商业领袖、学校董事会、媒体、大学生及其父母的合作来共同推动。通过建立"学习中心大学",创造一个人人重视学习的社会,因为美国的未来及其在世界上的地位取决于其用新的视野来看待学习,取得更大的期望是全社会共同的责任。

《更大的期望：学习成为大学的愿景》阐明了21世纪大学的学习目标,提出支持改进教学和学生学习的新型模式,主张进行全方位的本科教育改革,这些建议对美国本科教育产生了很大的影响。因此,2005年,美国学院与大学协会又启动了长达10年的"自由教育和美国的承诺"（Liberal Education and America's Promise,LEAP）项目,该项目旨在捍卫自由教育的价值,重点关注使"所有学生"达成自由教育的目标——"必要的学习结果",继续推进大学本科教育改革,将学生学习的改革落到实处,重点关注大学教学改革中必要学习成果的达成、教学优秀准则、高影响力教育实践、有效评价以及多样化等。

（三）美国六大教育团体：美国大学本科教育的未来方向

美国教育委员会（American Council on Education，ACE）、美国州立学院和大学协会（American Association of State Colleges and Universities，AASCU）、美国社区学院协会（American Association of Community Colleges，AACC）、美国大学协会（Association of American Universities，AAU）、全国独立学院和大学协会（National Association of Independent Colleges and Universities，NAICU）、全国州立大学和赠地学院协会（National Association of State Universities and Land-Grant Colleges，NASULGC）六大教育团体基本上覆盖了美国所有高等院校，在美国高等教育领域具有重要的影响力。2006年，《纽约时报》发表的《毁掉美国未来》一文指出，尽管美国成为全球信息经济的翘楚并非偶然，这应该归功于让美国历史上"最庞大的一代"（baby boomer）接受一流的本科教育这一政策[1]，但是，美国本科教育仍面临着巨大挑战，其人力资源的优势慢慢丧失。为了回应这一挑战，2006年9月，美国六大教育团体联合开展调研，发布了《美国本科教育下一步如何走：致各成员高校的一封公开信》报告，呼吁所有成员高校重视本科教育改革，以求继续保持美国高等教育在世界上的领先地位，并为美国的强盛源源不断地输送创新人才。

该报告认为，美国大学本科教育急需变革来应对全球化挑战，承担为国家培养国际竞争力人才的责任。本科教育改革的最主要关注点是学生的学习，本科教育要达到以下基础目标：①使学生具有思考、读写和清楚表达的能力；②批判性的推理能力；③解决问题的能力；④合作共事的能力；⑤掌握专门知识的能力；⑥做出判断和分析及终身学习的能力。围绕学生的学习，该报告提出本科教育改革的下一步方向，具体为七条建议：①扩大低收入学生和少数族裔学生进入本科院校的机会；②高校要继续让学生上得起学；③运用新知识和教学技巧来促进学习；④高中教育要为高等教育做好准备；⑤提高本科教育的效果；⑥使大学生获得国际化的经验；⑦增加终身教育和劳动力训练的机会。[2]

六大教育团体提出的七条建议，紧扣美国大学本科人才培养的数量、质量、适应性和国际化等相关方面的问题。从时间序列来看，其包括大学入学前的质量准备和机会扩大、培养过程的学习促进和质量提升，以及毕业以后的国际经验和终身教育，涉及大学本科教育"输入—过程—输出"的全过程。从具

---

[1] Killing off the American Future[N]. New Times, September 16, 2006.

[2] ACE, AASCU, AACC, AAU, NAICU, NASULGC. Addressing the Challenges Facing American Undergraduate Education, A letter to Our Members: Next Steps[N]. New Times, September 21, 2006.

体内容来看，其主要涉及人才培养数量、质量和可持续发展问题。首先，本科教育质量是关键，提升本科教育质量的前置环节是高中教育要做好准备，提升高中教育质量是基础，必须做好大学与高中的衔接。关于这一问题，2002年，美国学院与大学协会发布的《更大的期望：学习成为大学的愿景》报告中特别提出，高中毕业生没有做好进入大学的学习准备是美国大学本科教育面临的重要挑战，高中生的学习与大学的期望不匹配成为美国本科教育质量提升的重要障碍。①六大教育团体的报告再次关注高中教育质量问题，既是对美国学院与大学协会报告的有效回应，也说明高中教育提升是一个需要长期关注的重要问题，它会对美国大学本科教育质量产生直接影响。其次，提升本科教育质量的关键环节是提升大学阶段的教育质量。六大教育团体的报告建议，各院校要充分应用"有效教学"这一新知识，促进不同学生在不同环境下学习。在这个过程中，一方面，教师要掌握和利用教育心理学成果提升"教"的有效性，学生要学会主动学习，提升"学"的有效性；另一方面，必须对本科教育质量和效果进行有效评估。六大教育团体的报告不仅呼吁和要求各高校要重视绩效管理和评估的理念，并将其贯彻在本科教学的实践中，还纷纷表态要投入推动高校本科教育的绩效评估中来。进行绩效评估的主要办法是认证，这是高等教育质量保证最关键的部分。通过认证是确保本科教育质量的基准线，使本科教育质量"黑箱"逐渐变得透明。最后，提升本科教育质量的重要环节是参与全球化的国际人才竞争。美国大学要在全球高等教育市场中审视本科教育质量，提升全球化背景下的人才竞争力。六大教育团体的报告建议，应该让大学生获得在世界上任何一个地方从业的技能和知识。大学教育特别是本科教育与国家竞争力息息相关，因此，美国大学本科教育要让更多学生在课堂内外、国内外获得更多的国际化经验。这就要求本科课程要具有国际化意识，加强外语教学，使学生有到国外学习的机会，要更多地关注国际问题，以促进美国国家竞争力的提高。

《美国本科教育下一步如何走：致各成员高校的一封公开信》报告的特殊性在于其是由美国六大教育团体联合发布的，这是美国高等教育史上绝无仅有的一次。六大教育团体基本上包括美国所有高校，该报告可以被看作美国高等教育领域罕见的一致行动，由此可见这份报告的重要性。六大教育团体的建议

---

① Association of American Colleges and Universities. Greater Expectations: A New Vision for Learning as a Nation Goes to College[R]. Washington: Association of American Colleges and Universities, 2002: 13.

可以被看作其对美国大学本科教育未来改革趋势的一致性意见的表达,其内容很丰富,其核心在于美国大学本科教育需要变革,推进大学本科教育向"学习范式"转型,促进有效的"教"与"学",培养学生批判性的推理能力、解决问题的能力和终身学习的能力。

(四)美国新媒体联盟:以信息技术赋能本科教育新趋势

新媒体联盟(New Media Consortium,NMC)是一个由世界著名研究机构、大学和博物馆及跨国企业组成的非营利性专业协会,主要致力于为学习、研究和创新来探索和开发新兴技术,关注新媒体和新技术在各类教育领域的教学应用。2002 年,新媒体联盟与美国高校教育信息协会共同推进地平线研究项目,旨在预测和描述全球范围内会对教育规划和决策产生重大影响的新兴信息技术。自 2004 年第一份《地平线报告·高等教育版》发布开始,该报告每年都会发布,而且由原先只关注高等教育领域逐渐拓展到了基础教育、图书馆、博物馆教育等领域,聚焦于未来五年内很可能会进入主流应用的技术或实践的趋势、挑战和进展。《地平线报告·高等教育版》主要是对未来五年内教育领域技术应用的预测,并且多年的连续发布在国际上产生了广泛影响。《地平线报告·高等教育版》在教育领域技术应用预测的前瞻性已逐渐成为国际教育信息化发展的风向标。白蕴琦通过对 2004—2016 年《地平线报告·高等教育版》的研究表明,其总体内部预测准确率为 60%,尤其是对技术在高等教育领域的应用预测较为准确。[①]

信息化社会与学习革命的浪潮是推进大学本科教育向"学习范式"转型的直接影响因素,新媒体联盟发布的《地平线报告·高等教育版》主要关注信息技术对高等教育变革的影响,在本质上与"学习范式"关注的话题领域是一致的。通过对 2004—2019 年《地平线报告·高等教育版》的分析报告可以管窥美国乃至世界本科教育的新趋势,尤其是人工智能时代的到来,区块链技术在高等教育领域的应用将会引起大学本科教育"教"与"学"的根本性变革。如果说 1995 年巴尔与塔戈提出本科教育"学习范式"转型的概念还是一个隐喻,还被称作"稻草人"的假性存在或理念性存在的话,那么,根据从《地平线报告·高等教育版》中所观察到的信息技术对本科教育的切切实实的影响和颠覆性的变革,我们可以明确地得出结论,大学本科教育的"学习范式"已经真实存在,而且成为大学本科教育未来发展的新趋势。

---

① 白蕴琦.《地平线报告(高等教育版)》内部预测准确率研究[J]. 中国远程教育,2019(5):19-25.

《地平线报告·高等教育版》主要从趋势、挑战和进展三个部分预测未来五年信息技术对高等教育的影响，其文本结构通常分为高等教育中影响教学、学习和创新研究的六大关键趋势、六大重要挑战和六项教育技术进展，文本结构相对稳定，使得其所关注的问题具有连续性。正是通过对这些连续观察结果的解读，我们才能从更长尺度的时间段来把握发展趋势。聚焦大学本科教育发展，通过分析 2004—2019 年发布的《地平线报告·高等教育版》的内容，我们可以看出 21 世纪美国大学本科教育发展的新变化以及未来发展的新趋势，总结归纳出美国本科教育向"学习范式"转型的核心特征。

1. 本科教育强调以学习为中心

《地平线报告·高等教育版》预测信息技术对高等教育的影响分为短期、中期和长期三类重要趋势。所有的报告都是将创新文化作为长期趋势，并指出，推动进步学习的方法要求文化转变。教育机构必须以学生为中心，调整运行结构，促进鲜活思想的交流。

对于大学本科教育来说，以学习为中心体现在大学的使命要发生根本性变化，大学要促进真实的学习。无论是基于项目的学习、基于挑战的学习，还是基于能力的学习，这些教学法上的发展趋势是为学生创造更丰富、更具有实操性、更接近真实世界的体验。"重新思考高校运行模式"（rethinking how institutions work）在 2015 年和 2019 年的地平线报告中都被列为长期趋势。《地平线报告·2019 年高等教育版》中提出，为了适应未来"新"学生的学习需要，大学需要重新考虑现有的教育资源和组织结构，不断调整学位课程结构，转变教师角色，提供专业性技术支持及建立适应性更强的系统。这种运行模式调整的根本在于重新思考如何服务学生的学习。在线学习更是引发了大学本科教育产生根本性变化，颠覆了大学的传统观念。在线学习体系的融入改变了学习范式，既可以满足不同群体的学习需求，也可以解决特殊时期的教育供给问题。例如，在 2020 年新型冠状病毒肺炎疫情在全球流行期间，大学在线教育和在线学习很好地解决了公共防疫与教育相冲突的问题，中国大学倡导并发起的"停课不停学"将在线教学付诸规模最大的高等教育体系，这一实践为其他国家和高校效仿。在线学习满足了特殊时期的教育和学习需求。通过在线学习，学习者可以通过自主选择在线课程来拓展学习成功的可能性。随着 MOOC 推广及其学分认证成为可能，大学的使命将会发生更大的变化。对于大学本科教育来说，提供学习服务成为重要趋势。此外，自 2015 年开始，《地平线报告·高等教育版》连续五年将"推进创新文化"列为长期趋势，大学要逐渐转变成为引领创新文化的重要发源地。创新文化与创业型大学的新趋势相适应，大学要以更加开放、多元的方式进行结构调整，建立与企业、产业的合作伙伴关系和合作文化。例如,《地平线报告·2019年高等教育版》中强调,高等教育机构在推进创新文化、培养复合型创新人才方面发挥了重要作用,这也为寻求重塑创新文化的高等教育机构创造了机会。高校在推进创新文化的进程中拥有定位清晰的使命和合适的愿景比一味追逐新元素更重要,也更能持久发展。①

2. 本科教育更加关注学生的学习

推进以学习为中心的本科教育改革,学生的作用发生了重大变化。学生由知识的接受者与消费者角色转变为建构者与贡献者角色。《地平线报告·高等教育版》指出,创客文化的出现及其在高等教育中的应用,使学生成为知识生态系统的积极贡献者。学生通过体验、实践和创造进行学习,以更具体和更具创造性的方式展示其获得的新技能。学生的学习变化涉及学习内容和过程的设计[深层学习方法(deeper learning approaches)]、学习组织模式(混合式学习)和学习场域(学习环境与空间)的改变。

第一,掌握"深层学习方法"。威廉与弗洛拉·休利特基金会(William and Flora Hewlett Foundation)提出,深层学习是学生通过批判性思考、问题解决、互相协作、自主学习,掌握学习内容。项目学习、挑战学习、探究学习以及其他类似的创新学习方法都可以被归类为深层学习。与传统只关注知识传递和积累的机械式学习相比,深层学习使学生明白课程与真实世界之间的联系,了解新知识和技能对他们的影响,进而使他们对学习始终保有内在学习动机,有助于他们获得更多主动学习的经历。但是,深层学习既是趋势,也是挑战,尤其需要技术创新来支持优质的"教"与"学"的开展。

第二,推进混合式学习。《地平线报告·2012年高等教育版》首次提出混合式学习(一开始用hybrid learning,后改为blending learning)。此后的地平线报告中关于"加速高等教育技术采用的趋势"中,混合式学习设计都位列其中。混合式学习最初被看作在线和面对面两种学习方式的融合,《地平线报告·2019年高等教育版》中强调,混合式学习最具代表性的特征是实现课程学习目标与数字化解决方案的整合,为学习者提供完整的学习体验和具有灵活性的学习支持。随着MOOC等在线课程在世界范围内的迅速推广,混合式学习逐步由理念转变为实际行动,其灵活性、便利性以及先进多媒体和技术的融合,对学生的创造性思维、独立研究能力以及根据自身需求定制学习过程的能力培养有所帮助。这种体现学生中心的混合式学习方式受到了学生和教育工作者的

---

① 李艳,姚佳佳. 高等教育技术应用的热点与趋势——《地平线报告(2018年高教版)》及十年回顾[J]. 开放教育研究,2018(6):12-28.

欢迎，并取得了较大成功，混合式学习逐渐成为高等教育的重要组成部分。

第三，重新设计学习空间（redesigning learning spaces）。重新设计学习空间已经在近年的地平线报告中作为短期趋势出现，表明大学教育需要创新设计学习环境与空间，拓展传统的教室学习空间，设计出更加有利于学生自主学习的空间，包括实体空间和虚拟空间的创设，其中更加开放、更加灵活的网络空间拓展增强了学习的灵活性和自主性，尤其是在信息技术的支持下，通过打造"智慧课堂"，构建个性化、智能化、数字化、一体化的课堂教学环境，以及通过在线学习空间的设计，学习者之间可以实现协作学习和弹性学习。这些学习环境和空间的重新设计有利于学生开展基于项目的学习或自主学习，将以学生为中心的教育理念贯彻于学习环境中。

3. 本科教育持续关注学生学习评估

关注学习测量，重视学生学习能力的评价，这是《地平线报告·高等教育版》一直关注的发展趋势。大学本科教育质量问题一直是教育改革的中心话题，学习测量在本科教育中的应用将逐渐凸显。因此，"日益关注学习测量"这一主题趋势在 2013—2019 年的《地平线报告·高等教育版》中均被提及。但是，关于这一趋势的预测总是在中期趋势和短期趋势之间徘徊，这在一定程度上反映了该主题应用在高等教育中日益增长的需求和复杂程度。[①]此外，随着云计算、数据挖掘、学习分析、自适应学习、MOOC 等新兴技术在本科教育中的应用，学习测量将会在很长一段时间内成为本科教育改革的关键环节。学习测量是按照一定的规则，对学生的学习行为与学习结果进行客观量化的过程。在现代技术的支持下，学习测量通过对学习者学前预备、学习进度以及学习成果等大量学习数据进行记录、获取、评估，为大学和学者个人建立新的、更强大的、个性化的学习管理系统创造条件。学习测量着重于对学习过程中数据的收集，是进行科学化、精准化学习分析的基础。[②]学习测量首先关注的是将学习分析技术用于教学实践。许多大学将商业中用于分析用户特征的大数据分析技术用于教育实践，分析学习者参与在线学习活动时的过程数据，监控学习者的学习行为，主要关注点包括学习者的需求与兴趣、学习体验、学习反馈、学习资源等方面，帮助学习者制订最佳学习规划，规划最佳学习路径。此外，学习测量日益重视对学习者的整体性评估。通过大数据挖掘技术及机器学

---

① 金慧，沈宁丽，王梦钰.《地平线报告》之关键趋势与重大挑战：演进与分析——基于 2015—2019 年高等教育版[J]. 远程教育杂志，2019（4）：24-33.

② 陈晨，杨成，王晓燕，等. 学习测量：大数据时代教育质量提升的新力量[J]. 现代教育技术，2017（2）：33-39.

习技术的应用，学习测量能够在真实学习环境中对学习者的整体成就进行评估，涉及学习者的社会、认知和情感元素，包括学习能力、反思能力和人际交往能力等。[①]随着学习测量技术的日益发展，数据支持下的学习测量将成为未来本科教育发展的关键趋势，学习测量使个性化学习具有更多的可能性和空间。

4. 本科教育更加激励教师教学

《地平线报告·高等教育版》关注信息技术带来的高等教育的新变革和新趋势，对于大学本科教育来说，其在关注学习的变革对大学组织使命与结构重构的情况下，并不排斥教师在教学中的作用。与《重建本科教育——美国研究型大学发展蓝图》强调通过薪酬激励教师教学工作有所不同，《地平线报告·高等教育版》更加强调激励教师的教学工作以促进教学专业化。信息技术的发展对教师的专业化提出了新的要求，学习中心的教学模式改变了教师的角色。教师肩负着引导、促进和帮助学生主动学习的责任，教师的教学工作应把学生的成功和学习进步作为最核心的目标。[②]在信息技术环境下的教学，教师自身的信息技术素养以及教育与技术的融合程度会对学生的学习产生重要影响。因此，《地平线报告·高等教育版》关注教师的专业化水平和数字素养，以适应"对数字学习体验和教学设计专业知识的需求剧增"[③]，以及由人工智能、区块链等新技术带来的"重新思考教学实践"的重大变革与挑战。一方面，高校需要实施教师数字化素养提升战略，使教师能够熟练使用各种技术工具、数字学习资源和课件，并能够有效组织在线讨论和协同创作，以适应数字化教学环境；另一方面，高校要为教师的专业发展提供有效支持。多份《地平线报告·高等教育版》指出，随着以"学生为中心"的教学方法在课程设计中的应用越来越频繁，教师尤其在适应新技术应用方面存在困难，其职业素养成为变革面临的重大挑战。在新技术影响的教学环境中，教师应具有基于项目的学习、探究学习的教学设计能力和管理经验，能够适应解释数据、监视团队动态、应对信息技术变化和其他技能的要求。在此背景下，《地平线报告·高等教育版》强调加强对教师专业发展的培训，提高教师利用数字工具的能力，帮助教师利用数字工具重新设计课程和大纲，促使教师应用新兴的教学方法，并且帮助教师对自身的教学实践进行有效评估，以有效促进学生主动学习。《地

---

① 汪雅君，何晓萍.《地平线报告（2019年高教版）》对高校信息化建设的启示[J]. 中国教育信息化，2019（23）：6-12.

② Adrianna, K., Daniel, S., Hannah, Y. The Faculty of the Future[J/OL]. 2018-01-10. http://www.insidehighered.com/views/2018/01/10/we-have-shared-vision-future-faculty-its-time-implement-it-opinion.

③ 金慧，沈宁丽，王梦钰.《地平线报告》之关键趋势与重大挑战：演进与分析——基于2015—2019年高等教育版[J]. 远程教育杂志，2019（4）：24-32.

平线报告·2019年高等教育版》提供了比较成功的案例，比如，美国杜克大学和卡内基·梅隆大学帮助教师制定模板，以便迅速获得学校的批准，使教师更容易从想法阶段过渡到实际收集数据和快速开展研究阶段。

高校通过实施技术变革为学习者提供数字学习生态系统，成为大学本科教育改革的必然趋势，教师需要转换角色以巧妙、有效的方法来平衡以学生为中心的教学模式。在这个急剧变革的环境中，教师并不总是有足够的动力来改进他们的教学手段，高校必须有专门的机构，设计专门的项目来持续支持教师的教学专业发展，并使其从教学成功中获得奖励。信息技术与高等教育的深度融合，要在运用技术改善"教"与"学"的环境和方式的基础上，进一步为教师提供教育技术素养的支持，以适应信息技术环境下教学改革的要求。

连续多年的《地平线报告·高等教育版》展示了信息技术对本科教育改革的影响趋势及提出的挑战，尤其是技术进展进一步引领新的变革趋势，由此不断循环。进入人工智能时代，技术变革催生的大学本科教育的新样态和新模式有可能超乎我们的想象，但是，从大的趋势来看，学生的个性化学习是核心，本科教育的变革要依托技术变革使"教"和"学"更加有效，"有效的教"和"有效的学"的耦合共同促进本科教育质量的提升。《地平线报告·2019年高等教育版》列出的六项新兴技术主要包括"移动学习"（mobile learning）、"分析技术"（analytics technologies）、"混合现实"（mixed reality）、"人工智能"（artificial intelligence）、"区块链"（blockchain）和"虚拟助手"（virtual assistants），这些技术有的可能在1~2年的时间内就成为高等教育领域的主流，有的可能需要4~5年的时间才能对高等教育产生实质性影响。但是，它们都已经在路上，对大学本科教育的影响及影响程度的大小只是时间问题。所以，大学本科教育改革要以开放的思维主动迎接技术革新的挑战，并依托技术进步不断创新。

二、美国社区学院向"学习范式"转型的实践探索

社区学院是美国高等教育的重要组成部分，对美国高等教育普及化发挥着重要的作用。社区学院最先面临信息社会与学习革命的挑战，因此，"学习范式"首先兴起于社区学院的教学改革，构建面向21世纪的"学习中心大学"也发端于社区学院。O'Banion指出，"学习中心大学"的出现成为美国社区学院教学改革的灯塔，动摇了美国传统社区学院的根基，以学习为中心的理念要求社区学院进行重新定位。[①]美国社区学院协会主席指出，"学习中心大

[①] O'Banion, T. A Learning College for the 21st Century[M]. Phoenix: The Oryx Press, 1997: 4.

学"的"任务应该是学生的学习,应该基于学生学习成果来衡量社区学院教育的有效性"①。1995年,加利福尼亚州社区学院董事会出台了《新基本议程:引领学生迈向成功的政策方向》(The New Basic Agenda: Policy Directions for Student Success),这份重要的纲领性文件更是一度影响了加利福尼亚州107所社区学院的政策制定,其主旨也是提高学生的学习效果,关注学生的学习成果。美国许多社区学院结合自身办学实践,形成了具有特色的两年制本科教育的"学习范式"样本,对于推进美国本科教育整体的范式转型发挥了积极作用。

(一)帕洛玛学院向"学习范式"转型的实践:产生学习

在构建"学习中心大学"的进程中,帕洛玛学院(Palomar College)的实践无疑是具有开创性的。帕洛玛学院的核心思想是想尽一切办法让每个学生产生学习(produce learning),这一思想主要体现在学院发展愿景的陈述中。1991年,帕洛玛学院院长Boggs指出,"关于学院发展愿景的陈述不是细微的改变,而是根本的转变,改变我们对学院的认识以及指引学院的发展方向……学院应该依据为学生提供的学习质量来评价自身的发展……把学院看作是学习的机构,这既是目标,也是方法"②。Boggs明确表达出将帕洛玛学院建设成为"学习中心大学"的发展愿景,并以全体人员对学院愿景的价值共识引领"学习中心大学"的构建。在具体发展战略上,帕洛玛学院主要聚焦于四个方面:①关注学生学习,赋予学生学习的权利;②赋予学院里的教师、职员及管理者为学生创造丰富学习环境的权利;③学院要为来自不同民族和文化背景的学生提供同伴学习的环境,继承各自的文化传统,尊重、接受并学习他人的文化传统;④学院要根据学生学习成果开展评估,致力于探索新的、更好的方法来提高学习效果。学院将继续发展其优势,塑造其特长,促进更高效、更有效的学习。③

(二)萨里郡社区学院向"学习范式"转型的实践:培养批判性思维

萨里郡社区学院(Surry Community College)在严格界定批判性思维概念的过程中发现,批判性思维在提高学生的参与度、提升学生的学习能力、评估

---

① Boggs, G. R. The learning paradigm[J]. Community College Journal, 1996(3): 24-27.
② Boggs, G. R. "Letter to Colleagues and Friends", Palomar College 2005: A Shared Vision[M]. San Marcos: Palomar College Press, 1991: 1.
③ O'Banion, T. A Learning College for the 21st Century[M]. Phoenix: The Oryx Press, 1997: 194.

学习成果和改革大学文化等方面具有重要的作用。通过研究，该学院发现，如果没有批判性思维，学习将缺乏深度。于是，萨里郡社区学院将批判性思维与构建"学习中心大学"联系起来，提出培养批判性思维是构建"学习中心大学"的关键。为此，萨里郡社区学院开发了"萨里郡社区学院学习创新计划"，由"学生学习与创新委员会"专门负责这一计划，运用不断发展的、多层面的方法将整个校园培育成为学习社区，旨在通过组织架构、政策制定、领导实践、专业发展和课程计划等方面的创新来提高学生的学习能力。"萨里郡社区学院学习创新计划"要求学院彻底评估其组织文化，以确定支持或阻碍其向"学习中心大学"转型的关键因素，确保学院领导支持以学习为中心的活动，制定重视学习的学术政策，学院的相关文件要反映出对学习的关注。该计划提出三个明确的目标：通过批判性思维提高学生的参与度、评估学习成果，以及改革组织文化。萨里郡社区学院的管理者和教师认为，批判性思维是建立实质性"学习中心大学"的唯一途径，为此提出学院战略发展的五个目标：①学院公认的使命是使学生学习；②学校承担促进学生学习的责任；③支持和促进学生学习是每个人的工作；④做出的任何计划和决策都要考虑到它们对学生学习的潜在影响；⑤转变为"学习中心大学"，需要对学院组织及其人员、结构、政策和过程进行有计划、有步骤的系统性评价。[1]

（三）瓦伦西亚学院向"学习范式"转型的实践：关注学生体验

瓦伦西亚学院（Valencia College）是"学习范式"的坚定试验者，在构建"学习中心大学"的过程中，学生体验（students experience）是其主要关注点。通过多年努力，瓦伦西亚学院学生的学习成绩得到显著提高，并首次获得美国阿斯彭学会设置的社区学院优秀奖。学院在学生学习方面投入了大量的资金，并在短短几年之内就被公认为"学习中心大学"运动的领导者。瓦伦西亚学院建设"学习中心大学"的经验主要体现在五个方面：①学生体验决定了大学的存在，学院要关注学生对学院的真正体验，体验学院是否将发展方向放在提升学生学习成果之上；②学院只是一座桥梁，而不是目的地，基于这样的顿悟，学院的战略和实践都做出了重要调整，以聚焦学生的学习体验和学习成果；③从空间（place）、准备（preparation）、路径（pathway）、规划（plan）、目的（purpose）和个人关系（personal connection）等六个方面（6P）采取措施，在课堂内外提高学生的学习效果并促进学生成功；④关注

---

[1] Elder, L. Critical thinking as the key to the learning college: A professional development model[J]. New Directions for Community Colleges, 2005(130): 39-48.

新生的学习经验；⑤把人放在事之前（who before what），这就要求学院重新思考教育的目的，应该首先思考学生是谁，然后围绕学生的发展搭起通向其目的地的桥梁。①

三、美国研究型大学本科教育向"学习范式"转型的实践探索

20世纪80年代，美国研究型大学开展了以提高本科教育质量为主旨的一系列教学改革，但是，改革效果并不理想。20世纪90年代，"学习范式"的兴起为研究型大学本科教育改革指明了新的方向，使研究型大学重新关注学生的学习。

（一）雪城大学向"学习范式"转型的实践：以学生为中心

雪城大学（Syracuse University）是较早推进"学习范式"改革的研究型大学。1992年，雪城大学新任校长肯尼思·肖（Kenneth Shaw）宣布了一项意图建立"以学生为中心的研究型大学"的改革计划，其核心是把学习放到大学使命的中心位置，通过教学、研究、奖学金、创造性成果以及服务促进学习。②这一改革要求学校的所有活动都给予学生学习方面的优先性，并且明确指出，以学生为中心的研究型大学是一个建设过程，而非只是一个固定的模型。时任教务长吉希恩·卫考指出，以学生为中心关系到雪城大学的发展，通过改进本科教育而拥有的领先地位可以提高学校的"市场地位"。在具体改进措施方面，吉希恩·卫考建议，教师要从学习者视角出发设计课程，利用以学生为中心的方法促使学生的学习。研究型大学的研究要反哺本科教学，鼓励教授将他们的研究案例在本科课堂上进行介绍。吉希恩·卫考指出，"我们对研究的基本原则是看它如何能促进我们学生的学习"，其次是"它（如何）促进我们的学科"。③雪城大学向学习中心大学的转型在内部和外部均获得了成功，大部分教师和职员接受了以学生为中心的准则，以促进学生学习为主要任务。

---

① Shugart, S. C. Why higher education: Lessons learned in a learner-centered college[J]. New Directions for Teaching and Learning, 2016(145): 85-91.
② 〔美〕罗杰·盖格. 大学与市场的悖论[M]. 郭建如，马林霞，等译. 北京：北京大学出版社，2013：104.
③ 转引自〔美〕罗杰·盖格. 大学与市场的悖论[M]. 郭建如，马林霞，等译. 北京：北京大学出版社，2013：105.

（二）纽约州立大学奥斯威戈分校向"学习范式"转型的实践：有意义的学习

纽约州立大学奥斯威戈分校建立"学习中心大学"的目标是共同致力于有意义的学习。1999年，学校成立"学习与教学委员会"，运用质性研究方法在全校范围内对管理者、教师和学生开展意见调查，以此来确定"学生中心""学习中心"等概念在学校环境中的实际内涵，进而持续讨论"学习中心大学"的本质，期望以一种自下而上的方式商定学校发展的共同期望和价值观。"学习与教学委员会"将访谈的结果进行综合分析，形成一个关于"学习中心大学"的概念框架——有意义的学习概念树状图（meaningful learning branch）。在这个概念树状图中，在纽约州立大学奥斯威戈分校构建"学习中心大学"的主旨是满足学生关于有意义的学习的多样化需要，为学生的职业生涯、个人生活以及终身教育做好准备。其中，有意义的学习是主干，并被赋予掌握精深和宽广的学科专业知识、整合学习的能力、批判性思维训练、多样化的思想、知识的实际运用、主动学习以及合作研究等丰富的内容。学生学习特点和教师教学特点是左右两个主要枝干，表明有意义的学习是由有意义的教和有意义的学两部分组成的，要关注学生的学习意向、学习性投入与开放性的思想探索等特点，让学生自己设置目标，控制学习进度，对自己的学习负责。教师要给予学生更高的期望，自身要有学习的激情，开展反思性教学，提高自身学术水平和创新能力，灵活运用多种教学和评估策略，促进学生进行有意义的学习。学习共同体的特点是呈树冠形，教师和学生组成相互尊重与合作学习的学习共同体，通过师生的良性互动促进有意义的学习的开展。有意义的学习文化是树根，涉及学校的所有部门和人员，通过营造学习型组织文化，为有意义的学习提供良好的环境氛围。[①]纽约州立大学奥斯威戈分校强调"学习中心大学"使学生、教师和行政部门承担起创建一个学习社区的责任，在这里，所有的参与者都为有意义的学习做出了贡献。

（三）草原风光农工大学向"学习范式"转型的实践：大学学院

大学学院（university college）是美国研究型大学本科教育转向"学习范式"而开发的一种新模式，将本科生一二年级教育集中在一个独立的大学学院里，克服传统本科分专业教育学科领域的狭隘性，通过不分专业教育，为学生

[①] Bosch, W. C., Hester, J. L., MacEntee, V. M., et al. Beyond lip-service: An operational definition of "learning-centered college"[J]. Innovative Higher Education, 2008(2): 83-98.

探索丰富、多元的文化创造机会,帮助学生在复杂的社会环境中培养自身的探究能力和适应新形势的能力。大学学院可以促进学生在学习规划、选课、实习、出国留学、本科研究或其他教育经历等方面开展真正探索和发现。[①]草原风光农工大学(Prairie View A&M University)为构建"学习中心大学",选择的是大学学院模式。大学学院被设计为一个以学习为中心的独立单元,其主要任务是"致力于为整个学校社区,尤其是新生群体提供一个注重学术、以学生为中心的支持性和结构化的环境,有针对性地提高入学率、保留率和毕业率,提高学生的学术成就,促进学生顺利融入高等教育环境"[②]。草原风光农工大学围绕大学学院的使命设立了五项目标:①减少补习时间;②提高整体学习成绩;③提高二年级学生的保留率;④提高毕业率;⑤提高领导能力,设置优秀奖学金,为学生提供研究机会。[③]为了达成大学学院的使命和目标,草原风光农工大学成立专门的委员会负责大学学院的管理,还通过设置专门的场所,为学生提供一个整体性、干预式的生活学习环境,密切关注学生的学业和社会进步。大学学院模式是研究型大学推行"学习范式"的成功范例,在大学学院里,注重以学生为中心,"服务学习"和一个结构化的、以学术为中心的住宅学习社区,体现出"学习范式"创造学习环境的要求。

四、美国斯坦福大学本科教育推进"学习范式"转型的案例分析

邬大光教授指出,重视本科教育是一流大学成熟的标志,一流大学具有重建本科教育的引领作用。世界知名大学都把本科教育作为大学发展的立校之本。[④]例如,哈佛大学、耶鲁大学、斯坦福大学、麻省理工学院、哥伦比亚大学等美国著名的大学有一个最主要的优点,那就是拥有最好的本科教育,都非常重视教学。正如美国杜肯大学伯隆教授在我国的一次讲座上指出的那样,一个

---

① Richard, P. B., Strommer, D. W., White, E. University Colleges and the Student-Centered University[M]. Muncie: Ball State University Press, 1999: 3.

② Raab, L., Adam, A. J. The university college model: A learning-centered approach to retention and remediation[J]. New Directions for Institutional Research, 2005(125): 86-106.

③ Raab, L., Adam, A. J. The university college model: A learning-centered approach to retention and remediation[J]. New Directions for Institutional Research, 2005(125): 86-106.

④ 邬大光. 重视本科教育:一流大学成熟的标志[J]. 中国高教研究,2016(6):5-10.

大学对待教学和本科教育的态度，标志了其成熟水平。①1998年《重建本科教育——美国研究型大学发展蓝图》报告发表后，以学生学习为中心已经成为美国大学本科教育发展的共识。20世纪90年代起，斯坦福大学本科教育改革就是一个典型的代表，时任斯坦福大学副校长特曼（Frederick Terman）认为，斯坦福大学应该是一个学习机构②，应积极响应推进本科教育向学习范式转型的号召。进入21世纪后，美国通过持续发表多个报告，不仅系统推进了斯坦福大学的本科教育改革，而且对世界范围内的本科教育改革产生了重要影响。

（一）《斯坦福大学本科教育调查报告》：探索本科教育改革新目标

1993年，斯坦福大学卡斯珀校长任命了由19人组成的专门的本科教育委员会，目的在于从"更广泛的视角对本科生教育进行新的审视和检查"，主要任务是"澄清斯坦福大学本科教育的目标和为保证有效地实施这些目标而提出建议"。③经过一年多的深入调查和研究，该校于1994年发布了长达64页的《斯坦福大学本科教育调查报告》，拉开了斯坦福大学本科教育向学生中心转变的改革大幕，对21世纪斯坦福大学本科教育改革产生了深远的影响，唤起了人们对本科教育的关注，从而使斯坦福大学的本科教育进入了全面复兴时期。④该调查报告的发布引起了斯坦福大学全校对本科生教育目的、本科教育和大学教育的讨论，关于本科教育的组织和课程改革成为人们关注的焦点，并激起了美国其他大学对本科教育改革的热情。斯坦福大学本科教育改革的重点在于加强本科组织建设和推进课程设置改革两方面。

1）加强本科组织建设。卡斯珀校长基本接受了本科教育委员会的建议，在本科教育组织建设方面做出了三个方面的改革。第一，设立一个本科教育副校长职位，本科教育副校长可以统筹超越学院界限的本科教育改革，使原先跨学院之间的问题得到圆满解决。第二，成立"教与学技术委员会"（Commission on Technology in Teaching and Learning），解决了教育技术的基础投入及其在课堂中的应用问题，使本科教育适应教育技术发展的要求。第三，设立本科生研究项目办公室，主要面向新生和大二学生，为他们提供与教师交流的机会，支

---

① 转引自邬大光. 重视本科教育：一流大学成熟的标志[J]. 中国高教研究，2016（6）：5-10.
② A History of Stanford. Stanford University About(sine die)[EB/OL]. 2018-03-05. http://stanford.edu/about/history/.
③ 庄丽君，刘少雪. 美国研究型大学本科教育改革现状及其个案研究[J]. 清华大学教育研究，2008（2）：43-48.
④ 庄丽君，刘少雪. 美国研究型大学本科教育改革现状及其个案研究[J]. 清华大学教育研究，2008（2）：43-48.

持学院、教师和学生参加本科生研究项目。

2）推进课程设置改革。斯坦福大学针对本科生专业课程设置进行了系列改革，具体包括为每个专业都提供一系列具有逻辑性的课程，为学生提出初级、中级和高级课程学习的具体目标；每个专业都设有写作课程；每个专业都设计整合、顶峰体验课程；为每个专业的学生提供独立研究的机会。为了提高本科教育质量，斯坦福大学通过提供专门的资金和资源开设大量的研讨班，设立斯坦福导读课程（Stanford introductory studies），这是斯坦福大学本科教育改革的一大创举。导读课程主要包括新生研讨班（freshman seminars）、大二学生对话（sophomore dialogues）、新生/大二学生学院（freshman/sophomore college）、大二学生学院（sophomore college）等。为了给斯坦福大学学生提供最好的本科教育，学校还通过制度化方式，激励教师将注意力从课程教学转移到研讨会上。

经过两年的试点，1996年秋季开始，斯坦福大学正式推出本科生科研计划、小班研讨课、导师制、海外留学等一系列本科教育改革，将《斯坦福大学本科教育调查报告》提出的建设性建议一步一步地付诸实际行动。2000年10月，约翰·亨尼西（John L. Hennessey）在校长任职典礼上提出了一个为期5年、计划投资10亿美元的本科教育运动（Campaign for Undergraduate Education），为本科教育副校长办公室和其他本科教育活动提供支持。这是斯坦福大学历史上最大的一次本科教育改革运动，其目的是"使建立在本科生教育委员会1994年报告基础上的本科教育改革持久化"①。该运动在2005年12月结束，共集资11亿美元，主要用于支持知名教师与学生交流的小班化教育，如为大一新生和大二学生开设研讨班，为大三学生、大四学生提供参加研究和进行独立科研的机会，为本科生学术项目提供资助，支持课程和教学改革，资助海外学习项目等。

（二）《斯坦福大学本科生教育研究》报告：首提"适应性学习"的本科教育目标

2012年发布的《斯坦福大学本科生教育研究》报告对斯坦福大学本科教育产生了重要影响。这是斯坦福大学为适应环境新变化和满足社会对人才提出的新要求，站在新的历史起点上，对变革世界中的本科生教育进行的探讨与规划。

---

① 庄丽君，刘少雪. 美国研究型大学本科教育改革现状及其个案研究[J]. 清华大学教育研究，2008（2）：43-48.

《斯坦福大学本科生教育研究》报告是对《斯坦福大学本科教育调查报告》提出的本科教育改革运动的跟踪回顾研究，是由斯坦福大学的前教务长约翰·埃切门迪（John Etchemendy），以及主管本科生教育的前副教务长约翰·布拉夫曼（John Bravman）于2010年1月发起的"斯坦福大学本科生教育研究"活动的成果，历时两年时间的调查研究，从斯坦福大学6次本科生教育改革中总结出斯坦福教育的若干普遍性主题，目的在于推动斯坦福大学本科教育在历史辉煌的基础上走向一个新的发展阶段。

《斯坦福大学本科生教育研究》报告试图对斯坦福大学的本科教育进行整体性的重新定位，明确未来本科教育改革方向，即本科教育与学校的发展方向是一体的，而不能仅仅落在课程设置、教与学等具体操作性层面上。本科教育委员会提出新一轮的本科教育改革应该是一种整体性的自由教育（liberal education），它不是围绕专业的若干必修课程的组合，而是学生教育的全部。自由教育是指一种"教育是为未来做准备"的教育观，主张教育要做到"知识的深度与广度"相结合，自由教育应贯穿于本科教育四年，应具有包括课程学习、住宿生活、海外学习、社区服务等在内的丰富多样的整体教育的体验。①

斯坦福本科生教育委员会的前主席詹姆士·希恩（James J. Sheehan）认为，2012年《斯坦福大学本科生教育研究》报告是一个激进的文本，这不仅是因为它提出了要重新设计本科教育，更是因为它试图从根本上解决教与学的问题。②所谓的"激进"，指的是该报告站在一种全局性的立场上来思考本科教育，鼓励师生一道重新思考他们"做什么，怎么做，以及为什么这样做"这类具有哲学意味的问题，这就说明本科教育改革首先应该在理念和方向等宏观方面达成一致，而不能局限于具体措施方面的修修补补和局部微调。正是基于这样的思考，该报告提出的一系列建议具有时代引领性。

（1）斯坦福大学本科教育的改革目标

本科教育改革目标需要回答培养什么人的问题。《斯坦福大学本科生教育研究》报告强调在保持培养目标的连贯性的基础上，要根据时代发展要求有所超越。斯坦福大学自创校之初提出了"帮助学生实现个人成功，并学以致用"的办学目标，这在当时就是指本科教育目标。对于这个目标，当下仍需坚持，但是要有所超越。斯坦福大学要使学生掌握迎接未来挑战的最基本、最必要的

---

① 李雪飞. 本科生教育应该走向何处——《斯坦福大学本科生教育研究》报告述评[J]. 比较教育研究，2014（5）：65-70.

② The Board of Trustees of the Leland Stanford Junior University. The Study of Undergraduate Education at Stanford University[R]. Stanford: The Office of the Vice Provost for Undergraduate Education, 2012: 5.

知识和能力，让他们充满信心地踏入世界。因此，《斯坦福大学本科生教育研究》报告对本科教育提出了更高目标："希望学生不只是成功并能蓬勃发展，希望他们不仅活得有用，而且有创造性、负责任并具有反思能力。"[①]斯坦福大学本科教育目标包含四个基本元素或子目标：①掌握广博的知识，强调知识的深度和广度两方面，尤其是知识的广度体现出斯坦福本科教育一以贯之的自由教育传统；②锻炼能力，主要锻炼学生在多种环境下的沟通能力，以及培养学生的批评思维能力和审美能力；③培养个人与社会责任感，学生要超越知识接受者的角色，需要具备成为一名地方、国家和全球公民的责任感；④实现适应性学习（adaptive learning），知识能够在学生走出社会后具有持续活力，并拓展成为学生的迁移和适应能力。其中，前三个方面都是斯坦福本科教育一直强调的目标，只是该报告对其内涵有所拓展，而真正体现变化的是第四个子目标，对学生提出"适应性学习"的要求。"适应性学习"目标的核心要求是学生在变化的环境中要具有学会学习的能力。

"适应性学习"目标的提出，一方面是斯坦福大学对"为未来做准备"教育观的认可与秉持，另一方面是斯坦福大学本科教育落实学生中心理念的具体体现。《斯坦福大学本科生教育研究》在分析了21世纪以来美国乃至世界范围的政治、经济以及全球性财政危机的影响之后，提出斯坦福大学本科教育的真正目标应是让学生学会适应变化的世界，成为积极主动的探索者。本科教育的长期价值不仅是知识或技能的积累，更在于它们相互之间形成新联系的能力。因此，本科教育不可能用简单的方法把学生在未来所需要的一切塞进他们的头脑，只有让学生实现自适应学习，才能让学生蓬勃发展。"适应性学习"是指学生能够运用所学的知识和能力创建新的连接，从教育经历中整合不同的元素，去适应各种新环境，为不可预期的挑战做出准备。[②]"适应性学习"作为斯坦福大学本科教育目标的重要组成部分，其价值不仅仅在于它是斯坦福大学首次提出的新目标，还在于它促使学生将广博知识、基本能力以及社会责任感有机地融合、联系起来，拓展学生的迁移和适应能力。[③]"适应性学习"目标是一个整合性的目标，将原先孤立的目标要素串联起来，使本科教育

---

① The Board of Trustees of the Leland Stanford Junior University. The Study of Undergraduate Education at Stanford University[R]. Stanford: The Office of the Vice Provost for Undergraduate Education, 2012: 5.

② The Board of Trustees of the Leland Stanford Junior University. The Study of Undergraduate Education at Stanford University[R]. Stanford: The Office of the Vice Provost for Undergraduate Education, 2012: 5.

③ 刘海燕，常桐善. 能力、整合、自由：斯坦福大学21世纪本科教育改革[J]. 清华大学教育研究，2015（4）：30-35.

培养目标有了明确的指向性,从而更大地发挥其对本科教育改革的指导作用,这也从一个侧面反映出《斯坦福大学本科生教育研究》提出的本科教育改革的激进性及其重要性。

(2)斯坦福大学本科教育的改革举措

《斯坦福大学本科生教育研究》报告在对本科教育目标进行重新界定后,从毕业要求、教育顺序、课外学习等方面对本科教育改革提出了许多具体的改革建议,其中最为重要的改革是本科生的毕业要求。斯坦福大学是从本科教育的整体设计上来完善毕业要求的,围绕本科教育目标,要求接受本科教育的学生应该在专业、交流技能、语言,以及思考与行为的方式上有所成就。在专业教育方面,专业是斯坦福本科教育的基石,但要改革过于重专业的狭隘观念,要在专业教育与通识教育之间建立有效的联系,创造一种整合性的教育。要增加可供学生选择的专业数量,尤其是跨学科项目要成为斯坦福大学本科生教育的标识,体现学生中心的教育改革理念。在交流技能方面,写作和口语交流一直是斯坦福大学本科教育着重强调的方面,根据学生入学阶段设置不同的课程,主要有新生一年级写作课、二年级写作课和专业写作课等。斯坦福大学本科教育改革要求将写作与口语交流更充分地整合到通识教育结构和学术研究项目中,作为学术能力的基本技能。在语言要求方面,本科教育改革要加强外语学习,这是学生接受通识教育并成为有责任感的公民的重要组成部分。《斯坦福大学本科生教育研究》报告提出,"为了与我们成为国际和多元文化机构的宣称相符,我们必须让语言学习成为本科课程中一个更有效的、可见的部分"[①]。关于思考与行为的方式,斯坦福大学本科教育改革强调增加广度,对学生的培养要超越专业的学术训练,让学生学习一些更为广泛的知识与技能,激发学生的创新能力,这些是靠通识课程来实现的。《斯坦福大学本科生教育研究》的校友调查结果表明,大量受访者感谢学校引导他们学习这些通识课程,因为这些课程的价值在他们日后的工作和生活中均已表现了出来。这就说明,通识课程不仅仅是辅助性作用,而是实现本科教育目标的有机组成部分。斯坦福大学现行的通识教育课程包括写作课程、外语学习、新生一年级的人文学科导论课等。此外,学生还要在自然科学、社会科学、人文科学、数学、工程与应用科学五个领域中各选一门课程来拓宽学科广度,从美国文化、国际社会、道德推理及性别研究四个特定领域中选择两门课程以培养公民素养。这样组成的通识

---

① The Board of Trustees of the Leland Stanford Junior University. The Study of Undergraduate Education at Stanford University[R]. Stanford: The Office of the Vice Provost for Undergraduate Education, 2012: 30.

课堂体系表现出三个方面的特点：第一，这是一个重视广度的超学科专业体系，提供给学生更多的自由选择机会；第二，这是一个重视学生思维与行为的方式、构建在基本原理和学习目标上的更一致、更透明的体系；第三，这是一个更加强调学生学习的自由、灵活、包容的体系，能够更好地满足每一个学生的需要、兴趣和意愿。为实现有广度的"思考与行为的方式"，斯坦福大学着重培养学生的七项基本能力：①美学与审美能力；②社会调查能力；③科学分析能力；④形式推理与定量推理能力；⑤融入多元化能力；⑥道德与伦理推理能力；⑦创造力。从这七种能力要求的内涵中可以看出，斯坦福本科教育改革的本质要求是以学生为中心，让学生学会学习，以适应未来的社会。

（三）《斯坦福2025计划》："开环大学"引领本科教育新趋势

近年来，信息技术变革对高等教育发展产生了深刻而又重要的影响，在本科教育领域出现了MOOC、翻转课堂、交互式多媒体教室、智能化学习等多种新样态。为了应对信息技术的新挑战，2013年，斯坦福大学哈索·普拉特纳设计学院启动了由吉姆·普卢默（Jim Plummer）教授牵头的一项开放式教育科技创新项目，历经两年的研究，于2015年正式推出《斯坦福2025计划》，以探索应对信息技术的本科教育变革。《斯坦福2025计划》主要提出四个方面的改革措施：第一，针对学业制度变革提出"开环大学"（open loop university）；第二，针对学习方式变革提出"自定节奏教育"（paced education）；第三，针对教学中心变革提出"轴心翻转"（axis flip）；第四，针对学习目的变革提出"使命性学习"（purpose learning）。由此构想了未来大学本科教育的理念创新与制度构想。从这四项改革措施来看，在改革的整体设计中无不体现出以学习为中心、本科教育向"学习范式"转型的理念。《斯坦福2025计划》不仅对斯坦福大学具有未来引领作用，更是引起全球高等教育界的轰动，被认为是为全球高等教育变革路径提供了分析框架，成为全球高等教育变革的方向与蓝图。[①]《斯坦福2025计划》是对未来大学的构想，田贤鹏[②]博士对该计划的内容进行了整理，从中我们可以清晰地看出其与传统大学的区别，通过比较分析更能把握斯坦福大学本科教育未来向"学习范式"转型的整体构想和发展方向。

---

① 张忠华，张苏."互联网+高等教育"变革路径探析基于《斯坦福2025》的思考[J]. 高校教育管理，2018（3）：66-71.
② 田贤鹏. 个性化教育与终身化学习：从《斯坦福2025计划》看未来教育模式变革[J]. 湖南师范大学教育科学学报，2017（1）：57-64.

(1) 构建开环大学：从封闭转向开放

《斯坦福 2025 计划》提出了一个全新的概念——"开环大学"。所谓"开环"，借用的是控制系统领域的一个概念，是与"闭环"相对应的，是对大学教育制度的一种隐喻，旨在表明未来斯坦福大学本科教育要以四年的学制为突破口，在开放学习年限的同时，带动学习空间、学习机会、生生关系等方面的开放，致力于打造一个广泛互动的开放性大学。从表 2-1 中可以清楚地看出"开环大学"对传统大学的突破，开放性是开环大学的主要特征，弹性学制可以使学生按照自己的需要获得学习的机会，学习自由和自由学习的制度设计既是终身教育理念在大学的实践，也是学生中心思想的集中体现。

表 2-1 传统大学制度与未来大学制度的差异比较

项目	学制年限	年龄结构	学习制度	教育制度
传统大学制度	固定； 一般为四年； 不可间断	年龄跨度小； 以 18—22 岁为主	时空受限； 正式的课堂学习	标准化的教学服务； 自上而下传授知识
未来大学制度	不固定； 人生任意六年； 可间断	年龄跨度大； 混合年龄阶段	时空不受限； 正式与非正式； 虚拟与实践	个性化的教学服务； 依据需要自由选择

《斯坦福 2025 计划》以自我革命的魄力和勇气首次提出了"开环大学"的概念，以积极主动的态度面对未来教育的变革。[1]因此，"开环大学"是《斯坦福 2025 计划》中最关键的计划。这一计划的核心在于其实现了对传统教育范式的突破，开环大学实现了从"教育"到"学习"的真正转变，真正做到了以学生为中心、尊重学生的自主选择。"学习"将替代"教育"，成为开环大学的核心话语词汇。[2]

(2) 自定节奏教育：从统一转向个性定制

与传统的本科教育四年制的年级学分制培养模式相比，《斯坦福 2025 计划》创新性地提出了"自定节奏教育"，这是依据学生学习方式的变革所做出的重大调整，该学习方式主要包括调整（calibrate）、提升（elevate）和启动（activate）（简称 CEA）三阶段。[3]表 2-2 列出了"自定节奏教育"的未来学习方式与传统学习方式的区别。

---

[1] Stanford 2025. Open-Loop-University[EB/OL]. http://www.stanford2025.com/open-loop-university/.

[2] 田贤鹏. 个性化教育与终身化学习：从《斯坦福 2025 计划》看未来教育模式变革[J]. 湖南师范大学教育科学学报，2017（1）：57-64.

[3] Stanford 2025. Paced-Education[EB/OL]. http://www.stanford2025.com/paced-education/.

表 2-2　传统学习方式与未来学习方式的差异比较

项目	学生自由度	学习阶段划分	课程学习安排
传统学习方式	学习结构化；自由度较低	依入学年限；年级制划分；一年级、二年级等	标准化课时；学生被动选择；讲授式
未来学习方式	自主定制化；高度自由化	依学习程度；阶段划分；调整、提升和启动	微课程定制；学生自主发展；研讨式

通过对两种学习方式的比较分析，我们可以看出本科教育对待学习的教育理念发生了根本变化，传统学习方式强调的是按照四年制安排学生课程学习的结构化学习，强调标准化课程和教授式教学，学生被动选择课程，因而学习自由度较低。"自定节奏教育"更加强调学生的自主发展，以学习目标的达成程度为依据提供个性化的、尊重学生自主选择的、适合学生自身发展的教育。它遵循学生学习阶段以及个性化学习进程的差异性，体现出学生现代化与学习方式现代化的内在要求。从传统学习方式向"自定节奏教育"方式的转变，涉及多重角色的转变，大学要转变为真正做到以学生为中心，教师要转变为学生自主选择学习的服务者，学生要转变为学习的自主决策者，选择适合自身的教育。因此，《斯坦福 2025 计划》强调本科教育要为学生提供个性化的学习服务，大学要做好学生自主选择的服务工作，教师要精心设计一些微课程，并以小型的学术讨论代替大型的演讲，通过增加教师与学生之间的深度互动来帮助学生自主选择学习。在《斯坦福 2025 计划》提出之初，"自定节奏教育"看似只是一种设想，但是，随着近年来大数据技术、人工智能和区块链技术在高等教育领域的广泛应用，"智慧校园"（smart campus）、"数字校园"（digital campus）等集校园移动互联技术、学习分析技术、学习情景识别与环境感知技术、社会网络技术、数字资源的组织和共享技术为一体的新型教育空间逐渐出现。[①]这一切将使定制化教育服务和学习成为可能，会对未来本科教育中的学习和教学方式产生革命性影响。

（3）轴心翻转：从知识中心转向能力中心

在《斯坦福 2025 计划》中，"轴心翻转"与"开环大学"一样是令人耳目一新的概念，是在人才培养模式上提出的最出人意料的一种创新。[②]虽然该

[①] Timms, M. J. Letting artificial intelligence in education out of the box: Educational cobots and smart classrooms[J]. International Journal of Artificial Intelligence in Education, 2016(2): 701-712.

[②] 项璐，眭依凡．培养目标：人才培养模式改革的价值引领——基于斯坦福大学"开环大学"计划的启示[J]．现代大学教育，2018（4）：103-111．

概念借用了当时比较热门的"翻转课堂"中"翻转"的思路,但是相比于"翻转课堂"主要针对课堂教学环节实行翻转而言,"轴心翻转"则是整体性翻转,相对于传统教学模式的轴心是"教"而言,未来教学模式的轴心则是"学",这是一种人才培养目标的根本转向,引领着本科教育改革新的价值取向。由于教学模式的主轴发生了翻转,"轴心翻转"是一种更为根本性的翻转,是对整体教学流程的全面解构和重构。它不仅是对传统教学手段的技术革新,而且是对固化教学内容的颠覆性变革,使得教学完全回归到"学生本位""能力本位""问题本位"的轨道上来。①"轴心翻转"是从大学目标上推进由"教"向"学"的转变,构建以知识传授为中心的大学转变为以能力培养为中心的大学。《斯坦福2025计划》提出的"轴心翻转"旨在将大学教学的中心回归到学生能力的发展和兴趣的培养上,将"先知识后能力"翻转为"先能力后知识",将能力设为斯坦福大学本科教育的基础。②表2-3对比了轴心翻转前后教学模式的差异。

表2-3 传统教学流程与未来教学流程的差异比较

项目	教学设计	院系划分	教学评估
传统教学流程	以学科知识为基础	依知识体系划分	成绩单和简历
未来教学流程	以技能发展为基础	依技能差异划分	技能评估工具

大学本科教育改革"轴心翻转"的理念更加强调学生的"学"。由于人才培养的"轴心"发生了变化,斯坦福大学在本科人才培养模式上的改革就不再是修修补补,而是对教学组织及教学制度进行"伤筋动骨"式的改革。其一,院系重组,以能力为标准划分院系。为此,《斯坦福2025计划》提出到2024年,将在斯坦福大学商学院推出10个建立在本科生能力之上的教学中心。能力教学中心将取代学科成为教学活动的中心,并致力于培养学生的核心能力。其二,采用交叉学科课程。为适应由"以知识为中心"向"以能力为中心"的人才培养方式的转变,围绕能力培养重构跨学科知识的整合性课程,尤其注重融入更加多元化的通识教育课程,以培养学生掌握日后研究或工作中所需的可迁移技能。其三,改变学生评价方式。通过大数据和人工智能展现能力的考核方式,考察学生学习能力与企业需求的匹配性,岗位胜任力成为评价重点。在评价形式上,采用"技能影射图"(skill-print tool),以学生的十大核心技能为

---

① Nesbit, T. Students Travel to 2025 to Question The Future of Higher Education[EB/OL]. 2014-05. http://www.psfk.com/2014/05/stanford2025-future-education.html.

② Stanford 2025. Axis Flip[EB/OL]. http://www.stanford2025.com/axis-flip.

基本维度，构建学生能力发展雷达图，展现学生技能的掌握情况，客观真实地记录学生的技能优势及不足，以帮助学生自己、学校和招聘方更好地了解学生技能的整体情况。

（4）使命性学习：从认识论转向政治论

《斯坦福2025计划》提出"purpose learning"，有研究者将其译成"目的性学习"，联系到2012年《斯坦福大学本科生教育研究》提出强调"培养学生个人与社会责任"这一目标，再联系到《斯坦福2025计划》原文中关于学习目的的阐述，将"purpose learning"翻译成"使命性学习"似乎更能表达出未来大学本科教育改革的趋势。作为具有全球引领性的未来本科教育战略报告，《斯坦福2025计划》站在全球化的视角看待本科人才培养目标，强调以使命性学习替代专业性学习，使得学生的学习目的从掌握专业知识上升到服务社会、解决全球性问题的高度。斯坦福大学认识到在全球化时代，培育关注全球问题和具有人类责任担当的新型公民是未来大学的使命。"使命性学习"使大学生认识到学习的社会责任，认识到个体学习的意义并选择有意义的学习，这样学生就有了明确的目标导向和内在的学习动机。从表2-4中可以看出"带着使命感去学习"对于大学生未来发展的重要性。

表2-4 传统学习目的观与未来学习目的观的差异比较

项目	学习依托	学习追求	学习与应用
传统学习目的观	专业中心； 围绕具体标准	盲目的、功利化的学习	先学习后应用； 人生后期从事社会工作
未来学习目的观	兴趣中心； 融入问题解决	有意义、有使命的学习	学习、应用一体化； 拓展全球影响力平台

《斯坦福2025计划》强调"使命性学习"，从形式上来看，是学习目标的变化；从教育目的观的内在价值取向来看，是由认识论哲学向政治论哲学的转向。本科教育不仅是为了个人知识的增加与能力的提升，也肩负着解决社会和全球公共问题的责任。"使命性学习"主要关注三个方面：第一，学习重心从专业知识的学习转移到自身兴趣的发展上；第二，学习追求从传统的盲目性、功利性向意义性、使命化转移；第三，知识学习与实践应用的关系从先知识后应用向知识和应用一体化转换。[①]《斯坦福2025计划》构想的本科教育改革提出"使命性学习"，不仅突出学生学习的自主性，而且强调学生学习的社会

---

① 张忠华，张苏."互联网+高等教育"变革路径探析——基于《斯坦福2025》的思考[J]. 高校教育管理，2019（5）：66-71.

责任心，未来学习不仅要关注个人兴趣，还要关注人类共同福祉，不仅要关注能力的提升，还要关注学习对生命个体的意义并且需要融入人类命运共同体，这才是本科教育未来的发展方向。

五、美国大学本科教育向"学习范式"转型的实践经验

20世纪90年代以来，美国大学本科教育开始向"学习范式"转型，最显著的变化是大学使命的变革引领本科教育的整体性变革，大学作为产生学习的机构，"教会学生学习"和使学生"学会学习"逐步成为高等教育发展中最响亮的两个口号。①从范式转换来看，本科教育的"教学范式"向"学习范式"转型，核心价值变革是从"教"向"学"的深刻转变。本科教育价值转变得到高等教育领域的普遍认同，尤其是美国的各类协会和学会，这类民间组织对于推动变革发挥着重要的作用。更为重要的是，"学习范式"的价值观得到了一批大学校长的认可，在一些研究型大学中得以充分贯彻实行。正如斯坦福大学原校长约翰·亨尼斯（John L. Hennessy）所言："斯坦福大学是一所伟大的教学与研究型大学，要像对待科研一样重视与支持教学，这不仅可能，而且很重要。"②正是由于校长对教学重要性的充分认识，斯坦福大学才出台了一系列本科教育改革报告，并把实现"人的发展"视为斯坦福大学最重要的工作。美国大学推进本科教育向"学习范式"转型，全面关注学生学习和学习成效，从大学目标定位、课程设置、教学学术以及教学评估等方面对本科教育开展改革，主要经验体现在以下几个方面。

（一）教育理念向"学习中心"转型

"学习范式"强调大学是产生学习的机构，而不仅仅是传授知识的场所。在"学习范式"下，大学的最终目的是使学生产生学习。美国研究型大学推进本科教育向"学习范式"整体转型，改革的目标是构建"学习中心大学"，以学生为中心，学习是最重要的。对于学生发展来说，从"学生中心"转变为"学习中心"是大学本科教育向"学习范式"转型的核心理念，大学的首要任务转移到通过寻求资源来提高学生的学习能力上。雪城大学是较早推进"学习

---

① Barr, R. B., Tagg, J. From teaching to learning—A new paradigm for undergraduate education[J]. Change, 1995(6): 12-25.

② Hennessy, J. L. Teaching at Stanford[EB/OL]. http://ctl.stanford.edu/teaching-at-stanford.html.

范式"转型的研究型大学。1992 年，雪城大学新任校长肯尼思·肖（Kenneth Shaw）宣布了一项意图建立"以学生为中心的研究型大学"的改革计划，其核心是把学习放到大学使命的中心位置，通过教学、研究、奖学金、创造性成果以及服务促进学习。[①]1995 年，亚利桑那大学宣称构建以学生为中心的研究型大学时，强调营造关注学生的教和学的环境，以利于学生独立地探索知识的内容及其意义。密歇根州立大学本科教学改革聚焦于学生学习这一核心活动，在大学的使命中明确提出"大学的使命就是学习，为州、国家和世界服务"[②]。加利福尼亚州立大学北岭分校认为，学习中心大学是一个有价值的目标。总之，在"学习范式"下，研究型大学本科教育改革的目的在于促进每一位学生以最有效的方式学习。大学的角色从提供教学转变为学生自主发现和建构学问创造环境，大学的目的是创设环境和经验以促进学生发现和建构知识，让学生成为学习共同体中的学习者去发现和解决问题。创造优越的学习环境意味着，大学作为一个机构，必须自己成为一个学习型组织。通过建立学习型组织，大学才能够适应变化的期望和未来学习方式的改变。

（二）教育内容向"整合教育"转型

发展整合教育是美国大学本科教育向"学习范式"改革转型的新动向。所谓整合教育，实质上是要实现与个体发展相关的各要素之间的系统化、协调化和综合化。[③]为达到整合教育的目标，美国研究型大学坚持以基本能力素质为中心，创新教学组织形式，重视从入学到毕业各个阶段的综合学习，从新生适应、宿舍学习以及社区生活等方面加强课堂教学与课外活动之间的联系，将结构化教育与非结构化教育整合起来，推动本科教育的一体化，让本科生通过多种形式获得整合教育经验，其中，课程整合处于核心地位。

开设研讨课是本科教育课程整合的重要举措。研讨课有助于学生顺利完成从高中到大学的过渡，提高学生对大学的适应能力，并对学生以后的学习活动产生持续的积极影响。2001 年，《重建本科教育——博耶报告三年回顾》调查结果显示，在参与调查的 91 所美国研究型大学中，开设新生研讨课的研究

---

① 〔美〕罗杰·盖格. 大学与市场的悖论[M]. 郭建如，马林霞，等译. 北京：北京大学出版社，2013：104.
② 〔美〕詹姆斯·杜德斯达. 21 世纪的大学[M]. 刘彤，屈书杰，刘向荣，译. 北京：北京大学出版社，2005：231.
③ 高飞. 美国研究型大学本科教育发展研究[M]. 北京：人民出版社，2012：135.

型大学占比为 83.50%。[①]1993 年，斯坦福大学面向大一新生和大二学生开设了入门研讨课，2009—2010 年，56%的斯坦福大学新生研讨课都具有跨学科性质，约 70%的本科生在毕业前至少修读过一门入门研讨课。[②]通过研讨课的学习，学生的自主性得到提高，良好的师生关系、生生关系得以建立起来。

跨学科课程设置是美国大学本科教育课程整合的重要形式。跨学科的专业课程设置淡化了学术边界，通过学生的自主辅修，与研究性学习结合起来，使学生从本科阶段起就能获得跨学科学习与研究的机会，培养学生的创新思维，使其形成合理的知识生态体系，激发其创造潜能。斯坦福大学跨学科课程整合的创新尝试采用螺旋课程、教育自我塑造项目、方块学期课程等形式，通过跨学科教师的共同教学和集群式的课程组合，促进学生跨越学科领域边界进行自由探索，使学生获得整合的学术经历。宾夕法尼亚大学拥有 30 多个跨学科学位和专业[③]，通过跨学科课程的教学与研讨，让学生接触和了解学科前沿知识，激发学生的学术兴趣、学术敏感性和学术创新冲动。与跨学科整合课程密切联系的是跨学科协同教学课程，学生在与不同学科背景教师的交流中锻炼跨学科思维。以密歇根大学为例，2003 学年，该校有 442 门课程是通过协同教学来完成的，其中有 32%的课程属于跨学科协同教学课程。[④]

跨学科学习与生活环境的整合是结构性教育与非结构性教育的整合。宿舍学习计划是美国研究性大学本科教育正式课程与非正式课程整合的典型。普林斯顿大学的住宿学院系统使得 98%的本科生住在校园中。[⑤]密歇根州立大学为本科生提供了多样的宿舍学习计划，如荣誉学院面向成绩优异的本科生招生，詹姆斯·麦迪逊寄宿学院面向政治、法律和社会领域的本科生招生等。宿舍学习计划将志趣相投且至少修学 2 门以上共同课程的学生安排在一起，增加彼此互相学习的机会。学生通过宿舍学习计划可以就共同感兴趣的问题进行深入探讨，并且将课堂学习的知识应用到实际生活中，进而巩固了知识，增进了感情，提高了社会适应能力。

---

① The Boyer Commission on Educating Undergraduates in Research University. Reinventing Undergraduate Education: Three Years After the Boyer Report[R]. New York: State University of New York at Stony Brook, 2001: 13.

② 吴立保. "学习范式"下美国研究型大学本科教育改革的经验及启示[J]. 现代大学教育，2017（6）：45-52.

③ 许可昭，石鸥. 差距与超越：中美教育管理比较研究[M]. 长沙：湖南师范大学出版社，2000：215.

④ 刘海燕. 跨学科协同教学——密歇根大学本科教学改革的新动向[J]. 高等工程教育研究，2007（5）：97-100.

⑤ Facts & Figures[EB/OL]. http://www.princeton.edu/main/about/facts/.

（三）学生学习向"研究性学习"转型

"学习范式"将学习视作学生探究和发现的过程，大学应是一个学习共同体，教师和学生共同参与知识的探究、整合和应用，学习成功的关键取决于学生的主动参与。美国研究型大学本科教育把学生参与研究性学习视作改革的方向，认为研究型大学要为学生提供真正有意义的研究体验。曾任斯坦福大学副校长的沙尔迪瓦指出，"本科教育产生了静悄悄的革命：重点相对从研究转向教学，而教学被重新定义为学生参与研究"[①]。加利福尼亚大学伯克利分校也把"使探究性学习融入本科教育的各个阶段"作为本科教育改革的首要建议。[②]

美国许多大学，尤其是研究型大学，非常重视本科生研究性学习，制订并实施了大学生研究计划，为学生提供研究性学习的机会。"斯坦福本科生研究机会计划"鼓励学生独立完成研究项目，旨在"通过让美国的本科生更多地接触新知识，并向他们展示新知识与学术生活的结合方式，使他们能在今后的学术研究中坚定地走自己的路"[③]。加利福尼亚大学伯克利分校为本科生提供了参与教师科研的一对一接触的"本科生研究学徒计划"、资助杰出的本科生在教师指导下从事原创性研究工作的"校长本科生研究奖学金计划"、为自然科学和工程科学设置的"本科生研究实践计划"以及"哈斯学者项目""伯克利夏季生物工程项目"等多种形式的研究性学习计划。加利福尼亚理工学院的"本科生暑期研究伙伴计划"为本科生利用暑期时间开展合作研究性学习提供了资助。麻省理工学院从本科生早期阶段组织学生参与科研训练，设置了"本科生研究机会计划"，激励学生独立从事科研。同时，学校专门设立了用于学生课外科研的"托管基金"，资助了多数学生在不同学期参与科研。

（四）教师发展向"教学学术"转型

博耶所倡导的多元学术观和教学学术运动，扩展了学术的内涵，为教学赋予了更深层的含义——教学也是一种学术。"学习范式"下教师的教学发生了根本性的转变，即"从传统的教师中心的、基于讲座的体系向一种学生中心

---

① 转引自张红霞. 从国际经验看研究型大学本科教学改革的基本原则[J]. 高等教育研究，2006（12）：60-65.

② Padilla, G., Porter, C. Commission on Undergraduate Education Final Report(2000)[R]. Berkeley: University of California at Berkeley, 2000: 3.

③ Cole, J. R., Barber, E. G., Graubard, S. R. The Research University in a Time of Discontent[M]. Baltimore: The Johns Hopkins University Press, 1994: 229-230.

的、主动的学习方法的转变"①。《重建本科教育——美国研究型大学发展蓝图》建议,"建构一种以学生为中心、把课程和科研联系起来的研究性教学和参与式教学"②。研究型大学要以"问题"和"探索"为中心,以培养学生的问题意识和探索精神。

在教学学术理念的影响和推动下,激励教师投身教学成为美国研究型大学本科教育改革的重要着力点,其所采取的改革措施包括发放教学津贴、设立专门奖项等。教学津贴有课程开发津贴、课堂教学津贴、额外津贴等,这是美国几乎所有的研究型大学都设有的。设立专门奖项是为了奖励在本科教学中有突出贡献的教师,如斯坦福大学的霍格兰奖和劳埃德奖等。加利福尼亚大学伯克利分校在《本科教育委员会最终报告》发表后,完善了本科教学奖励制度,鼓励教师投身教学学术。其中包括本科教学改革资助、杰出教学奖、教育改革项目奖等资助与奖励,最低资助金额为 3000 美元,为本科教育做出突出贡献的教育改革项目的奖金高达 20 000 美元。③为了进一步支持教师投身教学学术,许多高校成立了专门的机构,其中密歇根大学的教学促进与创新中心是美国大学第一个专门设置的支持教师教学发展的专业机构,在其之后,哈佛大学成立了"博克教学和学习中心",加利福尼亚大学伯克利分校根据《马斯拉奇报告》的建议成立了"教学、学习和技术中心",后更名为"教学与学习中心"。美国研究型大学设置的教师教学支持机构担负着教学研究、教学支持、学习支持、资源服务及教学评价等多种职能,在促进教师教学学术方面发挥着重要的作用。伴随着研究型大学向"学习范式"的转型,这些研究中心的职能也发生了变化,超越了教师发展的单一职能,关注教师的"教"与学生的"学"之间的融合。

(五) 教育评价向"学习效果评估"转型

质量评估是本科教育改革的重要环节,传统的质量评估模式注重大学的物力、财力、课程、教师、图书馆与实验室等方面的指标,按照投入—产出模式,用这些量化指标评估本科教育质量。在"学习范式"下,大学必须发展一种能力来识别和评估学生的学习效果,本科教育应关注对学生学习效果的评

---

① 曲铭峰,龚放. 哈佛大学与当代高等教育——德里克·博克访谈录[J]. 高等教育研究,2011(10):1-19.

② 博耶本科教育委员会,朱雪文. 彻底变革大学本科教育:美国研究型大学的蓝图[J]. 全球教育展望,2001(3):67-73,2.

③ University of California at Berkeley. Committee on Teaching Annual Report: 2004-05 [EB/OL]. 2004-05. http://academic-senate.berkeley.edu/sites/default/files/committees/cot/cot_annual_report_2004-05.pdf.

价，教育质量最关键、最重要的一条评估指标在于"学生投身学习"。[①]学生发展理论也提出，学生的学业成功取决于其在学习过程中投入的时间与付出的努力。因此，20世纪90年代以后，美国研究型大学本科教育的评估受"学习范式"的影响也发生了转向，将"学习"置于质量评估的顶层设计之中，关注学生的学习投入、学习满意度，重点开展大学生学习效果调查。

以关注学习效果为核心的动态评估是美国研究型大学本科教育质量评估转型的标志。这是一种基于学生中心的新型评估模式，偏重于评估学生的学习投入度与成果产出。自2003年美国区域认证委员会（Council of Regional Accrediting Commissions，C-RAC）的联合声明强调评估学生学习效果之后，美国所有地区的认证委员会一致认为，"以实现学生的学习成就为标准来评价一个院校是否成功，这是每一个认证委员会的职责及公众宪法的核心所在"[②]。影响较大的评估体系是2000年投入使用的美国"全国学生学习投入调查"（National Survey of Student Engagement，NSSE），该体系基于学生参与理论和有效教育实践（effective education practice，EEP）五项原则，从学生投入各项有效学习活动的程度以及学校资源配置的有效性等方面来测量和评估大学本科教育质量。2002年，加利福尼亚大学伯克利分校高等教育研究中心依据学生参与理论，开发出加利福尼亚大学系统专门使用的"加州大学本科生就读经验调查（University of California Undergraduate Experience Survey，UCUES）"，目的在于检验研究型大学学生活动和学生服务的质量，汇报校园风气和了解多样化对学生教育经历的影响，改进学生的就读经验，为校园和院系提供认证。2004年，教育资助委员会（Council for Aid to Education，CAE）正式发布"大学学习评估"（Collegiate Learning Assessment，CLA），通过测量学生的高级技能水平（批判性思维、问题解决能力、写作技能、分析推理能力）来评估高校管理的成效，促进学生学习水平和高等教育教学质量的提高。[③]总体来看，不论是哪种调查工具，它们都产生于高等教育质量保障的社会大背景下，都以"学生主体""学生学习"为中心思想，遵循学生发展的相关理论，深入探究大学与学生之间的化学作用。

---

① 龚放. 聚焦本科教育质量：重视"学生满意度"调查[J]. 江苏高教，2012（1）：1-4.

② Council of Regional Accrediting Commissions. Regional Accreditation and Student Learning: Principles for Good Practices[EB/OL]. http://www.msche.org/publications/Regnlsl050208135331.pdf.

③ 李湘萍，马娜，梁显平. 美国大学生学习评估工具分析和比较[J]. 现代大学教育，2012（1）：30-35.

（六）教育环境向"学习空间设计"转型

在"学习范式"下，创造有意义的学习环境是大学的重要使命，重点在于评估学习环境的有效性，而不是学习环境本身的特性。巴尔和塔戈指出，"学习范式"的核心是创造有意义的学习环境，在一定程度上，"学习范式"是有意义的学习环境的结果。①有意义的学习环境不仅是在课堂上创造出来的，而且是学校整体环境的产物。首先，学习环境的创建是一个不断建构的过程，创造有意义的学习环境意味着一个大学首先要进行组织文化的转型，创造以学生为中心、以学习为中心的大学文化，使大学能够适应教师和学生对未来变化的期望，鼓励教师和学生用新方法进行实验，创造出最适合学生特点的学习。亚利桑那大学在构建以学生为中心的研究型大学时强调，"把学生放在教育中心……营造关注学生的教和学的环境……学习中心的环境有利于学生独立以及相互探索知识的内容及其意义"②。其次，大学要设计出具有挑战性的学习环境并提供支持性学习环境。挑战性的学习环境旨在设计出一系列刚好超越学生目前所掌握知识水平的具体任务、项目或问题，为学生提供成功的标准，以便他们评估自己的学习成果，鼓励学生在"试试看"的探究学习中进行自我控制、自我修正，允许实验失败并给予相应的学习指导。最后，大学要设计出能够促进学生学习的物理环境。"在促进学生发展的许多方法中，物理环境的使用可能是最不容易理解的，也是最被忽视的。"③在信息化时代，虚拟空间的环境建设对学生的发展具有重要影响，加强实体物理环境与虚拟环境的结合，尤其是探索适应学生自主学习的虚拟环境设计，记录学生的学习过程，成为学习环境设计领域新的关注点。

---

① Barr, R., Tagg, J. From teaching to learning—A new paradigm for undergraduate education[J]. Change, 1995(6): 13-25.

② Koester, J., Hellenbrand, H., Piper, T. D. Exploring the actions behind the words "learning-centered institution"[J]. About Campus, 2005(4): 10-16.

③ O'Banion, T. An inventory for learning-centered colleges[J]. Community College Journal, 2000(1): 14-23.

第三章　政策演进：我国大学本科教育改革的历史制度主义分析

2018年6月21日，教育部在四川成都召开新时代全国高等学校本科教育工作会议，会议传递了一个极其清晰的信号：本科教育是大学的根和本。这是改革开放40年来教育部首次召开专门研究部署本科教育的会议。会议强调，要深入学习贯彻习近平新时代中国特色社会主义思想和党的十九大精神，全面贯彻落实习近平总书记5月2日在北京大学师生座谈会上重要讲话精神，坚持"以本为本"，推进"四个回归"，加快建设高水平本科教育、全面提高人才培养能力，造就堪当民族复兴大任的时代新人。[①]2019年，新中国成立70周年之际，中国高等教育实现了由大众化向普及化的转型，高等教育发生了深刻变革，在世界高等教育格局中逐渐从边缘走向中心，加速推进"高等教育大国"向"高等教育强国"的建设进程成为主旋律。本科教育是高等教育强国建设的基石，系统梳理70多年来我国大学本科教育改革的政策演进，借鉴世界上发达国家大学本科教育政策的经验，通过制度创新推进本科教育改革，具有重要的时代意义。

---

① 教育部. 坚持以本为本　推进四个回归　建设中国特色、世界水平的一流本科教育[EB/OL]. 2018-06-21. http://www.moe.gov.cn/jyb_xwfb/gzdt_gzdt/moe_1485/201806/t20180621_340586.html.

一、历史制度主义的分析框架

历史制度主义是新制度主义三大流派之一，它以历史为手段，从历史和比较的过程中来寻求制度变迁的根源。[1]制度是历史制度主义的核心研究内容，在历史制度主义的视野中，制度是嵌入政治体制、经济组织结构或社会文化中的正式或非正式的程序、规范、惯例。[2]历史制度主义的独特之处在于其将制度既视作因变量又视作自变量。作为因变量，制度变迁理论分析制度在什么客观条件和情境下将会发生再生、转型、替换和终止的过程。[3]作为自变量，制度变迁理论主要研究既有制度或者传统结构下的制度如何影响制度结构内的政治行为、组织关系、政策方式和内容，以及社会现实。[4]在方法论上，历史制度主义运用历史分析和结构分析的方法，以时间序列为基础分析制度演变的逻辑，在批判继承行为主义理论的基础上，把行动者纳入制度建构的框架之中，通过对制度断裂"关键节点"（critical junctures）的详细阐释来分析影响制度变迁的多重变量关系，从宏观结构、中观制度和微观行动者多层面解读制度变迁的影响因素，深层结构、路径依赖和动力机制构成了历史制度主义的基本分析框架。深层结构分析是从宏观结构的视角分析经济体制、政治体制、科技体制和文化观念对制度变迁的影响，"寻找制度背后更具普遍意义的基本因素（制度的深层结构），然后用这些具有普遍意义的基本因素来解释特殊的、复杂的制度现象"[5]是其主要任务。路径依赖分析是从中观制度本身分析制度的历史继承性和延续性，重点关注制度固定之后的学习效应、协同效应、适应性预期等内容。路径依赖在制度演变过程中对新制度的生成和运行具有抑制作用，从而成为制度变迁的主要障碍因素。动力机制是从微观行动者的视角分析制度的权力博弈，由于制度权力在各社会集团之间的不对称性与冲突性，制度运作和产生过程中权力的非对称性是引起制度变迁的内在动力。我国大学

---

[1] Steinmo, S., Thelen, K., Longstreth, F. Structuring Politicals: Historical Institutionalism in Comparative Analysis[M]. Cambridge: Cambridge University Press, 1992: 3.
[2]〔美〕彼得·豪尔,〔美〕罗斯玛丽·泰勒. 政治科学与三个新制度主义[J]. 何俊智，译. 经济社会体制比较, 2003（5）：20-29.
[3] 刘圣中. 历史制度主义：制度变迁的比较历史研究[M]. 上海：上海人民出版社, 2010：123.
[4] 刘圣中. 历史制度主义：制度变迁的比较历史研究[M]. 上海：上海人民出版社, 2010：134.
[5] 周光礼. 公共政策与高等教育——高等教育政治学引论[M]. 武汉：华中科技大学出版社, 2010：123.

本科教育政策内容变化的阶段性特征比较明显，政策的变迁逻辑与历史制度主义的分析框架具有高度的契合性，借此分析大学本科教育政策的变迁逻辑不仅具有很强的解释力和对未来的政策走向具有较强的洞察力，而且对大学本科教育政策的完善具有理论指导意义。

二、新中国成立后我国大学本科教育的调整整顿

新中国成立以后，依据《中国人民政治协商会议共同纲领》提出的建设"民族的、科学的、大众的文化教育"这一新民主主义文化教育目标，政府开始有计划、有步骤地改革旧的教育制度，建立新的教育制度。1950年召开首届全国高等教育会议后，国家对旧的高等教育体系进行系统调整，这就是对中国高等教育发展具有重要影响的"院系调整"政策。鉴于当时的时代背景，"院系调整"后的高等教育模式与苏联的确具有很高的相似度，因而"院系调整"被很多学者认为是照搬苏联教育模式的结果。[①]"照搬苏联教育模式"的观点虽然引起了很多争议，但是，借鉴与模仿苏联模式是得到公认的，对于本科教育来说，其不仅表现在办学形式上，更重要的是表现在办学理念上，苏联模式中的"教学为中心"思想在我国本科教育领域得以确立[②]，并在很长时间占据主导地位，对中国高等教育的发展产生了巨大影响。

（一）《高等学校暂行规程》：本科教育的苏联模式

1950年6月，第一次全国高等教育会议在北京召开，这是对新中国高等教育进行系统设计的一次会议。会议出台了一系列关于高等教育改革的政策规定，标志着新中国建立新的高等教育制度的开端。

对于本科教育来说，《高等学校暂行规程》是最为主要的一个政策文件。该规程包括总纲、入学、课程、考试、毕业、教学组织、行政组织、社团、附则9章，共32条。该规程规定，高等学校的宗旨是以理论与实际一致的教育方法，培养具有高级文化水平，掌握现代科学和技术的成就，全心全意为人民服务的高级建设人才。在课程教学中，该规程强调以下几个原则：第一，课程应根据国家建设的需要及理论与实际一致的原则制定，课程标准由国家统一另

---

① 〔加〕许美德. 中国大学 1895—1995：一个文化冲突的世纪[M]. 许洁英，主译. 北京：教育科学出版社，2000：108.

② 王世岳. 一次教学功能最大化的尝试——论20世纪50年代中国高校的院系调整[J]. 河北师范大学学报（教育科学版），2015（5）：45-50.

行制定。第二,大学各课目的教学计划与教学大纲报请中央教育部备案。第三,在教学组织形式上,教学研究指导组为教学的基本组织,由一种课目或性质相近的几种课目之全体教师组成之,职责为:领导本组全体教师,讨论及制订本组课目的教学计划与教学大纲;领导及检查本组的教学工作和研究工作;领导与组织本组学生的自习、实验及实习。从1950年第一次全国高等教育会议上提出"要在全国范围内,有计划、统一地进行院系调整"以来,经过两年时间的准备,1953年,我国实施了全国范围内的院系调整。在院系调整过程中,在高校布局、专业设置和教学管理等方面,通过移植与模仿苏联模式,高等教育模式逐步固定下来,本科教育的基本架构已经形成。本科教育改革以培养新中国急需的工业建设人才为目标,遵循"教学优先"的原则,"教学为中心"思想在各高校得以贯彻实施。

第一,在培养目标上,本科教育的目的是"多培养些可以直接投入经济建设所必需的专业技术工作的毕业生"[①]。客观上来说,为工业化建设培养人才的本科教育的目标定位是适应当时的经济建设形势的,是一种与国民计划经济体制同构的教育制度安排,二者具有内在一致性。

第二,在专业设置上,本科教育的专业设置基本上是照搬苏联模式,专业设置的特点是专业分类过细。到1955年,我国本科教育体系中已经确定了249种不同的专业[②],从为经济建设与文化发展服务出发,注重高校专业的实用性是具有积极意义的。但是,就本科教育自身规律来看,"照搬苏联的做法,完全否定'通才'教育,致使理工分家,专业分得过细;削弱了财经、政法等一些社会和人文学科"[③]。"这些模式伴着严格限定了专业的狭隘知识领域和极度专业化的彼此疏离的院校,在上述条件下,被引进到中国的社会文化背景中。"[④]过细的专业设置导致专业之间彼此隔离,由此对本科人才培养产生了深远影响,与世界范围内本科教育重视通识教育的趋势大相径庭,以至于20世纪90年代出现了大学素质教育的讨论,以及21世纪关于本科教育过度专业化问题的省思。

第三,在课程教学上,依据《高等学校暂行规程》的要求,高校要在做

---

① 〔美〕费正清,〔美〕德里克·麦克法夸尔. 剑桥中华人民共和国史(1949—1965)[M]. 王建朗,等译. 上海:上海人民出版社,1990:211.
② 〔加〕许美德. 中国大学1895—1995:一个文化冲突的世纪[M]. 许洁英,主译. 北京:教育科学出版社,2000:110.
③ 毛礼锐,沈灌群. 中国教育通史(第六卷)[M]. 济南:山东教育出版社,2005:66-677.
④ 〔加〕许美德. 中国大学1895—1995:一个文化冲突的世纪[M]. 许洁英,主译. 北京:教育科学出版社,2000:118.

好思想政治教育的同时，加强课程与教学的统一性，通过集中管理将"教学中心"落实到本科教育之中。以中国人民大学为例，其在"向苏联学习"的原则下，在工作的领导、组织、布置上都"面向教学，一切以教学为中心，为教学服务"①；在课程设置上，学习苏联高等学校的高度计划性与组织性，要求制订精密的教学计划来指导课程讲授。实际上，中国人民大学为新中国成立后文科类大学的发展树立了榜样，在强化"教学为中心"的同时，弱化了科学研究，重教学轻科研在很长一段时间成为中国大学的共同特征。

1953年，《中央人民政府高等教育部关于一九五三年高等学校院系调整工作的总结报告》中指出，院系调整工作是一项具有历史意义的高等教育改革工作。②这是新中国成立后国家对教育体制的重新定位，私立高等学校全部改为公立高等学校，各院校的性质和任务均比以前更加明确，经过这一调整，以期稳步推进教学改革，使高校更好地担负起为国家大规模建设培养相应人才的伟大重任。

（二）"高教六十条"：本科教育的调整整顿

院系调整奠定了我国本科教育发展的基本格局，但是，1958年的"大跃进"对高等教育的影响是高等学校数量增长太快，本科教育质量受到冲击。1961年9月，中共中央印发《中华人民共和国教育部直属高等学校暂行工作条例（草案）》（以下简称"高教六十条"），在"调整、巩固、充实、提高"八字方针的指导下，对高等教育进行调整整顿，努力促进本科教育回到正常发展轨道上来。

"高教六十条"明确了高等学校"培养为社会主义建设所需要的各种专门人才"的基本任务，对专门人才的内涵也提出了具体要求，即"掌握本专业所需要的基础理论、专业知识和实际技能，尽可能了解本专业范围内科学的新发展"。对于本科教育来说，坚持教学中心地位进一步得到了加强，"高等学校必须以教学为主，努力提高教学质量"。一方面，高校的各种活动要以教学为中心，必须正确处理教学工作与生产劳动、科学研究、社会活动之间的关系，生产劳动、科学研究、社会活动的时间应该安排得当，以利教学；另一方面，在教学中要坚持以教师为中心，课堂讲授是教学的基本形式，必须发挥教师的主导作用，教师必须努力提高课堂讲授的水平。

---

① 郝维谦，龙正中.高等教育史[M].海口：海南出版社，2000：46.
② 建国初期全国高等学校院系调整文献选载（一九五一年——一九五三年）[J].党的文献，2002（6）：59-71.

"高教六十条"对本科教育教学工作做出了专门规定,为了保证教学中心地位,高校平均每学年应该有八个月以上的时间用于教学。学生参加生产劳动的时间一般为一个月至一个半月。在教学计划以外,不对学生规定科学研究任务。在专业设置上,强调努力办好若干重点专业,要根据国家的需要、科学的发展和学校的可能条件来决定专业设置,同时,专业设置不宜过多,划分不宜过窄。学校必须按照教育部制定或者批准的教学方案、教学计划组织教学工作。各专业都要制定教学方案、教学计划,确定培养目标、课程设置,并且做好合理的教学安排,保证教学质量。各门课程要按照教学方案、教学计划的要求,制定教学大纲,选用或者编写教材,少数专门课程和某些新开课程至少要有讲授提纲。高校各专业要加强政治理论课程的教学,切实加强基础理论和基本知识课程的教学,切实加强基本技能训练。

"高教六十条"对本科教育的规定中,在坚持"教学中心"地位的同时,也对学生的学习提出了要求,强调发挥学生的作用。在教学中起主导作用的是教师,教师在教学中传授自己的知识和经验的同时,要启发学生的主动性和积极性,注意因材施教。教师要注意听取学生对教学的意见和要求,改进教学工作,做到教学相长。学生的学习必须依靠个人的刻苦钻研,教学要考虑到学生的差异性。

"高教六十条"明确提出高校要开展科学研究,指出高等学校应该积极地开展科学研究工作,以促进教学质量和学术水平的提高。通过科学研究促进教学发展的思想符合本科教育趋势,与美国提出的教学学术性运动在基本理念上具有相通性。所以,这一时期本科教育改革所提出的科研要求所侧重的是教学科研,主要体现在两个方面:一是在科研内容的规定上,"高教六十条"提出,高等学校应该把教科书和教学参考书的编著当作一项重要的科学研究工作;二是在科研对象的规定上,"高教六十条"提出,高等学校开展科学研究的主要力量是教师,但前提是教师应该保证完成教学任务,尤其是青年教师,其主要任务是把教学工作做好,可以少参加或者不参加科学研究。由此可见,在科研与教学关系上,"高教六十条"也明确强调"教学中心"地位。学生也可以参加科研,其目的在于获得从事科学研究的训练,培养独立工作能力。"高教六十条"对此有明确的规定,"高年级学生参加科学研究应该在教师指导下,按照教学计划规定的时间进行,不允许随便停课进行科学研究。对低年级学生不规定科学研究任务"。

"高教六十条"是在回顾新中国成立12年来我国高等教育发展变化、存在的缺点及需要着重解决的问题的基础上颁布的,对我国本科教育产生了重要影响。在总体布局上,其纠正了"大跃进"时期高等教育无序扩张带来的规模与质量、结构之间失衡的错误，解决了由课堂教学和教师的主导作用被忽视、生产劳动过多、扰乱正常教学秩序导致的教学质量下降等问题。在本科教育指导思想上，"高教六十条"进一步确定"教学中心"地位，明确提出"高等学校必须以教学为主，努力提高教学质量"。虽然其后我国高等教育教学体系仍受到了一定程度的破坏，但整体来看，"高教六十条"对本科教育所进行的整顿调整、对高等教育管理模式的改革、办学规模的扩大，都为我国高等教育全面探索未来发展之路奠定了必要基础。

三、改革开放后我国大学本科教育的制度安排

"文化大革命"使新中国刚刚建立的高等教育秩序遭到破坏。十一届三中全会后，随着改革开放政策的实施，大学本科教育制度得到恢复并不断深化改革，推动我国高等教育发展进入新阶段。

（一）《全国重点高等学校暂行工作条例（试行草案）》：本科教育的恢复整顿

1977年，我国正式恢复停止了十年的高考制度。为了恢复本科教育秩序，1978年，全国教育工作会议在北京召开，邓小平做了关于恢复高校工作的重要讲话。会后，国家陆续出台了《全国重点高等学校暂行工作条例（试行草案）》《高等学校学生学籍管理的暂行规定》（以下简称《学籍暂行规定》）、《全日制普通高等学校学生学籍管理办法》（以下简称《学籍管理办法》）等一系列规章制度。其中，《全国重点高等学校暂行工作条例（试行草案）》是在1961年颁发的"高教六十条"的基础上修改而成的，是我国改革开放之后颁布的首个关于本科教育课程体系与教改实施的指导性文件。

1978年召开的全国教育工作会议明确了教育"大发展、大提高"的方向，本科教育也进入了全面恢复整顿期。《全国重点高等学校暂行工作条例（试行草案）》的颁布执行，标志着我国的本科教育教学秩序开始恢复。该条例明确了高校的教学职能与科研职能，规定了专业设置、教学方案、教学计划等内容，并指出必须发挥教师在教学中的主导作用，尊重学生差异。尤其是开始意识到本科教学模式中单一的教师主导的讲授式教学模式的不足。该条例提出，在保持课堂讲授作为教学基本形式的基础上，一方面，教师要提高课堂讲授的水平，这是教学质量提升的重要保障；另一方面，要加强教师在其他各种教学环节的指导作用，教师要关注学生学习，要负责地教育学生和严格地要求

学生，启发学生的主动性和积极性，注意因材施教。教师要注意听取学生对教学的意见和要求，改进教学工作，做到教学相长等。作为政策文本，该条例正式对本科教学模式做出规定，表明了对之前照搬苏联模式的反思，在讲授教学模式之外，提出启发式教学及因材施教，初步显露出高校教学模式改革势头。

《全国重点高等学校暂行工作条例（试行草案）》对本科教育教学秩序的恢复发挥了重要作用，随着《学籍暂行规定》《学籍管理办法》的相继出台，全国开始在本科高校逐渐推行学分制改革的学籍管理制度。清华大学、上海交通大学、浙江大学等部分高校开始相继实行学分制或学年学分制，以学年制为基础，以选修制为前提，开展学分制改革试点工作。之后，随着《中华人民共和国学位条例》《中华人民共和国学位条例暂行实施办法》的相继出台，我国的三级学位授予制度正式建立，我国本科教育逐渐走向规范，教育秩序的恢复与重建为本科教育改革奠定了良好的制度基础。

总的来说，《全国重点高等学校暂行工作条例（试行草案）》等系列政策制度的出台，恢复了本科教育，开启了教学模式和教学管理模式的探索与试点，在一定程度上赋予了教师在教学管理活动中的教学自主权，同时也指出要尊重学生差异，但在教学管理方面仍充斥着"高度集中统一"思想，制度相对缺乏弹性和灵活性。[①]

（二）《中共中央关于教育体制改革的决定》：本科教育的改革启动

1985 年 5 月，党中央、国务院召开了改革开放以来第一次全国教育工作会议，讨论并通过了《中共中央关于教育体制改革的决定》。这是我国高等教育推进改革开放的关键性政策文件，与后续发布的系列文件一起，构成我国高等教育体制改革的总体性框架，从而大大推动了我国高等教育的现代化进程。《中共中央关于教育体制改革的决定》的颁布，标志着我国本科教育经历短暂的中断后，逐渐适应社会经济发展的需要，开启了本科教育改革的进程。其对高等教育及本科教育改革的影响体现在以下几个方面。第一，在教育目的上，《中共中央关于教育体制改革的决定》指出，"教育体制改革的根本目的是提高民族素质，多出人才、出好人才"。范国睿教授指出，从强调教育为政治服务，到强调发挥教育促进经济和社会发展的功能，再到对教育育人价值的肯定，是思想认识上的巨大进步。这一价值取向在此后的教育改革过程中得到了

---

① 陈恩伦，郭璨. 新中国 70 年来高校教学管理制度的演变轨迹与演变逻辑——以历史制度主义为分析视角[J]. 四川师范大学学报（社会科学版），2019（5）：31-39.

贯彻。①第二，在教育功能上，《中共中央关于教育体制改革的决定》提出了"教育必须为社会主义建设服务，社会主义建设必须依靠教育"的论断，教育功能要与人才培养目标相一致，强调"面向现代化、面向世界、面向未来，为九十年代以至下世纪初叶我国经济和社会的发展，大规模地准备新的能够坚持社会主义方向的各级各类合格人才"。相比于1958年提出的"教育为无产阶级政治服务，教育与生产劳动相结合"的教育方针，教育功能从重视政治功能逐渐转向注重经济功能，这与十一届三中全会以来"以经济建设为中心"的国家发展战略相吻合。第三，高等教育体制改革的核心在于扩大高等学校办学自主权。《中共中央关于教育体制改革的决定》指出，改变政府对高等学校统得过多的管理体制是当前高等教育体制改革的关键，改革的目标就是扩大高等学校的办学自主权，加强高等学校同生产、科研和社会其他各方面的联系，使高等学校具有主动适应经济和社会发展需要的积极性和能力。在体制改革举措上，《中共中央关于教育体制改革的决定》提出，学校逐步实行校长负责制，明确学校和政府的关系，进一步明晰学校与政府的权责关系，保证学校内部管理机制的有效运行，这为20世纪80年代我国本科教育改革提供了强有力的制度保障，使一系列本科教学改革得以顺利开展。第四，推进本科教学改革。《中共中央关于教育体制改革的决定》是20世纪80年代中后期本科教育教学改革的重要指导性文件，针对之前苏联模式过于强调"教学中心"的弊端，提出"积极进行教学改革的各种试验，例如改变专业过于狭窄的状况，精简和更新教学内容，增加实践环节，减少必修课，增加选修课，实行学分制和双学位制，增加自学时间和课外学习活动，有指导地开展勤工助学活动"等系列改革举措。此后，我国陆续出台了《高等教育管理职责暂行规定》《普通高等学校学生管理规定》《关于加快改革和积极发展普通高等教育的意见》《关于加强普通高等学校教学工作的意见》等大量与教学管理相关的政策文件，高校教学管理权限得到进一步下放。

（三）《关于加强普通高等学校本科教育工作的意见》：首个专门针对本科教育改革的文件

《中共中央关于教育体制改革的决定》颁布实施之后，本科教育在恢复和建立正常秩序的基础上得到了很大的发展。但是，本科教育在发展、改革过程中也存在两个突出问题：第一，由于高等教育宏观上内部的关系没有完全理

---

① 范国睿. 教育制度变革的当下史：1978—2018——基于国家视野的教育政策与法律文本分析[J]. 华东师范大学学报（教育科学版），2018（5）：1-19.

顺，以及一些认识上和实际工作中的原因，部分高等学校的本科教育工作受到一定影响；第二，由于对如何在改革开放新形势下正确贯彻党和政府的教育方针，全面提高教育质量的特点、规律认识不足，在高等学校本科教育工作中，思想政治教育工作比较薄弱和脱离社会主义建设实际需要的现象均不同程度地存在着，以致部分学生的思想、政治、道德素质不高，以及分析、解决实际问题的能力不强。为了加强普通高校的本科教育工作，国家教委高教一司、高教二司于1987年组织人员对本科生的培养质量、本科教育中存在的问题以及加强和改进本科教育工作、提高本科教育质量等进行了调查，在此基础上起草了《关于加强普通高等学校本科教育工作的意见》（以下简称《意见》），1988年4月27日由国家教委作为正式文件下发。这是我国首个专门针对本科教育改革的政策文件，提出了加强普通高等学校本科教学工作的10条措施。①

第一，进一步提高对本科教育在高等教育中地位和作用的认识。《意见》提出，"本科教育是高等教育的重要组成部分，是一个独立的、基本的培养层次和培养阶段，它的教育质量一定意义上是我国高等教育质量如何的标志，直接关系到我国社会主义事业的发展。这是高等教育工作中的一个重要的方向性问题"。《意见》关于本科教育在高等教育系统中的定位与世界高等教育发展的大趋势是一致的，表明我国高等教育自改革开放后开始逐渐与国际接轨，本科教育发展逐渐从外在功利性价值回归到自身的发展规律上。

第二，进一步明确本科教育的培养目标，尽快制定本科生培养的基本培养规格。《意见》指出，"本科教育的培养目标和本科生的基本培养规格，是国家对本科教育和本科生的基本要求，也是高等学校进行教育、教学改革的具体方向"。根据文、理、工、农、医各科及师范教育的学科属性，《意见》提出相关学科本科教育目标的原则性意见，并要求高校尽快制定各类本科生的基本培养规格，这是落实本科教育培养目标的关键。

第三，努力改进高等学校思想政治工作的内容、形式和方法，引导学生走正确的成长道路。

第四，继续深化本科教育改革，全面提高教学质量。《意见》指出，深化本科教学改革的根本方向是"主动适应社会主义建设的实际需要"。为了提高教学质量，要继续重视和切实改进基础理论课程的教学。在教学方法上要提倡"启发式"的教学方法，并且要重视学生的能力培养，努力将科学研究尽早引入教学过程，活跃学术风气，注意培养学生的开拓、创新精神。积极试行有指导的计划学分制，扩大选修课的比例。强调实行因材施教的原则，重视学生的

---

① 《中国教育年鉴》编辑部. 中国教育年鉴1989[M]. 北京：人民教育出版社，1990：785-789.

自学和个性发展，在保证绝大多数学生达到基本培养规格的同时，重视对优异学生的选拔与培养，培养拔尖人才。《意见》进一步强调，"改革同社会主义现代化建设不相适应的教学思想、教学内容、教学方法，是深入到业务领域的改革，是教学改革的难点、重点所在，不仅思想性强、政策性强，学术性也强，是一项十分重要的、长期而艰巨的任务"。

第五，全面加强高等学校的体育卫生工作，努力增强学生体质。

第六，进一步加强教师队伍建设，充分调动教师搞好本科教育的积极性。《意见》指出，"办好社会主义大学，培养德才兼备的人才，教师起着决定性的作用"。因此，高校必须重视和加强教师的思想政治工作，教师要树立正确的教育思想，忠诚于人民的教育事业，全面关心学生的成长。《意见》要求高校应当采取坚决措施，把一批教学、学术水平高的教师放到本科教学，特别是公共课、基础课、专业基础课的教学第一线上来，大力倡导知名教授率先给本科生上课。

第七，进一步加强本科教学基本建设，努力改善本科教育基本办学条件。

第八，继续认真搞好高等教育评估试点工作，逐步建立系统的高等教育评估制度。《意见》提出，要继续认真做好以本科教育为主要内容的高等教育评估试点工作，重视学校自评，并将依靠社会力量进行教育评价与教育主管部门的国家监督正确地结合起来。高校要充分重视并尽快建立用人部门和毕业生跟踪调查制度，并根据调查结果及时改进人才培养工作。

第九，建立本科教育基金和教学优秀奖励制度，促进本科教育工作发展。

第十，加强本科教育的关键在领导。本科教育领导分为两个层面：首先是国家教委和各级教育管理部门要进一步加强和完善对本科教育的宏观指导和管理，要紧紧抓住提高教育质量这个中心，进一步理顺高等教育的内部关系，按照为社会主义建设服务的要求合理调整和完善高等教育结构，把注意力更多地集中到提高教育质量的整体效益上来；其次是高校领导要制定加强本校本科教育的措施，加强本科教育，关键是建设一支政治思想觉悟高、业务素质好、懂得社会主义教育规律、相对稳定的教育管理干部队伍。通过领导队伍建设，为进一步深化本科教育改革、全面提高本科教育质量创造一个良好的环境，也将为20世纪90年代的进一步发展打下比较牢固的基础。

改革开放以来，随着教育外部环境的变化，社会对教育所培养的人才规格的要求也随之改变，这也就促使本科教育进行相应的改革。本科教育改革逐步被纳入国家教育发展的政策视野中，国家赋予高校教育教学改革更多自主权，有效激发了高校开展教育教学改革的积极性和主动性。

(四)《中国教育改革和发展纲要》：本科教育的深化改革

1992年邓小平南方谈话和党的十四大报告，明确提出了建立社会主义市场经济体制的方针，面对我国改革开放和社会主义现代化建设事业进入一个新阶段的新形势，为了落实党的十四大提出"必须把教育摆在优先发展的战略地位，努力提高全民族的思想道德和科学文化水平"的战略任务，1993年，国家颁布了《中国教育改革和发展纲要》（以下简称《纲要》），这是加快教育改革开放和现代化建设的一项重大举措，是全党全社会的一件大事。①《纲要》作为20世纪90年代末、21世纪初中国教育工作的纲领性文件，对于在建立社会主义市场经济体制过程中的中国教育改革与发展产生了十分重要的影响。②

《纲要》作为指导教育改革和发展的纲领性文件，尽管它不是专门针对本科教育改革的具体文件规定，却对我国教育发展方向做出了战略部署。由于《纲要》会对我国高等教育发展的整体走向产生影响，其中有关高等教育的原则性规定也必然会对本科教育产生重要影响。

第一，在教育目标上，《纲要》延续了《中共中央关于教育体制改革的决定》中关于为社会主义现代化建设培养人才的整体思路，提出教育工作的任务是"面向现代化，面向世界，面向未来，加快教育的改革和发展，进一步提高劳动者素质，培养大批人才，建立适应社会主义市场经济体制和政治、科技体制改革需要的教育体制，更好地为社会主义现代化建设服务"。

第二，在管理体制上，强调深化体制改革，调动高校自主权。《纲要》提出，教育改革要坚持"三个有利于"原则，建立与社会主义市场经济体制相适应的教育体制，这一任务贯穿整个20世纪90年代。在高校办学体制上，确立中央与省（自治区、直辖市）分级管理、分级负责的教育管理体制。进行高等教育体制改革，主要是解决政府与高等学校、中央与地方、国家教委与中央各业务部门之间的关系，逐步建立政府宏观管理、学校面向社会自主办学的体制。

第三，在本科教育上，全面贯彻教育方针，全面提高教育质量。《纲要》确定高等教育要走内涵式发展道路。1994年，《国务院关于〈中国教育改革和发展纲要〉的实施意见》中明确提出本科教育教学要"认真贯彻教育方针，深入进行教学改革"，"合理调整系科和专业设置，拓宽专业面，优化课程结构，

---

① 李铁映. 社会主义现代化建设的奠基工程——认真学习、宣传和实施《中国教育改革和发展纲要》[J]. 中国高等教育，1993（4）：3-8.
② 谈松华.《中国教育改革和发展纲要》的制定及其历史作用[J]. 教育史研究，2019（2）：4-9.

改革课程内容和教学方法，加强教材建设，注重素质和能力培养，增强学生对社会需要的适应性"。《纲要》对推动本科教育教学改革的实际效果非常显著。《纲要》提出"集中中央和地方等各方面的力量办好100所左右重点大学和一批重点学科、专业，力争在下世纪初，有一批高等学校和学科、专业，在教育质量、科学研究和管理方面，达到世界较高水平"。这就是我们通常所说的"211工程"。通过"211工程"的重点投入与重点建设，我国本科教育质量得到了显著提升。

为了进一步落实《纲要》精神，1994年6月，国家教委印发《关于加强普通高等学校教学工作的意见》，提出"提高教育质量的根本途径在于深化教学改革"。1994年7月3日，《国务院关于〈中国教育改革和发展纲要〉的实施意见》颁布，该意见对《纲要》进行了细化、量化，提出了可操作的措施。1994年和1997年，国家教委分别实施和推进了《高等教育面向21世纪教学内容和课程体系改革计划》。这些具体政策文件都是围绕《纲要》关于全面提高质量的总体要求来推进改革的。从文件规定中可以看出，本科教育改革的核心是教学改革，其中教学内容和课程体系改革是本科教学改革的重点和难点，是深层次的教学改革。

（五）《面向21世纪教育振兴行动计划》：本科教育的振兴行动

1998年，教育部相继出台了《关于深化教学改革，培养适应21世纪需要的高质量人才的意见》《关于进一步加强"国家基础科学人才培养基地"和"国家基础课程教学基地"建设的若干意见》《关于加强大学生文化素质教育的若干意见》《关于普通高等学校修订本科专业教学计划的原则意见》等系列指导性文件，以加强思想政治和文化素质教育，深化教学内容和课程体系改革，为高等学校教学改革确立了基本思路。

为了实现党的十五大所确定的目标与任务，落实科教兴国战略，全面推进教育的改革和发展，提高全民族的素质和创新能力，1998年12月，教育部通过并颁发了《面向21世纪教育振兴行动计划》（以下简称《行动计划》），这是在贯彻《中华人民共和国教育法》《中国教育改革和发展纲要》的基础上绘制的跨世纪教育发展和改革的施工蓝图。[①]《行动计划》是适应21世纪以高新技术为核心的知识经济对高素质人力资源竞争的挑战，在高等教育发展的政策指导思想下，不仅强调培养专门人才，而且强调大力推进素质教育。这既

---

① 刘来兵，涂怀京，但昭彬. 中国教育活动通史（第八卷·中华人民共和国）[M]. 济南：山东教育出版社，2017：32.

是知识经济国家现代化建设对人才提出的新要求，也是高等教育要更加关注人的发展的体现。

《行动计划》中提出的高等教育发展目标是：高等教育规模有较大扩展，入学率接近15%，若干所高校和一批重点学科进入或接近世界一流水平；基本建立起终身学习体系，为国家知识创新体系以及现代化建设提供充足的人才支持和知识贡献。

《行动计划》要求加快高等教育体制改革步伐，切实落实《中华人民共和国高等教育法》关于"高等学校应当面向社会，依法自主办学，实行民主管理"的规定，扩大高校办学自主权。继续实行"共建、调整、合作、合并"的方针，今后3~5年，基本形成中央和省级政府两级管理、分工负责，在国家宏观政策指导下，以省级政府统筹为主的条块有机结合的新体制。

《行动计划》强调建设世界一流大学具有重大战略意义，并且指出经过长期的建设和积累，我国少数大学在少数学科和高新技术领域已达到和接近国际先进水平，拥有一批高水平的教授，尤其是本科生培养质量较高，为创建世界一流大学创造了条件。将高质量本科生作为一流大学和一流学科建设的基础，这为21世纪中国大学的本科教育改革奠定了基础。

《行动计划》要求积极推进高等学校的教学改革，改革教育思想、观念、内容和方法。本科教育要拓宽专业口径，增强适应性，今后3~5年，将专业由200多种调整到100多种。继续推进"面向21世纪教学内容和课程体系改革计划"，并建成200个文、理科基础性人才培养基地，100个各科类基础课程教学基地和20个大学生文化素质培养基地，使之成为具有国内先进水平的教学示范基地。

《行动计划》的颁布执行对本科教育改革产生的影响主要体现在以下几个方面：第一，本科教育规模迅速扩张。为落实《行动计划》的发展目标，1999年，国家出台大扩招政策，高校规模扩大，学生数量剧增。2001年，全国普通高校招生人数达到268.28万人[1]，比1998年的108.36万人[2]增加了约1.5倍。经过10年扩招，全国高等学校从1998年的1022所[3]增加到2009年的

---

① 教育部. 2001年全国教育事业发展统计公报[EB/OL]. 2002-06-13. http://www.moe.gov.cn/s78/A03/ghs_left/s182/moe_633/tnull_844.html.

② 教育部. 1998年全国教育事业发展统计公报[EB/OL]. 1999-05. http://www.moe.gov.cn/s78/A03/ghs_left/ s182/moe_633/tnull_842.html.

③ 教育部. 1998年全国教育事业发展统计公报[EB/OL]. 1999-05. http://www.moe.gov.cn/s78/A03/ghs_left/ s182/moe_633/tnull_842.html.

2689 所①，数量增加了约 1.63 倍。高校大规模扩招使更多的人获得了接受本科教育的机会。第二，《行动计划》在强调继续并加快进行"211 工程"建设的基础上，"985 工程"相关政策也相继出台并得到重点支持。"985 工程"在"211 工程"的基础上提出了创建世界一流大学和一流学科的战略目标，本科教育作为其中基础性的组成部分也得到了进一步加强。第三，本科教学改革得到进一步加强。为了落实《行动计划》提出的"积极推进高等学校的教学改革"的政策要求，1999 年，《中共中央国务院关于深化教育改革全面推进素质教育的决定》发布，提出弹性学习制度，深化教育改革，为实施素质教育创造条件。2000 年 1 月，《教育部关于实施"新世纪高等教育教学改革工程"的通知》发布，从"高等教育人才培养战略规划研究""高等学校本科教育教学改革与实践""高职高专教育教学改革与实践""现代远程教育资源建设""高校中青年骨干教师培训""高校基础教学实验室改造与建设"六个方面深化高等教育教学改革。

四、21 世纪我国大学本科教育的制度变革

经过 1999 年高等教育大扩招政策的实施，2002 年，我国高等教育毛入学率达到 15%，高等教育从精英化阶段进入大众化阶段。在高等教育规模迅速扩张的同时，其结构也发生了变化，本科教育所占比例逐渐增加并成为高等教育的主体。在发展方式上，高等教育也逐渐从外延式发展向内涵式发展转变，本科教育质量建设成为 21 世纪我国高等教育发展的主线。为此，国家出台了一系列政策文件和实施方案，以推进本科教育改革，提升本科教育质量。

（一）《关于加强高等学校本科教学工作提高教学质量的若干意见》：强化本科教育

随着扩招政策的落实，高校在校生规模迅速扩张，2001 年，全国本科在校生规模比扩招前 1998 年的总数几乎增加了一倍，本科教育质量下滑的问题引起国家的高度重视。在此背景下，2001 年，教育部颁布了《关于加强高等学校本科教学工作提高教学质量的若干意见》（以下简称《若干意见》）。《若干意见》针对我国高等教育面对的新形势，提出了 12 条加强本科教学工作、提高教学质量的措施和意见，在强调加大教学经费投入、建立健全教学质量监测

---

① 教育部. 2009 年全国教育事业发展统计公报[EB/OL]. 2010-08-03. http://www.moe.gov.cn/srcsite/A03/s180/moe_633/201008/t20100803_93763.html.

和保障体系等本科教育教学改革的基本保障之外，其对于推动本科教育改革的政策效应主要体现在以下几个方面。

第一，强化本科教育教学的重要地位。《若干意见》提出，高等学校的根本任务是培养人才，教学工作始终是学校的中心工作。本科教育是高等教育的主体和基础，抓好本科教学是提高整个高等教育质量的重点和关键。《若干意见》强调，要牢固树立人才培养的质量是高等学校生命线的观念，高校必须高度重视高等教育的质量建设，把加强本科教学工作列入重要工作日程。各级教育行政部门要把教育质量特别是本科教育质量作为评价和衡量高等学校工作的重要依据。要不断推进高等学校的观念创新、制度创新和工作创新，将本科教育质量提高到一个新水平。

第二，要求教师投入本科教育教学。《若干意见》从多个方面对教师投入本科教育提出明确规定。首先，大力提倡教授上讲台，加强本科基础课教学。《若干意见》规定，教授、副教授必须讲授本科课程。一般情况下，55岁以下的教授、副教授原则上每学年至少为本科学生讲授一门课。其次，把教学工作质量作为教师职务聘任的重要标准。《若干意见》规定，在教师职务评聘中，实行教学考核一票否决权制。对于不主讲本科课程，或达不到本科教学基本工作量和质量要求的教师，不能聘任副教授或教授职务。再次，加强高校师德建设。《若干意见》提出，高等学校教师的师德和教风，不仅直接关系到教学质量的高低，也对学生世界观、价值观、人生观的形成有着直接的影响。教师应具有高尚师德、优良教风和敬业精神，具有严谨的科学态度和高度的责任心。教师要把主要精力投入到人才培养和教学工作中。教师要注重教学研究，重视教学内容和方法的改革，并通过教改研究不断提高自己的学术水平和业务水平。最后，建设一支适应高质量教学要求的中青年骨干教师队伍。《若干意见》指出，提高本科教学的质量，必须把加强中青年教师队伍的建设放在重要位置。因此，高校必须建立完善的教师培训制度，重视中青年骨干教师的培养，以促进教师发展。

第三，强调学生学习积极性。《若干意见》指出，要切实加强学风建设，充分调动和发挥学生学习的积极性。高等学校要将学风建设作为教学工作的一项重要内容来抓。要针对新形势下学生的思想实际，加强大学生思想政治工作和文化素质教育，营造健康向上的校园文化，弘扬努力学习、刻苦拼搏的精神，引导学生树立正确的学习观、成才观、就业观。学校要排除社会不良风气的干扰，努力形成良好的育人环境。

第四，推动本科教学改革。针对我国本科教育中存在的突出问题，《若干意见》提出了一系列教学改革措施：要积极推动使用英语等外语进行教学；大力提倡编写、引进和使用先进教材；应用现代教育技术提升教学水平；进一步加强实践教学，注重学生创新精神和实践能力的培养；等等。

《若干意见》的颁布对本科教育改革发挥了重要的作用，意味着国家层面开始关注本科教育质量，引领着本科教育的改革方向。此后，针对本科教育在不同发展阶段遇到的新问题，教育部都出台了专门的改革文件。例如，2005年1月，《教育部关于进一步加强高等学校本科教学工作的若干意见》出台，强调"深化教学改革，优化人才培养过程"；在教学改革方面，强调要继续推进课程体系、教学内容、教学方法和手段的改革。《若干意见》中提出，要培养学生学习能力，推进弹性学习制度建设，为学生提供更多自主学习的时间和空间。积极推进研究性教学、讨论式教学、案例教学和合作性学习等新的教学与学习方式的改革，提升大学生的创新能力。2007年2月，《教育部关于进一步深化本科教学改革全面提高教学质量的若干意见》出台，要求进一步加大教学投入，强化教学管理，深化教学改革，采用各种措施确保教学工作的中心地位，把提高教学质量工作落到实处；在教学改革方面，强调要坚持知识、能力和素质协调发展，继续深化人才培养模式、课程体系、教学内容和教学方法等方面的改革，实现从注重知识传授向更加重视能力和素质培养的转变；同时，增加学生自主学习的时间和空间，拓宽学生知识面，增强学生学习兴趣，完善学生的知识结构，促进学生个性发展。

通过对不同时期政策文本的解读，我们可以清晰地看出本科教育改革重点的变化：围绕提高本科教育质量这条主线，在强调教学中心地位的同时，对教学方式和学生学习都提出了新的要求，总体趋势是越来越关注学生的学习需要和个性发展需要。

（二）《2003—2007年教育振兴行动计划》：本科教育的振兴计划

2004年2月，教育部出台《2003—2007年教育振兴行动计划》（以下简称《振兴行动计划》），这是我国教育领域落实科教兴国和人才强国战略，加快教育改革与发展的基本蓝图。提高教育质量是《振兴行动计划》的主线，其对提高本科教育质量方面的具体规定主要有以下几个方面。

第一，重点推进高水平大学和重点学科建设。《振兴行动计划》强调继续实施"985工程"和"211工程"，努力建设一批高水平大学和重点学科。高水平大学和重点学科建设集聚了一大批优质资源，将学科建设、科技创新、队伍建设、国际合作和人才培养统筹推进，对提高本科教育质量发挥了重要作用。

第二，实施"高等学校教学质量与教学改革工程"。《振兴行动计划》强调进一步深化高等学校的教学改革，以提高高等教育人才培养质量为目的，进一步深化高等学校的培养模式、课程体系、教学内容和教学方法改革。同时，强调完善高等学校教学质量评估与保障机制，规范和改进学科专业教学质量评估，逐步建立与人才资格认证和职业准入制度挂钩的专业评估制度。

为了落实《振兴行动计划》的要求，2007年，《教育部财政部关于实施高等学校本科教学质量与教学改革工程的意见》出台。高等学校本科教学质量与教学改革工程（以下简称"质量工程"）选择五个方面内容进行重点建设：一是以质量标准建设为基础，探索建立中国特色的人才培养国家标准；二是以专业建设为龙头，加强专业结构优化与内涵建设，引导高校办出特色、办出水平；三是以优质资源建设为保障，加强视频公开课和精品课程共享资源建设；四是以强化实践教学为重点，进一步强化实验实践教学平台建设，培养大学生实践能力和创新创业能力；五是以提高教师教学能力为关键，加大教师培训力度，创新教师培训模式。从这五个方面来看，"质量工程"主要是针对高校专业结构不尽合理、办学特色不够鲜明、教师队伍建设与培养培训薄弱、大学生实践能力和创新创业能力不强等关键领域和薄弱环节进行的改革，以解决人才培养还不完全适应经济社会发展需要的突出问题。随着"质量工程"的实施，本科教育改革有了具体的着力点，对提升本科教育质量发挥了重要的推动作用。

（三）《国家中长期教育改革和发展规划纲要（2010—2020年）》：倡导帮助学生学会学习

为了落实党的十七大做出的关于"优先发展教育，建设人力资源强国"的战略部署，促进教育事业科学发展，全面提高国民素质，加快社会主义现代化进程，2010年7月，教育部颁布了《国家中长期教育改革和发展规划纲要（2010—2020年）》（以下简称《规划纲要》）。这是进入21世纪以来我国颁布的第一个国家级教育规划纲要，它的制定既符合中国国情，又体现了时代要求[①]，对于加快中国教育事业的改革发展具有重大而深远的意义。《规划纲要》面向"两个一百年"奋斗目标，提出了"到2020年，基本实现教育现代化，基本形成学习型社会，进入人力资源强国行列"的战略目标，其对本科教育产生的重大影响是强调面向学习型社会，倡导帮助学生学会学习。《规划纲要》对我国本科教育改革的影响体现在以下几个方面。

---

① 顾明远. 学习和解读《国家中长期教育改革和发展规划纲要（2010—2020）》[J]. 高等教育研究，2010（7）：1-6.

第一，对本科教育改革提出"育人为本""提高质量"的总体要求。《规划纲要》的工作方针是"优先发展、育人为本、改革创新、促进公平、提高质量"，并强调"把育人为本作为教育工作的根本要求"，在育人理念上要以学生为主体，充分发挥学生的主动性，关心每个学生，促进每个学生主动地、生动活泼地发展，尊重教育规律和学生身心发展规律，为每个学生提供适合的教育。从之前政策文本的"提高教育质量"到"提供适合的教育"的话语转变，表明教育范式的主轴逐渐发生转变，逐渐由"教"向"学"过渡。这样的转变也发生在提高质量的方针上。《规划纲要》提出"把提高质量作为教育改革发展的核心任务"，并且强调树立科学的质量观，即把促进人的全面发展、适应社会需要作为衡量教育质量的根本标准。同时，《规划纲要》在战略主题上再次强调，"坚持以人为本，推进素质教育"，并提出其重点是"面向全体学生、促进学生全面发展，着力提高学生服务国家和人民的社会责任感、勇于探索的创新精神和善于解决问题的实践能力"。《规划纲要》在对育人的要求方面强调在以人为本的前提下，将学生的个体发展与社会发展结合起来，既注重个性与多样化，也强调个体的社会责任，为本科教育人才培养指明了方向。

第二，对本科教育教学改革提出"提高人才培养质量"的任务定位。《规划纲要》立足教育现代化的发展大趋势，适应学习型社会发展的需求，提出"基本形成全民学习、终身学习的学习型社会"，即要形成一个"人人皆学、处处可学、时时能学"的社会。首先，牢固确立人才培养在高校工作中的中心地位。为此，要深化教学改革，强调把教学作为教师考核的首要内容，全面实施"质量工程"。健全教学质量保障体系，改进高校教学评估。充分调动学生学习积极性和主动性，激励学生刻苦学习，增强诚信意识，养成良好学风。其次，以人才培养体制改革为起点，推进人才培养模式的改变。《规划纲要》提出推进和完善学分制、实行弹性学制、促进文理交融等方面的人才培养管理体制改革，同时强调加强学校之间、校企之间、学校与科研机构之间合作以及中外合作等多种联合培养方式，形成体系开放、机制灵活、渠道互通、选择多样的人才培养体制。

《规划纲要》是我国 21 世纪探索教育现代化发展的纲领性政策文件。从政策文本分析来看，教育政策的价值可划分为实体价值和符号价值两大类，不同阶段的政策文本的内在价值结构是不一样的，表明政策价值取向的不同，代表着改革的方向。朱春奎等通过文本分析的方法发现，《规划纲要》的价值结构具有以下特征：第一，实体价值比重大于符号价值比重，价值组合以实体价值为主；第二，实体价值比重上升，技术价值占实体价值首位；第三，符号价值比重下降，意识形态和规划目标是符号价值的主要组成部分。在现阶段教育改革的进程中，政策制定者更加注重以人为本、公平等价值，这将有利于改革进入一个新的发展阶段。①教育政策的制定者面临着矛盾的价值选择，正式的政策文本一定有着明确的价值观念，这是决定政策落实和教育改革成功与否的关键。从价值观念来看，《规划纲要》对本科教育改革的引领意义在于要创造一个全民学习和终身学习的社会，也就是说，本科教育改革要与学习型社会的内在要求保持一致。顾明远和石中英认为，学习型社会应该是一个以学习求发展的社会，是创新的社会，学习型社会的实质应为"以学习求发展"，凸显人类在发展问题上的主体性、选择性和无限可能性。②在这个背景下，帮助学生学会学习应成为本科教育改革的方向，这对于我国长期以来"以教学为中心"的教育价值理念来说是一个巨大转变。

（四）《教育部关于全面提高高等教育质量的若干意见》：本科人才培养的中心地位

为深入贯彻落实胡锦涛总书记在庆祝清华大学建校100周年大会上的重要讲话精神和《规划纲要》，大力提升人才培养水平，增强科学研究能力，服务经济社会发展，推进文化传承创新，全面提高高等教育质量，2012年3月，《教育部关于全面提高高等教育质量的若干意见》颁布，简称"高教三十条"。该文件是继1961年颁布的"高教六十条"以来，在新的历史阶段全面提高高等教育质量的专项政策文件，对高等教育的整体发展具有战略引领作用，对本科教育改革产生了深远的影响。

"高教三十条"进一步明确了"以人为本，培养高素质人才"的本体性价值取向。"高教三十条"开宗明义就提出要"牢固确立人才培养的中心地位"。这是对《规划纲要》精神的具体落实，彰显了以人为本的价值理念。本科教育一方面要进一步落实人才培养的中心地位，另一方面要着力提高人才培养质量，没有质量提升的人才培养也就体现不出中心地位的重要性。因此，"高教三十条"提出，要"全面实施素质教育，把促进人的全面发展和适应社会需要作为衡量人才培养水平的根本标准"。完善人才培养质量标准体系也是以人为本的体现，"高教三十条"中的质量标准是要建立健全"全面发展和个性发展紧密结合的人才培养要求"的培养标准，以适应国家和区域经济社会发展需

---

① 朱春奎，刘宁雯，吴义欢.《国家中长期教育改革和发展规划纲要（2010—2020年）》的价值结构分析[J]. 复旦教育论坛，2011（5）：5-8.

② 顾明远，石中英. 学习型社会：以学习求发展[J]. 北京师范大学学报（社会科学版），2006（1）：5-14.

要，满足人民群众接受高等教育的多样化需求。在发展方式上，坚持稳定规模、优化结构、强化特色、注重创新，走以质量提升为核心的内涵式发展道路。

"高教三十条"在具体政策上对本科教育改革的指导作用集中体现在通过深化改革，巩固本科教学基础地位，其提出的本科教育改革措施主要体现在以下几个方面。

第一，坚持特色发展，分类发展。通过探索建立高校分类体系，使人才培养与学校定位相匹配。"985工程"和"211工程"大学定位一流大学与一流学科建设，培养一流本科人才；农林、水利、师范等行业特色高校要突出学科专业特色和行业特色，培养服务行业的高水平本科人才；地方本科高校建设要面向地方经济社会发展需要，培养高水平应用型本科人才，以此克服同质化倾向。与之相适应的是优化学科专业和人才培养结构，通过修订学科专业目录及设置管理办法，建立动态调整机制，优化学科专业结构，使人才培养与社会需求相适应。

第二，推进人才培养模式创新，巩固本科教学基础地位。在人才培养模式创新方面，"高教三十条"提出，要大力实施"基础学科拔尖学生培养试验计划"（以下简称"珠峰计划"），探索拔尖创新人才培养模式，带动本科教育人才培养改革，主要探索在教师指导下，学生自主选择专业、自主选择课程等自主学习模式。在教育教学方法上倡导启发式、探究式、讨论式、参与式教学。由此可见，以人为本的价值理念在人才培养模式改革中得以体现。在巩固本科教学基础地位方面，"高教三十条"强调把本科教学作为高校最基础、最根本的工作，体现教学的中心地位，完善国家、地方、高校三级"本科教学工程"体系，发挥建设项目在推进教学改革、加强教学建设、提高教学质量上的引领、示范、辐射作用。

第三，强化实践育人环节，加强创新创业教育。在实践育人方面，"高教三十条"强调分类制定实践教学标准，增加实践教学比重，加强实验室、实习实训基地、实践教学共享平台建设，重点建设一批国家级实验教学示范中心、国家大学生校外实践教育基地。在创新创业方面，"高教三十条"要求把创新创业教育贯穿于人才培养全过程。

第四，推进试点学院改革，建设优质教育资源共享体系。在试点学院方面，"高教三十条"提出，建立教育教学改革试验区，在部分高校设立试点学院，探索以创新人才培养体制为核心、以学院为基本实施单位的综合性改革。改革人才招录与选拔方式，实行自主招生、多元录取，选拔培养具有创新潜质、学科特长和学业优秀的学生。改革人才培养模式，实行导师制、小班教学，激发学生学习主动性、积极性和创造性，培养拔尖创新人才。改革教师遴选、考核与评价制度，实行聘用制，探索年薪制，激励教师把主要精力用于教书育人。完善学院内部治理结构，实行教授治学、民主管理，扩大学院教学、科研、管理自主权。在建设优质教育资源共享体系方面，"高教三十条"提出，建立高校与相关部门、科研院所、行业企业的共建平台，促进合作办学、合作育人、合作发展。鼓励地方建立大学联盟，发挥部属高校优质资源辐射作用，实现区域内高校资源共享、优势互补。加强高校间开放合作，推进教师互聘、学生互换、课程互选、学分互认。

第五，提高教师业务水平和教学能力。"高教三十条"强调，推动高校普遍建立教师教学发展中心，重点支持建设一批国家级教师教学发展示范中心，有计划地开展教师培训、教学咨询等，提升中青年教师专业水平和教学能力。完善教研室、教学团队、课程组等基层教学组织，坚持集体备课，深化教学重点难点问题研究。此外，"高教三十条"提出，通过分类管理促进教师参与教学。完善教师分类管理和分类评价办法，对基础课教师重点考核教学任务、教学质量、教研成果和学术水平等情况。鼓励高校探索以教学工作量和教学效果为导向的分配办法，鼓励和支持兼职教师申请教学系列专业技术职务。

为了落实"高教三十条"，与之相配套的《教育部 财政部关于实施高等学校创新能力提升计划的意见》《教育部 财政部关于"十二五"期间实施"高等学校本科教学质量与教学改革工程"的意见》等文件相继颁布，进一步推动本科教育改革的深化与发展。2015年10月，《国务院关于印发统筹推进世界一流大学和一流学科建设总体方案的通知》印发，"双一流"建设工程是继"211工程"和"985工程"之后高等教育领域的重点建设工程，也强调一流本科教育是基础，要求"坚持立德树人，突出人才培养的核心地位，着力培养具有历史使命感和社会责任心，富有创新精神和实践能力的各类创新型、应用型、复合型优秀人才"。2016年6月，《教育部关于中央部门所属高校深化教育教学改革的指导意见》出台，提出在统筹推进一流大学和一流学科建设进程中，建设一流本科教育，全面提高教学水平和人才培养质量，切实增强学生的社会责任感、创新精神和实践能力。

五、新时代我国大学本科教育的深化改革

2017年，十九大报告提出了中国发展新的历史方位——中国特色社会主义进入新时代。历史发展的新方位需要教育发展有新战略，习近平总书记在党的十九大报告中指出，"建设教育强国是中华民族伟大复兴的基础工程，必须

把教育事业放在优先位置，深化教育改革，加快教育现代化，办好人民满意的教育。要全面贯彻党的教育方针，落实立德树人根本任务，发展素质教育，推进教育公平，培养德智体美全面发展的社会主义建设者和接班人"①，从而为我国目前及今后一段时间本科教育改革提供了根本遵循。本科教育的深化改革自此进入快速发展期，国家也出台了一系列政策文本引领本科教育改革方向。

（一）"新时代高教四十条"：推进本科教育建立新范式

2018年6月21日，教育部在四川成都召开新时代全国高等学校本科教育工作会议。这是对我国高等教育产生重大影响的会议，首次用本科教育工作会议来代替本科教学会议，将本科教育提到了国家战略的层面，"人才培养是本，本科教育是根"的提法进一步强化了本科教育的地位。2018年10月17日，为加快建设高水平本科教育，全面提高人才培养能力，《教育部关于加快建设高水平本科教育全面提高人才培养能力的意见》（以下简称"新时代高教四十条"）发布，提出了"围绕激发学生学习兴趣和潜能深化教学改革"等10个方面的指导性意见，成为未来一段时期做好高校人才培养工作的重要"施工图"。

第一，"新时代高教四十条"强调本科教育的基础地位。"新时代高教四十条"准确分析了我国本科教育面临的形势要求，指出进入新时代以来，本科教育在综合改革的推动下取得显著成就，但仍然存在人才培养的中心地位和本科教学的基础地位还不够巩固、高校在本科人才培养上的投入仍不到位、教育理念仍相对滞后、评价标准和政策机制导向仍不够聚焦等问题。为适应国家战略发展新需求和世界高等教育发展新趋势，高校必须把本科教育放在人才培养的核心地位、教育教学的基础地位、新时代教育发展的前沿地位，振兴本科教育，形成高水平人才培养体系，奋力开创高等教育新局面。振兴本科教育的意义在于把本科教育视作提高高等教育质量的最重要基础。人才培养是本，本科教育是根。建设高等教育强国必须坚持"以本为本"，加快建设高水平本科教育，为全面建成小康社会、基本实现社会主义现代化、建成社会主义现代化强国提供强大的人才支撑和智力支持。

第二，"新时代高教四十条"确立本科教育的目标理念。"新时代高教四十条"指出，新时代本科教育改革要以习近平新时代中国特色社会主义思想为指导，努力培养德智体美劳全面发展的社会主义建设者和接班人，为建设社会主义现代化强国和实现中华民族伟大复兴的中国梦提供强有力的人才保障。

---

① 习近平. 决胜全面建成小康社会 夺取新时代中国特色社会主义伟大胜利——在中国共产党第十九次全国代表大会上的报告[N]. 人民日报，2017-10-28（001）.

"新时代高教四十条"的总体目标是:"四个回归"全面落实,初步形成高水平的人才培养体系,建成一批立德树人标杆学校,建设一批一流本科专业点,引领带动高校专业建设水平和人才培养能力全面提升,学生学习成效和教师育人能力显著增强。到 2035 年,形成中国特色、世界一流的高水平本科教育,为建设高等教育强国、加快实现教育现代化提供有力支撑。对于本科教育来说,就是建设一流的本科教育,即"中国特色、世界一流的高水平本科教育"。胡建华教授指出,建设一流本科教育需要先进的教育理念,应该明确一流本科教育的基本定位、一流本科教育的指导思想、一流本科教育的主要内涵与一流本科教育的实施路径。[①]"新时代高教四十条"在建设高水平本科教育的理念上有很大的变化,在回归本科教育基础地位的同时,突出学生中心的理念,在建设高水平本科教育的基本原则中就强调"坚持学生中心,全面发展"。高水平本科教育要以促进学生全面发展为中心,既注重"教得好",更注重"学得好",激发学生学习兴趣和潜能,激励学生爱国、励志、求真、力行,增强学生的社会责任感、创新精神和实践能力。

第三,"新时代高教四十条"强化本科教育的价值引领。人才培养是本科教育的核心,对于人才培养来说,首先要解决"为谁培养人"和"培养什么样的人"的问题。"新时代高教四十条"提出,要培养德智体美劳全面发展的社会主义建设者和接班人。要实现这一目标,首先,坚持正确办学方向。要全面加强高校党的建设,毫不动摇地坚持社会主义办学方向,大力推进习近平新时代中国特色社会主义思想进教材、进课堂、进头脑,不断增强学生的道路自信、理论自信、制度自信和文化自信。其次,必须坚持立德树人、德育为先的原则,把立德树人的成效作为检验学校一切工作的根本标准,把社会主义核心价值观教育融入教育教学全过程各环节。最后,强化价值引领。一方面,要提升思政工作质量,加强高校思想政治工作体系建设,建立健全系统化育人长效机制;另一方面,要强化课程思政和专业思政,强化每一位教师的立德树人意识,在每一门课程中有机融入思想政治教育元素,形成专业课教学与思想政治理论课教学紧密结合、同向同行的育人格局。

第四,"新时代高教四十条"着力推进以学为中心的本科教育改革。"新时代高教四十条"着眼于提高我国本科教育水平,回应了社会舆论对我国大学本科教育质量的关切。在改革措施上,虽然一以贯之地强调深化教学改革,但是,"新时代高教四十条"特别提出要"围绕激发学生学习兴趣和潜能深化教

---

① 胡建华. 建设一流本科教育首先需要更新教育理念[J]. 苏州大学学报(教育科学版),2018(4):2-3.

学改革",在之前强调的"深化教学改革"之前增加了"围绕激发学生学习兴趣和潜能"这样的表达方式,不仅仅是表达出对学生个性发展的关注,更为重要的是表达出本科教育范式从"教"到"学"的转变。在具体改革措施上,与之前政策文件相比,"新时代高教四十条"除了对"改革教学管理制度""深化创新创业教育改革""提升学生综合素质"等方面的改革强调更严、更规范、更实在、更完整之外,有三个方面的创新更加体现了以学为中心。其一,首次提出推动课堂教学革命。要求以学生发展为中心,通过教学改革促进学习革命,积极推广小班化教学、混合式教学、翻转课堂,大力推进智慧教室建设,构建线上线下相结合的教学模式。课堂教学革命不仅关注"教"的质量,要求教师因课制宜选择课堂教学方式方法,科学设计课程考核内容和方式,不断提高课堂教学质量;更关注"学"的质量,要求积极引导学生自我管理、主动学习,激发求知欲望,提高学习效率,提升自主学习能力。其二,加强学习过程管理。要求加强考试管理,严格过程考核,健全能力与知识考核并重的多元化学业考核评价体系,完善学生学习过程监测、评估与反馈机制,激励学生主动学习、刻苦学习。其三,强化管理服务育人。"新时代高教四十条"特别提出,"按照管理育人、服务育人的理念和要求,系统梳理、修订完善与在校大学生学习、生活等相关的各项管理制度,形成依法依规、宽严相济、科学管用的学生管理制度体系"。从"管理"到"服务"的转变,体现出以学生为中心的思想。服务是全过程与全方位的,既包括在学校的学习服务,也包括升学、就业、创业等过程的服务,全面服务于学生发展。

第五,"新时代高教四十条"强调本科教育与信息技术的融合。美国新媒体联盟于2004年发布第一个《地平线报告·高等教育版》以来,已经持续发布了16年,其关注的焦点就是信息化对高等教育的影响。从《地平线报告·高等教育版》中,我们也看到了信息化革命对高等教育发展,尤其是本科教育变革的推动作用。因此,"新时代高教四十条"提出,"推进现代信息技术与教育教学深度融合"是适应本科教育改革的发展趋势。对于本科教育来说,首先,要重塑教育教学形态。打造适应学生自主学习、自主管理、自主服务需求的智慧课堂、智慧实验室、智慧校园。大力推动互联网、大数据、人工智能、虚拟现实等现代技术在教学和管理中的应用,探索实施网络化、数字化、智能化、个性化的教育,推动形成"互联网+高等教育"新形态,以现代信息技术推动高等教育质量提升的"变轨超车"。其次,要大力推进慕课和虚拟仿真实验建设,发挥慕课在提高质量、促进公平方面的重大作用。最后,促进共享优质教育资源。推动优质课程资源开放共享,促进慕课等优质资源平台发展,鼓励教师多模式应用,鼓励学生多形式学习,提升公共服务水平,推动形成支持学习者人人皆学、处处能学、时时可学的泛在化学习新环境。

第六，"新时代高教四十条"强调全方位协同育人。"新时代高教四十条"提出，"构建全方位全过程深融合的协同育人新机制"，通过机制创新集成资源，将人才培养中心地位落到实处。其一，完善协同育人机制。建立与社会用人部门合作更加紧密的人才培养机制。其二，加强实践育人平台建设。推动与行业部门、企业共同建设实践教育基地，切实加强实习过程管理，健全合作共赢、开放共享的实践育人机制。其三，强化科教协同育人。为本科生参与科研创造条件，推动学生早进课题、早进实验室、早进团队，将最新科研成果及时转化为教育教学内容，以高水平科学研究支撑高质量本科人才培养。搭建学生科学实践和创新创业平台，推动高质量师生共创，增强学生创新精神和科研能力。其四，深化国际合作育人。推进与国外高水平大学开展联合培养，加快引进国外优质教育资源，培养具有宽广国际视野的新时代人才。其五，深化协同育人重点领域改革，在"新工科"、医教协同、农科教结合、法学教育和司法实践结合、教师教育创新试验区以及基础学科拔尖人才培养等重点领域推进协同培养。

第七，"新时代高教四十条"首提大学质量文化。提高高等教育质量是新中国成立以来教育改革政策文件的主线，但人们对教育质量存在不同的认识。"新时代高教四十条"提出"加强大学质量文化建设"的要求，克服了在高等教育质量建设过程中片面强调质量指标和质量标准的观念，而是将树立质量意识作为人才培养的出发点。在本科教育质量文化的内涵上体现出学生中心的理念。"新时代高教四十条"强调，把人才培养水平和质量作为评价大学的首要指标，突出学生中心、产出导向、持续改进，激发高等学校追求卓越，将建设质量文化内化为全校师生的共同价值追求和自觉行为，形成以提高人才培养水平为核心的质量文化。在质量文化建设措施上，一方面，强化高校质量保障主体意识，高校要完善自我评估制度，健全内部质量保障体系；另一方面，强化质量督导评估，通过督导评估，引导高等学校合理定位、办出水平、办出特色，推进教学改革，提高人才培养质量。本科教育质量评估需要建设好高等教育质量监测国家数据平台，利用互联网和大数据技术，形成覆盖高等教育全流程、全领域的质量监测网络体系。

"新时代高教四十条"在推动我国本科教育质量建设的历程中具有重要的影响，是站在新的历史阶段，以时不我待的使命感，从国家战略、技术进步、经济发展乃至人类命运共同体的多重视角来推进高水平本科教育建设。这表明本科教育质量提升刻不容缓，"新时代高教四十条"的颁布为我国加快建设高水平本科教育做出了新探索、新贡献。

(二)《中国教育现代化2035》：新时代本科教育改革的新征程

2015年的《仁川宣言》、联合国教科文组织通过的《教育2030行动框架》以及发布的《反思教育：向"全球共同利益"的理念转变？》（Rethinking Education: Towards a Global Gommon Good?）等系列研究报告，站在全球高度勾勒2030全球教育的未来蓝图，规划了人类未来15年可持续发展的总目标，其核心都是指向全纳、公平、有质量的教育和全民终身学习的发展主旨，对指导人类未来教育发展具有里程碑式的意义。从联合国早期提出的"可持续发展"到《教育2030行动框架》提出的"全面整合的可持续变革"新命题，高等教育逐渐面临变革的挑战，为应对"可持续变革"的挑战，终身教育既是教育自身发展的必然趋势，同时也是解决未来教育问题的核心和关键。[①]在全球教育变革的大背景下，我国提出加快推进教育现代化、建设现代化教育强国的战略目标。2018年9月，党的十八大以来的第一次全国教育大会召开。全国教育大会以习近平新时代中国特色社会主义思想为指引，谋划了新时代中国教育改革发展的宏伟蓝图，开启了加快推进教育现代化、建设教育强国、办好人民满意的教育新征程。2019年，中共中央、国务院印发了《中国教育现代化2035》，这是我国第一个以教育现代化为主题的中长期战略规划，是新时代推进教育现代化、建设教育强国的纲领性文件，具有全局性、战略性、指导性作用。《中国教育现代化2035》是在总结改革开放以来特别是党的十八大以来教育改革发展成就和经验的基础上，面向未来描绘教育发展图景，系统勾画出我国教育现代化的战略愿景，明确教育现代化的战略目标、战略任务和实施路径，对于本科教育改革来说也是具有战略性指导作用，在适应学习型社会和终身学习需要的社会背景下，引领本科教育改革的总体方向，重点关注以下几个方面的问题。

第一，学习型社会与终身教育促进本科教育的转型发展。《中国教育现代化2035》提出八个"更加注重"的基本理念，即更加注重以德为先，更加注重全面发展，更加注重面向人人，更加注重终身学习，更加注重因材施教，更加注重知行合一，更加注重融合发展，更加注重共建共享。这八大基本理念遵循教育规律和人才成长规律，也顺应了国际教育发展趋势。在新的理念的引领

[①] 郭伟，张力玮. 借镜《教育2030行动框架》打造"中国教育现代化2035"——访中国教育学会副会长、中国教育发展战略学会副会长、长江教育研究院院长周洪宇教授[J]. 世界教育信息，2018（4）：3-7.

下，《中国教育现代化2035》提出的到2035年推动我国成为学习大国的战略目标和建成服务全民终身学习的现代教育体系的发展目标，将引领我国本科教育新的发展范式变革。在终身学习的框架下，《中国教育现代化2035》提出构建服务全民的终身学习体系。这就要求构建更加开放畅通的人才成长通道，完善招生入学、弹性学习及继续教育制度，畅通转换渠道。建立全民终身学习的制度环境，建立国家资历框架，建立跨部门跨行业的工作机制和专业化支持体系。建立健全国家学分银行制度和学习成果认证制度。这些改革措施将打破传统本科教育僵化的体系，本科教育的制度安排更加注重学习的需求，而且是面向学习者个性化、多样化的学习和发展需求，促进学习者主动学习、释放潜能，获得发展自身、奉献社会、造福人民的能力。

第二，创新性人才培养加速推进本科教育改革。十八大以来，以习近平同志为核心的党中央始终高度重视教育工作，紧紧围绕培养什么人、怎样培养人、为谁培养人这一根本问题，深入推进教育改革。《中国教育现代化2035》提出要把学习贯彻习近平新时代中国特色社会主义思想作为首要任务，贯穿到教育改革发展全过程。本科人才培养要更加强思想政治教育，坚持中国特色社会主义教育发展道路，坚持社会主义办学方向，培养德智体美劳全面发展的社会主义建设者和接班人。在人才培养方向上，适应学习型社会的需要，《中国教育现代化2035》提出要及时调整学科专业结构，为实现现代化教育强国的建设目标，要加强创新人才特别是拔尖创新人才的培养，加大应用型、复合型、技术技能型人才培养比重。在教学方式改革方面，《中国教育现代化2035》提出要鼓励深化教学改革，"推行启发式、探究式、参与式、合作式等教学方式以及走班制、选课制等教学组织模式"，促进学生主动把学习、观察、实践同思考紧密结合起来，保护和激发学生的好奇心和学习兴趣，注重对学生创新精神与实践能力的培养[1]。

第三，加快推进信息化时代的本科教育变革。随着智能化时代的快速到来，以大数据、云计算、人工智能和区块链等为代表的新一代信息技术正在推动世界发展模式的快速变革，急需加快信息化时代的本科教育变革。《中国教育现代化2035》提出要利用现代技术加快推动人才培养模式改革，实现规模化教育与个性化培养的有机结合。同时，需要创新教育服务业态，建立数字教育资源共建共享机制。基于信息化手段的本科教育变革，其根本还是服务人的发展需要，是对传统本科教育"教"与"学"关系的重构。随着信息化、智能化技术的推进，本科教育改革更重要的是要培养具有适应和引领时代发展的必

---

[1] 褚宏启.《中国教育现代化2035》的关键词与问题域[J]. 中小学管理，2019（4）：22-24.

备品格和关键能力的人才。

《中国教育现代化 2035》既是对改革开放以来我国教育改革历史经验的总结，也是我国积极参与全球教育治理、履行我国对联合国 2030 年可持续发展议程的承诺，为世界教育发展贡献中国智慧、中国经验、中国方案的实际行动。这是我国第一个以教育现代化为主题的中长期战略规划，为新时代开启教育现代化建设新征程指明了方向，旨在培养造就新一代社会主义建设者和接班人，具有重要的现实意义和深远的历史意义。①从本科教育范式转换的视角来看，《中国教育现代化 2035》进一步强化了本科人才培养的核心地位，立足现代化教育强国战略的需求和人的全面发展的需要，适应学习型社会和终身教育的时代发展趋势，本科教育将加速向"学习中心"范式变革。

六、我国大学本科教育改革的趋势展望

（一）以本为本，重视本科教育的基础性地位

2018 年 6 月 21 日，教育部在四川成都召开新时代全国高等学校本科教育工作会议。这是对我国本科教育改革具有划时代意义的一次会议。一方面，这是第一次用本科教育工作会议代替之前一直沿用的本科教学工作会议，概念内涵的扩展代表了国家对本科教育的整体性认识超越了简单的教学工作问题，而是人才培养的整体性问题；另一方面，此次会议的召开表明国家对本科教育认识的进一步深入，预示着我国将在本科教育的范式转换方面迈出实质性的一步。会上，教育部部长陈宝生指出，高教大计、本科为本，本科不牢、地动山摇。人才培养是大学的本质职能，本科教育是大学的根和本，在高等教育中是具有战略地位的教育、是纲举目张的教育。同时，他还指出，坚持"以本为本"，把本科教育放在人才培养的核心地位、教育教学的基础地位、新时代教育发展的前沿地位。②本科教育工作会议以坚定的语言表达了本科教育的根本性，也强调了创新发展，提出了创建中国理念、中国标准、中国方法和中国模式，建设世界高等教育新高地的发展目标。本科教育工作会议引起了高等教育界的广泛讨论，国家政策、理论研究和高校实践层面都展示出对本科教育的重视，并出现了许多改革创新的新趋势。

---

① 吴德刚. 中国教育的伟大变革——党的重要历史文献学习与思考[J]. 教育研究, 2019（2）：4-16.
② 教育部. 坚持以本为本 推进四个回归 建设中国特色、世界水平的一流本科教育[EB/OL]. 2018-06-21. http://www.moe.gov.cn/jyb_xwfb/gzdt_gzdt/moe_1485/201806/t20180621_340586.html.

从世界高等教育发展的历史来看，欧美发达国家高等教育改革的中心一直在本科教育。20世纪30年代，芝加哥大学校长赫钦斯倡导的具有世界影响力的通识教育运动，主要是针对本科生推出"名著教育计划"，要求本科生在校期间阅读百本名著，以培养学生的学识、智慧与道德。1945年的《哈佛通识教育红皮书》不仅影响了哈佛大学的本科教育，而且使通识教育成为美国的全国性运动，对第二次世界大战后美国本科教育产生了重要影响。进入20世纪80年代以后，美国大学围绕自由教育推进本科教育改革，也使美国本科教育得到了完善与发展。重视本科教育仍然是21世纪美国高等教育改革的主旋律。从我国高等教育政策变迁来看，新中国成立后一段时间，与计划经济相适应，本科教育成为高等教育政策关注的重心，但是，随着社会主义市场经济体制的进一步确立，以及高等教育大众化进程的加快，大学在服务社会的同时，也出现了教学与科研关系的日益对立，本科教育的中心地位受到了冲击。这一现象引起国家的高度重视，不断通过政策调整来扭转这一趋势。2015年，国家出台"双一流"建设方案时就将一流本科教育纳入方案之中，本科教育是"双一流"建设的重要组成部分，有的专家提出重视本科教育是一流大学成熟的标志。[①]2018年之后，无论是国家的政策文本，还是教育理论研究与高校之间的工作交流，本科教育已经成为主流话语体系，表明了学界对本科教育基础性地位达成了一致，"坚持以本为本"逐渐从政策术语转变为实践行动，重视本科教育基础性地位将成为我国在今后一段时间高等教育改革的主流趋势。

（二）学生中心，注重本科教育的立德树人

在大力推进本科教育改革进程中，改革的基本趋势由注重社会转向注重个体，终极目标是促进人的全面发展。新中国成立之初，我国借鉴苏联的教育模式，在教育目的上过于强化大学本科教育的社会本位。进入21世纪以后，本科教育的价值观逐渐发生转变，坚持"以学生个体的发展为本"的理念，注重学生的个性化培养，表明教育目的逐渐向注重个体的发展转变。在全国教育大会之后，坚持立德树人、回归学生中心的育人本位成为本科教育改革的主旋律，以生为本、以学为中心、关注学生、研究学习规律是我国大学当前本科教育教学改革的新趋势。[②]其中，在本科教育理念上强调对"以生为本，以学为中心"的回归，这符合世界范围内本科教育向"学习中心"范式转型的趋势，

---

① 邬大光. 重视本科教育：一流大学成熟的标志[J]. 中国高教研究，2016（6）：5-10.
② 李延保. 我国大学本科教育教学改革的新趋势[J]. 中国高教研究，2013（7）：19-22.

也符合本科教育自身的规律。在这一变化趋势中，我国本科教育的改革在关注世界趋势的同时，并非简单地跟随，而是更加强调中国特色与中国经验。2018年9月10日，习近平总书记在全国教育大会上提出，坚持党对教育事业的全面领导，坚持把立德树人作为根本任务，坚持优先发展教育事业，坚持社会主义办学方向，坚持扎根中国大地办教育，坚持以人民为中心发展教育，坚持深化教育改革创新，坚持把服务中华民族伟大复兴作为教育的重要使命，坚持把教师队伍建设作为基础工作。[①]习近平总书记关于新时代教育改革发展的"九个坚持"的新思想、新理念、新观点，是一个逻辑严密的科学体系，指导着未来本科教育改革的方向。其中，本科教育改革要遵循中国逻辑，即扎根中国大地办教育，要扎中国传统文化之根，要扎国家制度之根，要扎基本国情之根，要扎教育规律之根。[②]在本科教育改革中，要坚持课程思政，强化中国特色课程改革的价值引领作用，要坚持学为中心，推进信息技术引领的教学改革，关注学习效果，建设促进学生全面发展的本科教育质量文化。

[①] 本报评论员. 坚持党对教育事业的全面领导[N]. 人民日报，2018-09-18（002）.
[②] 周光礼. 以"九个坚持"为根本遵循扎根中国大地办大学[J]. 中国高教研究，2018（11）：1-4.

第四章　本土探索：我国大学本科教育推进"学习范式"转型的案例分析

改革开放以来，我国高等教育体系逐步完善，1985年颁发的《中共中央关于教育体制改革的决定》以及1988年颁发的《关于加强普通高等学校本科教育工作的意见》等文件的相继出台，使本科人才培养质量提升成为20世纪80年代以后我国高等教育改革的重心。1993年颁发的《中国教育改革和发展纲要》和1998年颁发的《面向21世纪教育振兴行动计划》等系列文件，将本科教育的振兴上升为国家战略，进一步推动了我国本科教育改革的深化。尤其是自1989年开展的首届国家级教学成果奖评选活动以来，四年一届的国家级教学成果奖，不仅仅是对高校本科人才培养改革认可的"符号资本"，更是在全国营造出了重视本科教育教学质量的文化氛围，激发了本科教育教学改革的动力，引领了本科教育改革的方向。在我国高等教育从精英化向大众化、普及化快速发展的进程中，许多高校开展了本科教育的自发改革行动与实践探索。在借鉴和吸收国外本科教育改革理论与实践经验的基础上，进入21世纪以来，我国大学本科教育改革的总体趋势是向"学习范式"转型，逐渐探索出适合中国国情、具有中国特色的本科教育发展道路。

一、世界一流大学建设高校：南京大学"以学生发展为中心"的本科教育改革案例

"双一流"战略是我国高等教育领域继"211 工程""985 工程"之后的又一国家战略，有利于提升我国高等教育综合实力和国际竞争力，为实现"两个一百年"奋斗目标和实现中华民族伟大复兴的中国梦提供有力支撑。"双一流"战略中世界一流大学建设高校有 42 所，这些高校不仅有很强的科研实力，在本科人才培养方面也有长久的改革探索，引领我国本科教育改革的方向。其中，南京大学就是典型代表之一，从陶行知倡导"教学做合一"的"三合一"教学改革，到 20 世纪 80 年代开展的"课堂教学、学术活动、科学实验和社会实践相结合"的"三元结构"改革、2009 年开启的"三三制改革"，以及最近开展的建设"第一个南大"的"最好本科"教育改革，以学生发展为中心成为南京大学本科教育改革的核心理念。南京大学本科教育在改革实践中不断探索本科教育"学习范式"的中国样板。

（一）南京大学简介[①]

南京大学坐落于钟灵毓秀、虎踞龙蟠的金陵古都，是一所历史悠久、声誉卓著的百年名校。其前身是创建于 1902 年的三江师范学堂，此后历经两江师范学堂、南京高等师范学校、国立东南大学、国立第四中山大学、国立中央大学、国立南京大学等历史时期，于 1950 年更名为南京大学。1952 年，在全国高校院系调整中，南京大学调整出工学、农学、师范等部分院系后与创办于 1888 年的金陵大学文、理学院等合并，仍名南京大学。校址从四牌楼迁至鼓楼金大原址。

在一个多世纪的办学历程中，南京大学及其前身与时代同呼吸、与民族共命运，谋国家之强盛、求科学之进步，为国家的富强和民族的振兴做出了重要的贡献。尤其是改革开放以来，作为教育部直属的重点综合性大学，南京大学又在崭新的历史机遇中焕发出新的生机，在教学、科研和社会服务等各个领域保持良好的发展态势，各项办学指标和综合实力均位居全国高校前列。1994 年，南京大学被确定为国家"211 工程"重点支持的大学；1999 年，南京大学进入国家"985 工程"首批重点建设的高水平大学行列；2006 年，教育部和江苏省再次签订重点共建南京大学的协议；2011 年，教育部和江苏省签署协

[①] 南京大学. 南大简介[EB/OL]. 2020-11-30. https://www.nju.edu.cn/3642/list.htm.

议继续重点共建南京大学；2016 年，南京大学入选首批国家级双创示范基地；2017 年，南京大学入选 A 类世界一流大学建设高校名单，15 个学科入选世界一流学科建设名单。

在过去的一个多世纪中，南京大学始终坚持育人为本，在各个历史阶段培养和造就了众多中华英才，他们在各自的领域建功立业、成就卓著。改革开放以来，南京大学在教育教学改革中进行了多方面的探索，形成了许多重要的教育思想和教学理念，在国内外高等教育界产生了重要的影响。当前，南京大学提出了"办中国最好的本科教育"的奋斗目标，坚持"学科建设与本科教学融通，通识教育与个性化培养融通，拓宽基础与强化实践融通，学会学习与学会做人融通"的人才培养理念，不断深化创新人才培养机制改革，积极为社会各行各业培养具有创新精神、实践能力和国际视野的未来领军人才和拔尖创新人才。

南京大学的前身即"以科学名世"，格物致知、追求真理的科学精神和传统始终贯穿于南京大学的发展史中，成为南京大学办学最重要的特色。一代又一代的南大人孜孜求索、攀高攻坚、为国争光、为民造福，涌现出一大批优秀的科研成果，蜚声国内外学界。今日南京大学以"加强应用、注重基础、发展边缘、促进联合"为方针，以"基础研究面向国际学术前沿，应用研究面向国家战略需求和国民经济建设主战场、致力于解决关系国计民生的重大理论和现实问题"为指导思想，调整科研布局、加强科研组织，整体提高原创科研能力与水平，将南京大学建成我国重要的科学研究中心。当前，南京大学的办学事业已经掀开新的百年篇章。全体南大人将始终保持奋发昂扬的精气神和朴茂平实的工作作风，深入贯彻习近平总书记关于"第一个南大"的指示精神，着力内涵发展，彰显南大特色。

（二）"三合一"：南京大学第一次本科教育改革的实践探索

南京大学的前身是 1902 年创办的三江师范学堂，在兴办新学方面成就卓著，到南京高等师范学校和国立东南大学时期更是在中国近代大学史上声誉鹊起。经历中央大学和金陵大学的融合汇聚，南京大学形成了深厚的历史积淀和发展基础。1914 年在受战乱影响停办的两江师范学堂的基础上，南京高等师范学校建立，1921 年又拓建为国立东南大学。这一时期是我国近代大学的重要嬗变期，南京高等师范学校和国立东南大学在我国高等教育近代化中着先鞭，位居全国大学发展前列。[①]从本科教育改革来说，陶行知在国立东南大学推行"三

---

① 龚放. 高等教育现代化进程中的南京大学[J]. 南京大学学报（哲学·人文科学·社会科学），2002（3）：11-22.

合一"改革,第一次提出从"教"向"学"的转变,开启了我国大学本科教育范式转换的先河,也为南京大学日后的改革奠定了以学生发展为中心的基础。

郭秉文作为中国第一个专攻教育学的博士,毕业于美国哥伦比亚大学并获得了哲学(教育学)博士学位,回国后担任南京高等师范学校教务主任、校长,之后担任国立东南大学校长。郭秉文立足中国传统文化并借鉴美国大学教育制度,提出"通才与专才平衡,科学与人文平衡,师资与设备平衡,国内与国际平衡"的"四个平衡"的办学理念。①"北蔡(蔡元培)南郭(郭秉文)"成为中国近代大学的丰碑,也使国立东南大学声誉鹊起,并与北京大学遥相呼应,成为中国近代高等教育上的两大支柱。

郭秉文在任南京高等师范学校校长期间,任命同样毕业于哥伦比亚大学教育学院的陶行知担任教务长。陶行知在哥伦比亚大学教育学院学习期间,深受杜威"教育即生活、学校即社会"的生活教育理论的影响。1918年2月,在南京高等师范学校的一次校务会议上,陶行知将"教授法"改为"教学法",不仅推动了南京高等师范学校的教学改革,也为全国教育界所采用。

"教授法"与"教学法"虽然只有一字之差,但这绝不是改个名称的问题,不同名称背后反映出人们对教育实质和内涵的不同理解,代表着不同的教育范式。"教授法"是一种"先生只管教,学生只管学"的以教师为中心的教育范式,而"教学法"则强调以学生为中心的教育范式。陶行知主张将"教授法"改为"教学法"的理由有三点:第一,教师的责任不在"教"而在"教学",教学生"学";第二,教的"法子"必须根据学的"法子";第三,教师不但要拿他教的法子和学生学的法子"联络",还须同自己的学问"联络"起来,应该一面"教",一面"学"。②

1919年2月,陶行知发表了《教学合一》一文,系统阐述了教学过程中教师主导和学生主体之间的辩证关系。"教学法"的提法得到了教育界的认可并在全国逐渐流行开来。后来,陶行知在南开大学做"教学合一"演讲时,受张伯苓校长"学做合一"思想的影响,豁然贯通地提出"教学做合一"的"三合一"教育思想,强调在"做"上"教",在"做"上"学",教学做是一件事。"做"成了"教"的中心和"学"的中心,是一种自发的"问题导向"教学模式。陶行知的"教学做合一"理论包括三个方面:一是怎样做便怎样学,怎样学便怎样教;二是教学做是一件事,不是三件事,"对事说是做,对己说是学,

---

① 转引自冒荣. 至平至善 鸿声东南——东南大学校长郭秉文[M]. 济南:山东教育出版社,2004:113.

② 陶行知. 陶行知全集(第1卷)[M]. 长沙:湖南教育出版社,1984:87-89.

对人说是教"；三是教育不是教人，不是教人学，乃是教人学做事。①"教学做合一"的过程有三种形式：①以工作或问题为中心的教学做过程；②以事物的历史发展为中心的教学做过程；③各学科系统的学习与研究的教学做过程。②

尽管陶行知提出的"教学法"改革一开始受到"标新立异""哗众取宠"等各种质疑，但是，随着《教学合一》论文的发表，由"教学合一"到"教学做合一"的"三合一"教学改革在南京高等师范学校切实推进并推广到全国。为了推进"教学做合一"的教学模式改革，陶行知在由郭秉文校长主持的校务会议上通过了《南高课程应采用选科制案》，正式提出实行"选科制"，拓展大学课程体系。南京高等师范学校也是全国率先在全校推行"选科制"和学分制的学校，全力改革当时全国高校普遍采用的学年制。"选科制"是将传统的必修课改为必修课和选修课，都有主、辅系之分。学生在校除了主学所在系的一定课程，并达到规定学分外，还必须选一辅系，修满规定学分课程。另外，只要征得指导教师同意，学生还可选修其他科的若干课程。这样一种非常灵活的学习制度，对培养人才起到巨大的激励作用，这种主、辅系课程的设置在国内亦为首创。③这一制度一直到后来的国立东南大学才得以正式实施。

陶行知于100多年前在南京高等师范学校发起"教学做合一"的"三合一"教学改革，从教学理念上提出要依据学生的"学"来教，强调以学生的"学"为中心，开启了高等教育"学习范式"在我国本土化实践的初步探索，对全国高校产生了巨大影响，一方面，奠定了民国时期我国高等教育教学改革的思想基础；另一方面，为后来的南京大学播种下"以学生为中心"的本科教育改革的种子，成为南京大学本科教育改革之魂。

（三）"三元结构"：南京大学第二次本科教育改革的实践探索

改革开放以后，为了培养创新人才，南京大学在"三个融合"理念的指导下，以匡亚明学院为试点，推进课堂教学、学术活动、社会实践与科学实验相结合的"三元结构"的本科教育改革，取得了显著成效。

1. 确立"融通观"："三元结构"教学改革的理念升华

"三元结构"教学改革是20世纪80年代中期南京大学针对本科教育开启的一

---

① 陶行知. 陶行知文集[M]. 南京：江苏人民出版社，1981：185.
② 陶行知. 陶行知文集[M]. 南京：江苏人民出版社，1981：675.
③ 陈骏. 三合一·三元结构·三三制——南京大学三次重大教学改革的百年审思[J]. 江苏高教，2015（1）：1-5.

次重大改革。但是，从改革发展历程来看，在教学改革理念创新方面，这是新中国成立以来，南京大学自院系调整重组之后，历时半个世纪、跨世纪的本科教育改革，既是教育改革思想累积与积淀的过程，也是教育理念不断丰富与升华的过程。

1956年，身为南京大学副校长和党委书记的孙叔平就提出了"建设具有中国特点的社会主义高等教育"的问题①，为南京大学的发展明确了根本方向。1978年5月11日，南京大学副教授胡福明作为最初和主要作者，在《光明日报》以"特约评论员"的名义发表了《实践是检验真理的唯一标准》的文章，揭开了全国关于真理标准大讨论的帷幕，使南京大学在思想领域的改革开放走在全国前列，也为南京大学本科教育思想的改革奠定了坚实的政治思想基础。

改革开放之初，时任南京大学校长匡亚明着手推动南京大学进行全面改革，率先实现从"两个估计"向"两个中心"转移、从封闭半封闭向初步国际化转变、从文化虚无主义向中华文化传承创新转变。②南京大学坚决贯彻邓小平关于"重点大学既是教育的中心，又是办科研的中心"③的"两个中心"的指示，将转变人才培养模式作为"教育中心"建设的首要任务，一方面正确处理红与专的关系；另一方面，正确处理专与通的关系。因此，匡亚明提出"打通文史哲，开办大文科"和"培养具有广博学识和多方面能力的通才"等一系列教育改革思想。④1978年，匡亚明在全国首倡恢复"大学语文"课程。南京大学在全国比较早地试行学分制，强调基础课教学，开创通识教育、名教授上课堂等有益于本科教育改革的尝试，为"三元结构"教学改革奠定了坚实的思想与实践基础。

1984年，曲钦岳任南京大学校长，以学校发展规划为抓手，加强顶层设计，以将南京大学建成"多科性协调发展的、具有自己特色和重要国际影响的社会主义教育、科研中心"的发展目标定位，整体推进南京大学改革。⑤南京大学在科学研究方面推出的"SCI学术榜"对全国高校改革产生了十分重要的影响。同时，为适应改革开放与社会主义市场经济建设的需要，加强创新人才培养，狠抓本科教育质量，推进本科教育模式创新改革更是成为南京大学改革的重点。1984年，南京大学提出了"全面培养，强化基础，因材施教，增强

---

① 转引自龚放. 高等教育现代化进程中的南京大学[J]. 南京大学学报（哲学·人文科学·社会科学），2002（3）：11-22.
② 王永义. 改革开放初期我国大学的转型发展：以匡亚明推进南京大学改革为例[J]. 扬州大学学报（高教研究版），2018（2）：28-33.
③ 夏杏珍. 共和国重大文化事件纪程[M]. 北京：九州出版社，2013：298.
④ 张大良，王运来. 从平衡到融通：南大本科教育的传统与创新[J]. 江南大学学报（人文社会科学版），2009，8（1）：64-75.
⑤ 曲钦岳. 办好一所高水平的大学需从多方面努力[J]. 中国高等教育，1995（10）：16-18.

活力"的教学工作"十六字方针",确立了"使学生掌握比较扎实、宽厚的基础理论知识,具有综合运用基础理论知识进行科学观察、分析、思维的能力,以及表达能力、自学能力和进取精神"等方面的培养目标。1995 年,南京大学在"十六字方针"的基础上,提出"融业务培养与素质教育为一体、融知识传授与能力培养为一体、融教学与科研为一体"的"三个融合"的教学理念,旨在促进学生全面发展,培养创新人才。①

2. 培养模式多元化:"三元结构"教学改革的实施

我国大学经历 20 世纪 50 年代的院系调整,在办学模式上全面学习苏联模式,大学本科教育形成了"以教师为中心,以课堂为中心,以教材为中心"的"三中心"教学模式。改革开放以后,为了突破"三中心"教学模式的局限性,南京大学提出了以课堂教学、学术活动、科学实验和社会实践为主体的"三元结构"教学模式,开启了对本科教育的一次重大改革。南京大学"三元结构"教学模式改革采取按系招生、分流培养的方式,在改革措施上,以课程建设的"五项标准"为引领,即一个革新的教学大纲,一套先进和适用的教材与教学辅助资料,一套启发式的教学方法和先进的教学手段,一套科学的考试方法,一支优化的教师队伍。②南京大学以学生发展为中心,构建了三类人才培养模式:① "3.5+0.5+2"的基础型人才培养模式;② "3+1"的"两栖型",即基础型与应用型相结合的人才培养模式;③ "2+2+2"的复合型人才培养模式。③

在"三元结构"教学改革中,最成功、最有影响力的是基础学科教学强化部的大理科人才培养模式。该模式其实从 1985 年南京大学招收少年班就已开始,1989 年成立基础学科教学强化部,2006 年更名为匡亚明学院。在 20 年左右的教学改革探索中,强化部大理科的学科方向最初以物理、化学、生物为主,后延伸到数学、天文学、地学等其他领域。强化部的教学改革根据理科基础型人才的培养目标、业务规格和培养要求,以及不同学科"基地"建设的特点,建立了以下三种基础型人才培养模式:一是以理科基础学科教学强化部为代表的人才培养模式,强调以重点学科为依托,按学科群打基础,按一级学科方向分流,贯通本科和研究生教育一体化的培养模式。二是以化学"基地"

---

① 冯致光. 全面培养 强化基础 因材施教 增强活力——南京大学教学改革的方向[J]. 中国高教研究,1985(2):61-62.

② 冯致光. 教学改革的关键在于教育思想的突破[J]. 南京大学学报(高等教育科学专辑),1988 年课程建设专刊.

③ 陈骏. 三合一·三元结构·三三制——南京大学三次重大教学改革的百年审思[J]. 江苏高教,2015(1):1-5.

为代表的优秀学生培养模式，以培养学生的基础科学研究能力为目标，前两年对学生进行大类培养，第三年分流为基础研究型和基础应用型两类进行培养。对于前者，让学生早期介入教师的基础研究课题，采取项目化培养模式；对于后者，则按照学校的常规方式来进行培养。三是以物理学和地学"基地"为代表的设立"基地班"的培养模式。"基地班"的教学计划从第一年开始就与普通班有所区别，其基础理论知识要比普通班更深、更宽，因而实行滚动分流管理，建立退出机制，将不适应"基地班"学习的学生退回普通班，实行的是"精英化"培养模式，因材施教，培养创新人才。

1998 年 4 月，南京大学在原有的理科强化部和文科强化班的基础上组建了"基础学科教育学院"。"基础学科教育学院"按照"强化拓宽基础，逐步分流培养"的思路，进一步深化了"三元结构"的教学模式改革：第一年按文、理两大类设置公共基础课；第二年分文史类、数理类、化生类、地学类设置学科群基础课；第三年分文理共 13 个一级学科设置学科主干课，并让学生开始介入科研工作；第四年配备导师，进入重点实验室、重点学科，结合重大科研项目进行系统科研训练。

"三元结构"教学改革的首要措施是依托重点学科，强化基础，拓宽知识面，形成合理的知识结构。南京大学通过"理科基地"建设的大理科强化班的教学改革，以培养创新人才为目标，构建适应创新人才培养的课程体系（图 4-1）[①]。第一，加强公共基础课教学，即加强数学、英语、物理、化学、天文、生物、数理方法、计算机基础以及文化素质教育课程教学等；第二，强化学科知识交叉融合，鼓励学生交叉选课，例如，化生"基地"的学生要学数理方法和理论物理，数理"基地"的学生要学化学、天文学等；第三，促进科教融合，加强教学内容的更新，注重将现代科研成果和学科的前沿成果及发展趋势恰当地融入教材中，进而培养学生的科学思维、科学方法和科学实践能力。

"三元结构"教学改革的另外一项重要措施是"多次选择、逐步到位"[②]（图 4-2）。根据学生发展的阶段特征和个性化需要，打造本科和研究生教育一体化模式，在不同的阶段为学生提供多次的选择机会，最终让学生选择最适合自己发展的成长路径。学生通过多次选择和交叉选择，最终找到最能发挥自己特长的专业方向。

---

① 龚放. 素质教育——南京大学的思考与实践[M]. 南京：南京大学出版社，2005：250.
② 邵进. 加强理科"基地"建设 努力培养高素质创新人才——南京大学理科"基地"建设与创新人才培养思路与举措[J]. 高等理科教育，2000（6）：23-27.

第四章 本土探索：我国大学本科教育推进"学习范式"转型的案例分析

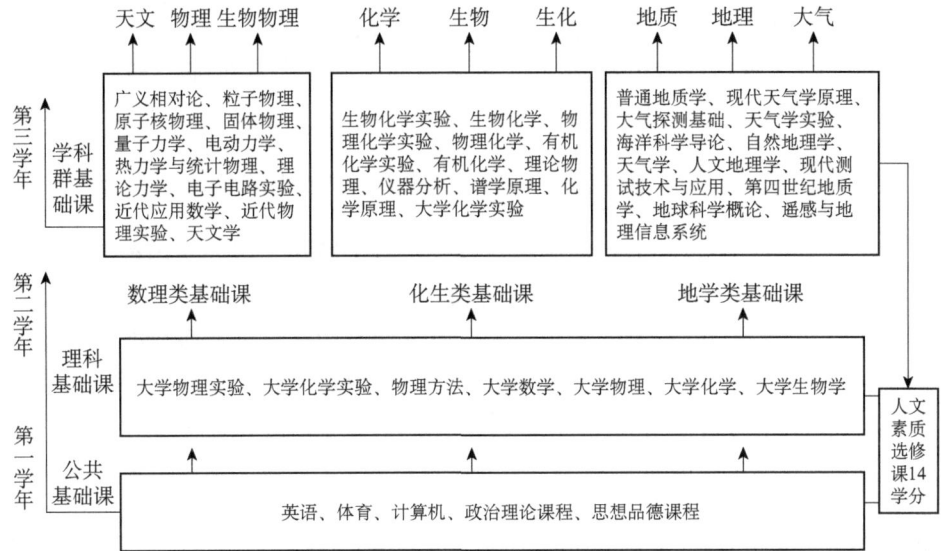

图 4-1 基础学科教学强化部大理科班课程体系图

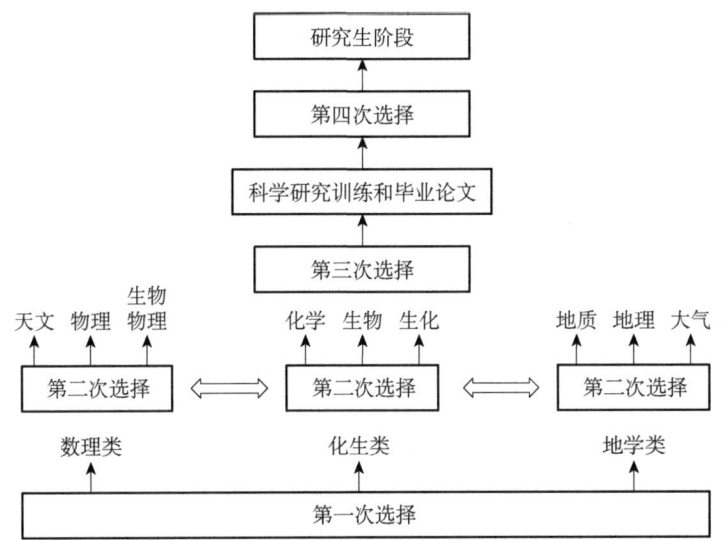

图 4-2 基础学科教学强化部学生多次选择情况图

"三元结构"教学改革取得了显著成效，培养了一批优秀的基础型人才。据南京大学初步统计，1989—1998年这10年间，在强化部培养的本科生中，先后有46人在国内外知名学府任教，包括2名"长江学者"特聘教授和6名"青年千人"入选者。同时，历经20多年的改革探索，"三元结构"教学改革的相关实践在1993年和2009年两次获得国家级教学成果奖一等奖，教学改革模式还在许多高校推广。2001年，《科学》(*Science*)

杂志在介绍南京大学人才培养改革时特别提及，南京大学在 1989 年成立了强化部，给优秀学生在基础研究方面更深的基础，同时鼓励学科间的交叉和相互影响。[1]

（四）"三三制"：南京大学第三次本科教育改革的实践探索

南京大学自 2009 年开始实施以个性化培养为特色、以办中国最好的本科教育为目的的"三三制"本科人才培养模式改革，即学生经过"三"个培养阶段，形成"三"条发展路径。"三三制"本科教育改革的核心理念是以学生发展为中心，推进因材施教，为学生提供自主选择权，促进学生个性发展。"三三制"本科教育改革获得教育部 2014 年国家级教学成果奖特等奖，推动南京大学本科教育从"以教师为中心"向"以学生为中心"转变，有效激发了学生的学习兴趣，释放了学生的学习能量，改善了学生的学习体验[2]，成为全国本科教育向"学习范式"转型的典范。

1."三三制"本科教育改革的理念定位

"三三制"本科教育改革大体上可以分为两个阶段：2009—2012 年为第一阶段，改革的重点在于关注培养模式，关注学生个性化培养；2013—2017 年为第二阶段，改革的重点在于关注教学质量，关注学生全面发展。

南京大学"三三制"本科教育改革是在 20 世纪 80 年代开始的"三元结构"本科教学改革基础上的拓展，教育理念也是在"三个融通"（即融业务培养与素质教育于一体，融知识传授与能力培养于一体，融教学与科研于一体）基础上的升华。1996 年，南京大学举办了"我们如何培养面向 21 世纪的人才"的全校大讨论，进一步解放思想，探讨面向 21 世纪的新教育观、教学观和人才观。在此基础上，南京大学提出并组织实施了宽基础、文理通融的人才培养模式，推进本科教育改革走向深入。2006 年，结合教学思想大讨论和教育部本科教学工作第二次评估的"迎评创建"，南京大学提出并实施"四个融通"的人才培养新思路，即"学科建设与本科教学融通""通识教育与个性化培养融通""拓宽基础与强化实践融通""学会学习与学会做人融通"。"四个融通"旨在立足建设创新型国家和构建学习型社会的实际需求，引导学生自我发展和全面发展，培养新世纪创新人才。其中，"通识教育与个性化培养融通"即为

---

[1] 陈骏. 三合一·三元结构·三三制——南京大学三次重大教学改革的百年审思[J]. 江苏高教, 2015（1）：1-5.

[2] 陈骏. 三合一·三元结构·三三制——南京大学三次重大教学改革的百年审思[J]. 江苏高教, 2015（1）：1-5.

"三三制"本科教育教学改革设计的精神纲领①,以学生发展为中心,指向学生全面发展与个性化成长,成为南京大学本科教育的价值追求与理念定位。

2. "三三制"本科教育改革的人才培养模式

南京大学"三三制"人才培养模式改革的核心是推进以学生为本的个性化培养,把选择权的自主权交给学生。"三三制"人才培养模式中的"三三制"方案指的是通过大类招生,学生经过三个培养阶段,形成三条发展路径(图4-3)②。"三三制"本科教育改革遵循推进通识教育、尊重个性选择、实施多元培养、增强计划弹性、优化学分设置、鼓励学科交叉、加强实践教学的原则,推进教师的教学与学生的学习方式产生实质性变化,切实提高学生的能力和各方面竞争力,促进学生个性发展和多元发展。

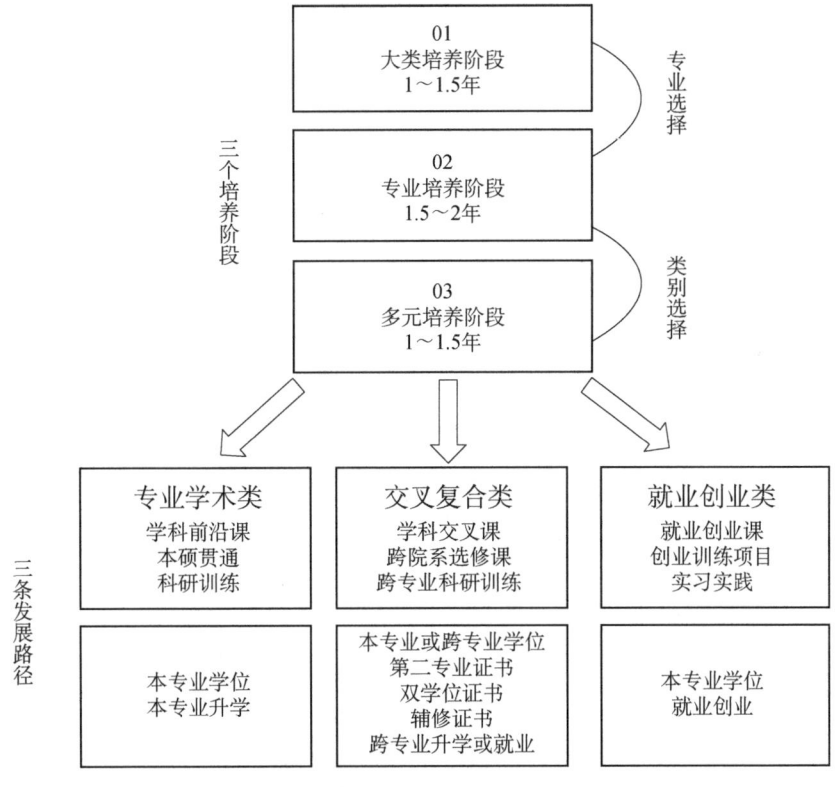

图4-3 南京大学"三三制"人才培养结构示意图

---

① 谈哲敏. 重构大学本科教育:南京大学"三三制"本科教学改革[J]. 创新人才教育,2013(1):50-53.

② 南京大学教务处. "三三制"本科教育教学改革[EB/OL]. 2015-04-21. http://jw.nju.edu.cn/jwoldweb/267/menu323.html.

第一阶段：大类培养阶段。本科生进校不再戴有专业"帽子"，而是以院系大类为单位进入"通识培养阶段"，选修通识通修课程，开展以适应性转变和学习性转变为目标的通识教育。大类培养阶段的目标是通过实施通识教育，促进学生科学基础、人文素养的全面发展和可持续发展，旨在培养学生的批判性思维，为学生今后的专业学习奠定宽口径的学科基础知识和扎实的知识基础。

第二阶段：专业培养阶段。学生经过自主选课，满足某个专业的准入标准后，进入专业培养阶段，专业培养为学生提供每个本科专业最核心的学科专业课程。各院系重构专业教育知识体系，精炼课程体系，给予学生更多的自我学习时间与空间。专业培养阶段的目标是通过实施专业教育，使学生具备扎实的基础知识和专业知识，掌握必备的研究方法，形成较为深厚的专业素养和专业能力。

第三阶段：多元培养阶段。学生进入多元培养阶段，进一步明确自身发展方向，学校提供针对不同发展路径的个性化课程模块。多元培养阶段的目标是保障学生自主选择"专业学术类""交叉复合类""就业创业类"三条发展路径，在知识掌握、技能发展、实践创新等方面具备自主学习、自我提升的潜力。

3. 推进模块化课程设置改革

为了适应"三三制"的需要，南京大学本科教育改革对应三个培养阶段设置了三大课程模块：第一个阶段是通识通修课程模块；第二个阶段是重构学科专业课程模块；第三个阶段是开放选修课程模块（表4-1）。

表 4-1　南京大学"三三制"模块化课程表

课程模块 （学分）	课程性质	序列	课程类别 （学分）	课程名称	建议学分 （学分）	开始学期
I 通识 通修课程 （52～66）	指选	A	通识教育课程 （14）		14	1～8
	必修	B	思想政治理论课程 （11+5）	马克思主义基本原理概论	2+1	1～6
				思想道德修养与法律基础	2+1	
				毛泽东思想和中国特色社会主义理论体系概论	3+3	
				中国近代史纲要	2	
				形式与政策	2	
	必修	C	军事技能课程（3）	军事理论与军事高科技	2	
				军训	1	

续表

课程模块（学分）	课程性质	序列	课程类别（学分）	课程名称	建议学分（学分）	开始学期
Ⅰ通识通修课程（52~66）	指选	D	分层次通修课程（19~33）	非专业类数学	4~14	1~4
				大学语文	2	
				大学英语	8	
				计算机基础	3~5	
				大学体育	4	
Ⅱ学科专业课程（38~45）	必修	E	学科平台课程		38~45	2~4
		F	专业核心课程			3~8
Ⅲ开放选修课程（31~52）	选修	G	专业选修课程		31~52	3~8
		H	跨专业选修课程			
		I	公共选修课程			
		J	第二课堂			
毕业论文/设计（8~10）	必修	L	毕业论文/设计		8~10	7、8
共计					150	

注：表中"课程名称"一列仅列出了部分课程名称

为解决传统课程体系门类划分过细、过专，所培养的学生人文素养或科学精神有所缺失，学科视野不够开阔等问题，南京大学以"通识教育与个性化培养融通"理念为核心，全方位推进课程体系改革，力图使学生不仅具备广阔的多学科知识基础，而且树立正确的世界观、价值观和人生观。课程改革不仅要建设一批高水平新型课程，还要重构现有课程体系。①

第一，将课程体系从"刚性"变为"弹性"。学校将各专业毕业总学分减至150个学分左右，保证学生有自主学习的空间和时间，大幅度降低必修课程比例，增加选修课数量。同时，精简课内、强化课外，尝试翻转课堂、混合式教学等新教学方式和教学组织模式。

第二，建设通识通修课程模块。通识通修课程模块共占约50个学分，其中规定了通识教育课程占14个学分的毕业要求。新建的高水平通识教育课程旨在使学生贯通古今、融会中西，兼备国际视野、中国灵魂和现代意识。

---

① 孙立媛. 2011年南京大学本科教育质量报告[EB/OL]. 2015-01-05. http://xxgk.nju.edu.cn/07/13/c15434a1811/page.htm.

第三，重构学科专业课程模块。基于学科、专业最基本的知识架构和前沿发展趋势，借鉴国外 80 余所一流大学专业教学计划，重建总计约 50 个学分的学科平台课程和专业核心课程，为学生打下坚实的专业基础。

第四，设置开放选修课程模块。此模块占 50 个学分，着眼于学生的多样化培养，主要由学科前沿课、学科交叉课和就业创业课构成，为专业学术类、交叉复合类和创业就业类学生提供有针对性的课程资源。

为了适应信息技术快速发展引发的深层次教育变革，以 MOOC 为代表的新型在线教育模式的兴起，为"三三制"本科教育教学改革提供了新的发展契机。2013 年开始，南京大学"三三制"本科教育第二阶段在课程改革方面重点实施课程改革"十百千"工程，分层次推进课程信息化建设。[①]

1）打造十门精品 MOOC 课程。集聚一批代表南京大学教学与研究特色的高水平师资团队，对现有优秀课程的教学内容进行重新设计和专业化制作，推向国际性的在线课程发布平台，为全球学习者提供南京大学的优质教学资源，并将此作为对外展示南京大学教学改革和课程质量的一个窗口。

2）试点百门课程教学互动空间建设。开发课程在线互动平台，优先从各院系专业准出课程、学科前沿课程中，选择教学理念先进、教学方法科学、信息技术运用较为熟练的教师主讲的百门课程进行试点，使师生可以在网络平台上进行充分的教学互动，进而巩固课堂教学，提高学习效果。通过试点课程改革，进一步推广研究性教学，积极尝试翻转课堂、混合式教学等新型教学方法和教学组织模式，促进因材施教和个性化学习。

3）推动千门课程数字化资源建设。通过课程资源库建设，对全校本科课程信息和教学资源进行集中采集、统一管理并通过网络向所有本科生开放。通过分阶段实施课程资源建设，为实现最终覆盖全校所有本科生课程的目标打下基础；同时，以课程资源建设促进广大教师进一步加强教学规范，使教学秩序更加稳定，教学质量稳步提升。

4. 深化教学内容与方法改革

南京大学"三三制"本科教育改革在教学方面的改革特点是新生研讨课与通识教育课程实行共建、互补。[②]自 2009 年起，南京大学陆续建设了 300 多门新生研讨课、通识教育课程，这些课程都是由具有正高职称的教师开设

---

① 孙立媛. 2013 年南京大学本科教学质量报告[EB/OL]. 2015-01-05. http://xxgk.nju.edu.cn/07/15/c15434a1813/page.htm.

② 卢彩晨. 如何让杰出人才"冒"出来——访南京大学校长陈骏[J]. 大学（学术版），2010（9）：4-9.

的。南京大学在"四个融通"理念的指导下，以新生研讨课和通识教育课程为着力点，形成了新生研讨课与通识教育课程共建互补的特色化通识教育课程体系，不断探索本科教学内容与方法的改革。

（1）南京大学的新生研讨课教学改革

国外研究型大学的新生研讨课的目标是帮助学生顺利实现由中学学习向大学学习的转换，帮助学生熟悉大学学习的学术特性，通过学术引导，让学生初步体验探究未知世界的乐趣和方法，激发其研究兴趣和动机。[①]南京大学根据国内大学通识教育的实践和学校师资的学科背景及教育理念等实际情况开设了新生研讨课，新生研讨课除了发挥着与国外新生研讨课相似的功能以外，还发挥着通识教育的功能。南京大学开设新生研讨课的意义在很大程度上在于让学生转换学习方法，为大学阶段的学习做好学术和心理上的准备。因此，学校鼓励教师发挥特长，以灵活多样的新生研讨课形式为起点，逐步过渡到通识教育课程阶段，以期最后发展成完整的通识教育体系。[②]

南京大学于2009—2010学年开设了70门新生研讨课，大致可分为学科导引式、前沿专题式、实践探索式和跨学科式四种基本范式。[③]南京大学新生研讨课在教学方面的改革主要是倡导师生共同参与，以问题为中心，以培养学生的创造精神和创造能力为目的，开展研讨式教学，探索实施研究性的教和学。

南京大学新生研讨课是供大一学生选修的通识通修模块课程之一，共2个学分，总学时为24个学时。新生研讨课采取小班化教学，通常班级人数为15～30人。不同于传统的课堂教学，新生研讨课在教学形式上是以学生为主进行讨论式的研究性学习，通常是在教授的主持下，围绕师生共同感兴趣的问题，在课堂上实现教授与学生之间、学生与学生之间的交流互动，经常采取学习小组方式进行讨论与探究。新生研讨课鼓励教授采取灵活多样的教学手段，以期达到最好的研讨效果。有的课程把课堂搬到了实验室或者企业的生产现场，促成学生与相关领域专家的直接对话，有的课程则安排学生参加国际/国内学术研讨会或进行外出考察、业界参观，还有的课程则是在教室里搞起了"模拟法庭""圆桌会议"等，积极营造出学术讨论的氛围。新生研讨课的教学对整个本科教育的教学内容的多样化和教学方法的转变起到了很好的示范作用。

[①] 张红霞. 美国大学的新生研讨课及其启动[M]. 中国大学教学，2009（11）：93-96.

[②] 陈骏. 融合国际经验建设通识教育与个性化培养相结合的本科教学模式[J]. 国家教育行政学院学报，2011（1）：3-6.

[③] 蔡颖蔚，沈群，郑昱，等. 南京大学新生研讨课的探索与初步成效[J]. 中国大学教学，2010（9）：16-19.

关于新生研讨课的效果，南京大学有两个团队采用访谈法分析了2009—2010学年新生研讨课的学生反响。其中，蔡颖蔚等分析了南京大学新生研讨课开设一学年后的初步效果，发现该课程在帮助新生明确学习旨趣、激发学习热情、增强学术自信心、锻炼自主学习能力、提高创新能力和培养合作学习习惯六个方面获得了正面反馈。①孙志凤等的研究结果表明，新生研讨课受到了学生的普遍欢迎，新生的进步主要表现在积极参与课堂讨论和同伴交往方面。②两个团队的调查重点不同，但访谈对象都是新生研讨课学生，且开设一年后，学生基本上给予积极的评价。

（2）南京大学的通识教育教学改革

通识教育是南京大学"三三制"本科教育改革的重要基石，也是"三三制"强调的七项原则中的第一项原则。在一定程度上，"三三制"本科教育改革是建立在通识教育基础上的专业教育改革。通识教育是人才培养改革的塔基，通识教育、专业教育与学生个性化发展的融通是"三三制"本科教育改革的核心特征。2009年，南京大学修订的《南京大学本科人才培养方案》中强调的首要原则就是推进通识教育：在"按院系招生"体制下，前期构筑宽厚基础，推进通识教育，后期优化专业教育，注重学科交叉培养，加强研究性教学与学习，培养学生的创新精神和实践能力。以"通识教育与个性化培养融通"理念为核心，全方位推进课程体系与教学内容的改革。通识教育逐步从数量建设转向内涵建设立项，学校开设了一批高水平通识教育课程，体现了通识类课程内涵丰富、形式多样的发展趋势。这些高水平通识教育课程涵盖中国历史与民族文化、世界历史与世界文明、价值观与思维方法、科技进步与生命探索、经济发展与社会脉动、文学艺术与美感、跨文化沟通与人际交往等七个领域，旨在开阔学生学术视野，培养文化素养和科学精神，促进独立人格和价值观的形成，使学生贯通古今、融会中西、兼备国际视野、中国灵魂和现代意识。

在南京大学通识教育课程中，"悦读经典计划"是最为成功的通识教育改革案例，获得了2018年国家级教学成果奖一等奖。2006年，南京大学凝练"学会学习与学会做人融通"的人才培养新理念，将经典阅读作为大学通识教育的一个重要切入点，由此形成"悦读经典计划"。"悦读经典计划"强调阅读能力和习惯培养是南京大学通识教育中的一项重要内容。基于这样的价值预设，"悦读经典计划"的核心是以经典文本及课程体系为载体，以三大育人模

---

① 蔡颖蔚，沈群，郑昱，等. 南京大学新生研讨课的探索与初步成效[J]. 中国大学教学，2010（9）：16-19.

② 孙志凤，张红霞，郑昱. 研究型大学新生研讨课开设效果初探南京大学案例调查研究[J]. 清华大学教育研究，2010（6）：119-124.

块为内核，以"师生育人共同体"构建为支撑，融入育人全过程，探索出一条"阅读兴趣激发—阅读思维训练—文化自觉启迪"的育人新路径。

"悦读经典计划"的实施目的是"三慧并重"，依托古今中外经典原著，以中外经典文本为载体，践履中国文化"知有所合谓之智"（荀子·正名）的理念，引导学生亲近经典以形成观世界之慧眼，研读经典以体悟古今智者之慧识，深入经典以提升自我境界之慧心。

"悦读经典计划"的核心内容包括"三大模块"：导读模块、研读模块和悦读模块。"三大模块"交织互补，被纳入人才培养方案中，覆盖全体本科生并贯通课内外。其中，导读模块采取名师导读和朋辈导读的方式，导师、名家、校友/学长为本科生提供阅读指导，聘请校内外名师开设经典导读课程100门，组建了60个"经典导读读书班"，通过开设系列读书讲座、读书沙龙等方式，引导学生阅读经典并养成阅读习惯。研读模块培养学生进行深层次阅读研讨，以"经典研读课""经典研读MOOC"为主要载体，为了便于学生阅读，南京大学开发了涵盖60部经典书目、百余部扩展读物和60余万字《南大读本》的系统性阅读文本体系，同时创建了虚拟课堂（MOOC）与传统课堂相配合，层层递进。南京大学开设了"DIY经典研读课"107门，采用小班化师生研讨教学方式，师生共同开展探究式教学，培养学生沉浸式阅读习惯。悦读模块是以第二课堂读书活动为主，成立"悦读书社"和学生社团，组织读书节和辩论赛，师生共同开展主题活动，营造校园读书氛围，建设崇尚经典的书香校园。[①]"悦读经典计划"取得了较大的成功，南京大学教育研究院组织的针对"悦读经典"课程的学习经历和满意度的调查结果显示，本科生人文和科学素养都有了很大提升，比例分别为95.4%和88.6%；86.0%的学生获得对中国文化传统的认同感；91.4%的学生认识到历史、传统与当下的关联性；91.9%的学生能够用跨文化视角深入比较和理解世界上的主要文明。[②]

南京大学"三三制"本科教育改革下的通识教育取得了显著成效，《南京大学本科教育学情调查报告2013》结果显示，南京大学本科生对通识教育的教材选择、教师水平、教学投入、课程内容安排、课程教学效果等多项指标满意度的整体评价较高，通识教育的设计、宣传、教学及课程收益都受到了学生

[①] 龚放. 知书达理 悦读致远——南京大学通识教育的新理念与新进展[J]. 铜仁学院学报，2018（12）：1-5.

[②] 龚放. 知书达理 悦读致远——南京大学通识教育的新理念与新进展[J]. 铜仁学院学报，2018（12）：1-5.

们的肯定。①

5. 强化本科教育管理机制创新

南京大学"三三制"本科教育改革在管理方面的创新在于建立了"人才培养分流机制"，让学生自主选择未来发展路径。②正是通过这些选择，学生能够发挥自己的最大潜能，能够按照自己的志趣和愿望来学习。通过优化教学内容，缩减课程总学分和必修学分，增加自由选修学分，为学生自主学习提供更大的自由空间。"人才培养分流机制"包括"专业分流机制"和"多元培养分流机制"两部分。③学生通过"专业分流机制"实现从大类培养到专业培养阶段的过渡，通过"多元培养分流机制"实现从专业培养到多元培养阶段的过渡。为此，南京大学专门制定了《南京大学关于制订本科人才培养方案中"专业分流机制"的指导性意见》《南京大学关于制订本科人才培养方案中"多元培养分流机制"的指导性意见》两个文件，对"专业分流机制"和"多元培养分流机制"进行了详细规定。

（1）人才培养分流机制

学生通过大类招生进入学校之后，将逐步经历学科分流、专业分流和多元培养分流。学生在大一下学期末通过"学科分流机制"进入不同学科；在某学科就读0.5~1年之后（即大二上学期或下学期），通过"专业分流机制"进入不同专业；之后学生可以通过"多元培养分流机制"实现从专业培养到多元培养阶段的过渡，选择专业学术类、交叉复合类或就业创业类发展路径。如果某个学科大类中仅包含一个学科，该学科大类的学生则无须进行学科分流，仅开展专业分流、多元培养分流。

（2）准入准出机制

准入准出机制分为"学科准入标准"、"专业准入标准"和"专业准出标准"三个层层递进部分。"学科准入标准"是学生分流到某个学科的依据；"专业准入标准"是学生分流到某专业的依据；"专业准出标准"是审核学生是否能够获得某专业学士学位的依据。

"学科准入标准"指学生在结束学科大类学习阶段、分流到该学科类中的某个院系时所要满足的学科课程最低修读标准，主要包括学科平台课等学科准

---

① 钱凯. 南京大学本科教育学情调查报告2013[J]. 大学（研究版），2015（3）：63-75.
② 卢彩晨. 如何让杰出人才"冒"出来——访南京大学校长陈骏[J]. 大学（学术版），2010（9）：4-9.
③ 南京大学本科人才培养方案及指导性教学计划[EB/OL]. 2012-12-28. http://jw.nju.edu.cn/_upload/article/files/21/4c/d6731e3d4b48995c60b0ddb9661d/79b45a9f-c7a7-4824-944f-c0786b0a006a.pdf.

入课程，各学科分流标准及名额是否有限制等由各学科类自行商定。

"专业准入标准"指学生在分流到某个专业之前所要满足的专业课程最低修读标准，主要由学科平台课程和部分专业核心课程构成。如果准入某个专业需要对某些通修课程有要求（如大学数学），则可以在"专业准入标准"内加上附加说明，但通修课程本身不是专业准入课程。

"专业准出标准"指学生从分流专业获得学士学位所要满足的最低专业课程修读标准，由专业准入课程及其他毕业要求的学科平台课程、专业核心课程组成。在达到"专业准出标准"的前提下，学生根据院系"多元培养分流机制"自主选择个性化课程模块，在完成所有应修学分并满足其他毕业条件后准予毕业。原则上，每个专业执行一个专业准入准出标准，专业选修课不计入准入准出课程。

（3）弹性学制

为满足学生发展的个性化、多样化要求，深化创新创业教育改革，学校实施弹性学制，放宽学生修业年限，允许学生合理调整学业进程，提前或延期毕业（含休学创业），延期时间不超过两年。

（4）第二专业培养

为鼓励学生拓宽学科视野，自主构建复合型知识、能力与技能体系，全日制本科生在确保修读完成主修专业（第一专业）的基础上，按照另一专业（第二专业）的培养方案和教学计划修完相关课程，可申请获颁相应证书，证书类型包括南京大学第二专业证书、南京大学辅修专业证书和南京大学双学位证书。

6. 南京大学"三三制"本科教育改革的成效

南京大学"三三制"本科教育改革不仅获得了国家和社会的认可，而且在2014年度国家级教学成果奖评选中获得了特等奖的殊荣，推动了南京大学本科教育改革向更深层次迈进。此外，在2018年国家级教学成果奖评选中，南京大学获得五个国家级一等奖的成绩，更是显示出改革的持续影响力。在这些显性指标性的成就之外，南京大学"三三制"本科教育改革的成效主要体现在三个方面的改变。

第一，促进了本科教育理念的改变。"三三制"本科教育改革的核心理念是以学生发展为中心，通过本科教育改革的有效实施，带动南京大学本科教育从"以教师为中心"向"以学生为中心"转变，标志着本科教育由传统的"教学范式"向新的"学习范式"成功转型，不仅对南京大学本科教育具有颠覆性的时代意义，而且对推进我国本科教育整体向"学习范式"转型具有重要的引领作用。

第二，促进了本科课程体系的改变。本科教育改革的最终落脚点在课程建设上，"三三制"本科教育改革通过构建促进学生个性发展的新型课程体系，使学生在夯实广博的通识教育知识的基础上获得多样化的个性发展。在课程体系的构建上，围绕学生发展需要，形成了多样化的课程模块，学生通过自主选课，获得了课程选择的主动权，获得了更多的自主学习空间，有利于促进学生的个性发展。

第三，促进了学生学习方式的改变。"三三制"本科教育改革有效激发了学生的学习兴趣，释放了学生的学习能量，改善了学生的学习体验，使学生由被动学习转变为主动学习。这一转变在本科教育改革中具有十分重要的意义。2013年，钱凯等采用学生发展能力数据实证分析了南京大学"三三制"本科教育改革学生学习投入的成效，调查结果表明，南京大学本科生的学习积极性明显提高，学生的学术思维与表达能力以及对个人、社会和文化的认知与理解水平提高，学生对通识课程的满意度提高。[1]随着学生学习投入性的增加，学生中心地位越发得以加强，由此本科教育才能真正从"教学范式"转型为"学习范式"。

（五）"最好本科"：新时代"第一个南大"的本科教育改革探索

2014年5月4日，习近平总书记在北京大学师生座谈会上指出："世界上不会有第二个哈佛、牛津、斯坦福、麻省理工、剑桥，但会有第一个北大、清华、浙大、复旦、南大等中国著名学府。我们要认真吸收世界上先进的办学治学经验，更要遵循教育规律，扎根中国大地办大学。"[2]为了全面落实习近平总书记建设"第一个南大"的重要指示，南京大学紧抓"双一流"大学建设的历史机遇，以修订人才培养改革方案为突破口，在总结南京大学前三次本科教育改革经验的基础上，推进新一轮本科教育改革。2019年4月17日，为了深入贯彻落实全国教育大会精神，南京大学召开新时代本科教育工作会议，提出要追求"第一个南大"目标，实施人才培养体系2.0版，持续推进本科人才培养模式改革和内涵提升。2020年1月9日，中国共产党南京大学委员会第十一次代表大会进一步明确"最好本科"建设目标，推进以学生为中心的本科教育改革，奋力建设"第一个南大"，积极构建新时代"三元四维"人才培养新

---

[1] 钱凯，汪晓燕，李娜娜. 南京大学"三三制"改革的基本理念及效果初探——基于学生能力发展的数据分析[J]. 扬州大学学报（高教研究版），2013（6）：72-78.

[2] 习近平. 青年要自觉践行社会主义核心价值观[N]. 人民日报，2014-05-05（002）.

体系，全力打造"最好本科"品牌。坚守以"融"和"通"为内核的育人之道，围绕推进《中国教育现代化 2035》提出的八个"更加注重"的理念，以改革为动力、以卓越为目标，注重优化结构、提升效率、创新文化，引领本科教学改革向一流本科教育建设转变，推动人才培养模式创新向人才培养体系创新转变，为推动形成引领国际高等教育发展的新范式贡献"南大智慧"和"南大方案"。

1. 确立以学生为中心的本科教育理念

南京大学新时代本科教育改革坚持"以本为本"，践行"四个回归"，对照新时代的新坐标、新要求，推动本科教学改革向一流本科教育建设转变，推动人才培养模式创新向人才培养体系创新转变。在这一转变过程中，教育理念更新发挥着先导作用。2019 年 4 月 17 日，南京大学召开新时代本科教育工作会议，凝练"价值塑造与能力提升融通、科学研究与本科教学融通、通识教育与专业教育融通、全面发展与个性发展融通"的新时代"四个融通"人才培养新理念。新时代"四个融通"是以学生为中心的教育理念在南京大学本科教育人才培养过程中的具体体现。

吕建校长在南京大学新时代本科教育工作会议上强调，本科教育改革要坚持以学生为中心，促进学生的全面发展，推动思想政治、科学基础、人文素养、奋斗精神、实践能力的融合发展，强化通识教育的基础性和整合性，打造全面发展的素质与能力提升体系。强化学习过程及学习内容的价值与意义，培养学生对个人与社会的责任以及对未来世界的使命感，推动思想政治、科学基础、人文素养、奋斗精神、实践能力的融合发展。①新时代南京大学本科教育改革强调以学生为中心的理念与南京大学"三三制"本科教育改革以学生发展为中心是一致的，都是强调本科教育改革始终面向学生、尊重学生、提升学生、发展学生，尊重并引导学生意愿，激发并培养学生兴趣，实施全面科学教育，既要传授科学知识和技术，更要训练科学方法和思维，还要培养科学精神和品德。

以学生为中心的教育理念落实在南京大学最新一版的人才培养方案中，则是强调以立德树人为根本，以学生学习为中心，围绕培养目标和全体学生学习成果要求的达成，重视学生和用人单位满意度，合理进行课程体系设计、教学资源配置和教学活动安排，充分体现学习内容的系统性与开放性、学习过程的主动性与参与性、学习成果的多样性与创造性、学习评价的社会化与多元

---

① 本报讯. 南京大学召开新时代本科教育工作会议[N]. 南京大学报，2019-04-20（001）.

化，实现学生的自主探索、自主选择、自主学习、自主管理，体现学生在教育教学过程中的主体地位。

2. 构建"三元四维"人才培养体系

2019年，南京大学制定了《南京大学关于构建高水平创新人才培养体系加快建设一流本科教育的意见》，借鉴世界一流大学发展经验，继承发扬学校育人传统，系统规划了本科教育发展路径与改革关键举措，基于"三三制"本科人才培养模式的基础架构，明确了打造"三元四维"人才培养新体系、加快建设具有南大特色的一流本科教育的重点任务。

（1）"三元四维"人才培养体系的改革方向

"三元四维"人才培养体系的改革坚持以立德树人为核心，探索中国特色本科人才培养改革之路，将思想政治工作体系贯穿于学科体系、教学体系、教材体系、管理体系，统筹人才培养各环节。着力培育学生强烈的家国情怀与社会责任感，培养学生广博的知识技能与卓越的专业素养，发展学生批判性思维与问题解决能力、探究精神与创新创造能力、合作精神与领导能力、有效沟通的能力以及全球素养，教育引导学生自主构建知识、发展能力、学会做人，构建师生成长与创新共同体。

（2）"三元四维"人才培养体系的体系架构

"三元四维"人才培养体系中的"三元"即"德、知、行"三元要素，坚持以人为本，以学生的成长与发展为出发点和立足点，围绕德、知、行，将知识技能、思维和价值观有机融合，更大力度地激励学生自主探索、自主选择、自主学习、自主管理，进一步丰富学生成长体验。通过将"三元"融入本科人才培养体系，旨在教育引导学生自主构建知识、发展能力、学会做人。"四维"即"学习、成长、育人、环境"四个维度，"四维"旨在推进本科人才培养进阶发展。从高度、宽度、广度、长度上全方位提升人才培养能力，进一步提升教育教学质量。一是要以更高水平的科教融合和前沿引领，提升学生知识探究的高度；二是要以更宽领域的学科交叉和通专融合，拓展学生触类旁通的宽度；三是要以更广覆盖的育人元素和部门协同，扩展学生全面发展的广度；四是要以更长跨度的衔接培养和模式贯通，延伸学生学习和发展的长度。构建师生成长与创新共同体，以成长与创新为共同价值目标，以"问题导向、兴趣驱动、能力提升、价值塑造、人格养成"为出发点，在知识传递、知识生产、知识应用、知识创新的过程中营造师生深度交互、协作探究的生态，由此为学生提供更好的成长生态、更优的教育资源和更强的服务支撑，努力培育能够承担民族复兴大任的时代新人,锻造未来社会的中流砥柱。①

3. 推进价值引领的"熔炉工程"

立足"三元四维"人才培养新体系建设,南京大学于2019年推出本科人才培养的"熔炉工程"②。南京大学党委书记胡金波指出,"熔炉工程"既是具有中国特色的德政工程、彰显教育特性的民生工程、体现南大特点的质量工程,也是熔铸"为人"之魂的"大德"工程、熔聚"众人"之力的"大家"工程、熔集"育人"之术的"大智"工程、熔汇"树人"之情的"大爱"工程。③南京大学全力推进"熔炉工程",目的在于把南大学子锻造成为能担当民族复兴大任的时代新人。在"培养什么样的人"这一问题上,南京大学新时代本科教育改革强调必须提升人才培养质量,坚持立德树人,以"熔炉工程"为抓手,坚持以德为先、以能为重、以适为基,研究制定加强德育、智育、体育、美育、劳育的实施意见,凝聚"三全育人"共识与合力。

"熔炉工程"的核心内涵在于全面实施三大计划。

第一,实施"熔合计划",构建"三全育人"模式。探索建立"大学工""大思政"管理体制和机制,强化学校部门育人合力,提升学工队伍育人能力,激发专业教师育人动力,借用社会育人外力。

第二,实施"熔炼计划",打造"五育并举"格局。德育注重理论武装、价值引领、强化"养成";智育注重活学活用、能力提升、强化"学成";体育注重兴趣导向、生存习惯、强化"炼成";美育注重审美情趣、审美品位、强化"化成";劳育注重亲力亲为、愿做乐为、强化"干成"。

第三,实施"出彩计划",开展"七大支持"行动。"七大支持"行动旨在推进学生全面发展和健康成长。"开展大学生信仰坚定支持之'红'计划、学生学业发展之'橙'计划、体质增强支持之'黄'计划、心理健康支持之'绿'计划、生涯发展支持之'青'计划、国际视野拓展支持之'蓝'计划、领导力提升支持之'紫'计划,积极营造青年学生人人都能成才、人人皆可出彩的生动局面。"④

"熔炉工程"是通过建立良好的育人生态,以立德树人为价值引领,将以

---

① 徐骏. 坚守立德树人之魂,坚持交叉融通之道,加快建设一流本科教育[N]. 南京大学报,2020-03-20(002).
② 晓楠,谈洁. 南大推出"熔炉工程"[N]. 南京日报,2019-12-16(A06).
③ 南京大学:推进"熔炉工程" 德智体美劳"五育并举"[EB/OL]. 2019-12-16. http://www.eol.cn/news/dongtai/201912/t20191216_1699073.shtml.
④ 南京大学:推进"熔炉工程" 德智体美劳"五育并举"[EB/OL]. 2019-12-16. http://www.eol.cn/news/dongtai/201912/t20191216_1699073.shtml.

学生为中心的教育理念落到实处。南京大学学生工作处处长龚跃说，"熔炉工程"启动以来，一方面全面贯彻党的教育方针，落实立德树人根本任务；另一方面从学生自身成长出发，为他们提供更好的成长生态、更强的服务支撑。学校立足学生成长的方方面面，推出更加具体的举措、载体和平台，将育人要求渗透到学校工作的各个领域和环节，"三全育人""五育并举"打通了从学校到学生的最后一公里。①

南京大学"熔炉工程"的价值引领突出体现在课程思政建设上，通过完善不同类型课程的建设及评价标准，确立和强化立德树人的核心要素，推动课堂从单向度的知识传授向立体化育人转变，既注重在价值传播中凝聚知识底蕴，又注重在知识传播中强调价值引领，实现显性教育和隐性教育相融通，实现从"思政课程"向"课程思政"的转化，充分发挥课堂育人主阵地功能。

南京大学课程思政推动"价值引领"与"知识传授"的"同频共振"，以李向东教授的"宇宙简史"课程最具有代表性。李向东教授结合"宇宙简史"课程建设，从立意、创意、汇意、达意入手，介绍如何在知识传授中实现价值观引导，帮助学生树立正确的宇宙观。一是讲立意，以树立正确的宇宙观作为建设目标。通过阐述宇宙观的内涵和发展，启发学生对宇宙、自然、自我进行更深层次的思考。二是究创意，以问题为导向创新教学大纲。结合宇宙观的发展和学生学习程度的递进设置了八个专题，每个专题提出一个融合科学与价值观的问题。三是重汇意，有机融汇知识传授与价值引领。以知识为载体，潜移默化传递价值理念：以科学研究的特性体现科学精神；以跨学科视角体现学术思想性；以人为本体现人性光辉。四是求达意，以团队融合创新助力目标的达成。②

"宇宙简史"课程体现了南京大学以要素融合推进融通育人的课程思政建设理念。围绕课程思政工作，南京大学以"熔炉工程"建设为契机，起草课程思政工作方案，强调坚持遵循教育规律、尊重课程特点、服务学科发展的原则，把价值引领、知识传授和能力培养有机融合到创新人才培养体系中。教育部原党组书记、部长陈宝生点评，"宇宙简史"课程是专业课和"真"的结合，体现了科学之美，通过帮助学生树立正确的宇宙观，进而树立正确的人生观、价值观。③

---

① 沈峥嵘. 南大"熔炉工程"回答"立德树人"之问[N]. 新华日报，2020-01-10（001）.
② 李向东. 在知识传授中实现价值观引导[J]. 中国高等教育，2019（9）：18-20.
③ 转引自秦安平. 我校李向东教授在教育部视频会议上介绍课程思政建设经验[EB/OL]. 2020-06-09. http://jw.nju.edu.cn/57/7f/c24774a481151/page.htm.

4. 建设优质本科教育资源

为了将"三元四维"人才培养新体系落到实处，南京大学系统集成各类育人要素，打造面向学生多样化成长需求的个性化解决方案强化科教融合，为学生自主探究创造条件、搭建平台。打造潜心育人的高水平师资队伍，构建涵盖"思想-学业-学术-生涯"的本科生导师体系，营造"名师出高徒、高徒成名师"的师承效应。不断完善科研项目及设备资源对本科生的开放共享机制，推进实施问题导向、分层递进的本科生研修计划，进一步健全本科生高水平科研训练体系。构建全面培养的教学体系，着力提升思想性、学术性、交叉性、实践性。全面梳理现有课程体系，以"十百千"优质课程建设为引领，夯实课堂内涵，打造通专融合的优质课程体系，2019 年的改革课程总数已逾 1500 门。①挖掘和充实各类课程的德育内涵，以课程思政融合课程、通识教育"升级版"为主体建设融合创新的育人课程。持续推进追求卓越的专业学术课程建设。不断加强交叉领域新课程和跨学科研修计划建设。实施基础学科拔尖预备生"零年级计划"，推进本硕博衔接培养。深化创新创业教育和实践教学改革，不断完善"五四三"双创教育体系。全面加强一、二课堂的联动协同，启动实施"出彩计划"，构建学生全面发展的能力提升体系，强化主动学习能力、领导力、责任感和担当精神等的培养，为学生终身学习和发展打好基础。此外，通过优势学科支撑、优质师资领衔、优质课程培育，建设蕴含思想性、科学性和前沿性的优质教材。

在资源集成过程中，南京大学本科教育改革注重无形资源的集成，为学生营造更好的成长生态，着力增强高水平教师、高水平科研成果和科研平台与学生成长成才需求之间的适配性，抓实"每生一导师""每生一游学""每生一项目"。以人才培养与科学研究、社会服务、文化传承创新深度融合，推动各类育人要素加快系统集成，全面育人平台不断拓展延伸，构筑学生顶峰体验。为学生打造更强的服务支撑，建设开放多元的学习场景，提供全周期的支持服务，促进教学动力持续焕发。

5. 南京大学推进"最好本科"建设的创新思路

新时代南京大学本科教育改革紧扣"最好本科"第一品牌建设，把握大势、打好基础、加强积累，以全新思维、全新方式、全新作风，展现新担当、拓展新实践，主要在以下三个方面用心着力。

第一，以"用户思维"提升服务效能。将师生获得感、满意度作为评价

---

① 数据来自南京大学内部资料：南京大学本科质量教学报告。

标准和衡量指标，精准对接师生需求，打造服务聚合，把服务意识融入工作全链条，用心办事、倾情服务。要更高标准、更高质量地推进优质育人资源建设，结合青年学生新特点，推进信息技术与教育教学深度融合，因时制宜、因地制宜、按需制宜地打造属于南大学生的"私人订制"，不断提升立德树人的实际效度。

第二，以"迭代思维"推动持续改进。内涵式发展注重的是内在品质和潜力挖掘。实现这种深层次变革，既要总结凝练经验，又要把握时代脉搏，还要提升价值追求。必须进一步放大"三三制"的优势特色，在继承中创新、在创新中继承，围绕"学什么、怎么学、如何组织学"，从小处着眼、从实处着手，以微创新助力大变革，在瞄准焦点中形成改革"增长点"，在疏通堵点中形成创新"兴奋点"，在解决难点中形成发展"闪光点"。

第三，以"平台思维"加强协作共享。全面落实"熔炉工程"，加快构建"三元四维"人才培养新体系，核心是要打造互联互通、开放合作、协同育人的新生态，在德智体美劳互相促进、有机融合中推进思想政治素质、科学文化素质和身体素质的全面发展，支撑学生富有使命、高价值、高挑战、可持续的学习经历。更加积极地开放合作，主动链接育人资源，不断助力专业、课程、师资、实践等全要素创新，加快汇聚内生性的强大发展动能。[①]

二、世界一流学科建设高校：南京信息工程大学"以生为本"的本科教育改革案例

在国家"双一流"战略中，北京大学、清华大学、南京大学等 42 所一流大学建设高校的建设目标是建成我国高等教育的"高峰"，95 所一流学科建设高校的建设目标则是建成我国高等教育的"高原"，共同提高我国高等教育的核心竞争力。一流学科建设高校依托其在国内、国际的学科优势，不仅发挥着引领学科前沿和行业产业的重要作用，同时还需将学科优势转化为人才培养优势，在本科教育改革中形成各自的特色，共同推动我国本科教育改革与发展。其中，南京信息工程大学以大气科学一流学科建设为引领，坚持人才培养中心地位，确立以生为本的教育理念，推动本科教育改革向"学习范式"转型的经验具有较强的代表性和典型性。

---

① 施佳欢. 锚定航向 勇立潮头，争做"最好本科"建设的奋楫者[N]. 南京大学报，2020-05-20（004）.

（一）南京信息工程大学简介[①]

南京信息工程大学是国家"双一流"建设高校，是江苏高水平大学建设重点支持高校。学校始建于1960年，应新中国国家战略和国民经济建设需求而生，隶属中央（军委）气象局，前身为南京大学气象学院，1978年被列入全国重点大学，2004年更名为南京信息工程大学，2007年以来，先后实现了江苏省人民政府、中国气象局、教育部、国家海洋局的多方共建，现为以江苏省管理为主的中央与地方共建高校。

学校秉承"艰苦朴素、勤奋好学、追求真理、自强不息"的优良校风，恪守"明德格物、立己达人"的校训，秉承"笃行以生为本、厚植大学精神"的办学宗旨，坚持以人才培养为中心，以培养拔尖精英人才、创新创业人才、国际化人才为导向，不断深化教育教学改革，构建了特色鲜明的人才培养体系。学校在教育部本科教学工作水平评估中取得优秀，获得全国教育教学成果奖一等奖，入选国家级深化创新创业教育改革示范校、2019年度全国创新创业典型经验高校50强、国家级"众创空间"。校友中涌现出一批两院院士、国际组织官员等杰出人才，众多校友成为中国乃至世界气象行业的业务骨干和科研精英，学校被誉为"气象人才的摇篮"。

南京信息工程大学始终坚持人才培养中心地位，不断探索本科教育改革的模式创新。在60多年的办学实践中，其本科教育改革大致可分为三个阶段：第一阶段是20世纪开展的科教融合改革；第二阶段为适应学校体制划转和气象事业现代化发展需要开展跨学科的"大气象"人才培养改革；第三阶段为推进"笃行以生为本"的新时代本科教育改革。学校本科教育改革的核心理念是坚持以生为本，本科教育改革逐渐向"学习范式"转型。

（二）科教融合：建校初期本科教育改革的初步探索

南京信息工程大学是一所以培养气象专门人才为主的行业特色高校。建校后到20世纪末，学校秉持"厚基础、强实践、重能力"的人才培养理念，强调科教融合、因材施教，形成"课外小组"和"强化班"两种模式，探索精英化本科教育培养改革。

1."课外小组"模式（20世纪60年代）

南京信息工程大学是在中国经济社会发展最为艰难的时期和高等教育改革调整整顿的大背景下创办的，是我国第一所以培养气象人才为主的本科院

[①] 南京信息工程大学. 学校简介[EB/OL]. 2021-10. https://www.nuist.edu.cn/909/list.htm.

校，承担着为我国气象事业发展培养高级专门人才的历史使命。因此，学校在创办之初就坚持以人才培养为中心，不断推进本科教育改革。在20世纪60年代我国高校普遍采用苏联的"教师中心、课堂中心、教材中心"的传统"教学范式"的历史背景下，学校主动探索因材施教的本科人才培养改革。学校天气动力学系首位系主任朱和周教授倡导并实施10人"课外小组"培养模式，即每年从近200名新生中选拔10名学生组成课外学习小组，开展因材施教和科教融合教育，给他们布置课外学习任务，让他们阅读中外文献，并给予具体指导，以培养他们的自学能力和分析解决问题能力。在科教融合思想指导下的人才培养结出丰硕的果实，学校前两届毕业生中就涌现出许健民（1960级）、吴国雄（1961级）、徐祥德（1961级）三位两院院士，其余毕业生也大多成了气象学界较知名的专家、教授。

2. "强化班"模式（20世纪70年代后期）

恢复高考后，在翁笃鸣、孙照渤、朱乾根等教授的推动下，学校秉承"厚基础、强实践、重能力"培养理念，每年从近300名大气科学类专业学生中遴选20名学生，组建强化班，一方面，加强数理基础学习，夯实专业学习的根基；另一方面，贯彻因材施教理念，组织学生参加课外兴趣组活动，通过阅读中外文献，交流心得，极大地调动了学生的学习积极性，培养了他们的自学能力和创新能力，由此涌现出一批极其优秀的学生，培养出陈镜明、邹晓蕾、金飞飞、张明华、翁富忠等一批尖子学生和更多的德智体全面发展的优秀毕业生，为学院以后的教学工作积累了宝贵的经验。其中，陈镜明为加拿大皇家科学院院士；邹晓蕾成为美国佛罗里达州立大学教授、美国气象学会会士；金飞飞成为美国夏威夷大学教授、美国气象学会会士；张明华成为美国纽约州立大学终身教授、美国气象学会会士；翁富忠成为美国国家海洋大气局 NESDIS/STAR 卫星气象和气候学部门主任、美国气象学会会士、世界气象组织全球卫星定标中心主任。"强化班"既是一种拔尖创新人才培养模式，也是一种因材施教、以学生为中心、促进人才个性化发展的人才培养模式。小班化教学和良好的师生互动，有利于学生按照自己的兴趣开展主动学习，发挥学生的主体能动性，学生能够更多地投入教学与学习之中，这与本科教育"学习范式"的本质内涵是一致的。

（三）跨学科培养：适应气象现代化的"大气象"本科教育改革[①]

进入21世纪，随着当前全球气候变化加剧和我国经济社会快速发展，推

---

① 本部分内容参考南京信息工程大学2014年国家级教学成果奖一等奖"共建体制下'大气象'创新人才培养体系构建与实践"的成果报告。成果完成人有李廉水、李北群、闵锦忠、张永宏、吴立保、华兴夏等。

进气象事业现代化的重要性更加突出，气象学科的多学科交叉特性对培养现代化气象人才提出新的挑战。党的十八大也指出，要加强防灾减灾体系建设，提高气象灾害防御能力，积极应对全球气候变化。这要求我们加快全面实现气象现代化的步伐。建设具有世界先进水平的气象现代化体系，需要达到"一流装备、一流技术、一流人才、一流台站"的战略目标，不断提高气象预测预报、气象防灾减灾、应对气候变化、开发利用气候资源四种能力。因此，气象学科发展的公共服务性更加突出、综合性更趋明显、国际化更加迫切，需要气象、环境、信息和管理等学科的高度融合，要求培养跨学科、国际化、创新能力强的气象创新人才。

2000年，南京信息工程大学经历体制划转，由原来隶属中国气象局划转为江苏省主管的地方高校。随着办学定位的调整和办学规模的扩张，学校出现了办学资源匮乏、学科发展失衡、人才培养与行业需求疏离等问题，不能充分满足气象现代化对跨学科创新人才的需求。为了适应气象现代化发展的需求，2006年开始，学校确立了"开放发展、联合发展"的办学方针，围绕这一办学方针推动本科人才培养改革，焦点在于解决影响人才培养质量提高的关键教学问题：第一，解决培养需求不明、国际规范不足、特色优势不显等造成人才培养不适应气象业务需求和国际气象人才要求问题；第二，解决课程体系僵化、实践技能缺乏、质量监控不严等造成学生创新能力不强问题；第三，解决教师水平不高、教学平台不足、国际合作不深等地方行业高校优质教学资源匮乏问题。针对这些问题，学校提出跨学科的"大气象"教学改革理念，开展"大气象"创新人才培养体系的构建与实践。

1. 以办学体制划转为契机，确立"两个面向"的人才培养理念

2000年，南京信息工程大学经历了与其他行业特色型高校同样的制度变迁过程，原先的服务面向是中国气象局，为中国气象事业培养应用型人才；体制划转之后，学校开始面向江苏地方经济社会办学，扩大了学科门类，人才培养类型也由单一化向多元化方向转变。在体制划转之初，由于弱化了与中国气象事业的联系，参与地方高校的竞争，学校培养的人才与地方经济社会发展的需要存在一定的差距，服务地方的功能没有得到很好的实现。2006年起，学校重新又加强与中国气象行业的联系，提出了"两个面向"的服务理念，即面向中国气象事业发展，面向江苏地方经济社会发展，确定了服务行业与服务地方并重的人才培养理念。"两个面向"的人才培养理念的确立，确保了人才培养目标兼顾行业发展、江苏地方经济社会发展和人的自由发展的多重需要。

2. 以现代气象业务需求为引领，明确人才培养目标定位

为适应现代气象业务对跨学科人才培养的要求，学校本科教育改革以现代气象业务需求为引领，确立"业务技能、学术潜力、国际交流"三种能力融合（即"三能融合"）的"大气象"人才培养目标定位。"业务技能"主要是适应气象业务现代化发展需要，为全球气象事业培养精通现代气象业务的专门人才；"学术潜力"主要是为了适应学校由教学型大学向教学研究型大学的转变，同时为了适应现代气象事业向科技型、综合型发展的转型，在本科教育改革中注重科教融合，培养学生的学术能力，为本科生的进一步深造奠定基础，为知名大学和科研机构提供规模较大的优质生源；"国际交流"主要是适应高等教育国际化发展趋势和气象事业国际化的本质要求，开拓学生国际视野，提升学生国际交流与合作能力。"三能融合"的人才培养定位，为学校本科教育改革提供了依据，多种能力的融合也需要跨学科知识的学习，明确了"大气象"人才培养改革的方向和路径。

3. 以学科专业链对接业务链为主线，推进人才培养方案改革

为了使"大气象"人才培养能够有效对接现代气象业务发展的需求，解决人才培养与业务脱节的问题，学校本科教育改革以"综合观测—信息处理—预报预测—公共服务"现代气象业务链为主线，按照学科专业链对接气象业务链的建设思路，重构"大气象"学科专业链（图4-4），培养现代气象业务所需的创新人才。

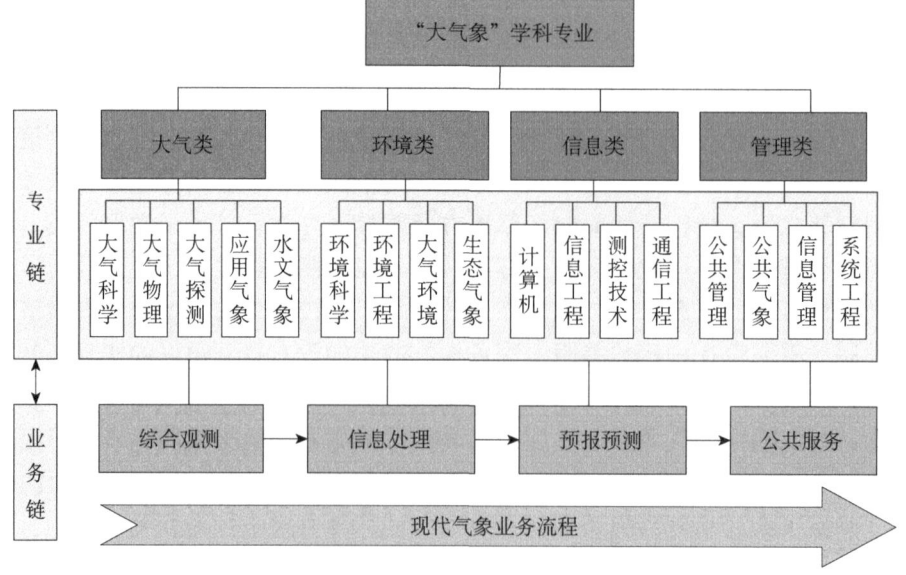

图4-4 "大气象"学科专业链

学校按照国际专业规范先后三次修订人才培养方案，围绕"三能融合"人才培养目标，调整优化专业结构，增设大气探测、环境气象、气象信息、公共气象等方向，形成与现代气象业务链联系紧密的专业链。为了适应跨学科人才培养的需要，学校改革传统院系设置方式，设置气象学部，实施大类招生培养，突破气象与非气象专业间的壁垒，同时，根据学生个性化发展需要推进分类教学，开设"长望技能班""长望国际班""长望强化班"等实验班，形成"技能型、国际型和精英型"三类人才培养模式，培养现代气象创新人才。

4. 以学生创新能力提升为核心，创新人才培养课程体系

根据"业务导向、学科交叉、分类发展"的课程设计理念，以及"综合观测—信息处理—预报预测—公共服务"的现代气象业务链对各类人才的需求，学校调整课程结构，对接欧美高校大气科学专业规范，基于"大气象"学科知识结构，建设促进学生创新能力提升的"三大课程体系"：在气象类专业增设了一批"特色拓展课程"，建成在国内示范引领、在国外广泛影响的气象品牌课程群；在非气象类专业开设气象特色课程模块，设置"3510气象课程"，便于不同专业的毕业生都有机会进入气象部门工作，全方位提升学生服务气象行业的能力，同时，优化实践教学体系，培养学生的业务技能。

（1）拓展气象专业课程体系

对于气象类专业，学校增设环境气象、气象信息及公共气象等特色拓展课程（图4-5），在通识教育课程平台中新设气候变化与国际博弈、气象科技史与人类文明等人文素质类课程，在公共基础课程平台中增设面向对象的程序设计、Matlab及气象应用等课程，在学科基础课程平台中增设气象物联网、大气环境化学等课程，在专业主干课程（专业方向模块）中增设卫星遥感、气象云计算、短时临近预报、公共气象服务等课程，构建了内涵拓展、文理交融、独具特色的课程体系。

（2）非气象专业增设气象课程体系

对于非气象类专业，学校立足原有专业知识，增设"3510气象课程"（图4-6），对接相应的业务模块，学生修满10门气象专业课程即可获得气象类专业第二学位。"3510气象课程"要求学校所有非气象类专业学生至少学习3门气象类课程，其中，工科类学生可以选择5门（中国气象局要求非气象专业进入气象领域工作的学生必须培训的5门课）或10门（南京信息工程大学发辅修证书）气象类课程，形成复合式气象人才（如气象+数学、气象+外语、气象+软件等），使各专业毕业生都有机会进入气象领域工作。①

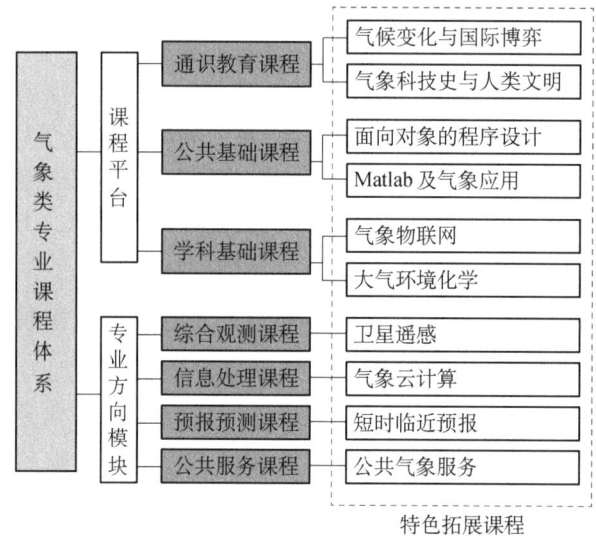

图 4-5　气象类专业课程体系图

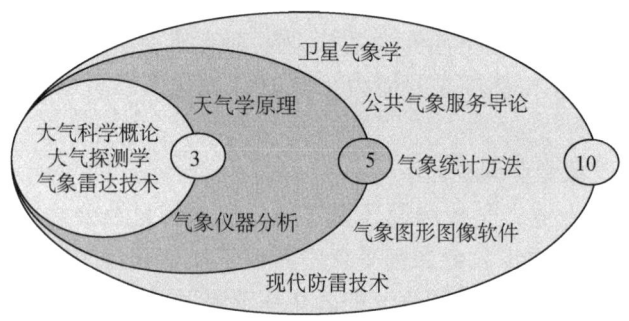

图 4-6　非气象类专业"3510 气象课程"（以电子信息工程专业为例）

（3）创设"四层次、四模块、双螺旋"实践教学体系

学校结合大气象人才培养定位，以提升实践能力为核心，依据现实气象业务过程与业务流程及业务关联，构建四层次（认知、求证、应用、探究）、四模块（综合观测、信息分析、预报预测、公共服务）、双螺旋（实验教学与科学研究螺旋提升）的实践教学体系。②

从实践课程"四层次"来看，"认知层次"主要加强学生对基本实践理论

---

① 吴立保，管兆勇，郑有飞. 制度变迁视角下的行业特色型高校人才培养模式透析——以南京信息工程大学为例[J]. 黑龙江高教研究，2011（6）：5-8.

② 管兆勇，吴立保. 大气科学类专业课程体系的构建与改革[J]. 中国大学教学，2016（11）：47-52.

知识和技能的掌握；"求证层次"强化学生对专业知识的综合理解和操作；"应用层次"着重锻炼学生实际的业务技能；"探究层次"激发学生自主学习新技术和新手段的兴趣，拓展学生的实践创新能力。

从实践课程"四模块"来看，"综合观测"模块重在使学生了解和掌握多源气象与环境信息获取的设备、过程与规范；"信息分析"模块侧重强化学生对观测、监测信息的形式、格式、质量控制、天气系统的初步识别及多源资料的融合等；"预报预测"模块侧重天气的物理成因及背景条件分析，进行短期或临近预报、预测、预警，体会和感知天气预报业务对理论和技术的真实需求；"公共服务"模块侧重通过公共与专业服务、需求分析、科研与成果转化、灾害影响评估、技能认证等拓展学生的实践创新能力。

从实践课程"双螺旋"来看，其是指围绕人才培养的全过程所构建的实验教学与科学研究螺旋提升的体系，通过不断优化和完善的科教融合机制，最大限度地发挥实验教学对科研的需求牵引、科学问题凝练以及科研对实验教学的反哺与支撑作用，最终实现科研与实验教学相互促进、协同发展，实现拔尖型与应用型人才的交汇分流。

5. 以三方共建机制创新为牵引，多元集成打造优质教学平台

在"开放发展、联合发展"的办学方针指导下，学校积极推进与气象行业和地方政府共建，2007年，实现了中国气象局与江苏省人民政府共建，2012年，实现了教育部、中国气象局和江苏省人民政府三方共建，同时，利用设置在学校的世界气象组织区域培训中心（南京）的国际化平台，深度与中国气象事业融合，积极与国际接轨，建设并运行了实验教学平台、产学研创新平台和实习实训平台三类高水平实践教学平台（图4-7）。平台建设体现出业务引领的特色，实现了学科建设、平台集成、资源共享的有机融合，有效地支持了"大气象"人才培养的课程体系建设。依托局校共建、校地、校企以及国际合作等平台，学校与行业产业和高校协同合作，加强教学平台集成，以国家级实验教学示范中心和国家级虚拟仿真实验教学中心等为基础运行实验教学平台，以江苏省高校协同创新中心和校企研究院与校企联盟等为载体运行产学研创新平台，以全球大学中最大的气象台（中国气象局投入硬件和软件在学校建成了"气象台"）、最大的气象综合观测站及中国气象局600个免费提供实习实践训练的一级台站等为依托建成层次合理的实习实训平台。学校气象台可以借助与中央气象台和各省市气象台多媒体远程音视频双向会商系统，使学生更加熟悉台站气象业务布局、技术路线、业务关联和实际业务需求。

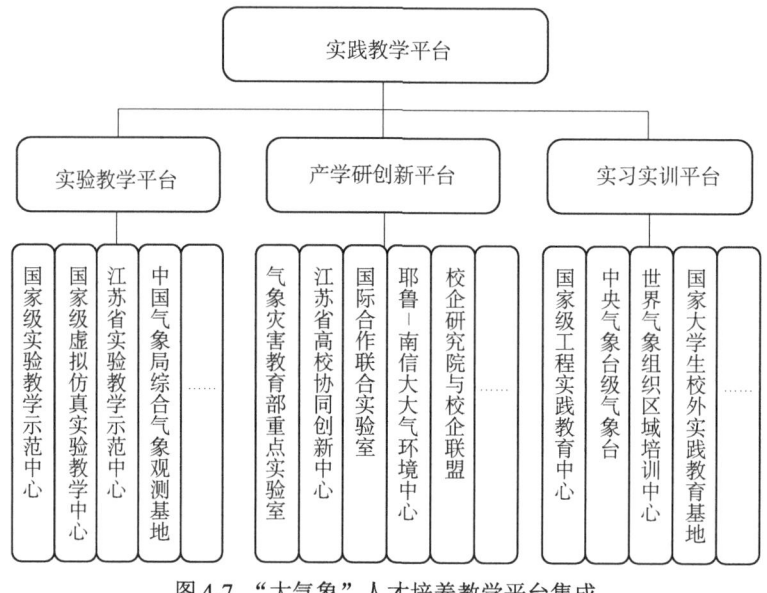

图 4-7 "大气象"人才培养教学平台集成

6. "大气象"本科教育改革成效

自 2006 年开始的"大气象"人才培养改革，是学校整体推进本科教育改革的一次成功尝试，既是对学校以往的科教融合和因材施教的人才培养理念的传承，也是开展跨学科人才培养和适应学生个性发展的分类人才培养模式的改革创新，体现出学生发展的本科教育改革理念，在人才培养方面取得显著成效，学校的社会声誉得到广泛认可。2014 年，学校的本科教育改革成果获得了国家级教学成果奖一等奖。"大气象"人才培养改革的主要成效体现在以下几个方面。

第一，行业贡献最大。服务气象行业的毕业生数国内高校第一，人才培养质量受到气象行业的高度认可，在气象行业招录总数中，学校毕业的本科生约占 50%，研究生约占 60%；学校气象类研究生教育规模最大，为国内外高校气象专业输出优质研究生数量最多，被中国科学院和"985 工程"高校录取的研究生约占学校考取总人数的 30%；随着"大气象"人才培养体系的拓展，学生综合素质不断提高，每年约有 100 名气象专业毕业生到航空航天、军事、农业、环境、交通、海洋、水文、城市管理等领域工作，同时非气象类毕业生每年约有 150 人到气象部门工作，共同服务气象事业发展。学校优势学科专业毕业生高质量就业率超过 97%，受到气象、民航、农业、交通等行业部门的一致好评。中国气象局局长郑国光高度评价学校人才培养成效："一个学校服务一个行业，一个行业支持一个学校。"

第二，国际气象行业贡献显著。世界气象组织在学校设立亚洲区域培训中心，该培训中心是全球最大、中国唯一的国际气象学历教育和培训基地，截至 2017 年底已培养了 900 多名气象类专业留学生，其中研究生有 156 人；举办了 66 期国际气象培训班，为世界 130 个国家和地区培训了 2000 余名专家，其中 10 人成为所在国家气象局长。学校人才培养受到世界气象组织的高度赞扬，2010 年，世界气象组织秘书长米歇尔·雅罗高度赞扬学校对国际气象人才培养的强有力支持，认为这是中国对可持续发展和实现联合国千年发展目标做出的重要贡献。

第三，学生创新创业能力提高。学生学科竞赛获得国家级奖励的数量倍增：2011 年获高教社杯全国大学生数学建模竞赛本科组唯一特等奖；2012 年获日本气象学会期刊（Journal of the Meteorological Society of Japan，JMSJ）奖，这是首次非日本籍第一作者获此荣誉；2012 年获美国大学生数学建模竞赛特等奖；2013 年获全国"挑战杯"创业大赛一等奖。本科生共获国际级奖 58 项、国家级奖 200 余项，独立申请并获专利 52 项，参与导师团队获专利 291 项，发表 SCI/EI 论文 50 余篇。学校颁发的学生预报员证书得到中国气象局的认可，学生可直接持证上岗。学生积极参加创业大赛，2 篇论文入选第六届全国大学生创新创业大会会议论文，获得各类风险投资 400 多万元。2008 年，郑思露、姜峰等获得创业计划大赛江苏省金奖、全国铜奖。

（四）以生为本：新时代一流学科引领本科教育改革

2015 年，《国务院关于印发统筹推进世界一流大学和一流学科建设总体方案的通知》颁发，开启了"双一流"高校建设。该通知提出培养拔尖创新人才的任务，要求高校坚持立德树人，突出人才培养的核心地位。2017 年，国家正式公布"双一流"高校建设名单，南京信息工程大学的大气科学入选国家一流学科，使学校发展进入新的阶段。2018 年，全国高等学校本科教育工作会议召开之后，紧接着教育部出台了"新时代高教四十条"，其中指出，办好我国高校，办出世界一流大学，人才培养是本，本科教育是根。坚持"以本为本"，推进"四个回归"教育，成为新时代本科教育改革的主线。在此背景下，南京信息工程大学以大气科学世界一流学科建设为契机，提出"笃行以生为本、厚植大学精神"的办学宗旨，通过制订本科教育行动计划，开启了新一轮本科教育改革，加快推进本科教育向"学习范式"转型。

1. 确立"以生为本"的本科教育理念

南京信息工程大学在推进大气科学世界一流学科建设的进程中，弘扬

"明德格物、立己达人"的校训精神，通过认真学习贯彻全国教育大会精神，在全校范围开展全校本科教育改革思想大讨论，形成了"笃行以生为本、厚植大学精神"的办学宗旨，坚持"以生为本"成为指导本科教育改革的新理念和新共识，落实立德树人根本任务，坚持本科教育的中心地位，构建具有南京信息工程大学特色的本科教育体系，发挥人才培养各育人环节、各育人主体的协同性和自觉性，建立全方位、立体式、网格化环环相扣、节节贯通的育人模式，形成学校立德树人的"大熔炉""加速器"。

2. 确立本科教育人才培养目标

为开创一流本科人才培养新格局，学校开展了全校本科教育改革思想大讨论，经过师生深入研讨、专家反复论证，达成了培养领军人才新共识，确立了与新时代发展需求相适应的南京信息工程大学人才培养新目标：以建设中国特色世界一流大学为根本宗旨，以培养德智体美劳全面发展的社会主义建设者和接班人为根本遵循，秉承"明德格物、立己达人"的校训精神，弘扬"笃行以生为本、厚植大学精神"的办学宗旨，大力推进教育教学改革和条件资源建设，培养学生坚定的理想信念、高尚的道德情操、扎实的知识基础、深厚的人文素养和突出的创新能力，努力造就具有家国情怀和国际视野、担当引领未来、造福人类的领军人才。

3. 优化本科教育人才培养方案

为了贯彻全国教育大会精神，落实立德树人根本任务，主动适应新一轮科技革命与产业变革对人才培养的新需求，学校全面启动2020版本科教育人才培养方案修订工作，制定了《南京信息工程大学2020版本科专业人才培养方案修订的原则意见》。新修订的人才培养方案秉承"以生为本，学生中心"的教育理念，遵循强化通识教育、对接社会需求、促进全面发展的基本原则，主要关注以下几个方面的改革。

第一，通过优化课程结构体系，重构课程教学大纲，深入挖掘拓展课程思想政治元素，使思想政治教育贯穿人才培养全过程、融入课程教学各环节。

第二，加强专业核心课程体系建设，构建基于结果导向教育（outcome based education，OBE）的专业核心课程体系，探索综合性课程、问题导向课程、交叉学科研讨课程等课程新模式，提高课程兴趣度、学业挑战度。

第三，把握新工科、新文科、新农科等人才培养的核心素养，强化学生的家国情怀、全球视野、法治意识和生态意识等。

第四，通过加强教学内涵建设，提高课程设置对培养目标和毕业要求的支撑度，增强培养方案与经济社会发展、学生发展需求的契合度，培养德智体美劳全面发展的社会主义建设者与接班人。

4. 促进人才培养模式多样化

第一，优化大类培养模式。按照大类招生、大类培养的整体规划，推进完全学分制、书院制、导师制等系列改革，坚持"拓宽口径、厚实基础、鼓励交叉、注重创新"的理念，稳步推进大类招生培养工作。优化大类人才培养方案，建立分层、分类、分模块的课程教学模式，建立科学合理的专业分流体制。加强课程思政，促进思政课程与课程思政相互促进、相得益彰。探索实施本硕教学互融互通、课程学分互选互认的培养机制，因材施教、因需自学，助推人才培养质量不断提高。进一步提升"卓越化、国际化、研究型"的质量内涵，以培养具有家国情怀和国际视野、引领未来和造福人类的领军人才为目标，按照"思想引领、能力培养、知识传授"育人新格局，以强化内涵建设为根本，以重构知识体系为重心，以深化模式改革为推力，以完善体制机制为保障，着力构建拔尖创新人才培养特区、卓越计划 2.0 试验区、国际化示范学院、工科试验班、文科试验班、理科试验班等多种形式构成的体系开放、机制灵活、渠道互通、选择多样的人才培养育人模式。

第二，探索国际化人才培养新模式。借鉴世界一流大学的教育理念、教学管理模式和评价方式，引进国外著名大学优秀师资，引入课程、教材等；鼓励学院层面积极推进与国外知名高校开展协同培养合作，实现校校间教学资源共享，协同培养高水平师资队伍等；不断增加本科生出国留学人数，开展课程认定和学分转换等工作；设立学生海外学习发展基金，资助优秀本科生出国学习、研修，通过交换、互换与联合培养等方式，开展"4+0""3+1"等合作项目，丰富学术经历，扩展国际视野。

第三，深化产教协同育人模式。紧紧围绕国家创新驱动发展战略和江苏地方经济发展需求，积极构建新型校企合作关系，进一步完善"政府主导、行业指导、企业参与、学校育人"的工作机制，以行业和企业为依托，以地方政府、企业行业、高校三方优势资源共享为基础，面向政产学研协同育人，通过深入推进人才培养模式改革、打造实践实训基地、合作育人项目、产业行业学院、协同创新中心等重要平台，联合在新工科建设、专业设置、课程体系、实践教学、教材开发、创新创业、科技攻关、成果转化、师生共训等方面开展深度合作，力争通过几年建设，学校在产教科教融合、校企合作方面实现重大突破，形成多形式、开放式的合作办学格局，真正实现专业设置与行业企业需求对接、课程设置与岗位技能对接、教学过程与生产实践对接、教学科研与企业一线对接，使学校成为高水平复合型创新创业人才培养的重要基地。

5. 推进一流课程计划

为了贯彻落实新时代全国高等学校本科教育工作会议精神，抢抓国家一流课程"双万计划"机遇，学校制订并实施"金课"建设计划。"金课"建设计划倡导以学生为中心、成果导向、知识传授与能力培养并重的教学理念，注重学习内容的系统性与开放性、学习过程的主动性与参与性、学习成果的多样性与创造性、学习评价的社会化与多元化，同时，注重将学术成果及时融入教学内容，将科研优势转化为教学优势，将学科资源转化为教学资源，促进科教融合、教学相长。

第一，以"双万"课程引领课程高质量建设。学校制定《南京信息工程大学"金课"建设管理办法》，开展"信大优课计划"与"全英文课程计划"遴选与建设，着力培育打造"高阶性、创新性、挑战度"的"金课"或"金课群"，激励和引导教师开展课堂教学革命，鼓励高水平学者教授为本科生讲授研究性课程，积极探索案例式、问题式、课题式等多种形式的师生互动教学方式，培养学生独立思考与批判性思维能力。"金课"建设的内容应具备基础性、研究性、前沿性和时代性，突出先进性与示范性；教学形式体现先进性与互动性，重视探究性学习、研究性学习。学校鼓励有行业背景的专家参与教学团队；大力开展建设综合性、探索性实验和研究型课程；构建体现学习成果创造性和多样性的评价体系；将课程思政融入专业建设与人才培养各个环节，所有课程的知识体系都体现思政德育元素，所有教学活动都发挥立德树人功能，全体教师都承担起立德树人的职责，将"单课程育人"提升为"全课程育人"。

第二，推进通识教育课程改革。学校以通识教育组织建设为抓手，做好本科教育通识教育课程的顶层设计，积极建设跨学科的通识教育课程体系。在充分挖掘本校通识教育资源的基础上，充分利用教学信息化手段，通过行业、校际、区域、国际等途径引进优秀通识教育课程资源，建立校内校外相补充、课内课外相结合的内容丰富、形式多样的立体化、多层次的通识教育课程体系。充分利用和学校特色密切相关的行业资源，深化与中国气象局的共建合作，扎实推进"三百工程"（引进一百名气象行业骨干、开设一百门课程、建设一百门教材）建设，建设一批气象类的通识教育精品课程。引进校外优质课程资源，邀请一批"大家""名家"来校定期开设通识教育课程，让更多的学生受到熏陶和教育，广泛涉猎不同的学科领域，培养学生跨领域、多角度思考问题的能力，培养学生良好的科学思维方式，同时加强与校内课程教学团队的合作，提高校内课程的建设水平。

第三，深化公共基础课与专业核心课改革。在公共基础课方面，学校深化大学英语、高等数学等公共基础课教学改革，进一步优化分层分类教学，通过引进校外权威教学机构、校际联合考试、教师挂牌授课、教学团队优化等方式，充分利用各种新媒体教学手段，建立课内课外、线上线下的学生和教师互动学习体系，从而不断提高公共课基础的教学效果，提高学生英语、数学等基础学科的综合分析和应用能力；在专业核心课方面，加强各专业核心课程建设，通过教学团队建设、教学方式变革、教学内容更新和考评方式改革等手段加强专业核心课程建设，进一步提高学生对专业基础知识和基本技能的掌握，为学生今后进一步深造或者从事实际工作岗位打下坚实的专业理论和实践基础。

第四，打造信息化课程新样态。学校为适应教育信息化发展趋势，加强在线开放课程和混合式课程建设，建设一批高水平在线开放课程/线上线下混合式课程，实现在线开放课程/线上线下混合式课程对省级一流本科专业的全覆盖。推进信息技术与教育教学融合，以信息化建设促进教育教学模式变革。加强在线开放课程/线上线下混合式课程建设成果在学校教育教学模式改革中的应用，推进线上线下混合式课程教学改革，积极探索适应现代信息技术发展要求的课堂教学新方法、新模式。转变以传授知识为主的传统课堂教学方式，推进一批课程开展混合式教学、翻转课堂等新型教学模式，体现先进性与互动性，重视探究性学习、研究性学习，引导学生自主学习和合作学习。不断丰富数字化教学资源，加强"南信大教育在线"平台的建设与应用，打造教师教学空间、学生学习空间，实现随时随地学习。

6. 加强教师教学能力建设

学校以教师教学发展与评估中心为牵头单位，联合教务处、人事处、科研处及相关学院，制定并出台了《南京信息工程大学教师教学能力提升计划》，构建了以教学能力提升为主的教师发展新模式。

第一，强化教师本科教学的主体责任。一方面，加强教学文化建设，提升教师队伍职业道德素质，通过宣传、学习和研讨，在全体教师中牢固确立人才培养始终是学校的根本任务的理念；另一方面，加强制度建设，进一步要求教授、副教授给本科生上课，让教学名师、高水平教师进入课堂一线，坚持抓教学质量。

第二，夯实本科教学基层组织建设。制定《南京信息工程大学基层教学组织工作条例》，强化基层教学组织在本科人才培养中的主体职责，充分发挥系、教研室、课程团队等在专业建设、制定课程标准、提升教师教学能力、开展教研改革等方面的主体作用。

第三，加强教师教学能力培训。完善新入职教师的主讲教师资格制度。在校院两级层面，通过专题讲座、网络培训、教学沙龙等形式，系统形成新教师教学基本技能培训的课程体系；建立新教师一对一教学指导，严格执行主讲教师资格制度，严把入口关。健全全校性教师教学培训体系，结合基层组织和课程团队建设，开展教学观摩、教学试讲、专题报告、教学研讨、金课建设等各类教学培训活动；大力推动专题教学培训。建立常态化专业负责人和核心课程培训制度，每学期进行专题培训，提升教学改革能力。

第四，优化本科教学奖励机制。制订优秀教学名师培养计划，建立优秀教学名师培养库和工作坊，支持其不断提升教学能力、开展教研教改等活动，促进其成长为教学带头人；进一步推动青年教师授课比赛，评选一批优秀青年教师代表，给予一定的物质和精神奖励，并资助他们积极组织参与校外教学竞赛，支持其不断提升教学能力、开展教研教改等活动，促进其成长为教学骨干。

7. 大气学科本科拔尖人才培养的模式创新

2020年，南京信息工程大学大气科学拔尖学生培养基地成功入选教育部基础学科拔尖学生培养计划2.0基地，是全国全部36所入选高校中唯一一所省属高校。根据《教育部等六部门关于实施基础学科拔尖学生培养计划2.0的意见》，学校依托入选世界一流建设学科的大气科学学科优势，建立拔尖学生成长的人才培养特区，培养大气科学学科拔尖人才。拔尖人才培养模式在于充分发挥大气科学全国第一的学科优势，探索出基础学科拔尖学生培养的"南信大模式"。大气科学拔尖人才的培养目标在于致力于培养具有"先天下之忧而忧"的家国情怀，具备扎实宽厚的学科基础、浓厚执着的学术志趣，具备成长为本学科领军人物潜质，未来能够为解决"构建人类命运共同体"所面临的科学问题和促进人类可持续发展做出卓越贡献的拔尖创新人才。为培养大气科学拔尖创新人才，学校构建了"四三二"培养模式（图4-8），全面推进四化（小班化、卓越化、国际化、个性化）、三制（导师制、学分制、书院制）、两融合（多科融合、科教融合），紧紧围绕学生道德价值、综合素质的养成与学科专业能力的发展，在第一、二学年强化数理和学科专业基础知识学习，培养学生的探索意识与求知精神，奠定学生的知识与技术能力基础；在第三、四学年强化专业训练，发展学生的专业能力与创新实践能力，以科研创新训练、国际化培养等为载体，系统加强知识技能的综合运用，让基地班学生成长为具备本学科"领跑者"特质的拔尖人才。

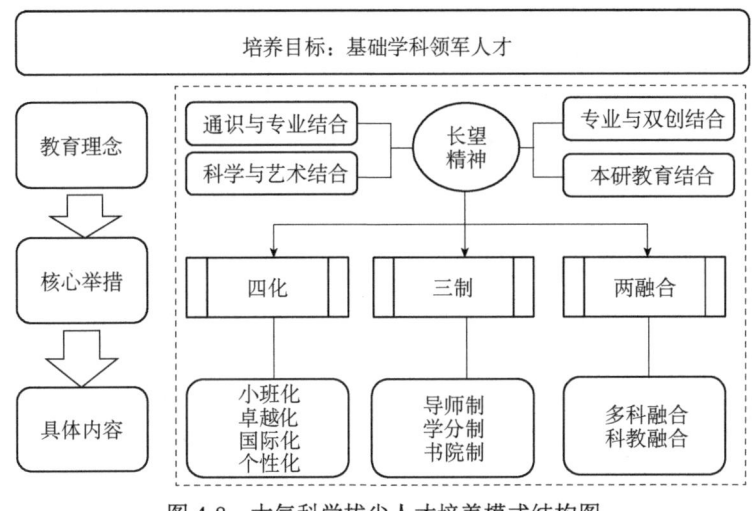

图 4-8　大气科学拔尖人才培养模式结构图

大气科学拔尖创新人才的主要载体是长望学院，以"长望精神"为引领。长望学院是以新中国气象事业的奠基人、首任中央气象局（现更名为中国气象局）局长、学校建校的主要倡议者和缔造者涂长望先生的名字命名的，继承和弘扬"严谨求实，敢于创新；艰苦奋斗，勇于开拓；胸怀全局，团结合作"的"长望精神"，在教育理念上强调"四结合"，即通识与专业结合、专业与双创结合、科学与艺术结合、本研教育结合。"四结合"的核心是以学生为中心，促进学生个性化成长。大气科学拔尖人才培养改革的措施主要有以下几个方面。

第一，多元选拔，动态优化，实现科学选才鉴才。实施"中学生雏英计划"，在优质高中建立拔尖生源基地，提前纳入学校拔尖学生培养计划，通过综合评价录取，提前锁定并录取部分具备"学科特长、科研志趣、创新潜质、使命担当"特质的学生进入基地班学习。突破"全才、通才"遴选办法，探索弹性宽容的评价标准，开辟专门的"偏才、怪才、奇才、鬼才"成长通道。对学生的课程成绩、科研素质、意志品质等进行全面评价，通过阶段考核，实施动态进出管理。

第二，自主学习，个性成长，强化教学模式创新。实施完全学分制，制定跨年级、跨专业、跨校、跨国学分互认制度，为拔尖学生自主学习和个性化培养打通路径。尊重学生的个人兴趣和诉求，允许"私人订制"课程，安排校内外教师为其独立授课。大力推动小班化教学，推广互动式、研讨式、探究式等研究性教学方法，引导学生质疑、调查、探究，激发和培养学生的问题意识及批判性思维能力。构建以学生创新意识、创新能力、创新思维为核心指标的考评体系，推行研究性教学全过程考核，兼顾个人与团队考核，培养学生的团队意识和团队精神。加强在线资源建设，推进混合式教学。开展翻转课堂教学，学生课前利用在线资源学习，上课时由学生主讲知识点内容，教师和其他学生参与讨论。借鉴欧美住宿学院和中国传统书院的办学经验，以长望学院为载体，继承并弘扬"长望精神"，打造适合大气科学拔尖学生成长的新时代书院。

第三，通识涵养，使命担当，推进综合素养提升。加强通识教育，强化价值引领，培养有情怀、有格局的人。引导学生树立家国天下的远大志向和社会主义核心价值观，激发学生解决人类发展所面临难题的志趣和心系人类命运的使命感。以德智体美劳五育并举理念为指导，实现以德立人、以智慧人、以体健人、以美化人、以劳塑人。倡导质疑、提问、讨论的学术氛围，帮助学生及早养成批判性思维，促进创新精神的培养，形成求真务实、严谨自律的科学精神和学术道德。

第四，多科融合，寓教于研，促进知识交叉互融。构建"通识教育+专业教育+双创教育"课程体系，强化相关基础学科和交叉学科课程，构建大气、数学、环境、信息等领域间有机融合的课程体系，注重师资队伍的跨学科背景，拓宽学生的学科视野。面向拔尖学生，开放国家级和省部级教学实验中心、工程实践教育中心、重点实验室、协同创新中心、国际合作联合实验室、工程研究中心等教学、实践科研平台，设立大学生创新创业项目，保证拔尖学生及早进入实验室、及早参与创新创业项目、及早进行科研训练、及早养成创新思维，通过实践育人和寓教于研，让他们亲身感受一流学术大师引领下的多学科知识交叉互融的科学研究氛围。

第五，中外融通，全员覆盖，深化国际合作育人。通过合作共建共享，在全球范围内推进联合共建、校际对接，拓展海外教育资源。联合哈佛大学、耶鲁大学等世界一流高校，建立哈佛-南信大空气质量和气候联合实验室、耶鲁-南信大大气环境中心等校际合作基地。通过互认互聘，构筑高层次国际化学习体系。与哈佛大学、雷丁大学等开展拔尖学生联合培养，合作双方学分互认、教师互聘、资源共享，达到双方毕业要求的学生，获授双方的毕业证书和学位证书。通过中外合作项目、暑期海外留学计划等方式，保证全部拔尖学生至少有一次机会赴世界一流大学和科研机构，完成不少于一学期的学习交流，接触国际学术前沿；组织学生赴南极和北极科考，融入国际一流学术群体；组织学生赴联合国世界气象组织实习，提升国际视野、跨文化领导力和全球竞争力。

第六，过程控制，持续迭代，完善质量评价体系。坚持"以学生为中心"、"以能力发展为导向"和"持续质量改进"，将学业评价嵌入人才培养全过程，关注学生的个性化、多样化、阶段化特征，树立以促进学生学习与发展为目的的评价观，建立包括动态选拔、过程监控和长期跟踪等环节，包括校内督导监督、校外专家评估、学生评教等方式的过程性、多样化的质量监控体系，助力拔尖人才培养工作的持续改进。重视培养过程的形成性评价。学生的学术兴趣、发展潜力和科研创新能力，主要通过学生参加大学生创新项目、导师科研项目、研讨课、午餐会、学科竞赛、学术讲座、学术交流等情况，以及撰写课程报告、学术论文、专利等情况进行综合评价。建立毕业生成长数据库，及时掌握发展动态，不断改进和调整"拔尖计划"的具体工作。

三、新建本科院校：常熟理工学院"以学生为中心"的本科教育改革案例

进入20世纪90年代，随着高等教育体制改革的实施，我国高等教育进入跨越式发展阶段，产生了一批"新大学"。这些"新大学"成为推动我国高等教育大众化的重要力量，主要以本科教育为主，面向区域经济社会，以学科为依托，以应用型专业教育为基础，以社会人才需求为导向，培养高层次应用型人才。[1]高等教育研究领域更常用的专有名词为"新建本科院校"。"新建本科院校"通常是指教育部于2000年以后批准设立的本科院校。在2000—2015年这16年时间里，我国新建本科院校（含独立学院）共678所，占全国普通本科院校的55.6%，占据了本科院校的"半壁江山"。从区域分布来看，新建本科院校布局主要在非省会城市，截至2015年5月，全国现有339个地级及以上城市，新建本科院校已分布于其中的196个城市，布点率达57.8%。[2]

客观上来说，新建本科院校是在我国高等教育大发展、大变革、大调整的背景下兴起的，其批准、设置、扩建均带有明显的政策意蕴。[3]在办学方向上，新建本科院校坚持服务区域发展的办学方向，走与区域融合发展、特色发展之路。新建本科院校大多数位于地级市，甚至是县级市，它们生于地方，长于地方，与地方有着天然的联系。新建本科院校坚持培养应用型人才的目标定

---

[1] 柳友荣. 中国"新大学"：概念、延承与发展[J]. 教育研究，2012（1）：75-80.
[2] 王军胜. 地方本科高校如何建设创业型大学[J]. 教育发展研究，2016（23）：34-43.
[3] 王玉丰. 中国新建本科院校的兴起、困境与出路[J]. 高等教育研究，2011（1）：53-60.

位。"新建期""应用型""地方性"这三个"关键词"[①]准确描述了新建本科院校的核心特征，向应用型转型发展是新建本科院校的重要使命，其中，本科人才培养的转型是核心。在众多新建本科院校中，常熟理工学院属于最早一批新建本科院校，在推进向应用型院校转型过程中，围绕以学生为中心的应用型人才培养进行了一系列改革，其理念和措施与本科教育向"学习范式"转型基本契合，尤其是该校目前大力推进的行业学院建设在全国具有较好的示范效应。

（一）常熟理工学院简介[②]

常熟理工学院坐落于人文荟萃、山明水秀的国家历史文化名城、国际花园城市——苏州常熟，是江苏省省属公立全日制普通本科院校。1958年建校（苏州师范专科学校），2004年经教育部批准升本。学校坚持校地互动发展、校企合作的办学思路，围绕地方经济社会发展，着力培养高素质应用型人才，不断提升科学研究和科技服务水平，形成了以理工为主、多学科协调发展的办学格局。学校是"国家教育体制改革"试点项目高校、国家"十三五"应用型本科产教融合发展工程项目建设高校、教育部"卓越工程师教育培养计划"试点高校、全国高校质量保障机构联盟副理事长单位、江苏省首所省市共建省属本科高校，截至2021年4月已为国家和社会培养了10多万名各类人才。

在60余年的办学历程中，常熟理工学院受吴文化浸润，经过几代人的艰苦创业，形成了"立本求真、日新致远"的校训，培育了"反对平庸、追求卓越，负重奋进、敢于超越"的校园精神，确立了"质量立校、特色名校、人才强校、文化兴校、开放活校"的发展战略，凝练了"注重通识、融入业界"的人才培养理念，走出了一条具有自身特色的发展道路。

常熟理工学院以"建设一流本科专业，办好一流本科教育"为目标，坚持"强化内涵、树立品牌、培育特色"，以品牌专业建设为引领，以专业认证为抓手，以产教融合为路径，探索基于行业学院建设的跨学科、跨专业的复合型应用型人才培养模式改革。行业学院人才培养模式改革特色明显，建立了全国第一家电梯工程学院、全省第一家光伏科技学院，以及汽车工程、纺织服装、人工智能、医药生物技术、智能制造等多个行业学院。学校主动适应地方

[①] 傅大友. 新建期、应用型、地方性：新建本科院校转型发展的关键词[J]. 中国高等教育，2010（22）：25-27.

[②] 常熟理工学院. 常熟理工学院简介[EB/OL]. 2021-04. https://www.cslg.edu.cn/html/article_list_4.html.

经济社会和行业企业发展需要，加强学科基础建设和科学研究，积极开展国际交流与合作。"十三五"以来，常熟理工学院以"办好应用型大学"和"培养应用型人才"为主线，以"建设品牌大学，服务区域发展"为行动纲领，坚持党的领导，坚持依法治校，坚持深化改革，坚持特色发展，全面加强党的建设，全面加强内涵建设，全面推进改革创新，全面推进事业发展，围绕建成特色鲜明、质量著称的应用型品牌大学的战略目标不断深化转型发展。

（二）常熟理工学院向应用型大学的转型历程

2004 年 5 月，常熟理工学院顺利升格为本科院校，实现了学校发展的历史跨越。2005 年 12 月，常熟理工学院通过制定《常熟理工学院"十一五"事业发展规划》，勾画了升本以后事业发展的首幅蓝图，2007 年 5 月，学校通过江苏省学士学位授予权评审，本科教育质量得到认可；2007 年 6 月，召开首届党员代表大会，进一步明确了办学定位和发展愿景；2008 年，启动实施"四个行动计划"，完成三年"教学质量年"活动，推动教学质量保证体系构建，进一步明确了学校发展的总体战略和重要举措；2009 年上半年，通过开展深入学习实践科学发展观活动，形成了"落实办学定位，创建品牌大学"的基本共识；2009 年 12 月，学校通过教育部新一轮本科教学工作合格评估方案调研，教学工作获得好评。通过"十一五"期间的建设，学校各项事业得到了快速发展，实现了"从专科办学层次到本科办学层次、从以教师教育学科为主到以理工应用学科为主"的两个转型，确定了"应用性的以教学为主的本科高校"的办学定位。学校紧扣办学定位，根据应用型人才培养的要求，积极探索多种形式的人才培养模式改革，初步形成了校地互动培养应用型人才的办学特色。

"十二五"期间是常熟理工学院向应用型大学转型的关键时期。通过"十二五"事业发展规划的制定，学校进一步明确了自身的发展定位，确立了新的发展目标。在人才培养方面，学校强调育人为本，坚持德育为先、能力为重、全面发展的原则，把促进学生成长成才作为学校一切工作的出发点和落脚点，把培养基础扎实、实践能力和创新意识强、职业素养高、具有社会责任感、能够适应地方经济社会发展需要的应用型本科人才作为学校衡量教育质量的根本标准。《常熟理工学院"十二五"事业发展规划》明确把培养应用型本科人才作为学校人才培养的基本定位，按照"注重学理、亲近业界"的理念推进教育教学改革，强化全面教育质量建设的观念。在"十二五"期间，常熟理工学院再次转型，从原先的层次提升和学科专业调整转向以"应用型"

"地方性"为核心的性质转型，开始有意识地从传统大学的类型模式向应用型大学转型。常熟理工学院在全国新建本科院校中率先推动并顺利实现了向应用型大学的转型。

"十三五"期间，常熟理工学院坚定不移地贯彻应用型大学发展的目标定位，通过创新发展，形成了新建本科院校向应用型大学转型的常熟模式，形成了鲜明的办学特色，品牌效应日益显著，人才培养质量不断提升。《常熟理工学院"十三五"事业发展规划》提出以办好应用型大学为主线，以应用型人才培养为中心，以"建设品牌大学，服务地方发展"为行动纲领，全面实施特色名校、质量立校、人才强校、文化兴校和开放活校的发展战略。学校办学目标定位为建成一所特色鲜明、质量著称、与区域经济和社会事业良性互动的品牌大学。学校人才培养目标定位为培养适应地方经济和社会事业发展需要，专业基础扎实，实践能力较强，具有创新精神和职业素养的应用型专门人才。为了实现学校的发展目标，学校提出"四个坚持"的工作方针。

第一，坚持以应用型人才培养为中心。牢固确立德育为先、立德树人的理念，进一步强化人才培养的中心地位，坚持将培养适应行业和地方经济社会发展需要的应用型本科人才作为学校衡量教育质量的根本标准。进一步落实"注重学理、亲近业界"的应用型人才培养理念，坚持"以学生为中心，职业为导向，能力为本位"的基本思路，积极探索特色鲜明、效果良好的应用型人才培养模式和方法，不断提升教育教学质量和水平。

第二，坚持以师生为本。切实贯彻落实"办学以教师为本、教学以学生为本"的理念，把促进学生成长成才作为学校一切工作的出发点和落脚点，把服务教师的教育教学和促进教师发展作为衡量学校管理绩效的首要指标。培育追求卓越、敢于超越、创新创优、充满活力的大学文化，创造条件改善师生的工作、学习和生活条件，致力于建设一所有凝聚力、有向心力、有归属感的大学。

第三，坚持校地互动、产教融合。主动适应国家经济发展新常态，主动融入苏南和长三角区域产业转型升级和创新驱动发展，将办学思路真正转到服务地方经济社会发展上来，转到产教融合校企合作上来，全面提高学校服务区域经济社会发展和创新驱动发展的能力。构建服务地方的完整体系，形成地方高校服务地方的经验和模式，使"校地互动、产教融合"成为学校办学理念与大学品牌的重要组成部分，使学校成为区域经济社会发展的动力站。

第四，坚持品牌引领、特色发展。以"建成特色鲜明、质量著称的应用型品牌大学"的愿景与目标引领全局工作，牢牢把握"特色鲜明""质量著称"的内涵，全面梳理、系统整合学校发展的优势和特色，进一步强化和改进教学质量保证体系建设，将学校的核心竞争力聚焦到"特色"和"质量"上来。深刻把握应用型本科院校教育教学和事业发展的特点与规律，深入实施大学品牌战略，精心培育学校办学特色，逐步形成在全国有影响的大学品牌和办学特色。

（三）常熟理工学院推进以学生为中心的行业学院人才培养改革

常熟理工学院转型发展的本质是，改变学校与社会、学生与社会脱节的现象。学校适应区域经济发展需求和实现高质量发展，归根到底是为了学生更好地适应社会需求和实现高质量发展，因此必须以学生能否更好地适应社会需求和实现高质量发展为最终检验标准。基于学生发展、学生学习和学生的学习效果，学校较早提出了以学生为中心的应用型人才培养理念，即"注重学理、亲近业界"，2016年进一步凝练提升为"注重通识、融入业界"。"注重通识、融入业界"的理念，从知识、能力、素质等层面规定了应用型本科人才的总体规格和质量标准。"注重通识"是本科与专科层次人才培养的核心差异，使学校克服职业教育缺乏理论基础和发展后劲的弊端；"融入业界"是应用型本科与研究型本科相区别的关键所在，使学校摆脱应用型本科脱离实际的困境。

为贯彻"注重通识、融入业界"的应用型人才培养理念，常熟理工学院主动对接区域产业，政校行企四方联动，探索应用型人才培养的体制机制创新，深入开展教育教学改革，在全国同类高校中率先开展行业学院的探索与实践。自2009年创建第一个光伏科技学院以来，学校已建设了包括智能电梯工程学院、汽车工程学院等在内的一批特色鲜明的行业学院。近年来，面对区域经济产业转型升级的新形势、新要求，围绕行业需求培养应用型高技能人才，常熟理工学院主动求变，充分研判，适时提出打造行业学院"升级版"，在纺织服装、人工智能、生物医药、智能制造等领域布局了新一轮行业学院建设，加大力度推动产教深度融合，发挥多方优势，持续完善人才培养体系，全面推进复合型应用人才培养，形成应用型人才培养的新模式。

行业学院紧贴地方优势产业和战略发展需求培养应用型人才，既是基于需求的人才培养模式创新，也是对以学生为中心理念的贯彻。它有效提升了学校人才培养的质量和水平，满足了学生成长、成才和高质量就业的需求，也在与行业的协同发展过程中，满足了社会对高素质应用型人才的迫切需求。

1. 以学生为中心的行业学院人才培养改革的治理模式①

行业学院聚焦应用型人才的核心素质和能力，主动对接区域经济和产业发展需求，集聚区域优质创新资源，强化高校、地方政府、行业协会、企业机构等多元主体协同，形成共建共管的组织架构，构建董事会（理事会、管委会）治理模式，并配套科学完备的运行制度。优化创新资源配置，打破体制壁垒，推进现代行业学院在混合所有制办学体制改革、学科专业交叉融合、科技服务创新、自我造血能力培养，打造地方高校产学融创的示范样板，推进教育链、创新链、产业链的深度融合，实现优势互补、互利共赢。

（1）构建政校行企共管的教学管理机制

政府提供政策支持，为建立政府、学校、行业、企业的联系搭建平台，提供学生实习、实践和就业支持等。学校确立办学方向和目标，提供教学资源和实验环境的支持；推进办学理念、教育模式、专业设置、师资队伍建设、学生素质的改革与持续提高；开展教学改革、人才培养、课程建设、日常管理等工作，组织教学活动和学生管理等。行业与企业提出行业用人标准、提供实验实训条件支持、培养学校师资、校企共同开展项目研发、开展行业认证培训等。例如，中利集团在光伏科技学院设立专项基金、奖学奖教金，以及客座教授的讲课费用等。光伏科技学院的成立开创了政、企、校三方互通互动的新模式，实现了三方共赢，为高校与企业加强全方位的合作搭建了新的平台。江苏中利集团股份有限公司捐赠了250万元用于太阳能电池组件实验室。同时，政、企、校三方积极推进光伏示范工程建设，在常熟市政府的政策扶持下，在2011年联合建设了一座1.1兆瓦的太阳能屋顶示范发电站，为新能源科学与工程专业学生的实践教学提供了良好的硬件条件。学校利用先进技术手段，搭建新能源科学与工程全产业链虚拟仿真平台，充分利用学校学科与专业优势，将实践教学深入融合进企业里，借用企业的开发实力和支持服务能力，系统整合学校信息化实验教学资源，以培养学生综合设计和创新能力为出发点，创造性地建设了能够贯通新能源科学与工程全产业链的虚拟仿真平台。该仿真平台实现了从新能源新材料的数值计算、实验与数据分析、光伏器件制造、组网与控制等全过程的协同仿真。系统硬件实验与软件仿真的无缝对接，远程控制与实地操作相互支持，目前已经实现了与专业应用软件数据共享、云端存储、虚拟实验的远程计算，虚拟实验、仪器共享虚拟实验和远程控制虚拟实验等优质教学资源，推动信息化条件下自主学习、探究学习、协作学习等实验教学方法的综合改革。通过近年来的不断完善与实践应用，该仿真平台在提高教学能力、

---

① 本部分内容中的数据出自学校工作总结，来自学校的官方统计数据。

拓展实践领域、丰富教学内容、降低成本和风险、开展绿色实验教学等方面发挥了重要作用。企业投入的这些设施用于行业学院教学资源开发、师资队伍建设、平台建设、创新文化氛围营造等，截至2019年底，双方合作开发了教材12本，横向经费1000余万元，获得省级学科竞赛奖项10余项，专利20余项；与江苏中利集团股份有限公司、苏州宇量电池有限公司等5家单位建立具备100人/年培养规模的学习实训基地，基地总面积达到5000余平方米，通过认识实习和生产实习、聘请企业行业能工巧匠、引进客座教授的方式，将企业项目案例和课程资源投入行业学院的教育教学过程中，通过现场操作和理论学习，增加了学生的基本知识，提高了其基本技能。

（2）建立权责明晰的运行管理机制

行业学院院长由学校党委任命，负责制定行业学院发展规划、建设方案、编制经费预算、撰写年度工作计划与工作总结，做好日常管理、年度考核等工作，并对学院的建设目标实施成效负责。学校组建行业学院建设指导委员会，建设指导委员会由5~7人组成，由国内外相关领域知名学者、行业企业专家等组成，其中校内人员不超过总人数的1/2。建设指导委员会是行业学院的咨询机构，对学院的教学改革、科技研发和社会服务等工作进行指导，建设指导委员会每年至少召开一次会议。

在建设指导委员会的指导下，行业学院管理运行权责明晰。一是建立工作运行机制，出台管理办法，明确人员分工及责权利、健全工作规范等，建设指导委员会、教学团队建设委员会、科研团队建设委员会、教学质量监督委员会和学生管理工作委员会负责具体运行事宜；二是建立经费管理机制，设立专项工作经费，定期接受行业学院经费预算报告并及时论证、审批、拨付，同时努力发挥好行业学院自身的"造血功能"，在服务经济社会发展的贡献中获得更多支持；三是建立质量评价机制，明确教育教学模式，通过共建综合技能训练平台和集成职业导向的课程模块，规范教学质量标准与质量评价。

（3）建立健全招生选拔学生的机制

行业学院高度重视招生宣传工作，借助招生网站、专家科普宣讲团进中学、各大媒体等手段全方位地宣传和推广产业与专业深度融合的人才培养模式，展示行业学院的资源和成果，同时，利用实验室科普基地开展参观展览、讲座报告、科技服务、青少年科技夏令营活动，提高行业学院的知名度，吸引优质生源积极报考行业学院。

2019年，医药生物技术行业学院组织"学生-岗位"双选会，吸引了来自生物制药、生物工程等专业的50多名学生参加。经过遴选，有40名学生赴无锡药明生物技术股份有限公司开展为期6个月的企业学习，最终有28名学生与企业成功签约。医药生物技术行业学院是创新型、紧密型的校企工程教育联盟，是产教融合育人新模式和新平台，为大学生创建了一种高阶性的学习模式，培养学生在企业真实的场景下发现问题并探索解决方案，通过把人才培养融入研发过程和把企业教育性资源引入教学过程，加强学生工程素养和设计-制造能力的培养，使高校应用型人才培养目标与业界人才需求实现同频共振，缩短供需落差、学用落差，满足生物医药产业快速发展对高水平应用型人才的需求。

智能制造学院面向电气与自动化工程学院2019级全体学生和有意报名的其他学院同学召开招生宣讲会，以"汇集优秀生源、整合优质资源、创新培养模式、打造复合人才"为办学思路，以"小班教学、名师授课、教学自主、师生互动、注重实践、鼓励创新"为教学组织原则，以"导师制、淘汰制、小班化、个性化、国际化"为培养机制，遴选30名学生单独编班，实行学业导师和学术导师双导师制。第一期的考核录取阶段已于2020年1月初结束。

人工智能行业学院人才培养主要采取"1+3"和"2.5+1.5"两种教学模式。前者从全校不同专业的一年级学生中择优选拔优秀学生进入人工智能技术行业学院，针对不同行业领域对人工智能技术的需求，在加强对相关行业知识学习的同时，强化人工智能技术的培养，以培养懂行业需求的人工智能技术方面的人才；后者面向全校二、三年级各专业学生，进入行业学院后重点强化人工智能技术方面的学习，尤其是通过案例化教学强化人工智能平台与开发工具在各行业的运用，以培养掌握人工智能技术的各行业应用型人才。人才培养过程实行学院与企业"双元"主体，学院教师与企业工程师"双师"教学，企业真实环境与真实数据"双真"训练，线上资源与线下资源"双源"学习，CourseGrading人工智能一体化支撑平台与普开大数据教学平台"双台"实践，全力打造以能力培养为核心的实践教学体系，同时依托"创新工坊"建设，强化创新方法训练，优化创新思维能力，激发学生创新、创业"双创"活力，提升科技创新及孵化能力。

（4）建立教师的评聘和考核机制

通过多种方式、多种途径，大力引进具有丰富工程经历的教师，从企业选聘实践经验丰富的高水平工程专家和管理人员到学校任教，承担专业课程教学任务，或担任本科生的联合导师，承担培养学生、指导毕业设计等任务，同时积极引进国外先进的工程教育资源和高水平的工程教师。

对于现有专职教师，学院明确提出其要具有企业工程实践经历的要求，支持、鼓励、保证现有专职教师到企业获得足够的工程实践经历。对于没有工程经历的教师，安排他们到企业去工作1~2年，参与企业实际工程项目或研发项目，以获得比较丰富的工程实践经历，提高工程实践能力。对于过去具有工程经历的教师，有计划地定期安排他们到企业工程实践，以更新工程知识，掌握新的实践技能，丰富工程实践经验，不断提升教师工程能力素养，强化工程背景。青年骨干教师享有优先出国到跨国公司研修的机会。

2. 以学生为中心的行业学院人才培养改革的具体措施

行业学院坚持以学生成长成才为中心，以综合性创新型项目为引领，将行业部门与学校教育深度融合，将学生工作体系（职业体系）与学术体系（专业体系）融合，契合新工科、新文科等理念，将理论体系与实践体系融合，跨学科专业、跨行业企业岗位，培养高级应用型人才。

行业学院以工程教育认证对专业工程教育的基本要求为标准，围绕地方经济社会发展需求，进行深度产教融合，共同建立政校行企合作机制，共同制定人才培养目标，共同制定人才培养方案，共同重构应用型课程体系，共同编写应用型教材，共同构建应用型师资队伍，共同搭建实践教学平台，共同评估学生培养质量，积极推进面向新兴产业"行业学院"应用型人才培养模式改革（图4-9）。

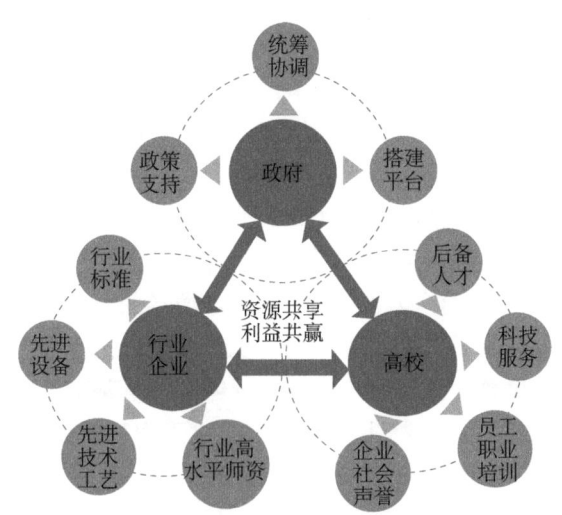

图4-9　政校行企合作培养机制

经过多年的建设，常熟理工学院以学生为中心的行业学院建设从1.0版向2.0版过渡与转变，形成了具有常熟理工学院特点的深度产教融合人才培养模式。行业学院人才培养的改革主要体现在以下几个方面。

1）调整专业结构。学校建立了以面向新兴产业为核心的机械电子、自动控制、信息技术、生物医药、能源材料、服装工程六大新工科专业群，实现了专业群与产业链、产业学科与区域优势产业的良好对接，构建了与周边地区支柱产业和主导行业相对接的应用学科专业群，形成了以新工科为主的应用性专业群格局。近年来，学校设置机器人工程、智能制造工程新工科专业，以此为基础成立智能制造行业学院，实现了面向智能制造行业的机械、电子、控制新工科多科性复合型应用型人才培养；设置数据科学与大数据技术新工科专业，将国际服务外包行业学院（1.0版）升级为人工智能行业学院（2.0版），服务互联网+X行业，培养具备人工智能和大数据基础的复合型人才；对机械工程等传统专业进行改造，融入新工科元素，发展苏州区域急需的电梯工程方向，并积极申报电梯工程目录外本科专业。

2）共同制定人才培养方案。高校、行业企业专家共同制定人才培养方案，构建"适应学校目标定位、满足行业企业需求"的全新人才培养体系。在培养方式上，行业学院将创新引入行业标准，引入行业企业中的兼职教师与合作导师，采用"模块化"教学，推行"2.5+0.5+1"的行业学院"人才定制"培养模式。具体的培养计划为：前2.5年，学生在学校完成通识课程、工程及专业基础课程和必修课程的学习；接下来的0.5年，开展校企合作课程学习，由行业企业工程师与高校教师共同授课，学校和企业都是上课地点；最后1年，由教师带队完全深入企业一线，完成企业课程、校企合作集中实习、岗位训练、毕业设计（论文）等课程与环节。在此过程中，学生在修完原专业基础课程和必修课程后，可以根据行业的发展方向及自己的个性化需求，理性选择学院制定的各种课程模块。

3）重构课程体系。学校按照OBE理念，深入开展CDIO［conceive（构思），design（设计），implement（实现），operate（运作）］工程教育模式改革，融入行业标准，构建产教融合应用型人才培养课程体系，统一设计全校工科专业通识课程对毕业要求的支撑情况，规范课程目标与教学内容，为全校所有工科专业开展工程教育认证反向设计课程体系打下基础。学校的自动化、电子信息工程、机械工程、生物工程专业已通过工程教育认证，2019年，自动化（二次认证）、光电信息科学与工程专业接受工程教育认证现场考查。计算机科学与技术、测控技术与仪器、材料科学与工程专业申请受理，工程教育认证通过数量位于全国同类高校前列。学校按照行业、职业对人才的知识、能力和素质的需求，优化配置课程体系，建立多层次化、模块化课程体系，课程群对接产业链，突出工程能力培养；顺应新一轮科技革命、产业革命和新经济发展趋势，根据企业发展和生产需求，适时调整部分实习和实践教学，采取学分置换的方式完成学业；制定了适应高水平应用型人才培养的教学管理制度和运行机制，包括技能大赛培训机制、学科竞赛、双创学院培养机制，形成了以赛促教、以赛促学、赛教结合的高水平应用型人才培养机制。行业学院的培养体系以产业需求为导向，产业企业全程介入学生的培养过程，通过"认识实习—工程实训—生产实习—专业综合实践—毕业实习"等一系列行业企业主导的实践课程，完成对接产业的工程训练；通过校企合作的专业导论、专业概论、创新课程、工程伦理、项目管理、市场营销等校企合作课程，使学生具备对产业的基本认识、基本道德素质以及一定的创新精神和创新能力。淡化学科中心，打破学科界限，强调理实一体，将涉及科学理论、经济、社会、环境等相关学科与领域的知识进行系统重构，并将行业企业共性技术充分吸收与融合在课程体系中，最终实现课程体系结构优化，培养学生解决复杂实际问题的能力，为应用型人才培养提供充分、恰当的教学资源。

4）强化核心课程教材开发。学校坚持与企业专家共同精选企业实际案例、运行手册、行业标准，共同合作编写应用型人才培养的校本教材系列，2016—2019年，学校出版了《EDA技术实践教程》等71部校企合作教材。2018年，学校联合重庆科技学院、宁波工程学院、厦门理工学院、南阳理工学院、上海电机学院、黑龙江工程学院、湖南理工学院、东莞理工学院、合肥学院、成都工业学院、南昌工程学院编写应用型课程教材，预计将出版超过100部教材。

5）打造混编教学团队。学校与企业组建了专业建设合作教育联盟，聘请行业产业专家担任专业建设高级顾问，建立工程教学团队能力结构转型的合理机制。采取"柔聘、引进+培养"的方式，打造"双师双能""专兼结合"的高水平教学团队。通过柔聘方式招聘的校外兼职教师必须是企业的技术骨干、行业的高级工程师，或者是企业的创办人、行业内德高望重的教授、专家或学者。每年选派没有企业工作经历的青年教师到企业研修，将其塑造成符合行业学院办学要求的合格教师。

6）建设多功能教育基地。在功能复合型基地建设上，学校大力推进教学实习基地、教师产学研合作基地、教师企业研修基地、企业导师来源地、学生就业基地的"五合一"基地工程建设，制定《常熟理工学院深化产教融合推进"五合一"基地建设实施方案》，明确建设标准，有效解决了工程教育中实践场所的问题，促进了产教融合。学校目前与烨辉（中国）科技材料有限公司、江苏伟杰投资实业集团有限公司、常熟市浙大紫金光电技术研究中心、江苏常熟发电有限公司、常熟长城轴承有限公司、江苏航天龙梦信息技术有限公司等建立了六个"五合一"建设基地，建立了大学生创业平台和中小企业孵化器，支持学生创业，培养学生的科研能力和市场开发能力。

7）探索学生评价改革。在评估学生培养质量上，学校与企业双方共同参与评价体系的构建，明确提升地方应用型本科人才培养质量的核心着力点，建立包括毕业生跟踪反馈与社会评价在内的人才培养方案制订、培养目标合理性评价及达成评价、毕业要求达成评价、毕业生跟踪调查等相关机制，根据产教融合的特点，建立新的培养质量监控体系与评价标准。企业参与课程标准的制定和质量监控的实施，通过统一专业建设标准、企业标准和行业标准来共同确定课程评价标准。对学生的学业考核也必须形成相应的人才培养监控和评价体系，课程考核方式应采用多模式相结合的形式，由学校教师和企业指导教师一起参与，制定考核方式和标准的重点在于考核学生解决实际问题的能力，强化教学过程评价，积极探索"N+1"（N是指过程性考核的多样性、多元化，1是指期末评价）、教考分离、翻转课堂、在线教育等考试制度和考核方式改革。

3. 以学生为中心的行业学院人才培养存在的问题

（1）深度产教融合需加强

随着行业学院的成立，政校行企的合作教育平台已经搭建，但深度产教融合还需进一步加强。仅仅依靠学校的主动性是不够的，产教融合要取得显著成效，关键在于解决好行业企业的动力机制问题，保障合作双方的利益，最大限度地激发行业企业参与人才培养的积极性，使行业企业的教学资源得以有效调动，真正成为人才培养的重要主体。

（2）行业标准需进一步渗透应用型人才培养体系

行业标准是连接专业课程内容与行业企业所需知识和能力的一个重要环节。行业学院要建构开放式的行业专业人才培养标准，建立基于能力导向的课程设置体系，突出知识转化和能力培养的课程开发，加强基于行业标准的课堂教学方法改革，将行业理念、行业标准、行业目标融入课程设置、教学内容和方法、教学管理等教育全过程，建立具有创新能力的高级应用型人才培养的新机制。

（3）行业学院建设机制有待进一步完善

行业学院因各自合作对象、行业属性以及学科特色的差异而各具不同的定位与优势。部分行业学院由于缺乏行业办学的背景，合作对象仍然仅限于个别企业，尚未辐射到行业内部的核心成员与代表单位，没有形成集群优势，缺乏全面对接，仍然囿于传统校企合作的框架之内，从而在组织目标上无法真正聚焦于行业发展，也难以形成自身的特色及优势，影响人才培养与行业发展的深度融合。

4. 以学生为中心的行业学院人才培养的发展思路

为实现产教融合深度发展，扎实推进学科和专业建设，行业学院继续深化政校行企合作机制，构建省市共建机制与校地互动机制，通过省市共建、校地互动机制，形成多形式、多方位、多层次、多元化的合作新格局，将行业学院建成政校行企多方参与的"教育共同体"，以工作专项的形式将各方人、财、物等教学资源向行业学院集聚，解决传统专业学院教学资源不足且分散的问题。

行业学院要确立以他方需求为中心的思维，合作办学、合作育人、合作就业、合作发展，实现合作各方互促共进、利益共赢，这样既解决了高校与单一企业合作存在的弊端，也解决了高校与企业间的利益平衡问题。行业学院要以地方产业发展和业界需求为导向，进一步突破学科专业壁垒，搭建高校人才培养创新平台及协同育人平台，在建设过程中坚持成果导向，重视人才产出以及课程体系、教材建设等多方面成果的积累，并积极地以建设成果反哺学校整体的人才培养工作，培养适应和引领产业发展的高层次应用型人才。

学校将进一步完善行业学院建设机制，使行业学院与传统的专业学院双核联动、彼此交融，成为撬动人才培养模式改革、提升应用型专业建设的关键支点。学校将重点加强已有行业学院治理结构改革，使之更加契合行业人才培养需要，同时根据地区经济文化社会发展需要，拓展行业学院服务范围和能力。学校将基于行业学院建设的政校行企合作贯穿于人才培养全过程，面向整个行业培养与区域行业企业高契合度、高素质的应用型人才。每个二级学院均建立1~2个行业学院，从而进一步推进专业建设。建立动态调整机制，行业学院因高教界与产业界的深度融合而独具特色，也因与行业特色区域发展的密切联系而富有生命力。由于社会经济发展与产业结构层次处于不断变化之中，相应地，行业学院也越来越重视处理好相对稳定与动态调整之间的关系。

四、"强基计划"：大学本科教育向"学习范式"转型的中国样板

2020年1月，教育部颁布《教育部关于在部分高校开展基础学科招生改革试点工作的意见》，决定自2020年起在部分高校开展基础学科招生改革试点（以下简称"强基计划"）。"强基计划"主要选拔培养有志于服务国家重大战略需求且综合素质优秀或基础学科拔尖的学生，聚焦高端芯片与软件、智能科技、新材料、先进制造和国家安全等关键领域以及国家人才紧缺的人文社会

科学领域，由有关高校结合自身办学特色，合理安排招生专业，要突出基础学科的支撑引领作用，重点在数学、物理、化学、生物及历史、哲学、古文字学等相关专业招生。"强基计划"从 2020 年开始，在北京大学、清华大学等 36 所高校试点。从国家战略层面，"强基计划"适应国际形势变化的迫切需求，建设国家创新体系需要加强自主创新能力，加强基础学科的创新引领作用，加强拔尖创新人才培养。从本科教育改革来看，"强基计划"具有深化教育领域综合改革、创新人才选拔与培养模式的政策导向作用，为培养拔尖创新人才，各试点高校改革开展的"强基计划"人才培养模式改革虽然各自特色，但其核心理念是一致的，从招生改革、人才培养定位到培养模式等一系列改革均强调以学生为中心，促进学生个性化发展。"强基计划"人才培养模式创新成为我国大学本科教育向"学习范式"转型的样板。

（一）"强基计划"的培养目标定位

"强基计划"从源头上可追溯到 2005 年关于创新人才培养的"钱学森之问"（即为什么我们的学校总是培养不出杰出人才？），从政策上则是我国高校自主招生、综合评价招生改革和"珠峰计划"等一系列创新与拔尖人才培养实践探索和政策的延续。从政策目标来看，"强基计划"服务国家重大战略需求，人才培养定位为聚焦基础学科培养拔尖创新人才，一方面是满足知识创新对拔尖创新人才的需要，另一方面是满足加强我国自主创新能力、增强综合国力与国际竞争力的需要。"强基计划"是从招生到培养紧密结合的拔尖人才培养模式改革，选拔标准是综合素质优秀或基础学科拔尖的学生，探索"本—硕—博"贯通的个性化培养模式，为国家经济社会发展培养各行各业紧缺的高层次人才。例如，南京大学提出培养"引领社会发展的未来各行各业拔尖领军人才和国家重大战略领域后备人才"[①]。北京航空航天大学提出培养"具有空天报国情怀、扎实数理基础、科学创新能力、全球视野格局的高素质拔尖创新人才"[②]。

（二）"强基计划"的招考录取改革

"强基计划"的实施是对我国高校人才选拔培养做出的价值澄明，根据国

---

① 南京大学 2020 年强基计划招生简章[EB/OL]. 2020-05-06. http://bkzs.nju.edu.cn/static/front/nju/basic/html_cms/frontViewArticlcl.html? id=2862906360e 24722bed5e0e4251a5ef7.
② 北京航空航天大学 2020 年强基计划招生简章[EB/OL]. 2020-05-07. http://zs.buaa.edu.cn/info/1047/2092.htm.

家战略发展需要，结合我国高考考试招生改革的经验教训，尊重人才成长规律和学术发展规范，牢牢打好本科根基，优先保障基础学科发展。① "强基计划"招生的科学性在于强调综合评价、多元录取的同时，更加强调高考成绩。在保证教育公平的前提下，这有利于对学生开展综合评价和分类引导，有利于为高水平大学选拔出有潜力的拔尖创新人才。"强基计划"的改革还体现在人才培养的贯通性上，一方面，强化大学与高中的贯通与联动，实现大学与中学教育的贯通性；另一方面，强化招生与培养的联动，通过实施本硕博一体化的人才培养模式，实现高等教育阶段内在的贯通性。"强基计划"贯通性的核心理念是服务国家战略需要，秉持为国育才的英才理念，这一理念不仅加强了招生与育人的联系，而且贯穿于招生、育人、为社会服务的全过程，招生过程中强调"拔尖"，培养过程中强调"精英化"。"强基计划"将英才理念延伸至人才培养中，提升了育人原则与选拔理念的契合度，强调了招生、培养、发展之间的联系。②

(三) "强基计划"的培养模式改革

"强基计划"是服务国家战略需要的拔尖创新人才培养计划，培养模式改革是"强基计划"的核心，从宏观政策层面来说，"强基计划"在人才培养过程中始终贯彻英才理念；从微观操作层面来说，以学生为中心，促进学生个性化成长是人才培养模式的核心理念，是基于"学习范式"下的本科教育改革的试点，对我国本科教育培养模式整体向"学习范式"转型具有重要的引领作用。

1. "强基计划"的动态流动机制

"强基计划"最为突出的特点是加强过程的质量监控，建立了流出与流入的动态机制，把最好的学生吸引进来，把适合的学生培养好，充分体现了质量为本、个性化发展的育人原则。从实际情况来看，36所试点高校基本上遵循"宁缺毋滥，能进能出"的原则。其中东南大学的"强基计划"规定：本科一年级结束后，将不适合在"强基计划"专业学习的学生转入所在学科专业的普通班级继续修读，对有意愿进入"强基计划"专业学习且考核合格的优秀学生

---

① 邓磊，钟颖. "强基计划"对高校人才选拔培养的价值澄明与路径引领[J]. 大学教育科学，2020（5）：40-46.
② 庞颖. 强基计划的传承、突破与风险——基于中国高校招生"自主化"改革的分析[J]. 中国高教研究，2020（7）：79-86.

可以转入。①这种基于严格质量监控的阶段性考核和分流补入办法是各试点高校普遍采取的动态调整机制。

2. "强基计划"的本硕博一体化培养

"强基计划"实施本硕博一体化培养，依托学校基础学科的科研优势，强调科教融合、科研育人。"强基计划"一方面通过研究生推免制度，实现本科生与研究生教育的制度衔接；另一方面，在本科阶段，强化科教融合，使本科教育与研究生的培养过程有机衔接。在课程教学方面，"强基计划"打通本科生与研究生的课程设置，形成相互衔接、逐级递进的课程体系，尤其强调本科生在第四年进行本研衔接的研究性课程学习。例如，复旦大学的"强基计划"提出，"设置研究生阶段的基础课程，实现本科与研究生培养课程衔接、科学研究衔接、学位教育衔接，促进连续性学习和知识积累"②。同时，学校采取各种方式，利用自身优势学科资源和平台资源吸纳"强基计划"的本科学生参与项目研究，培养学生的学术兴趣与学术研究能力。例如，北京大学的"强基计划"在培养方案中强调，依托科研优势培养高素质的研究型人才，为有志于投身科研的优秀学生提供高水平的科研平台和交流机会，鼓励教师把本领域的最新科研成果和发展方向融入本科生教学中，鼓励学生积极申请本科生科研课题，接受完整的科研训练，在强化本学科基础的同时提供交叉学科领域学习和研究的平台，进一步培养学生的学术能力和创新意识，实现科教融合育人。③

3. "强基计划"的个性化培养

"强基计划"本科教育培养落实以学生为中心的教育理念，践行因材施教。试点高校普遍采取灵活、个性化的人才培养范式，满足学生个性化发展需要。"强基计划"对录取的学生采取单独编班的方式开展个性化培养，通过制订适合每位学生的个性化教学计划和培养方案、配备一流的师资并实施导师制、采取探究式的小班化教学等多样化培养方式，给予学生更大的自主选择空间。

在个性化培养方案方面，试点高校普遍采取"一生一案"的培养方案。

---

① 东南大学 2020 年强基计划招生简章[EB/OL]. 2020-05-07. http://zsb.seu.edu.cn/2020/0507/c28133a327082/page.htm.

② 复旦大学 2020 年强基计划招生简章[EB/OL]. 2020-05-09. http://www.ao.fudan.edu.cn/index！list.html？sideNav=302&ccid=10562&topNav=282.

③ 北京大学 2020 年强基计划招生简章[EB/OL]. 2020-05-07. http://www.gotopku.cn/index/detail/1190.html.

例如，北京大学的"强基计划"提出，实施灵活、个性的培养方案。院系将结合专业培养目标，凝练核心课程体系，为"强基计划"入选学生制订基础兼顾个性的教学计划和培养方案，一方面加强专业基础的培养理念，另一方面给予学生更大的自主选课空间和发展支持。搭建与其他高校和科研院所深度合作的战略平台，制定特殊政策鼓励学生跨学科、跨专业、跨阶段选修和跨学校选修，提高学生的学科交融能力。① 北京航空航天大学的"强基计划"提出，实施完全学分制的个性化培养，在必修课程板块外，开设与培养方向有关的系列选修课程，学生在完成必修课程后，可以结合发展规划和学习兴趣制订个性化的培养方案。② "强基计划"强调培养方案的个性化，强调在夯实专业基础的前提下，最大限度地兼顾学生的个性化发展。

在导师制方面，"强基计划"试点高校都配有一流的教师作为本科生导师，聘请一流的教师授课，参与前沿讲座、论文指导等教学活动。例如，北京大学的"强基计划"提出，全面落实导师制，安排院士、讲席教授、杰青等顶尖学者担任导师、班主任，为学生授课，实施"1+X"导师制，为每名学生配备一名专业导师和多名跨学科导师，在课程学习、科学研究、职业生涯规划、思想政治教育、素质教育和心理健康等方面提供引领、指导和帮助，形成全人培养、全面成才模式。③

在课程设置方面，"强基计划"在加强学生通识教育的基础上，构建适应学生发展的通识教育和专业理论课程的通专结合的优质课程体系。例如，北京师范大学的"强基计划"提出，构建由通识教育课程、学科基础课程、专业选修课程三大课程模块构成的课程体系。④ 东南大学的"强基计划"提出，强化"个性化"自主发展学分和课程，实施完全学分制，激发自主创新潜能，挖掘学生的个性潜质。学生可根据自身特点，选择修读的课程，达到专业毕业和学位授予条件即获得相应证书。培养方案中设置一定比例的个性化学分，供学生在导师指导下选修，形成个性化学习方案。实施寒、暑期学校制度，丰富学生假期学习生活。冬令营期间邀请国内外优秀学者开设精品人文课程、学术讲座等，注重文化熏陶、思想价值引领；暑期学校期间开展各类创新实践活动、国

---

① 北京大学2020年强基计划招生简章[EB/OL]. 2020-05-07. http://www.gotopku.cn/index/detail/1190.html.

② 北京航空航天大学2020年强基计划招生简章[EB/OL]. 2020-05-07. http://zs.buaa.edu.cn/info/1047/2092.htm.

③ 北京大学2020年强基计划招生简章[EB/OL]. 2020-05-07. https://www.gotopku.cn/index/detail/1190.html.

④ 北京师范大学2020年强基计划招生简章[EB/OL]. 2020-05-12. http://admission.bnu.edu.cn/zsxx/94634.html.

际学术交流活动、参加导师科研等。学生根据教学计划安排和自身实际，自主选择参加某个暑期学校和冬令营，开阔视野、促进交流、获得丰富学术滋养。①同时，部分高校推出了书院制人才培养模式。例如，四川大学的"强基计划"提出，"强基计划"招收的学生，将全部进入"玉章书院"，强调"学科交融+社区支持"，提升学生的综合素养。②清华大学通过设立书院，统筹推进"强基计划"。清华大学新成立了日新、致理、探微、行健、未央五大书院，承担"强基计划"学生入校后的人才培养和学生管理工作。五大书院针对"强基计划"招生专业设计专门培养方案并匹配相关资源，建立以通识教育为基础，通识教育与专业教育相融合的本科教学体系，保持厚基础、宽口径的人才培养优势。③

在教学方式方面，"强基计划"试点高校致力于改革教学方式，采用小班化教学加上探究式教学方式，培养学生自主性学习，以高质量的交流互动激发学生的学习主动性与创新思维。例如，北京大学的"强基计划"提出，充分运用翻转课堂、自主研讨课、小班课、研究性教学、实践教学等新的教学形式和方法，加强师生互动，开阔学生视野，扩大知识面，引领学生了解学术前沿问题，培养学生自主学习、终身学习的能力。④东南大学的"强基计划"强调，实施"以学生为中心"的小班授课，大量增加师生互动和研讨，强化自学能力，训练综合创新和团队协作精神。对于低年级学生，课堂教学以启发式、互动式为主，激发学生的学习兴趣，感受研究的乐趣；对于高年级学生，课堂教学以引导式、探究式、讨论式为主，调动学生学习的主动性，培养学生运用所学理论方法与技术手段来独立思考问题、分析问题和解决问题，实现以"教"为中心向以"学"为中心转变。⑤

---

① 东南大学 2020 年强基计划招生简章[EB/OL]. 2020-05-07. http:/zsb.seu.edu.cn/2020/0507/c28133a327082/page.htm.
② 四川大学 2020 年强基计划招生简章[EB/OL]. 2020-05-08. http://zs.scu.edu.cn/info/1036/2363.htm.
③ 清华大学 2020 年强基计划招生简章[EB/OL]. 2020-05-07. http://www.admissions.tsinghua.edu.cn/info/1033/1161.htm.
④ 北京大学 2020 年强基计划招生简章[EB/OL]. 2020-05-07. http://www.gotopku.cn/index/detail/1190.html.
⑤ 东南大学 2020 年强基计划招生简章[EB/OL]. 2020-05-07. http:/zsb.seu.edu.cn/2020/0507/c28133a327082/page.htm.

第五章　教学学术:"学习范式"视域下的高校教师发展

　　2012年,《教育部关于全面提高高等教育质量的若干意见》明确指出,高等教育要坚持内涵式发展,巩固本科教学基础地位。高等教育内涵式发展的核心是质量,质量的根本是教学质量,提高教学质量是对大学之道的回归,是大学的根本任务。教师的教学质量和学生的学习质量是衡量大学教学质量最核心的指标,两者相互影响。瞿振元教授指出,质量是高等教育的生命,教学是高等学校生存的本真。提高教学水平,并以此提高高等教育质量,已经成为当前世界高等教育发展的一个主题。[①]提高教学质量就必须确立教学在高校中的中心地位,确立教学是教师发展的根本任务。因此,适应高等教育变革的趋势,基于学习中心范式诠释教师发展的理论内涵,准确把握教师发展的内在本质,依托教师发展中心平台建设,切实提高教师教学水平,对于推动高等教育的内涵发展具有重要的意义。

[①] 瞿振元. 提高高校教学水平[N]. 光明日报,2015-11-17(001).

一、教学学术的理论进展及其对教师发展的影响

博耶于 20 世纪 90 年代发起教学学术（scholarship of teaching，SOT）运动，在教学学术的框架中整合教育与研究的关系，使教师发展迈入新的阶段。舒尔曼、克莱博等进一步发展了博耶的教学学术思想，把博耶的"教学学术"发展为"教与学的学术"（scholarship of teaching and learning，SOTL），将研究、教育、学习结合起来，学生学习也被纳入教学学术范畴之中。教学学术思想拓展了教师发展的视野，为教师发展提供了坚强的理论支撑。

（一）教学学术的理论进展

从国际范围来看，教学学术运动可分为两个阶段：20 世纪 90 年代，教学学术概念的提出为第一阶段；进入 21 世纪后，教学学术运动进入第二阶段，教学学术逐渐从理念走向实践，教学学术的制度化初露端倪。

1.《学术反思：教授工作的重点领域》：教学学术运动的肇始

20 世纪 90 年代，美国高等教育在对 20 世纪 80 年代本科教育质量改革运动的反思过程中，大学内部逐渐聚焦"教学应该如何促进有效学习"这一事关教学的核心问题，由此引起了大学学术运动的广泛讨论。其中，美国卡内基教学促进基金会和美国高等教育联合会作为非政府组织，在教学学术运动中发挥着重要的推动作用。1990 年，美国卡内基教学促进基金会主席博耶发表了《学术反思：教授工作的重点领域》一文，提出教学学术概念。这是大学教学议题转移的主要标志，教学学术被认为是高等教育的"范式转变"[1]，同时也标志着教学学术成为一项国际性的高等教育改革运动的开始。

博耶拓展了高校科学研究的内涵，将学术内涵划分为发现的学术、整合的学术、应用的学术和教学学术四个方面。博耶的论述从广义上将教学纳入学术活动之中，解决了教学何以成为学术的问题，为解决长期困扰美国高校教师科研与教学冲突关系的问题提供了理论依据。他认为，大学教学具有学术特征，是一种独特的学术。教学的学术是一种通过咨询或教学来传授知识的学术，即传播知识的学术。[2]在博耶的论述中，教学具有十分重要的地位，学术

---

[1] 转引自 Atkinson, M. P. The scholarship of teaching and learning: Reconceptualizing scholarship and transforming the academy[J]. Social Forces, 2001(4): 1217-1229.
[2] 转引自王贵林. 教学学术：教学型大学教师发展的基本选择[J]. 高等工程教育研究，2012（3）：103-107.

的发展需要教学来支撑。博耶指出，教学不是一项日常的、附加的、几乎人人可以干的工作，教学作为一种智力活动，应被视为一种学术事业；好的教学，不仅传播知识，而且改造和拓展知识；既教育又培育着未来的学者；教学能够使学术之树常青，如果没有这种功能，那么知识的延续性就会中断，人类知识的积累也将面临削弱的危险。①博耶关于教学学术概念的提出，是基于对本科教育调查的结果，主要目的是提升本科教育质量，"本科教育的目的旨在培养学生积极的学习态度，鼓励学生形成批判性与创造性思维，不仅仅局限于课堂，使他们在大学生活结束后获得能继续学习的能力"②。这就对教师提出了更高的要求，于是，博耶从教师作为"教育者"的视角出发提出"教学学术"，侧重于教师教学专业化，"教学学术"这一概念也就成为理解教师发展的理论工具。尽管博耶给出的教学学术概念只是一种雏形，在实际中也难以操作实施，但却以学术研究的形式推动着教育者思想的革新，激励其在实践中探索教学学术的操作性定义，大大冲击着高校重科研、轻教育这一不良现象，对于后续的研究者而言具有里程碑意义。③

2.《让教学成为共同的财富》：教学学术运动的深化

2004 年，作为卡内基教学促进基金会第八任主席的李·舒尔曼（Lee Shulman）出版了《让教学成为共同的财富》(*Teaching as Community Property*)一书，表达了对为何将教学视为学术以及如何实践教学学术思想的深刻认识。继博耶之后，舒尔曼接过了教学学术运动的大旗并发展了教学学术思想。

舒尔曼将"教学学术"扩展为"教与学的学术"，在概念中还增加了"教学学术共同体"的思想。④舒尔曼指出，传统上，大学教学是一种私人性的活动，教师并没有将教学视为"共同财富"的习惯，而是往往保持着一种"教学的隔离"。⑤打破这种"教学的隔离"，使之成为公开的、能面对评论和评价的"共同财富"就是教学学术。舒尔曼在辨析"教学学术"与"优秀教学"和"学术性教学"这两个相近的学术概念的基础上，提出了教学学术的基本特征：①教学工作是公开化的；②可以接受同行评价；③能与学术界成员进行交

---

① Boyer, E. L. Scholarship Reconsidered: Priorities of the Professoriate[M]. San Francisco: Jossey-Bass Publishers, 1990: 16.
② Boyer, E. L. Selected Speeches 1978—1995[M]. San Francisco: Jossey-Bass Publishers, 1997: 9.
③ 王宝玺，朱超颖. 国外"教学学术"概念发展脉络演进[J]. 全球教育展望，2018（4）：64-73.
④ Shulman, L. Teaching as Community Property[M]. San Francisco: Jossey-Bass Publishers, 2004: 163.
⑤ Shulman, L. Teaching as Community Property[M]. San Francisco: Jossey-Bass Publishers, 2004: 163.

流和分享。①他认为，将教学视为学术的一种，就要不仅将教学作为一种活动，而且要作为一个探索的过程。教学就像其他形式的学术一样，是一种成果，这种成果的显露需要经过一段长时间的过程。教师将工作公开，接受同行评价和批评，并与所在社团的其他成员进行交流，这反过来又加强了自己的工作，这时教学就变成了教学学术。②舒尔曼提出的"教学"不能只被理解为教师作为"教育者"教授学生，而是应将"教学"理解为"教师教授学生"和"教师学习同行者经验"。因此，与博耶的教学学术概念的出发点有所不同，舒尔曼从"学习者"这一视角完善教学学术概念，提出学术共同体思想，并将"学习"因素加入教学学术之中，这是舒尔曼对教学学术运动的最大贡献。他提出教学要认真研究学生的"学习"，从而将"教学学术"演变成为"教与学的学术"，这是舒尔曼教学学术概念形成的关键一步。他提出的评价体系为高校的教学学术评价、运行管理、体制改革提供了理论依据，使教学学术不再是纯理论的思辨研究，开始注重微观学科研究。

3. 教学学术运动的实践推广

经过多年的发展，教学学术概念的内涵逐渐明晰，内涵日益丰富，并从理论探讨转换为全球范围的实践，成为影响本科教育，尤其是教师发展的重要理论。在学校层面，在卡内基教学促进基金会的促进下，美国很多高校将教学学术付诸实践，尤其是在教师的评价上强调教学学术。卡内基基金会的调查表明，1994 年，全美有 62%的四年制学院和大学工作的学术总长报告称，"教学学术"在讨论教师角色和奖励中发挥了积极作用。1997 年的全国性调查发现，美国研究型大学中有 50%的教师称其所在大学要比 5 年前更加强调教学。2001—2002 年，一项对全美 729 所四年制非营利院校（占全美四年制非营利院校的 50%）学术总长的调查表明，在过去的十几年中，大多数的四年制学院已经启动了正式的政策、程序来对教学学术进行鼓励和奖励。③在理论层面，教学学术研究形成了一批专业研究队伍。早期的学者有博耶、格拉塞克、舒尔曼、哈钦斯、胡博等，并且研究队伍逐渐超越卡内基基金会走向国际化，中国也出现了一批关注教学学术研究的学者。在专业研究机构方面，除了卡内基基金会和美国高等教育联合会的推动之外，美国的教学教授研讨会（Teaching Professor Conference，TPC）、莉莉大学教学研讨会（Lilly Conference

---

① Shulman, L. From Minsk to Pinsk: Why a scholarship of teaching and learning?[J]. The Journal of Scholarship of Teaching and Learning, 2000(1): 48-52.
② 吕林海. 大学教学学术的机制及其教师发展意蕴[J]. 高等教育研究，2009（8）：83-88.
③ 王玉衡. 美国大学教学学术运动[J]. 清华大学教育研究，2006（2）：84-90.

on College and University Teaching，LCCUT）、国际教学学术协会（International Society for the Scholarship of Teaching and Learning，ISSTL）等都发挥了重要的作用。同时，教学学术运动也得到了美国以外的组织，如加拿大高等教育研究协会（Canadian Society for the Study of Higher Education，CSSHE）、英国高等教育学院（The Higher Education Academy，HEA）、澳大利亚的大学教学与教师发展委员会（Committee for University Teaching and Staff Development，CUTSD）的支持，通过这些专业组织与机构的推广，尤其是专业出版机构、交流平台与刊物的出现，教学学术的影响力不断扩大。在促进教师发展方面，很多高校成立了教学学术研究中心和教学研究中心，如最早的密歇根大学的学习与教学研究中心、伊利诺伊州立大学的教学学术研究中心、斯坦福大学的教学发展中心等。

（二）教学学术对教师发展的影响

随着研究型大学的兴起，科研成为高校教师的主要职责，作为大学最基本职责的教学却被人们忽视，Tiberius对这一现象提出了尖锐的批判，他指出，高校"很少为提高教授的教学做些什么，教授被期望成为他们专业的大师，而不一定是教学的大师"[①]。高校教师忽视教学的直接结果是高等教育质量下降，高校受到的社会压力越来越大。在此背景下，教学学术运动兴起，对教师发展产生了深刻的影响。

1. 教师发展的内涵诠释

教师发展作为影响大学发展质量的重要因素，到20世纪60年代以后才作为一个专门研究领域受到重视。从现有的文献中可以看出，教师发展作为一种制度化的形式，虽然最早可以追溯到1810年哈佛学院的带薪休假制度，但是，教师发展制度直到20世纪60年代中期才在美国高校得到普遍执行。传统的教师带薪休假制度主要用于潜心学术研究的教师的专业知识发展，而教师发展制度则逐渐转向教学培训，用于提升教师的教学能力。伴随着20世纪70年代美国高等教育危机，尤其是本科教育质量的滑坡，这一制度日益强化对教师教学能力的提升，教师发展的内涵聚焦于改善教学和提高教学质量。1998年，联合国教科文组织发表的《世界高等教育宣言》指出，具有活力的教师发展政策是高等教育机构发展的关键。[②]伴随着20世纪90年代美国本科教育改

[①] 转引自 Wehlburg, C. M. To Improve the Academy: Resource for Faculty, Instructional, and Organizational Development[M]. San Francisco: Jossey-Bass Publishers, 2003: 20.

[②] 明轩.《世界高等教育宣言》概要[J]. 教育发展研究，1999（3）：84-85.

革的推进，重视大学教师的发展，通过建立教师发展的支持机构，培养高水平的教师，是美国大学本科教育改革运动的重要组成部分，并对世界高等教育产生了深刻的影响。国际著名大学都建立有支持教师发展的专业机构，在促进教师水平提升的同时，也不断丰富和拓展教师发展的理论内涵。

在国外高校，"教师发展"（faculty development）的概念经常与"专业发展"（professional development）、"教学发展"（instructional development）、"职业发展"（career development）、"个人发展"（personal development）等概念交替使用。目前，"教师发展"成为最通用的专业术语。尽管如此，教师发展的内涵在各个发展阶段和不同的国家也有所区别。Simpson 和 Jackson 认为，大学教师发展可以被理解为在组织内外环境的约束下，教师为了满足其职业角色的需求，在认知、态度、技能、修养和行为等方面所发生的积极变化。[①] Nelsen 将教师发展定义为"旨在改善教师作为学者、导师、学术领导和院校决策贡献者等角色在职业生活中的一切表现"[②]。1991 年，美国全国教育协会（National Education Association, NEA）发表了《高校教师发展：国力的提升》的研究报告，报告中明确提出"高校教师发展"的四维模型：专业发展、教学发展、个人发展和组织发展。[③]在亚洲，日本较早开展关于教师发展的理论研究。广岛大学的有本章教授认为，教师发展是"以教师的研究、教育、服务、管理运营、人事、职业发展等活动领域为对象，以提高大学教师的专业水准为目标的行为"[④]。1996 年，日本文部省的教育白皮书及 2008 年的咨询报告都将教师发展定义为"教师为改进提高教学内容和方法所进行的有组织的举措"[⑤]。根据这一内涵界定，日本高校教师发展的重点在于提高教师教学能力，具有明显的"教学改进中心主义"价值取向。周海涛和李虔在分析比较与整合关于教师发展内容的"教学发展说"、"专业发展说"以及"教育发展说"（综合发展说）等不同观点的基础上指出，大学教师发展指教师个体或群体

[①] Simpson, R. D., Jackson, W. K. A multidimensional holistic approach to faculty renewal[A]// Wheeler, D. W. Enhancing Faculty Careers: Strategies for Renewal. San Francisco: Jossey-Bass Publishers, 1990: 166-187.

[②] Nelsen, W. Faculty who stay: Renewing our most important resource[A]//Baldwin, R., Blackburn, R. College Faculty: Versatile Human Resources in a Period of Constraint. San Francisco: Jossey-Bass Publishers, 1983: 70.

[③] National Education Association. Faculty Development in Higher Education: Enhancing a National Resource[R]. Washington: A Booklet in the Series to Promote Academic Justice and Excellence, 1991: 2-10.

[④] 转引自蒋妍，林杰. 日本大学教师发展的理念与实践——京都大学的个案[J]. 北京大学教育评论，2011（3）：29-44.

[⑤]〔日〕文部省. 1994 年我国的文化教育政策谋求新的理想的大学——前进中的高等教育改革[Z]. 1996.

力图改变自身的态度、技能和行为，以更好地满足学生需求、服务院校宗旨与使命的政策、组织、活动、过程的统称。①潘懋元和罗丹则认为，狭义的高校教师发展更多地强调其作为教学者的发展和提高，也就是强调教师教学能力的提高。②

由此可见，高校教师发展是在特定发展背景下形成的专业概念，尽管国内外对其内涵解释各有侧重，但都有一个共同的指向，即与教师教学密切相关，这也是国内高校教师发展促进机构多数取名为教师教学发展中心的缘由之一。大学教师专业发展的核心就在于"教学专业"的发展，而"教学专业发展"的关键则在于牢固确立"教学学术"的观念，认真处理好"教学学术"与专业科研以及社会服务之间的关系，自觉加强关于大学教学本身的研究。③从发展历程来看，美国大学教师发展共经历了三个阶段，即学者型、教学型和策略-结果型教师发展阶段，其发展过程反映了美国大学教师发展由关注自身专业到关注学生学习的基本走向的转变。④这一转变在时间上与本科教育强调从"教学范式"向"学习范式"的转型大体一致，说明大学教师发展作为整个本科教育改革的重要组成部分，在发展理念与价值取向上与本科教育改革是保持一致的，从而成为促进本科教育改革的重要力量。

2. 教师发展是本科教育改革一个亟待解决的新问题

教师发展不仅是一个理论问题，更是一个亟待解决的现实问题，是高等教育大众化之后世界各国普遍面临的共性问题——如何促进高校教学质量的提高。其中最为直接而又重要的原因是高等教育规模扩张，新教师所占的比重在增加，新教师缺乏教学经验且缺少相应的教学培训，因此，新教师的发展成为重中之重的问题。以美国为例，20世纪90年代之后，美国高等教育由后大众化阶段逐渐迈向普及化阶段，高校对新教师的需求日益增加。芬克尔斯腾等的研究显示，1992年，美国高校的全职教师中，新教师人数占总数的1/3。进入21世纪之后，与2000年相比，2010年的新教师人数增长了24%。⑤我国教师队伍也是呈现出类似的年轻化倾向。根据教育部公布的历年全国教育事业发展

---

① 周海涛，李虔. 大学教师发展：内涵和外延[J]. 大学教育科学，2012（6）：64-70.
② 潘懋元，罗丹. 高校教师发展简论[J]. 中国大学教学，2007（1）：5-8.
③ 王建华. 大学教师发展——"教学学术"的维度[J]. 现代大学教育，2007（2）：1-5.
④ 王玉衡. 美国大学文化发展新趋向——教师发展从关注自身专业到关注学生学习[J]. 外国教育研究，2008（9）：41-46.
⑤ 转引自郭丽君，吴庆华. 浅析美国高校新教师发展[J]. 高等教育研究，2012（7）：69-71.

统计公报①，1999年高校扩招之后，我国普通高校专任教师总数由2000年的42.61万人猛增到2013年的149.68万人，增加了2.51倍，其中以青年教师为主。2000年，30岁以下的专任教师占教师总人数的比例为27.76%，35岁以下的专任教师占教师总人数的比例为47.59%，40岁以下的专任教师占教师总人数的比例为67.74%，45岁以下的专任教师占教师总人数的比例为78.38%。2000年新增加教师68 162人，占教师总人数的比例为16.00%。2013年，30岁以下的专任教师占教师总人数的比例为15.79%，35岁以下的专任教师占教师总人数的比例为40.12%，40岁以下的专任教师占教师总人数的比例为59.91%，45岁以下的专任教师占教师总人数的比例为72.49%。2018年，专任教师为167.28万人，比上年增加3.95万人，增加了2.42%。30岁以下的专任教师占教师总人数的比例为11.32%，35岁以下的专任教师占教师总人数的比例为29.68%，40岁以下的专任教师占教师总人数的比例为53.22%，45岁以下的专任教师占教师总人数的比例为69.16%。由此可见，我国高校教师队伍年轻化态势比较明显，这种现象在较长一段时间都存在，中青年教师已成为教师队伍的主要力量，青年教师发展成为亟待解决的新问题。师生比是衡量教学资源状况的核心指标之一。师生比的提高和保证教学质量之间是相关联的。根据教育部公布的历年全国教育事业发展统计公报②，在高校扩招前的1977年，按国家规定折合为本专科学生计算，生师比为9.81∶1；2000年，高等教育的生师比上升到16.3∶1；2018年，本科院校的生师比是17.42∶1。本科院校生师比的提高在我国高等教育普及化阶段将长期存在，在这种情况下，促进教师发展、提高教师水平对于本科教育质量的提升更是具有至关重要的作用。

3. 教学学术提供理解教师发展的新视角

"大学教学学术与教师发展必将是一对彼此难以分离的搭档。"③这说明，美国高等教育界掀起的教学学术运动也是推动大学教师发展的改革运动。教学学术运动为原本进展缓慢的教师发展理论和实践提供了理论依据和新的视角，

---

① 教育部. 2000年全国教育事业发展统计公报[EB/OL]. 2000-06-01. http://www.moe.gov.cn/s78/A03/ghs_left/s182/moe_633/tnull_843.html；教育部. 2013年全国教育事业发展统计公报[EB/OL]. 2014-07-04. http://www.moe.gov.cn/srcsite/A03/s180/moe_633/201407/t20140704_171144.html；教育部. 2018年全国教育事业发展统计公报[EB/OL]. 2019-07-24. http://www.moe.gov.cn/jyb_sjzl/sjzl_fztjgb/201907/t20190724_392041.html.

② 教育部. 2000年全国教育事业发展统计公报[EB/OL]. 2000-06-01. http://www.moe.gov.cn/s78/A03/ghs_left/s182/moe_633/tnull_843.html；教育部. 2018年全国教育事业发展统计公报[EB/OL]. 2019-07-24. http://www.moe.gov.cn/jyb_sjzl/sjzl_fztjgb/201907/t20190724_392041.html.

③ Hutchings, P., Huber, M. T., Ciccone, A. The Scholarship of Teaching and Learning Reconsidered: Institutional Integration and Impact[M]. San Francisco: Jossey-Bass Publishers, 2011: 58.

实现了教师发展从实践探索到理论引领再指导实践发展的良性循环，教学学术理论的提出对于大学教师发展具有十分重要的意义。教学学术理论既可以为大学教师重新认识教学提供理论支撑，又可以为促进大学教师专业发展奠定良好的基础。①教学学术是指教师为改善教学与促进自身教学专业发展，运用相关理论或分析框架对教学实践问题进行探究的一种学术实践活动。②在教学学术运动中，博耶的贡献在于实现了教学与科研的融合，舒尔曼的贡献在于构建了研究、教学与学习的共同体。舒尔曼认为，"在高等教育中，教、学是紧密相连的、无法分开的，教学学术水平不仅涉及教师的教，更多地关注学生的学"③。莱思也认为，教学学术还应包括学习的能力，即主要研究学生如何学会学习。④要研究学生学习，教师自己首先要会学。相比较而言，博耶提出的"教学学术"是教师作为"教育者"视角下的范式，而舒尔曼提出的"教与学的学术"是教师作为"学习者"视角下的范式。舒尔曼的观念颠覆了传统教学关注教师的教而忽视学生的学的"教学范式"，由此推动了教师发展由"教学范式"向"学习范式"的转变。"学习范式"强调以学生为中心、以学习为中心，教师不仅要掌握给学生传授知识的技能，更重要的是激发学生学习的主动性，让学生发现和创造知识，通过提高学生学习效果来达到教学质量提升的目的。"学习范式"视域下的本科教学强调研究性教学，教学的学术含量在不断增加，并为教学的学术性提供越来越多的经验支撑，从而实现教学学术与教师发展的耦合。

从教学学术与教师发展的关系来看，O'Meara 和 Terosky 认为，教师发展中的教学学术能力涉及四个关键要素，分别为学习、机构、专业、项目（表5-1）。⑤

表 5-1 教师教学学术能力一览表

要素	低度	中度	深度
学习	途径：网站等媒体； 目标：掌握基本的教学知识和能力	途径：工作坊、学术会议、学术出版物； 目标：学会整合与运用教和学的知识，解决教学问题	途径：自我反思、教学学术共同体； 目标：探究教和学的知识，发展学术

---

① 王建华. 大学教师发展——"教学学术"的维度[J]. 现代大学教育，2007（2）：1-5.
② 黄培森. 教学学术内涵的反思与重构[J]. 学术探索，2015（7）：143-147.
③ 转引自王晓瑜. 大学教师发展教学学术的若干理论问题探究[J]. 教师教育研究，2009（5）：13-18.
④ 转引自 Trigwell, K., Martin, E., Benjamin, J., et al. Scholarship of teaching: A model[J]. Higher Education Research & Development, 2000(2): 155-168.
⑤ O'Meara, K. A., Terosky, A. L. Engendering faculty professional growth[J]. Change, 2010(6): 44-51.

续表

要素	低度	中度	深度
机构	校内教学发展中心	校内教学发展中心；地区教学发展联合体	校内教学发展中心；地区教学发展联合体；国家、国际教学学术发展组织
专业	跨学科的教学学术研讨会；目标：分享研究成果，激发研究兴趣	教学学术研究项目；目标：提升研究能力，构建共同体	资金、出版物、政策、协会等的全方位支持；目标：教学研究的责任伦理养成、反思实践能力的养成
项目	基于任务需要的项目、基于出版物的奖励	交流和访问项目、定期的研究项目、基于出版物的奖励	多人的长期跨学科合作研究项目、创造性契约、奖励

其中，"学习"是基础，指向大学教师的知识和能力发展。"机构"包括为大学教师发展提供资源支持的各种校内外组织，它们的存在体现着大学对某些领域的重视。"专业"既体现为促进教师在学科专业领域内的成长，也体现为专业共同体的支持。"项目"指向大学教师发展的资源支持和活动支持。

从教师发展的范式转换来看，从"教学范式"向"学习范式"的转换也是教学学术性发展的必然要求。Trigwell 等构建了多元教学学术模式，描述由以教师为中心到以学生为中心渐进的四种教学学术模式（表 5-2）。①

表 5-2 多元教学学术模式表

模式	教学信息获取	教学反思	教学交流	教学概念
第一种模式	使用非正式的教学与学习理论	无效用或无聚焦的反思	无交流	以教师为中心的教学
第二种模式	广泛地研究教学学习文献		与同事交流	
第三种模式	研究文献，特别是学科领域中的文献	在行动的过程中反思	在当地与国内研讨会上阐述研究成果	
第四种模式	从事行动研究，具有综合的能力及教育学内容知识	反思的重点在于个体需要了解哪些方面是自己尚未了解的、自己该如何找出那些尚未了解的方面	在国际性的学术期刊上发表论文	以学生为中心的教学

从以教师为中心的教学到以学生为中心的教学的转变，意味着教师发展范式的转换，高校教师教学发展不能仅仅关注如何改进教师的教学技能、关注

---

① Trigwell, K., Martin, E., Benjamin, J., et al. Scholarship of teaching: A model[J]. Higher Education Research & Development, 2000(2): 155-168.

教师的职业发展，而是要超越教师发展，构建以学生为中心的教师发展新范式——"学习范式"，关注学生的学习，应推进教师的"教"和学生的"学"的融合，促进高校学习观念和学习方式的变革，提高教学效率，提升学习效率和学习质量，进而促进高校办学水平和人才培养质量的提升。

二、教师发展理论模式的范式转换

国内外学者从不同的视角提出了多种教师发展模型，从三维模型到六维模型，通过构建多维度的教师发展的概念框架，深刻地剖析了教师发展的理论内涵。从教师发展的价值取向来看，这些分析模型大致可以分为两大类：第一类是基于教育者视角下的"教学范式"；第二类是基于学习者视角下的"学习范式"。"学习范式"下的教师发展模式与"教学学术"向"教与学的学术"的范式转换同频共振，契合本科教育向"学习范式"转换的整体需要。

（一）基于"教学范式"的教师发展模型分析

1. 伯格威斯特和菲利普斯的三维理论模型

1975年，伯格威斯特（William H. Bergquist）和菲利普斯（Steven R. Phillips）在《有效大学教师发展项目的组成部分》一文中提出首个关于教师发展的理论模型。伯格威斯特和菲利普斯在文章中指出，高校教师发展项目必须对组织发展议题和变革传统决策程序的过程进行设计。[1]他们使用层次分析法建立起一个概念化的教师发展综合模型，这是一个三维概念模型：教学发展（过程）、组织发展（结构）和个人发展（态度）（表5-3）。大学教师发展是由这三个维度的相关活动组成的，大学教师发展的过程主要是提高大学教学效能的过程，也就是教学发展过程。教学发展的重点在于教学与课程，目标在于提高教学技能；组织发展的重点在于学术与行政管理，目标在于提高组织效能；个人发展的重点在于教师个人，目标在于教师的价值观、态度和教育哲学、内心和人际关系。[2]通过模型分析可以看出，教师发展是教师个体态度、组织结构和教学过程等多维因素相互影响的结果，尽管每个

---

[1] Bergquist, W. H., Phillips, S. R. Component of an effective faculty development program[J]. The Journal of Higher Education, 1975(2): 177-211.

[2] Bergquist, W. H., Phillips, S. R. Component of an effective faculty development program[J]. The Journal of Higher Education, 1975(2): 177-211.

组成部分内部的活动之间存在着不同的作用关系,作用力大小也不相同,但是这三个维度缺一不可。1977年,结合盖夫(Jerry G. Gaff)的教师发展模型,伯格威斯特和菲利普斯在《大学教师发展手册》中,对1975年提出的教师发展模型进行了修订,将每个维度分成"个人-小组-制度"三个层次,这样就演变成"三维度-三层次"的教师发展模型,这使影响因素之间的关系更加复杂。除此以外,伯格威斯特和菲利普斯还提出了一种非常重要的观点:任何的大学教师发展都是在一定的制度环境中进行的。无论大学教师发展的维度与组成部分之间如何交叉、重叠、相互作用、相互影响,它们都是在一定的制度环境下完成的。①

表5-3 伯格威斯特和菲利普斯修正的理论模型

层次	结构	过程	态度
个人	教学发展课程设计的咨询与培训,课程改革与教育技术组织发展教师评价,教师激励机制	教学发展课程观察、诊断和培训,多人和小组合作技能的培训,课堂外与教师角色相关技能的培训	教学发展备选教学方法的改善;教学讨论;价值澄清、个人发展、人生和事业规划、咨询
小组	教师发展课程与教学进度设计咨询,跨学科与小组教学组织发展系所重组,时空的利用	教学发展学科或系所的教学培训计划;同行观察和反馈,组织发展,小组过程观察	教学发展知识利用;系所或部引导组织发展,组建团队支持小组
制度	共同体发展交流与支持网络,制度发展研究与发展中心,大学教师发展项目管理	共同体发展小组协商;制度发展实施发展项目;大学教师发展项目规划与实施	共同体发展创建,共同体制度发展,应对变化的发展,大学教师发展支持新项目
宏观制度	制度发展基金,正式网络和财团的建立	制度发展定义和澄清职业变化的新方向,教育变革机构的继续教育	制度发展著作和期刊等的出版与发表,示范项目,合作研究计划

资料来源:转引自林杰,李玲. 美国大学教师发展的三种理论模型[J]. 现代大学教育,2007(1):62-66

2. 盖夫的三维理论模型

1975年,盖夫在《大学教师更新》一书中用"教师更新"(faculty renewal)一词代替教师发展,表明"教师发展"是一个内涵更为宽泛的术语和全局性的概念。盖夫对伯格威斯特和菲利普斯的大学教师发展三维理论框架中的发展目标进行了修订,认为大学教师发展是由个人发展、教学发展和组织发展三部分组成的,在条件允许的情况下,三者是能同步进行的。其中,教学发展的目标

---

① Bergquist, W. H., Phillips, S. R. A Handbook for Faculty Development[M]. Washington: Council for the Advancement of Small Colleges, 1977: 11.

在于促进学生学习，组织发展的目标在于创设能促进有效教学的环境，个人发展的目标在于促进教师成长，帮助教师获得所需的知识、技能、敏感性和技术（表 5-4）。①

表 5-4 盖夫的理论模型

项目	过程	结构	态度
	教学发展	组织发展	个人发展
重点	教学进度，课程	组织	大学教师
目标	促进学生学习	创设能促进有效教学的环境	促进教师成长，帮助教师获得所需的知识、技能、敏感性和技术
活动	学习新教材，重新设计进程或课程，围绕设定目标的工作坊，评价学生	小组领导者或成员的工作坊，行动研究，修订组织政策	研讨班、工作坊和评价

资料来源：转引自林杰，李玲. 美国大学教师发展的三种理论模型[J]. 现代大学教育，2007（1）：62-66.

与伯格威斯特和菲利普斯的模型相比，盖夫的教师发展三维理论模型与其所关注的内容基本相似，但两者的重点有所不同。在个人发展方面，盖夫更加强调教师个人情感和精神世界的关怀。在教学发展方面，盖夫将重点放在课程和课程设计上，并且强调师生之间的人际互动和组织环境支持。在组织发展方面，盖夫强调必须把有关组织的变量考虑进来，认为组织结构、政策和章法在形成良好的教学和学习成效方面起着至关重要的作用。②

（二）基于"学习范式"的教师发展四维模型③

20 世纪 80 年代，随着教师发展理论研究的深入，1985 年，Eble 和 Mckeachie 提出了"个人发展、教学发展、课程发展和组织发展"的大学教师发展四维理论模型。1987 年，Riegle 提出了"个人发展、专业发展、教学发展、组织发展和生涯发展"的大学教师发展五维理论模型。④关于教师发展，最具有影响力的概念模型应当是 1991 年美国全国教育协会提出的教师发展四维模型：组织发展、教学发展、专业发展和个人发展。组织发展在于

---

① Gaff, J. G. Toward Faculty Renewal Advances in Faculty, Institutional and Organizational Development[M]. San Francisco: Jossey-Bass Publishers, 1975: 9.
② 林杰，李玲. 美国大学教师发展的三种理论模型[J]. 现代大学教育，2007（1）：62-66.
③ 吴立保. 学习范式下的教师发展：理论模式与组织建设[J]. 教育研究，2017（4）：103-111.
④ 转引自汪霞，崔军. 高校教师教学发展的理论基础与促进策略[J]. 中国高教研究，2015（11）：87-91.

创造有效的组织氛围，便于教师采用新的教学实践。教学发展包括学习材料的准备、教学模式与课程更新。专业发展指获得或提高与专业工作相关的知识、技能与意识。个人发展包括提高教师人际交往能力、维护健康、进行职业规划等。[①]

20世纪90年代以后，高校教师发展范式逐步发生转变，从脱离学校情境的、由专家独霸的、教师被动的发展范式向立足于学校情境的、由教师主导的、教师主动的发展范式迈进。[②]这种转变是高等教育向"学习范式"转型的结果，基于学习范式的教师发展不仅强调教师的主动发展，而且强调教师与学校环境及学生的有机融合。因此，在综合已有教师发展模型的基础上，笔者认为，教师发展的四维模型应该包括大学发展、教学发展、个人发展和学生发展，它们有机融合，其核心价值理念在于协调大学、教师和学生的共同发展（表5-5）。这是一种超越单纯教师群体的教师发展模式，更加契合舒尔曼在"教与学的学术"概念中增加的"教学学术共同体"的理念，将教师和学生都视作学习共同体的成员，二者相互影响。通过将学生发展，即学生和学生学习纳入教师发展之中，基于学生学习质量提升的教师发展才是符合学术共同体发展需要的，以期克服教师发展只关注个人科研兴趣和教师自我发展的片面性。

表5-5　学习范式下教师发展的四维模型

层次	目标	内容
大学发展	构建学习中心大学	教与学的支持环境、教学文化
教学发展	提高教学学术能力	教学学术性下的教学与科研融合、教学进展、课程设计、教学技术、与学生进行交流
个人发展	促进成长，帮助获得所需的知识、技能	教学、科研、服务、职业自我管理（人际沟通能力、职业生涯规划）
学生发展	获得有意义的学习经历	主动学习、学习性投入、学习效果评估

（1）大学发展

"学习范式"下的大学发展是从大学性质与使命的变革开始的，从知识传授的大学转变为学习中心大学。从大学性质来看，大学是产生学习的机构，而

---

① National Education Association. Faculty Development in Higher Education: Enhancing a National Resource[M]. Washington: A Booklet in the Series to Promote Academic Justice and Excellence, 1991: 11-12.

② Sparks, D., Hirsh, S. A New Vision for Staff Development[M]. Alexandria: Association for Supervision and Curriculum Development, 1997: 35.

不仅仅是传授知识的场所。大学通过创造环境和经验使学生自己发现和建构知识，形成批判性思考能力，使学生成为大学中发现和解决问题的学习共同体中的成员，并且成为学习过程中的主要行动者，学生必须整体性地建构学习，自身成为知识的发现者和建构者。从大学使命来看，大学把学习放在首位，不仅强调学习者的主动学习，同时，大学本身也是学习者，它不断学习如何为每一届学生提供更好的学习环境，大学和学生共同为学生的学习负责，从而形成真正的学习型组织。新范式强调大学对学生学习的程度负责，大学必须从强调教师"教"的质量向强调学生"学"的质量转变。学习中心大学要把学习放在首位，并为学习者随时随地提供能以任何方式接受的教育经验。[1]进入 21 世纪，由于社会环境的变化和来自多方面的压力，建立学习中心大学越来越紧迫，人们越发要求大学对学生的学习负责，使学生获得高质量的学习。与传统大学相比，学习中心大学把提供教育环境作为首要任务，其他方面则是结果，学生有权利也有责任完全参与教育，学生的权利得到保护和尊重。从本质上讲，学生是建立学习中心大学的根本力量，学生的学习需求改变了教育范式。在学习中心大学中，教师的角色发生了改变，他们是学习共同体的重要组成部分，既是学习环境的创造者，应充分尊重学生的学习权利，为学生的学习服务，同时他们也是学习环境的享受者，在大学的学习环境中实现终身学习。因此，无论是在理念上还是在行动上，都应渗透以学习为中心的思想，把对学生的学习负责放在重要的位置。

（2）教学发展

教学发展是教师发展的核心，是教师发展模型中不可或缺的重要组成部分。但是，在不同的教师发展模型中，尽管教学发展的目标都指向提高教学效能，但是学者对教学发展的内涵理解却有着很大的区别。推动大学教学发展变革的思想毫无疑问地应归功于博耶所倡导的教学学术性运动。教学学术性不仅是教学与科研的融合、开展研究性教学，更是从新的视角理解教学，教学学术性体现出以学习为中心的理念，教学的四个要素，即学科知识、教学设计、师生互动和课堂管理都要围绕学生的学习来开展，教学效能是指产生优秀教学。所谓的优秀教学是指，教师不仅要传播知识，同时还要学习知识，自身也要获得发展。帕克·帕默曾用了一个精彩的比喻来形容他的教学："我认识到自己作为一名教师的才能在于我和学生合作共舞的能力，以及与学生共同创造教学

---

[1] O'Banion, T. A learning college for the 21st Century[J]. Community College Journal, 1995(3): 18-23.

相长的环境的能力。"①优秀教学指向的是人的发展，既包括教师，也包括学生，教师和学生都是学习共同体中的学习者，在共同体的场域中传播知识和创新知识。博耶指出，如果没有教学的这种功能，知识的连续性将会中断，人类积累的知识就将面临被削弱的危险。②优秀教学是教师和学生共同创造的有意义的学习经历，在这个过程中，迪·芬克将教师比作学习经历的舵手（helmsman），舵手的任务是控制并协调划手的力量。③优秀教学包含教师的信度、领导才能和教学之精神维度三个方面。④教师的信度是首要的影响因素，即中国传统哲学所倡导的亲其师、信其道。教师的信度来源于三个方面：第一是教师的能力。教师的能力源于对学科知识的掌握，教师被认为是能干的，是学科知识的权威，有广博的知识基础并能够透彻地讲解复杂的内容。第二是教师的可信性。教师被认为是值得信赖的，对所有的学生一视同仁，在教学过程中没有偏见，能够客观地评论各种知识与观点。第三是教师的活力。有活力的教师表现出对教学与课程有激情，充分发挥自己的个性特征，激发学生的兴趣。教师的领导才能包含理想化的感召能力、富有激发力的动机、智力上的激励和对学生个体的关照四个方面。教师的领导才能的发挥是建立在与学生的有效沟通基础上的。在教师的领导才能的四个方面中，对学生个体的关照是核心影响因素。教学之精神维度是指教师对教学认识水平的提高，是从教育性、整体性和关联性方面来认识教学，将教学视作教师、学生和学科内容相互作用的结果，最终促进人的全面发展。因此，在教学之精神维度，教学工作是一种赋予爱和生命渴望的工作，师生组成教学共同体，在共同体中求知、在共同体中教、在共同体中学，师生是共同体中的同伴学习者。

（3）个人发展

个人发展关注教师个体的利益。在教师发展模型中，个人发展主要涉及教师角色的专业化发展。盖夫认为，个人发展是包括澄清个人价值观、获得大学教师职业相关知识、缓解教师精神压力、增强对人的差异敏感性以及提高自我

---

① Palmer, P. The Courage to Teach: Exploring the Inner Landscape of Teachers' Life[M]. San Francisco: Jossey-Bass Publishers, 1998: 72.

② Boyer, E. L. Scholarship Reconsidered: Priorities of the Professorate[M]. San Francisco: Jossey-Bass Publishers, 1990: 24.

③ 〔美〕迪·芬克. 创造有意义的学习经历——综合性大学课程设计原则[M]. 胡美馨，刘颖，译. 杭州：浙江大学出版社，2006：184.

④ 〔美〕迪·芬克. 创造有意义的学习经历——综合性大学课程设计原则[M]. 胡美馨，刘颖，译. 杭州：浙江大学出版社，2006：188.

诊断能力和人际交往技能的过程。①"学习范式"下的教师发展模型中的个人发展是与大学发展保持一致的，个人发展应是教学、科研、服务与自我管理的一体化，既指向教师的专业化发展，同时也指向教师作为社会个体的存在，涉及对教师情感和精神世界的关怀。在教学方面，个人发展主要涉及教学基本能力、教学设计、制订课程实施计划、与学生的沟通交流以及响应学校乃至整个高等教育变革的能力。在科研方面，个人发展既包括获取科研项目和发表科研成果的能力，也包括科研与教学的融合能力，注重用科研方法来研究教学，通过研究性教学促进学生学习能力的提高。在服务能力方面，个人发展主要是指教师应具有较强的领导能力、沟通技巧，能够协助学院或学校开展多样化的社会服务。在自我管理方面，个人发展主要是指教师要学会管理好时间和调节压力，平衡好工作与生活的关系，能权衡事情的轻重缓急，提高协商和解决争议问题的技能，对工作和个人生活的安排具有计划性。概括起来，个人发展应培养教师具有适应新型学习需要的关键能力。加德纳将这种关键能力概括为以下几个方面：①良知、个人责任感和诚信；②以有原则、有道德的方式行事；③口头和书面沟通的技巧；④人际交流和团队合作的能力；⑤批判思维和解决复杂问题的能力；⑥尊重不同于自己的人；⑦适应变化的能力；⑧终身学习的能力和热情。②个人发展不仅是指教师追求个体自主发展，不断突破自我，实现专业能力和综合能力的提升，在学习型社会里，其更是指教师应学会利用信息化手段，通过构建虚拟和实体的"教师学习共同体"，实现个人更有价值的发展。

（4）学生发展

学生发展运动起源于20世纪30年代末的美国，经历了"替代父母制"（in loco parentis）、"学生人事工作"（student personnel work）、"学生服务"（student services）和"学生发展"（student development）四个阶段的演变。前三个阶段的重点在于服务学生事务管理，而最后一个阶段的重点在于强调学生学习的必要性，将促进学生学习作为工作任务和目标，提出以学生为本、尊重学生个性发展的教育理念。1968年，美国大学人事协会推出的"明日高等教育"工程中把"学生发展"定义为，学生发展是人的发展在高等教育中的应用，它使每一个参与其中的人能完成越来越复杂的发展任务，达到自我实现和自身的独立。③1972年，布朗在《明日高等教育中的学生发展：回归学术》一

---

① Gaff, J. G. Toward Faculty Renewal: Advances in Faculty, Institutional and Organizational Development[M]. San Francisco: Jossey-Bass Publishers, 1975: 9.

② Gardiner, L. Redesigning Higher Education: Producing Dramatic Gains in Student Learning[M]. Washington: George Washington University Press, 1994: 7.

③ 转引自方巍. 美国高校学生发展理论评述[J]. 外国教育研究，1996（4）：47-51.

文中强调,"学生学习应是学生发展的重点,将学生的个人发展与学生学习融为一体是最重要的"①。学生发展与教师发展相互依存,因此,教师发展中不应忽视学生发展的维度,教师发展的最终目的是促进学生发展。在"学习范式"下,学生发展的目标是构建有意义的学习经历。学生有意义的学习首先体现在学习目标中。在众多的教育目标分类中,被引用最多的是布鲁姆的教学目标分类,认知—理解—应用—分析—综合—评价六大教学目标从低级到高级呈金字塔式分布,而有意义的学习目标则分为基础知识、应用、综合、人文维度、关心和学会学习六个层次,虽然六个层次在理论上存在从低级到高级的逻辑关系,但是,有意义的学习这六个目标不是简单的线性关系,而是相互关联的,甚至是互动的(图5-1)。②

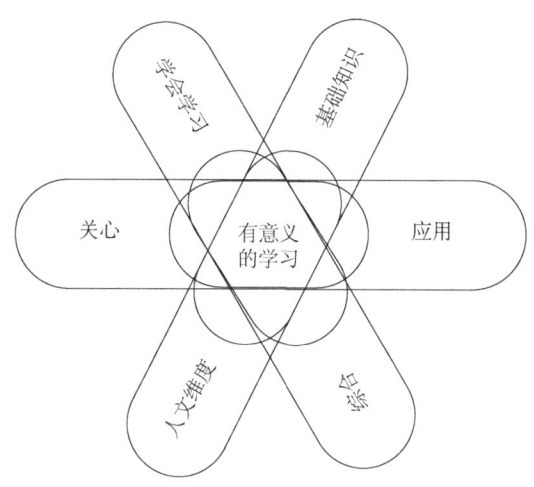

图 5-1　有意义的学习的互动性质

这个动态性质的图表明,每种学习都和其他各种学习互相联系,任何一种学习的获得都意味着存在同时强化获得其他种类学习的可能性,由此构成完整的有意义的学习经历,从某种意义上讲,每种学习本身也是有意义的学习。在此过程中,学生真正成为有意义的学习的参与者,并且成为自主学习者和创造意义的学习者,养成批判性反思能力,最终学会学习,并保持持续性的、终身的学习能力和创造终身的有意义的学习经历。有意义的学习是学生主动学习,学生投入学习之中,教师和学生形成教育性教学互动,课堂里面充满活

---

① 蔡国春,张才祥. 美国高校学生事务管理的新理念——SLI 的背景、观点与评价[J]. 比较教育研究,2000(6):31-34.

②〔美〕迪·芬克. 创造有意义的学习经历——综合性大学课程设计原则[M]. 胡美馨,刘颖,译. 杭州:浙江大学出版社,2006:25.

力,学生的学习不仅是获得文凭,而是在学校生活结束后还能将他们在学校中的所学运用到他们的生活中,从而提升学生的生活价值,使他们做好进入不同社会群体或者进入工作领域的准备。

三、国外教师发展中心建设的经验借鉴

国外发达国家高校在20世纪60年代以后就纷纷建立教学发展中心,并以促进教师专业发展为旨归。1962年,美国密歇根大学成立了全球高校首个"学习与教学研究中心",这是教师发展组织化的开始。此后,类似的教师发展促进机构在国外高校纷纷设立,如"教学与学习中心"(center for teaching and learning,CTL)、"教学研究中心"(center for research on learning and teaching,CRLT)及"教师发展中心"(faculty development center,FDC)等,尽管这些机构的名称不同,但其性质与我国目前高校设立的教学发展中心①类似,其宗旨都是提升教师教学能力,提高高等教育质量。20世纪90年代之后,随着教学学术运动的兴起,在整个高等教育范式转换的背景下,教师发展理论取得了新的进展,教师发展与教学学术相互耦合,国外教师教学发展促进机构的价值取向由教师发展转换到教师发展与学生发展的整合,超越教师发展,关注教师的教和学生的学,教学发展中心也逐渐演变为促进高校教学质量提升的内部保障与支持性机构。

(一)美国高校教师发展中心案例:密歇根大学"学习与教学研究中心"

教师发展中心的建立是一个缓慢的过程,经过20世纪七八十年代的自发式发展,20世纪90年代以后,美国高校纷纷建立教师发展中心。1997年,美国共有350个教学中心。2000年,美国约有60%的四年制学院都设有大学教师发展项目。2000年,美国约有75%的大学与学院设置了大学教师发展项目及组织机构。②在国际交流及国际组织的推动下,大学教师发展中心成为推动大学教师发展制度化的主要保障。在大学教师发展尚处于萌芽状态时,1962年,密歇根大学就建立起美国第一个,也是世界上第一个大学教师发展机构——密歇根大学"学习与教学研究中心"。密歇根大学"学习与教学研究中心"具有非常典型的代表性意义。

---

① 为行文方便,本书对"教师发展中心""教学发展中心"不做统一。
② 林杰. 美国大学教师发展的组织化历程及机构[J]. 清华大学教育研究,2010(2):49-56.

1. 密歇根大学"学习与教学研究中心"的概况

1962年成立的密歇根大学"学习与教学研究中心"是全美历史上最悠久的大学教师发展中心,针对第二次世界大战后入学人数增多和年轻教师所占比例日益攀升、美国高等教育质量下滑的现状,意在通过教学与学习研究和教师发展项目促进大学教师教学能力的提升和有效教学的开展,推广程序教学。"学习与教学研究中心"由教务长办公室(provost office)直接领导,由主管教学工作的教务长兼行政副校长(provost and executive vice president)直接监管。中心常年保持30名左右成员,大多数成员拥有博士学位,并具有广阔的学习背景。中心在学校纵向结构中具有非常特殊的地位,受学校决策层的直接领导,与学院之间保持平行关系,同时兼具业务指导职能。中心在学校的组织架构如图5-2所示。为更好地履行职责,学校设立了一个由各学院教授组成的与中心平级的教师顾问委员会(faculty advisory board),它负责向中心主任提供政策和活动建议,在指导"学习和教学研究中心"与学校其他部门、院系的联系中发挥着重要的作用。"学习与教学研究中心"的发展得益于这种良好的组织架构,一方面,中心与学校层面管理者建立了沟通渠道;另一方面,学院教授的加入,融洽了中心与学院的关系,使中心开展各项工作时能与学校层面和学院层面的关键人物取得较好的联系,聚集了校内的社会资本,方便各项工作的有效开展,使中心能够更好地满足多层次用户的需求。在经费方面,中心不依靠软性的研究项目资金、基金会以及联邦机构资金来进行运作。中心的预算有2/3来自密歇根大学教务长所支配的经费,另外1/3来自各学院或者中心所服务的人群。[①]良好的组织架构和稳定的资金来源是中心持续发展的重要保障。

中心服务对象包括教师、研究生助教、博士后学者、学院管理人员(院长、副院长);服务内容包括全校教学研讨会、创新教学项目资金支持、为在学院内开展教学研讨会提供帮助、创新课程和多学科交叉课程开发、多元文化背景学生教学研究项目、教学评估资源与项目、新教学人员说明会、密歇根大学学生群体介绍资料以及其他教学研究等;主要活动方式为研讨会和工作坊、个人定制咨询、教学项目研究、教育技术、教学戏剧等。

---

① 张宝辉,孙继祖. 大学教师教学发展中心建设的历程和经验——访美国密歇根大学学习与教学研究中心(CRLT)主任康斯坦斯·库克教授和助理主任朱尔平博士[J]. 中国大学教学,2013(12):87-89.

第五章　教学学术："学习范式"视域下的高校教师发展 | 189

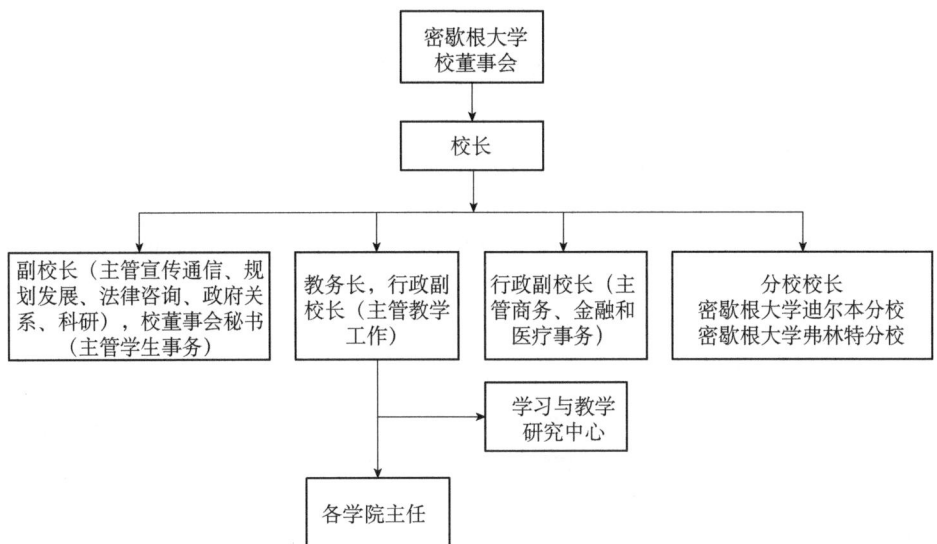

图 5-2　"学习与教学研究中心"在密歇根大学中的组织架构图

2. 密歇根大学"学习与教学研究中心"的使命与主要工作

密歇根大学"学习与教学研究中心"从创立之初就致力于"促进密歇根大学教师进行卓越教学和创新教学，让所有成员共同努力提升大学文化尤其是教学文化，形成重视和奖励教学、尊重和支持学生个体差异的文化环境，鼓励创设一种各类学生都能学习和取得成功的环境"①。中心的主要职能包括以下几个方面。②

1）教学支持（support for teaching）。密歇根大学"学习与教学研究中心"为教学共同体中的所有成员提供教学和课程咨询，以及一系列激励教学创新的补贴项目。中心还为全校人员举办介绍会和研讨会，结合学术单位的需求开设讲习班和务虚会。

2）基础课程计划（foundational course initiative）。校长学术卓越基金在5年内投资五百万美元以支持基础课程计划。这一计划聚焦大型的课程导论和学科导论，旨在形成具有规模效应的21世纪的教学模式。中心的基础课程计划顾问与由教职工、硕博生导师和本科生群体组成的代际课程团队已建立了多年伙伴关系。

---

① CRLT Annual Report 2019[EB/OL]. https://crlt.umich.edu/sites/default/files/AnnualReport_2018-2019web.pdf.

② CRLT Annual Report 2019[EB/OL]. https://crlt.umich.edu/sites/default/files/AnnualReport_2018-2019web.pdf.

3）多样、平等和包容（diversity，equity and inclusion）。中心的教学文化倡导多样性，帮助学生与来自各学科、不同社会背景的教师构建积极向上的学习氛围。中心在所有项目和咨询活动中都注重强调包容教学，针对教职工、研究生和各院系的主题量身打造研讨活动、提供各类资源。

4）剧团项目（players theatre program）。中心的演员项目通过排演戏剧的方式来表达对包容教学所导致的负面影响的思考，进而激发大家研讨策略、解决问题。演员为教师、本科生和行政人员提供戏剧演出，他们的剧目重点关注课堂和学院氛围。这是密歇根大学最富有特色的教学发展项目之一。

5）数字化教学（digital education）。通过开展咨询、组织研讨和获取网络资源，中心帮助教师选出最匹配学生教学目标的教学技术，并使之融入教学。中心与其他部门合作，针对教与学相关的新兴技术，开展价值评估，以便教学技术能更好地与教学活动进行结合。

6）评估和研究（assessment and research）。为提升课程及课程体系的实际效果，中心围绕能够帮助教师和行政人员提升成效的项目进行重点研究。内容涵盖研讨高效教学方法、组织大规模数据搜集的项目、开展调查分析、激励教师研究提升授课效果等。

围绕中心的使命，"学习与教学研究中心"开设了许多专门化的教师教学发展项目，主要包括以下几个方面。

1）领导力提升项目。该项目由学校教务长负责，主要是对新任系主任和副院长进行适应性训练，为其提供不间断的专业发展服务。同时，该项目针对所有系主任和副院长举办圆桌会议。

2）教师证书项目。该项目旨在支持研究生助教逐渐提高教学水平。2007年10月开始，中心与雷克汉姆（Rackham）研究生院联合开发了研究生教师证书项目，为培养研究生成为初级教师发挥了重要作用。

3）评估与评价项目。该项目是由中心为学校各个院系提供评估与评价服务，服务内容包括资助项目评价、课程评估、教学技术评价、学生学习评价、教师教学评估、收集和整理学生的期中反馈意见等。

4）教师养成项目。该项目是由中心对大学新任教师和研究生进行适应性培训，帮助他们尽快适应大学工作。为了培养未来的教师，由密歇根大学研究生院联合中心一起发起，并由中心负责具体组织与操作事务的"密歇根大学研究生教师资格认证项目"，旨在为有意从事大学教师职业的研究生提供一份大学教学资格证明，为其后续从事教职做准备。

5）资助和奖励项目。在密歇根大学，资助主要来源于中心的拨款和密歇根大学的教育基金与捐赠。资助的目的主要是鼓励教师进行创新性教学,促进教师的教学发展。

3. 密歇根大学"学习与教学研究中心"的成效与借鉴

密歇根大学"学习与教学研究中心"的服务对象十分广泛,开展的活动和项目非常丰富。中心除了服务校内教师和学生之外,其国际影响力也十分显著,每年为国外的专业人员提供大量服务。从中心提供的 2005—2006 学年、2006—2007 学年的年度报告来看,中心每年提供校内服务都在 15 000 人次以上,提供校外服务也在 3000 人次以上。①2011—2012 学年,中心为美国和其他国家的 165 所大学,57 个协会、基金会和其他组织提供了 1297 项服务,累计达 17 000 人次以上。②2018—2019 学年,中心对校内提供服务 17 113 人次,对外为美国 148 个教育机构和其他组织,以及其他国家的 59 个机构提供服务达 3947 人次。③中心与中国高校有着广泛的交流与合作,对中国大学教师教学发展中心建设产生了很大影响,"密歇根-中国大学领导力论坛"每两年于 5 月下旬在安娜堡(Ann Arbor)举办,每次要求请 25～30 位中国大学校长参会。论坛主要是帮助中国大学校长了解如何运作和管理研究型大学,帮助他们了解 CRLT,并对他们进行教师发展工作的全面培训。除此以外,许多高校都派高级访问学者到该中心学习,这对中国教师教学发展具有非常重要的促进作用。

经过近 60 年的发展,密歇根大学"学习与教学研究中心"一直保持良好的发展态势,其中有两点非常值得借鉴。第一,中心是一个与时俱进的机构,每年根据中心发展需要开展一些新的活动,积极关注世界教育的发展动态,并及时调整中心的方向和任务。④尤其重要的是发展理念的更新,中心在服务教师教学发展的同时,逐渐将创设良好学习环境作为中心的使命之一,把学生纳入中心的服务对象,并且和发展教师教学能力的目的相辅相成。第二,中心定位为专业化的服务机构,为密歇根大学的教师和学生发展提供支持。中心长期拥有一批高素质的专业化团队,尤其是与学院具有合作关系,能够开设一些跨学科的项目和课程来支持教师教学能力的提升。

---

① About CRLT[EB/OL]. http://www.crlt.umich.edu/aboutcrlt/abocrlt.html.
② CRLT Annual Report 2012[EB/OL]. http://www.crlt umich.edu/aboutcrlt/annualreport.
③ CRLT Annual Report 2019[EB/OL]. https://crlt.umich.edu/sites/default/files/AnnualReport_2018-2019web.pdf.
④ 汪霞,崔军. 中外大学教学发展中心研究[M]. 南京:南京大学出版社,2013:150.

（二）英国高校教师发展中心的案例："牛津大学学习中心"

英国教师发展制度的雏形发源于牛津大学建校后的学术休假和进修制度。到 20 世纪 50 年代，英国高校教师发展还处于萌芽阶段。20 世纪 60 年代，为解决英国高等教育大众化阶段教育质量下滑的问题，教师发展中心相继建立，旨在提升教师的教学能力。到 20 世纪末期和 21 世纪初，在英国《教育改革法》（1988 年）和《高等教育的未来》（2003 年）的影响下，高校教师发展迈向专业化阶段。[①] 在相关政策的支持下，英国高校教师发展中心的机构设置逐步完善，职能职责不断明晰。尤其是 2005 年，英格兰高等教育基金委员会（Higher Education Funding Council For England，HEFCE）在 5 年内总投资约 3.15 亿英镑，面向英国 54 所高等院校成立了 74 家教学与学习卓越中心（Centres for Excellence in Teaching and Learning）[②]，有力地促进了英国教师发展中心的规模进一步扩大和立体化、多层级的教师发展协作共享机制的形成。牛津大学设立的"牛津大学学习中心"（The Oxford Learning Institute，OLI），是英国具有较大影响力的教师发展机构。

1."牛津大学学习中心"的概况

"牛津大学学习中心"成立于 2000 年，是为了保证高等教育质量，实现精英人才的培养理念而成立的专门机构。中心成立的目的包括两方面：一方面是支持牛津大学的教学，促进牛津大学的教学发展；另一方面是为新入职的工作人员提供培训和服务，帮助新入职的工作人员尽快适应新的环境，投入新的工作。中心成立之初命名为"大学学习促进中心"（Institute for the Advancement of University Learning，IAUL），到 2006 年更名为"牛津大学学习中心"（The Oxford Learning Institute，OLI）。牛津大学非常重视 OLI 的建设，在组织架构上，将 OLI 定位成一个全校性的战略性部门，而不是教务管理部的一个下属机构。OLI 建设是整个牛津大学发展战略与规划的有机组成部分，其战略定位与职能处于整个教育教学系统的中心地位，这使得 OLI 的发展目标与学校、院系、教师的目标是一致的，能够互相一致、互为补充、融为一体。[③] OLI 的服务对象十分广泛，涉及四大领域八大群体。总体来说，四大领域包括学习、

---

① Gosling, D. Educational development in the UK: A complex and contradictory reality [J]. International Journal for Academic Development, 2009(1): 5-18.

② HEFCE. Summative Evaluation of the CETL Programme[EB/OL]. http://www.hefce.ac.uk/pubs/rereports/Year/2011/cetlsummevaln/Title, 92265, en.html.

③ 邓嵘. 大学教师发展的系统规划与实践——牛津大学教师发展中心的经验及其启示[J]. 教育科学，2017（1）：37-42.

教学、研究和专业服务，八大群体包括学术领导者、行政人员和管理者、博士生导师、教学人员、研究人员、协助人员、女性以及管理自身。

OLI 主任是由在牛津大学任教 30 年之久的 Stephen Goss 担任，同时，Goss 还担任牛津大学的副校长，主要负责全校的人力资源战略与开发、员工工作团队、员工支持等方面的工作。由于 Goss 的双重身份，OLI 的发展无论是在战略发展规划层面还是在任务实施层面都具有全局性、前瞻性，并且与牛津大学的整体发展步调是一致的。OLI 在 Goss 的带领下，设立了四个小组，每个小组分工明确，各司其职。专业发展（professional development）团队主要负责教师在管理和领导力发展等教师专业发展领域提供帮助和支持。教育发展（educational development）团队主要负责提升和促进全校教师的教学水平。研究团队（research group）充分利用自己的专业优势，在进行培训的同时不断积累相关素材、数据，为牛津大学提供最新、一手的教育发展报告，以科研促教学。服务团队（services team）是专门为教师教学、科研和专业发展提供服务的综合性部门，除提供研讨会、课程等常规项目之外，还主要负责各种问题的答疑解惑、专业咨询和资源维护等工作。为实现 OLI 的使命，各个小组相互合作，相互支持，共同致力于 OLI 的发展工作。OLI 的资金来源主要有两部分：30%的经费来自牛津大学的支持，另外 70%的经费来自外部资助。①

2. "牛津大学学习中心"的使命与主要工作

2013 年，牛津大学《2013—2018 五年战略规划》第 60 条"核心发展战略"中提出："学校面向所有教职员工，特别是为一线教学人员提供专属个人的专业发展课程、咨询服务，从而使得教师获得教学能力等方面的全方位提升与发展。"②根据学校战略规划，OLI 的使命是：通过促进教师的专业发展、学校管理的改进、政策制定和决策的科学化等方面的提升，实现牛津大学追求卓越的教学目标，保证学生的学习和教育质量，提高牛津大学的科研水平和科研实力，巩固牛津大学在世界高等教育领域的地位。③

OLI 的功能主要有以下几个方面。④

1）通过提供广泛的课程，帮助教员有效地工作并获取他们职业发展的技能。

---

① The Oxford Learning Institute[EB/OL]. 2011-01-18. http://www.learning.ox.ac.uk/.
② University of Oxford. Strategic Plan 2013-18[EB/OL]. 2018-05-20. http://www.ox.ac.uk/sites/files/oxford/field/field_document/Strategic%20Plan%2013-18.pdf.
③ Oxford Learning Institute-About Us[EB/OL]. 2016-11-10. http:// www.learning.ox.ac.uk/about/.
④ 吴薇，陈春梅. 英国大学教师发展中心的特点及启示——以伦敦学院大学、伦敦皇家学院和牛津大学为例[J]. 高教探索，2014（3）：53-57.

2）对那些经验较为丰富的研究人员，提供另一些课程，如设计项目管理等。

3）为女职员提供更多发展机会。

4）为大学与学员提供咨询，通过参加教育以及人事委员会，为大学政策的制定提供帮助，并通过对教员的调查来了解他们的需求和观点。

5）提供丰富的教学资源和网络资源支持等，如期中评估报告、教学评估、线上的跨校学术交流和研讨会、学习和研究计划等。

6）提供各种各样的服务。

OLI 开展的主要活动有以下几类。[①]

1）培训课程：依据不同的学习对象、职业生涯阶段，为教职员工提供学习课程（共 53 门），包括教学与学习、领导力与管理、研究人员与研究支持、个人发展、人际交流与书面沟通、新教工、人事事务和女性发展等方面；课程免费或仅有名义收费。

2）公开研讨会：每学期定期举办高等教育公开研讨会，面向大众开放，不需要提前预订；时间安排在每学期的第一、三、五、七周的周四下午四点到五点之间；邀请不同大学知名学者和教授讲授教师职业生涯发展、教学方法与技能、女性职业发展、科学研究等方面的理论和经验，促进教职人员教学与科研能力的提升。

3）研究指导：主要针对博士研究生、新任导师及导师顾问等人员。为博士研究生期间的生活及学术工作提供指引；介绍牛津大学的导师政策，分析导师指导学生期间的常见问题并给出解决方案，内容涉及指导方式、指导能力提高、学生与导师间关系等。导师的培训由 OLI 与学校其他各部门共同进行，OLI 提供"牛津学术训练介绍"（Introduction to Academic Practice at Oxford）和"指导博士生"（Supervising DPhil Students）课程，也根据学部要求及需要提供定制会议（bespoke seminar）服务。

4）个人发展回顾计划：每年开展个人发展回顾，引导教师进行自我评析，研讨持续改进对策。与直接主管领导进行交流座谈，明确工作角色与责任，挖掘个人潜力与特长，预判工作困难，确定下一年度工作目标，提出下一年度个人发展需求。交流的内容和相关记录资料严格保密。

5）员工学习计划：制定收费课程申请和管理规定，支持大学各部门对教职员工进行校内外收费项目的学习提供资助。申请者需向部门领导提出学习要

---

① 权灵通，何红中，胡锋. 英国大学教师发展中心建设研究及启示——以牛津大学为例[J]. 中国大学教学，2017（11）：68-72.

求，然后交由部门审核。收费课程主要由教职员工所在院系、其他院系和校外组织开设。

3. "牛津大学学习中心"的成效与借鉴

OLI 是整个牛津大学发展战略与规划的有机组成部分，对牛津大学建设世界一流大学做出了十分重要的贡献。2014 年 7 月 10 日在伦敦召开的首届教育改革峰会上，英国教育大臣迈克尔·戈夫（Michael Gove）在《教育改革的未来》的主题演讲中指出："教师是整个教育改革系统中起关键性决定作用的角色，教师优秀，教育出来的学生也会优秀，这样才能形成完整的卓越教育体系。"[1]这说明只有不断提高教师专业水平，吸引、培训一批新的优秀教师，才能提升大学的发展水平。OLI 以其专业化的服务得到牛津大学教师的认可，OLI 所开设的课程均是建立在教师实际需求基础上的选修课，每年参与课程学习的在校教师多达 5000 人次，超过总在职教师人数的 1/3。[2]满意度评估结果显示，95%的人愿意向身边同事推荐其学习课程，98%的参与者对课程管理工作很满意；项目结束半年后，仍然有 50%以上的反馈者表示其自信心增强并有助于改善生涯规划。[3]

OLI 的建设经验有三个方面值得我们借鉴。第一，在顶层设计上，牛津大学重视 OLI 的定位，将教师发展战略的系统规划与整个学校的战略发展规划相统一，使 OLI 成为达成牛津大学使命的重要组织机构，然后制订切实可行的教师教学能力培养方面的发展计划，并给予配套的政策支持。第二，在组织架构上，OLI 具有独立的建制，与其他行政单位和学院平级，一起接受学校的统一管理，同时与学校各个不同院系的教学研究工作具有一种非常密切的联系与合作关系，使 OLI 能够很好地开展工作。OLI 专门设置了与各个院系科学沟通的机构与专职人员，团队的每一位成员均有自己各自负责的院系，这样对教师个人的发展也能够提供有针对性的指导与帮助，形成一种反应直接、沟通顺畅的系统网络。第三，通过设置灵活多样的项目，提供提升专业化教学能力的支持服务。OLI 针对不同层面教师以及教师的不同需求，提供灵活多样的培训方式。这些系统化的教师发展模式使得学校教师的能力提升有了非常系统和持续的支持，而且是一种全方位的培养模式，不仅教师个体获益颇多，最终获益的还是组织机构本身。

---

[1] Gove, M. The Future of Education Reform[EB/OL]. 2014-07-10. http://www.gov.uk/government/uploads/system/uploads/attachment_data/.

[2] Oxford Learning Institute. Annual Report[EB/OL]. 2015-07-23. http://www.learning.ox.ac.uk/.

[3] Oxford Learning Institute. Annual Report[EB/OL]. 2015-07-23. http://www.learning.ox.ac.uk/.

(三) 国外高校教师教学发展中心的理念与职能

服务教师发展和学生发展是国外高校教学发展中心的基本理念，从本质上来说，教学发展中心是高校提升教学质量的内部质量保障机构，担负着教学研究、教学支持、学习支持、资源服务及教学评价等多种职能。

1. 国外高校教师教学发展中心的理念

教学发展中心的建立是国外高校本科教学改革专业化运动的重要产物。《重构本科教育——美国研究型大学发展蓝图》是这一时期最有影响力的报告，标志着高等教育的发展进入了以质量提高为中心的时代，根本性变革在于对大学质量的看法超越了传统的外部监控与评估，转向关注从大学内部建立质量保障体系，旨在为教师和学生提供教学与学习支持。从性质上来说，教学发展中心是覆盖全校范围的内部教学支持机构，而不是教学管理机构，以提升"教"与"学"的质量为旨归。因此，教学发展中心体现出的是大学内部教学质量保障价值观，体现的是激活大学教学主体功能、完善大学内部教学促进机制、全面提升大学教学质量的理念。①以哈佛大学的德里克·博克教学和学习中心（Derek Bok Center for Teaching and Learning）为例，其核心宗旨是通过向教师提供教学资源、计划和卓越的教学支持，提升本科教学质量。澳大利亚麦考瑞大学（Macquarie University）的教学发展中心的宗旨是通过加强教学与学习基础设施建设（包括教学与学习方面的政策、资源、实际和虚拟的环境等），促进教师发展和学生学习，提升学生的学习参与、学习经验和学习成效，提升学校的教学质量。密歇根大学"学习与教学研究中心"以"创建研究型大学的教学文化，改善大学的教学与学生学习，研究并推广教学研究成果，以提高学生学习效率"为使命，为教师、助教、管理人员等提供专业化的教学服务和帮助。②

2. 国外高校教师教学发展中心的职能

国外高校的教学发展中心在名称上略有不同，但基本职能相似，总结起来一般包括以下几个方面。

（1）教学研究

国外高校的教学发展中心是一个以研究驱动的内部教学支持机构，教学

---

① 汪霞，崔军. 本科教学质量保障：大学教学发展中心的建设[J]. 江苏高教，2013（1）：34-37.
② CRLT of University of Michigan. 2009-2010 Annual Report: Promoting Excellence and Innovation in Teaching and Learning at U-M[EB/OL]. 2012-07-13. http://www.crlt.umich.edu/aboutcrlt/Annual Reprtt/p.pdf.

研究是其基本职能。提升教师教学能力和教学水平是教学发展中心的重要目标，自博耶报告提出多元学术生态观之后，教学学术性的观念得到广泛认可，教学同样是学术性问题，需要研究教学理念、课程设计和教学方法，需要开展教学反思，这些都需要专职的研究人员来完成。为提升研究水平，国外高校的教学发展中心均设有专职的研究岗位，专门开展教学理论、教育技术、教学方法、教学评估及教育心理学等领域的研究，发表有关研究报告，为教师、管理人员和学生提供教与学的知识与信息。为鼓励教师开展教学方面的研究，有些高校的教学发展中心还给予一定的资金支持。依据教学学术性的观点，解决教学问题是教师作为研究者的学术参与的过程，教学问题就是这个学术过程的起点，正如劳拉·里奇林（Lauria Richlin）所言，"大学教学具有问题性，在连续生成与解决问题的过程中，形成了研究者的学术问题谱系，所以，大学教学的问题性是教学学术活动的起点，是大学教学持续改进的动力所在"[1]。教学学术性的活动体现了教学的研究性，教师通过行动研究和主体参与，发现、分析和解决教学问题，通过反思性总结，将解决教学问题的策略系统化，将教学经验上升为系统化、规范化的知识体系，产生学术文本并加以推广，无论从内容还是形式上都是一种学术研究活动。以密歇根大学"学习与教学研究中心"为例，其职能陈述为："开展如何促进学习和教学的研究，形成相关成果，对全校乃至全美教师宣传和推广研究成果，以此支持和改善密歇根大学的学习与教学。"[2]

（2）教学支持

国外高校教学发展中心的重要职能是为教师教学提供多样化支持，承担着教师培训的职能，以促进教师专业发展。教学发展中心根据自身的定位，为教师提供的教学发展项目计划主要包括为年轻教师配备教学导师、课堂学习、教学策略和教学技术、微格教学、工作坊、习明纳（seminar）、同伴支持计划（peer support scheme）、学习问题研讨会、新教师的教学指导及针对当前教学主题的非正式讨论等，以多样化的内容吸引高校教师积极参与这些项目。20世纪80年代之前，工作坊与习明纳是教学发展中心最常用的教师发展方式，20世纪80年代则转换为同伴评论与反馈，20世纪90年代之后，专业咨询、工作坊、习明纳、课程、指导和行动研究成为教师发展的常用方式。工作坊是教学发展中心最主要的方式，其实质是小组合作工作，体现出"做中学"的特点，针对实际教学工作开展研讨，具有较强的针对性。国外高校的教学发展中

---

[1] 王骥. 大学知识生产方式：概念及特征[J]. 自然辩证法研究，2010（10）：76-80.
[2] CRLT. About CRLT[EB/OL]. 2012-07-10. http://www.crlt.umich.edu/.

心根据自身的发展定位采取灵活多样的教学发展方式。例如，哈佛大学的德里克·博克教学和学习中心秉承"好教师不是天生的"理念，强调通过教师培训和自我反思提高教师教学能力，促进教师教学专业发展，采取的教学发展方式主要有秋季与冬季教学研讨会、微格教学、个人教学过程跟踪录像、工作坊、主题研讨会、资深教师的 DVD 教学课件、公共演讲研讨会、新教师培训等。①斯坦福大学采取的教学发展方式主要包括冬季与春季入职培训、助教工作坊、小组教学评价指导、在线教学评价指导、班级教学录像服务、教学中心咨询、教学中心交流、教学导师指导和教学导师午餐指导等。总之，教学发展中心提供的教学支持项目都是由教师自己设计的，以满足教师课堂教学及学校教学需求，在促进教师专业发展的过程中起着重要的作用，其中一个显著而又微妙的变化就是，原来关系复杂的不同学科领域教师之间更加互相尊重，教学共同体逐渐形成，形成了明显的教学变革的乘数效应（multiplier effect），即教学程序与教学方法的微小革新，能够对教师的教学和学生的学习产生巨大效果。教师只要付出少量的努力，就可以提高学生达到学习标准的比例，使学生产生进一步学习的积极动机，学生就可以在一个相对合理的时间内完成课程学习。

（3）学习支持

为学生提供学习支持是教学发展中心的重要职能之一，指导学生如何开展有效学习并取得好的学习成就是教学发展中心的重要使命，提供的支持主要包括学术支持（academic support）、诊断性支持（diagnostic support）、个体咨询性支持（individual consultation support）、学习技能及拓展技能的训练等诸多内容。以斯坦福大学教学发展中心为例，近年来，该中心的核心目的已经变成推进优质教学和学生的优质学习。创建有效的学习共同体以支持学生的多样化学习需要是教学发展中心最重要的学习支持方式。在学习共同体中，学生积极地参与学习，以学习能力提升为目的，学生之间相互帮助，教师和中心的工作人员积极参与培养学生需要的学习技能，形成有效的沟通机制，让教师尽可能多地了解学生的学习情况，以便根据学生的学习情况调整教学策略，让学生从老师那里学会更多的学习技巧。小组学习（如小组课程、工作坊）、一对一学习等是教学发展中心为学生提供学习支持最常用的方法。例如，哈佛大学的德里克·博克教学和学习中心开设的"行动学习"（activity-based learning）系列课程就是为学生进行公共服务、田野工作、社区研究与实习准备的课程。这些课程的目的是通过理论与实践的结合，从而加深和丰富学生的学术经验和

---

① Harvard University. Derek Bok Center for Teaching and Learning-Service[EB/OL]. 2012-03-01. http://bokcenter.harvard.edu/icb/icb.do? keyword=k1985&tabgroupid=icb.tabgroup 140805.

学习成果，在此过程中促使学生将理论、方法和概念与社区的资料和经验结合起来。①斯坦福大学的教学发展中心有专门经费支持本科生的学术服务和学术活动，这些活动主要包括学习技能指导、学习资源获取的技巧、开设口头沟通课程等。

（4）资源服务

教学发展中心利用现代化的信息技术，搭建起支持教师发展和学生学习的综合性资源平台。对于教师的教学资源支持主要包括提供教学相关的图书馆资源、教学指导、推荐阅读期刊文献、其他推荐的教学中心网站链接、名师教学视频和教学中可能用到的软件。②加利福尼亚州立大学的教师发展中心通过学校信息技术中心（Information Technology Center）提供信息技术服务，致力于用最低的成本提供高效、高价值的技术服务。③教师可以通过中心网络获取各种课程教学资源和教学信息，同时也可以将自己所教课程的各种信息和资源公布在中心信息平台上，及时与学生展开互动，对学生学习给予及时反馈。例如，加利福尼亚大学伯克利分校的教学发展中心为教师提供有关课程大纲与讲义制作、课堂演讲技巧等在线材料，内容丰富而又具体，甚至包括大班课程的讲授和组织小班教学讨论等这类具体的教学技巧。教学发展中心强大的信息资源为学生创造了一个全新的网络学习环境。学生通过个人账号登录中心网站，就可及时准确地获知自己所选课程的相关信息，随时获得自己感兴趣的学习资源，并通过网络平台预约指导教师提供一对一的学习指导。例如，在澳大利亚的纽卡斯尔大学的学习与教学中心，通过中心网络的 blackboard 平台，整合虚拟教室、email、聊天室、小组在线工作等多样化的互动方式，学生可以自由选择参加课程学习的在线互动活动，以此更加迅捷地获取资源和掌握动态。

（5）教学评价

教学发展中心承担着教学评价的功能，主要包括对教师的评价和对学生的评价两个方面。教学发展中心对教师的教学评价是多元化的，评价形式主要包括教师的自我反思性评价、学生评教和同行评价，实施方式包括问卷调查、一对一访谈或小组访谈、课堂录像、课堂观察、微格教学等。其中课堂录像、微格教学可以用于教师的自我反思性评价，而课堂观察往往在同行评价中使

---

① Center for Teaching and Learning Newsletter[EB/OL]. 2009-10-03. http://www.newcastle.edu.au/unit/ctl/docs/ctl_newsletter_august_2009.pdf.

② 林杰. 哈佛大学博克教学和学习中心——美国大学教师发展机构的标杆[J]. 清华大学教育研究，2011（2）：34-39.

③ 李勇，骆有庆，于志明. 国外著名大学教学发展中心建设的经验与借鉴[J]. 高等农业教育，2011（11）：6-8.

用。评价结果会及时反馈给教师，由此促进教师适时调整其教学方式。有些评价材料被保存在教师教学档案袋中，为以后的教学提供重要的参考资料。以哈佛大学的德里克·博克教学和学习中心为例，学生评价是促进教师改进教学的重要途径，既包括对教师教学质量的直接评价，还包括基于学生学习效果的评价，中心定期开展学生学习效果评估并将结果反馈给教师，帮助教师改进教学。在评价方式上，教学发展中心要求所有的教师要通过纸质化问卷或网上调查问卷从学生那里获得信息反馈，时间一般安排在学期的1/2或3/4时段，对于小班教学，则要求教师通过讨论的方式获得学生对教学的评价与反馈。教学发展中心对学生的学习评价也是多元化的，选择恰当的方式为学生的学习提供定期或规定的反馈，重点了解学生的水平与需求，掌握学生存在的学习困难，帮助学生提高学习能力。

（四）国外高校教师发展中心建设的范式转换

受教学学术思想的影响，进入21世纪以后，传统的以教师为中心的教学范式向以学生为中心的学习范式转换，教师发展中心的建设理念与发展模式有了根本性转变，超越单纯教师发展模式，走向关注学生学习和教师教学发展的有机整合。

1. 关注教师教学能力提升："教学范式"下的教师发展模式

教师发展中心建设初期基本上属于以教师为中心的教学范式，其建设的价值取向在于关注教师发展，关注教师教学，是以提升和改进教师的教学水平为基本目的的专门化服务组织。在美国，1960年，密歇根大学的"学习与教学研究中心"是全球第一个教师教学发展促进机构，其建设理念既具有里程碑式的意义，也是早期教师教学发展机构的典范。该中心建设之初的宗旨就是关注教师教学能力的提升，中心通过配备专门化人员以及开展专题研究，为教师发展提供专业化的支持和服务。中心的活动是以教师为中心，通过培训与研究改进教师的教学，从而整体提高教学质量。哈佛大学的德里克·博克教学和学习中心是美国最早的教师发展和教学促进中心之一，通过向教师提供教学支持，致力于全体教师与研究生助教教学水平的提升，进而提升本科教学质量。时任中心主任詹姆斯·威尔金森明确指出中心的宗旨是：帮助教师成为好的研究者与好的教学者。[①]在英国，剑桥大学教学发展中心的宗旨是："为大学所

[①] 转引自林杰. 哈佛大学博克教学和学习中心——美国大学教师发展机构的标杆[J]. 清华大学教育研究，2011（2）：34-39.

有成员提供学习机会，使每一个人都能够充分发挥自身潜力，为实现优秀的大学教学和研究活动提供支持。"①在澳大利亚，最早的教学发展中心是成立于1973年的昆士兰大学的教学与教育发展研究中心（Teaching and Educational Development Institute，TEDI），其任务之一是为本校青年教师提供各种培训和服务，以助其尽快胜任教职并逐步提高教学质量，由此成为澳大利亚具有示范性的教学发展机构。②

"教学范式"下，各高校教师教学发展中心的目标表述各有不同，但其共性特征在于以提高教师教学水平为共同使命和基本宗旨，其主要功能是为教师的发展提供正式规划，帮助他们在教学上能够更好地胜任工作。20世纪80年代中期的研究表明，高校教师发展中心开展的主要工作包括教学工作坊、教学研讨班、创新性教学方法实验、帮助教师计划校内课程、通过准备合同或基金建议获取校外经费、计划和出版教材等。③陈志勇系统概述了教师教学发展中心的功能，主要包括四个方面：教学观念和文化传播功能、教学培训与指导功能、教学与课程的研究功能以及教学评价与反馈功能。④美国大学教学发展项目的专家森特（John A. Centra）开展的调查表明，教学技能发展实践在改进教学方面是有效的，大学教师更愿意参与此类实践活动，大学教师发展项目的焦点问题必须是教学的改进。⑤

2. 关注学生学习成效："学习范式"下的教师发展模式

20世纪90年代以来，由教学学术运动催生的美国高等教育变革的核心思想在于建立以学生为中心、以学习为中心的高等教育教学新范式。为适应新范式的要求，教师发展产生了由注重教师个体专业发展向注重学生学习的转换。在"以学生为中心"教学理念的引领下，美国高校开始积极关注如何将教学策略与学生的学习成果结合起来，以教促学，这一理念深刻影响了新建教师教学发展中心的价值取向，同时也促进了早期教师教学发展中心的职能转换。教学发展中心不局限于传统意义上的教师培训，而是更强调通过营造一种特殊的环境来支持学习和教学策略的改善，其目的是要建立一个"学生与学生、学生与教师、教师与教师"的学习共同体，主要目标有：①建立良好师生关系作为促

---

① 陈志勇. 大学教师教学发展中心：是什么？做什么？[J]. 高等工程教育研究，2013（6）：92-96.
② 冉源懋. 澳大利亚大学教师教学发展机构探析[J]. 教育学术月刊，2013（3）：45-48.
③ Gustafson, K., Bratton, B. Instructional improvement centers in higher education: A status report[J]. Journal of Instructional Development, 1984, 7(2): 2-7.
④ 陈志勇. 大学教师教学发展中心：是什么？做什么？[J]. 高等工程教育研究，2013（6）：92-96.
⑤ Centra, J. A. Types of faculty development programs[J]. Journal of Higher Education, 1978(2): 151-162.

进学习的手段；②帮助教师掌握教学内容；③帮助教师改革教学风格和教学方式；④帮助教师成为学习的促进者。①

进入21世纪以后，以学生为中心的"学习范式"逐渐成为国外高校教师教学发展中心建设的主导范式。成立于1875年的杨百翰大学（Brigham Young University）是全美最大的教会大学，也是美国最早建立教师中心的学校之一，为了适应以学生为中心的学习范式需要，2007年，该校又成立了教学与学习中心，与教师中心共同发挥作用。其中教师中心关注教师职业生涯发展的全局，而教学与学习中心则体现出"以学生为中心"的教学理念，其任务是通过提高学生的学习来促进教育目标的实现，因此，教学与学习中心非常注重教学与学习知识的整合，以教促学。②斯坦福大学教学发展中心的培养目标及培养任务是要让学生参与学者或更高层次学生的讨论，使他们能够对学到的知识进行有效的交流并且热爱学习。美国国王学院的卓越教学中心（The Center for Excellence in Teaching and Learning）成立于2002年，该中心将如何促进学生学习纳入学校发展目标之中，开展以问题为本的学习、经验学习和服务性学习等活动，重视通过学生之间以及师生之间的互动，为学生学习提供多样化的资源和指导。为实现这一目标，国王学院的卓越教学中心为学生提供关于学习指导和服务的写作中心（Writing Center）、学术训练中心（Academia Skill Centers）和学习策略工作坊（Learning Strategies Workshops）等丰富的学习资源。澳大利亚纽卡斯尔大学的"学习与教学中心"强调服务学生学习的核心思想，为学生发展提供全面支持，在教学卓越的基础上，推动学生学习走向卓越，是"学习与教学中心"的重要使命。③由此，教师教学发展中心贯彻以学生为本、为学生学习服务的基本思想，着力为学生的发展提供多样化支持。

曾任斯坦福大学校长的唐纳德·肯尼迪在《学术责任》一书中提出，对学生负责是大学的主要责任，也是教师的主要学术职责。④这就意味着，在由"教学范式"向"学习范式"转型过程中，教师教学发展中心的建设思路要超越教师发展，将学生的学习与教师发展进行有效整合，教学的内涵不只是"教"，而是追求"有效的教学"，所谓的有效教学是指能带给学生有效及成功的学习，创造有意义的学习经历的教学。

---

① Tiberius, R. A brief history of educational development: Implications for teachers and developers[J]. To Improve the Academy, 2002(1): 20-37.

② 邢俊. 美国大学促进教师教学发展的举措探析——杨百翰大学的个案研究[J]. 重庆高教研究，2014（5）：96-101.

③ 吕林海，Shen, C. 大学教学的内部支持性机构及其经验借鉴研究——澳大利亚纽卡斯尔大学"学习与教学中心"的个案调研报告[J]. 比较教育研究，2010（8）：45-50.

④〔美〕唐纳德·肯尼迪. 学术责任[M]. 阎凤桥，等译. 北京：新华出版社，2002：77.

四、我国教师发展中心建设的实践探索

2012年，在教育部相关政策的推动下，教师发展中心在我国高校相继成立，作为一种新兴的组织机构，在建设发展过程中存在着教师发展中心性质尚未完全展现、建制尚不完备、作用尚不充分、覆盖面尚不够广等诸多问题。[①]针对以上问题，需要以学习为中心，从范式转换的新视角出发推动教师发展中心的建设。

（一）我国教师发展中心建设的政策导向

教师发展对于提升本科教育质量的重要作用是显而易见的，从国家层面我国教师发展中心的建设起步较晚，但是推行力度较大，在教育部出台一系列政策，尤其是2012年教育部批准认定30个国家级教师教学发展示范中心之后，全国高校，包括高职院校掀起了建设教师发展中心的高潮。

从政策溯源来看，新中国成立70多年来的高校教育改革相关政策文本中都包含教师发展的建设要求与政策支持。但是，明确提出建设教师发展中心的文件是教育部同财政部于2011年7月1日颁布的《教育部 财政部关于"十二五"期间实施"高等学校本科教学质量与教学改革工程"的意见》，该意见提出，要"引导高等学校建立适合本校特色的教师教学发展中心"，并"重点建设一批高等学校教师教学发展示范中心"。这是教育部于2012年认定30家教师教学发展中心的政策起源。为了推动教师教学发展中心建设工作落地，2012年3月16日，教育部颁布的《教育部关于全面提高高等教育质量的若干意见》中再次指出，"推动高校普遍建立教师教学发展中心""提升中青年教师专业水平和教学能力"。2012年8月20日，国务院出台《国务院关于加强教师队伍建设的意见》，提出要"大力提高教师专业化水平"，为此强调要"建立教师学习培训制度"，其中明确提出要"推进高等学校中青年教师专业发展"，这就对高校建立教师发展中心提出了明确的要求。2012年9月20日，《教育部 中央组织部 中央宣传部 国家发展改革委 财政部 人力资源和社会保障部关于加强高等学校青年教师队伍建设的意见》颁布，指出要"提升青年教师专业发展能力"，为此明确要求"推动高等学校设立教师教学发展中心"，并且对教师教学发展中心的功能做出了较为具体的说明，即"开展教师培

[①] 别敦荣，韦莉娜，李家新. 高校教师教学发展中心运行状况调查研究[J]. 中国高教研究，2015（3）：41-47.

训、产学交流、教学研究、教学咨询、评估管理以及职业发展咨询等，帮助青年教师专业成长"。

2012年11月7日，教育部正式批准"厦门大学教师发展中心"等30个高校中心为"十二五"国家级教师教学发展示范中心，中央财政予以资助，由此正式拉开了我国高校大规模成立教师发展中心的帷幕。2018年，《中共中央国务院关于全面深化新时代教师队伍建设改革的意见》中提出"百年大计，教育为本；教育大计，教师为本"，强调"坚持兴国必先强师，深刻认识教师队伍建设的重要意义和总体要求"，"把全面加强教师队伍建设作为一项重大政治任务和根本性民生工程切实抓紧抓好"。该意见还提出"全面提高高等学校教师质量"的总体要求，"建设一支高素质创新型的教师队伍"。高校教师队伍建设的着力点在于提高教师专业能力，因此，该意见强调，要搭建校级教师发展平台，组织研修活动，开展教学研究与指导，推进教学改革与创新。根据该文件的要求，高校建立适合本校特色的教师发展中心是全面深化新时代教师队伍建设的重要举措，在我国高等教育进入普及化阶段，高校应当对教师发展中心建设给予更多的关注，通过提升教师发展水平促进本科教育质量的提升，从而为"双一流"战略目标的实现提供坚实的基础。

（二）我国教师发展中心的建设状况

从2012年开始，我国高校教师发展中心建设进入相对稳定的阶段，在国家及省教育主管部门的政策推动下，各校根据自身发展定位，建设了各具特色的教师发展机构，促进教师专业发展水平的提升。从名称来看，在我国高校，除了"教师发展中心"之外，类似名称还有"教师教学发展中心""教师发展促进中心""教师发展与教学督导评估中心""教学促进与教师发展中心""教师教育发展中心""教学发展中心""教师专业发展中心"等，虽然名称不同，但机构性质与职能基本相近。我国高校教师发展中心的服务对象范围广泛，从作为未来教师的博士生和助教，到新入职教师、青年骨干教师和专家型教师，涉及教师生涯发展中的各类对象。

从发展宗旨与定位来看，通过对30所国家级教师教学发展示范中心的文本分析可以看出，我国高校教师发展中心的宗旨与定位可概括为：弘扬优良教学文化，推广现代教育理念，传授优秀教学技能，提升教学科研能力，辅助职业生涯规划，促进教师全面发展。①

从机构属性来看，有的高校教师发展中心强调管理职能，但更多高校的教

---

① 权灵通，何红中. 我国高校教师发展中心的建设历程与评价[J]. 教育探索，2016（5）：118-123.

师发展中心则定位于服务性和支持性机构。从机构设置来看，有的是单独设置，有的是挂靠设置。魏红和赵彬对全国69所高校教师发展中心机构设置的调查结果显示，只有17所（占24.6%）作为学校直属单位独立运行，挂靠人事处的有13所（占18.8%），挂靠教务处的有35所（占50.7%），没有设置专门机构的高校有2所（占2.9%），由教务处和人事处共同领导的有2所（占2.9%）。①

从机构职能来看，教师教学发展中心的主要职能在于强化教学专业认知、提升教学专业理论、培育教学专业文化，以及促进大学办学水平和人才培养质量的提高。②根据国家级教师教学发展示范中心的建设内容，教师教学发展中心主要开展教师培训、教学咨询服务、教学研究、教学质量评估和监测、教学资源建设、辐射交流等六个方面的工作。对于这些工作，每个学校的侧重点不同，其中教师培训，尤其是青年教师培训是每个高校教师发展中心都非常重视的工作。除此之外，有的高校还开发了许多有特色的教师发展活动。教师培训采取的形式主要包括讲座、教学观摩、研讨会、座谈会等，培训内容主要包括教学理念、教学策略方法、教育信息技术、校情教育、职业素养等。教学咨询是为教师提供教学技能和职业发展方面的咨询服务，既有一对一的个性化服务，也有一对多的定制性服务。教学研究一方面是教师发展中心专业人员开展的教师发展和教学方面的研究，更多的是通过设立支持教改研究和实践的研究项目来支持教师开展教学研究。教学质量评估和监测是对本科教学质量进行评估和监测，主要包括教学诊断、教学督导和教学评估等工作。教学资源建设主要包括与教学有关的软硬件建设，如建设微格实验室、建设中心网站、运营微信平台供教师交流学习、搭建网络学习平台以及建设课程库等。辐射交流主要是推动高校教师发展中心积极与国内外高校进行交流合作。由于我国教师教学发展中心总体来说还处于起步阶段，借鉴国内外的经验显得尤为重要，这也使国内外交流合作受到特别的重视，尤其是30所国家级教师教学发展示范中心，在加强与国外交流合作的同时，很好地发挥了辐射带动作用，通过与国内其他高校开展校外高校教师进修培训活动、多校合作开展骨干教师培训活动等，推动了国内高校教师发展中心的建设。

从教师教学发展中心的建设成效来看，2016年，韦莉娜等通过设计问卷对全国48所不同层次和类型高校（以普通本科院校为主）的教师教学发展中心各项工作的满意度进行了问卷调查，考察高校教师个体对中心开展各项工作的主观感受和评价。问卷指标包括教师培训、教学咨询服务、教师教学交流活

---

① 魏红，赵彬. 我国高校教师发展中心的现状分析与未来展望——基于69所高校教师发展中心工作报告文本的研究[J]. 中国高教研究，2017（7）：94-99.

② 别敦荣，李家新. 大学教师教学发展中心的性质与功能[J]. 复旦教育论坛，2014（4）：41-47.

动、教学改革研究、教学质量评估、教学资源供给等六个方面，教师学科专业涉及人文、社会科学、自然科学与工程应用科学等不同学科领域。调查结果显示，虽然来自不同类型院校、不同工作岗位、不同教龄教师的总体满意度评价存在显著性差异，对教师培训、教学咨询服务、教师教学交流活动、教学改革研究、教学质量评估、教学资源供给等各项工作的满意度也有一定差别，但是，高校教师对教师发展中心的总体满意程度较高，反映了教师发展中心存在的合理性和必要性。[①]教师教学发展中心的建立对于巩固教学中心地位、提高教师教学能力具有显著促进作用。

（三）我国教师发展中心的案例：上海交通大学"教学发展中心"[②]

上海交通大学是我国历史悠久、享誉海内外的著名高等学府之一，是教育部直属并与上海市共建的全国重点大学。经过120多年的不懈努力，上海交通大学已经成为一所"综合性、研究型、国际化"的国内一流、国际知名大学。上海交通大学始终把人才培养作为办学的根本任务。120多年来，学校为国家和社会培养了逾40万名各类优秀人才。[③]

1. 上海交通大学"教学发展中心"的概况

上海交通大学"教学发展中心"（Center for Teaching and Learning Development，CTLD）成立于2011年4月22日，是我国高校成立较早的专业化教师发展机构，并入选首批30个国家级教师教学发展示范中心。"教学发展中心"的设立，使上海交通大学的教学研究与教师培训进入专业化、高水平、可持续发展的新阶段。上海交通大学前书记马德秀的题词是"创一流中心，铸一流教学"。前校长张杰的题词是"研究型教学的本质在于激发学生的创新潜能"。从"教学发展中心"创立之初两位主要校领导的题词中可以看出学校对该中心设立的发展目标以及发展定位，为该中心工作的开展指明了方向。2020年，中心有专职工作人员19人，是全国同类机构中专职人员较多的高校之一。

2. 上海交通大学"教学发展中心"的使命与职能

上海交通大学"教学发展中心"的使命是：推广先进的教学理念，弘扬优良的教学文化，探究科学的教学规律，搭建温馨的交流平台。中心任务主要

---

① 韦莉娜，别敦荣，李家新. 高校教师对教师发展中心满意度研究[J]. 复旦教育论坛，2016（2）：65-71.

② 案例内容主要根据上海交通大学教学发展中心网站（http://ctld.sjtu.edu.cn/）及相关资料整理而成。

③ 上海交通大学. 学校简介[EB/OL]. 2020-12. https://www.sjtu.edu.cn/xxjj/index.html.

有以下两方面。

1）教师培训，包括对新教师开展教学基础培训、对其他教师开展教学能力提升培训、对各级教学管理人员开展业务培训、对研究生助教开展上岗培训等。

2）教学研究与评估。针对教师的"教"和学生的"学"开展系统的研究与质量诊断，为教师提升教学能力搭建沟通交流平台及提供个性化的帮助。

3. 上海交通大学"教学发展中心"的培训项目

上海交通大学"教学发展中心"的培训项目类型多样，培训对象以校内教师为主，同时也开展学生助教和学生学习培训，在此基础上将培训对象进一步扩展到国内外，通过设置专门的培训项目为国内其他高校教师提供培训，并开展广泛的国际合作交流。

（1）新教师培训

新教师培训是"教学发展中心"的主要任务之一，主要培训内容与方式包括以下几个方面。

1）融入"以学生为中心"的教学理念。"以学生为中心"是"教学发展中心"倡导的核心理念。培训中，培训师引导新教师根据自己实际的教学内容设计学习目标，评估教学策略和教学活动，使新教师真切体验什么是"以学生为中心"。

2）采用参与式培训。全程采用参与式培训，带领新教师进行头脑风暴、小组讨论、主动分享，最终在培训师的引导下共同建构出新的教学知识体系。在此过程中，新教师不但要展示自己的成果，还要对其他成员的成果进行建设性反馈。

3）同伴互助的微格教学。微格教学采用7~8人为一组的方式，每人用10分钟左右的时间在一群扮演学生角色的同事面前上一堂短课，组内的其他成员就该教学片段提供建设性反馈，通过这种同伴互助的演练方式帮助新教师提高教学技能。

4）以教师的需求为本。"教学发展中心"注重分析培训后的反馈，根据新教师提出的建议及时调整培训方案，保留满意度高的项目，完善或删除满意度低的项目，不断提高培训质量。

（2）助教培训

助教培训是"教学发展中心"配合学校的助教工作机制，每学期针对研究生助教的不同需求开展的培训，致力于提高助教的工作质量。自2012年起，"教学发展中心"每学期均开展助教培训，助教培训形式多样，包括讨论、经验交流、团队合作等，参训学员普遍感到形式新颖、不枯燥，内容具有针对性。

（3）学能提升

学能提升旨在帮助学生掌握基本的大学学习技能，进而提升学习效能。"教学发展中心"自 2016 年春季学期起为全校学生提供学生学习能力提升项目服务。培训内容中的每一个模块包含多个主题单元，针对每一主题都单独开班进行培训，每次时长为 1~1.5 个小时。目前的培训模块包括以下几个方面。

1）自学达人（self-learning talent）。为大学生提供有效的自学技巧，如适合大学生活的时间管理策略和技巧、一般的大学学习方法和策略、自我激励与自我管理的方法和策略、高效率的自主学习策略等。

2）心路分享（experience sharing）。由优秀教师分享自己的人生经验和感悟，如大学教育中的人文素养、大学生怎样利用大学时光使自己得到成长等。

3）点亮技能（learning skills）。为学生提供促进其学习的教育技术和能力，如美化 PPT 的方法与实战等。

4）学霸讲坛（top students on learning）。由"学霸"担任主讲，通过分享他们的学习经验和体会，帮助参与学生尽早树立自己的人生目标和理想，进行合理的职业生涯规划。该形式一经推出，就受到了学生的广泛欢迎。

（4）对外培训

作为首批国家级教师教学发展示范中心之一，上海交通大学"教学发展中心"主动承担辐射交流的作用，通过与国内外高校相关教师发展机构开展合作，开发出多种培训项目，取得了良好的效果。

1）教学发展人员胜任力提升（国际联合项目）研修班

为了更直观地体验与学习美国优秀教学中心的运作方式和实施效果，更深入地了解与探讨国际理念和经验的本土化实践，上海交通大学"教学发展中心"与美国密歇根大学"学习与教学研究中心"联合举办了"教学发展人员胜任力提升（国际联合项目）研修班"，培训对象为教学发展中心管理者、业务负责人与研究人员、有兴趣的一线教师、行政人员等。该项目分为"上交段"和"密大段"两部分，即先在中国（上海交通大学）进行一周的研修，然后再到美国（密歇根大学安娜堡分校）进行一周的考察学习。前后两段在内容上紧密衔接，研修内容与特色包括教学发展中心建设理念与运行机制探讨、有效教与学的前沿研究进展介绍、两校特色教学发展业务经验分享、与两校中心人员的个性化交流、校本教研工作行动计划的制订等。

2）国际卓越教师团队工作坊

为了促进卓越教学和国际教学发展领域的合作交流，上海交通大学"教学发展中心"于 2018 年 1 月成功承办了为期 2 天的"国际卓越教师团队工作坊"。该工作坊由昆士兰州政府、昆士兰州贸易投资促进局、昆士兰科技大学和英国高等教育学会联合资助。"国际卓越教师团队工作坊"围绕基于教学专业标准的有效教学实践，引导参与者现场运用主动学习教学法开展教学，主题丰富，内容紧凑，设计了形式多样的课程模块，主要包括英国高校教学专业标准框架、高校有效教学、教学理念和目标设定、建设性教学团队建设、教学评价与反馈、发展性反思写作、主动学习教学法和实践、评估教学影响等。

4. 上海交通大学"教学发展中心"的教学研讨活动

上海交通大学"教学发展中心"通常会举办类型多样的研讨活动，教师可以根据个人需要有选择地参与相关活动，同时，为体现"以学生为中心"的发展理念，其也吸引学生参与相关活动。

（1）教学工作坊

"教学工作坊"主要采用参与式培训的方式，结合教育学、心理学、学习科学等领域的最新研究成果、具体教学案例与本校教师的需求，设计相关主题，由主持人组织教师进行研讨。"教学工作坊"的主题主要针对微观的课堂教学，包括教师个人职业发展所需的一些内容。"教学工作坊"在促进教师理解学生的学习和发展规律、对自己的教学实践进行反思及改进等方面发挥了积极的作用。

（2）教与学讲坛

"教与学讲坛"是以讲座形式为主的栏目，主要邀请国内外及本校的杰出教师以"教与学"的促进为主要内容，通过主题报告为教师提供学习优秀教学经验和进行教学反思的机会。"教与学讲坛"一方面侧重于开拓教师的视野，着重展示国内外先进的教学理念、方法和实践；另一方面侧重于积极地挖掘本校的精英师资分享教学经验，以传承上海交通大学的优秀教学传统。

（3）教学午餐会

"教学午餐会"是教师的交流平台，研讨主题主要围绕教师所关心的话题来设置，目前已形成了"教与学交流系列""教学管理互动系列""国外访学交流系列""运动与健康分享系列""职业管理与发展系列""青年教师成长系列"等。"教学午餐会"主题多元，形式轻松，是让教师在紧张的教学与科研之余与同行跨学科、跨部门进行交流的良好场所。

（4）导师沙龙

"导师沙龙"是为提升研究生培养质量而搭建的交流平台，主要邀请在培养研究生方面卓有成效的研究生导师进行专题报告，分享个人在研究生培养方面的经验和心得，内容涉及学生的学术培养、团队建设、组会制度、学术论文发表等。

（5）实践社区

"实践社区"旨在促进跨学科、跨院系教师之间的教学交流、研讨与融合。为了营造良好的教学生态文化，"教学发展中心"支持并引导教师建立了兴趣小组和实践社区，先后成立了"教与学研究兴趣小组""实验教师交流实践社区""教育技术兴趣小组""教学档案袋社区""教学学术社区"等。兴趣小组和社区由来自不同院系的教师自愿组成，围绕一个大家感兴趣的主题，通过团队读书分享、小组讨论、参观实践、主题研讨等活动形成一个教师互助平台。

5. 上海交通大学"教学发展中心"的特色活动

（1）教学相声剧

教学相声剧是由上海交通大学"教学发展中心"和"新语相声俱乐部"合作推出的教学类相声剧目，该形式在全国范围内尚属首创。教学相声剧致力于通过相声喜剧艺术的表现手段，展现教学现象和校园风气，反映真实课堂教学现状，从学生的视角揭示目前高校教学中存在的各类教学问题以及对教师改进教学的期望，从而引发观众对教学现状及教学改进的思考，以此促进教学发展工作更生动、有效的开展。目前，"教学发展中心"开发出《我爱上课》《牛老师起飞》《助角》《高树下的小板凳》《好老师》《一票篮球》等一系列教学相声剧，由师生共同演绎，通过相声的方式把枯燥的教学演绎得生动有趣且富有教育意义。教学相声剧得到师生的一致好评，使教师懂得要更多地从学生学的角度出发来重新认识教学、反思教学。例如，有的教师留言："通过学生们的语言，我知道了学生的困惑与担忧，从而对自己的教学活动提高了要求，要从学生的需求出发来考虑，要明确学生需要学习什么、掌握什么。"一位学生留言："教学相声剧幽默诙谐，寓教于乐，让我对助教工作中可能会出现的问题有了心理准备，为助教工作的进行奠定了一定的心理基础。"

（2）只言片语话师恩

"只言片语话师恩"是上海交通大学"教学发展中心"具有亮点的特色活动，是从学生的视角来激励教师教学发展的有效方式，因为不只是学生需要教师的鼓励，教师也需要来自学生的肯定。为了给学生提供一个感恩教师的途径，让教师感受到来自学生的肯定与正能量，使教师因此获得在教学之路上坚定前行的力量，以此形成教学的正向循环，坚守着这样的信念，上海交通大学"教学发展中心"决定举办感恩教师活动，为学生免费提供几种不同风格的印有上海交通大学风景的明信片，让学生能利用各种明信片来表达他们的感恩之情。截至2020年，上海交通大学"教学发展中心"已经举办了5届"只言片语话师恩"活动，得到学生的积极响应，从中可以看出学生对教师的敬爱以及对高水平教学的期望。在首届活动中，"教学发展中心"选取了其中具有代表性的7位教师，将他们收到卡片的整个过程拍成视频。"这么多年来，我看到了学生的进步与成长，送走了一批又一批优秀的学生，学生告别时真诚的感谢，给了我很大的幸福感，推动我提升和完善自己。""作为一名老师，这些学生我都教过、都记得，收到学生们的感恩卡片，看到这些文字，我心里真的感到很温暖、很欣慰。"从这些教师的感言中可见，学生的发展在教师发展中也起着非常重要的作用，正如上海交通大学数学科学学院武同锁老师在接受采访时强调，"信息时代，教学相长更加明显，教师和学生互相学习，互促互进"。由教师和学生构成的"教学共同体"的相互促进作用是"只言片语话师恩"的最终旨归。

（3）开放课堂观摩

对于教师来说，课堂是个人权威的专属领域，除了来自学校对课堂教学质量的监督和抽查而必须开放课堂外，一般情况下，教师课堂是不对外开放的，即使对本校的教师也不开放。因此，在这种特殊情况下的开放课堂可被称作被动开放课堂。但是，刚上讲台的年轻教师非常希望能观摩优秀教师的课堂，学习基本的教学方法，而有经验的教师也可以从优秀教师的教学中有所借鉴。"教学发展中心"出于这一目的，组织了"开放课堂观摩"活动，这是一种主动开放课堂形式。"开放课堂观摩"活动遵循自愿的原则，具体实施方法如下：①每学期初与开放课堂的教师核对开放课课表；②每学期初向新教师及全校其他教师发布开放课课表；③教师自行选择感兴趣的开放课堂，按照课表上的时间、地点听课；④在自愿的情况下，开放课堂的教师可应邀与听课教师讨论、交流教学经验。"开放课堂观摩"为青年教师的教学能力提升和专业发展提供了有益的帮助。

（4）加强与学院的合作

1）设立学院分中心。为了使教学中心工作更好地服务学院发展，使教学服务工作更贴近学科专业发展的需要，"教学发展中心"加强与学院合作，建立了分中心，目前设立的分中心有凯源法学院分中心、生命科学技术学院分中心、船舶海洋与建筑工程学院分中心、材料科学与工程学院分中心、化学化工学院分中心、数学科学学院分中心、外国语学院分中心、人文学院分中心。各分中心相对独立，既接受"教学发展中心"的业务指导，也进行横向联动，相互协作。

2）院系定制服务。为了给各院系教师提供更有针对性的帮助，"教学发展中心"推出了院系定制服务（表5-6），通过一系列系统化的教学提升计划，有针对性地帮助不同院系的教师切实提高教学能力。教学提升计划包含

"大学教学进阶课程""教学咨询""教改专项"三种途径可供教师选择,并提供了丰富多样的学习方式,确保理论与实践的紧密结合。

表 5-6　院系定制服务一览表

项目	介绍
大学教学进阶课程	适用人群:有一定教学经验的教师 目的:通过观摩、借鉴优秀教学实践,帮助有一定教学经验的教师反思自己的教学实践,进而对课程进行重新设计和试讲,追寻更卓越的教学表现 内容: (1)教学发展中心常规活动 4 选 2(线下),如教与学讲坛、午餐会、教学工作坊等 (2)视频观摩(线上) 　　a)观摩视频 4 选 2(教与学讲坛视频和网络优秀课程视频),完成在线学习任务 　　b)提供有关教学知识、教学技巧的文本学习 (3)试讲(线下) 　　a)重新备课,进行课程设计 　　b)抽取课程选段进行试讲,2 次
教学咨询	适用人群:各阶段教师 目的:针对具体教学片段和环节,向教师提供建设性反馈,以期为教学实践的改善提供帮助 内容: (1)咨询(任选一种咨询形式) 　　a)对教师课堂教学进行录像,由专家回看提供反馈 　　b)专家面对面咨询 　　c)中期学生反馈 (2)成果展示 　　a)教学发展中心课程调查问卷(学生) 　　b)改进前后的教案对比
教改专项	适用人群:各阶段教师 目的:选择感兴趣的教学方法或工具,与志同道合的教师结成实践社区,通过互相听课等形式的交流研讨活动,探索将新方法或工具应用在教学实践中的路径 内容: (1)选择参加一个教改实践社区 　　a)演讲 　　b)提问 　　c)小组讨论 　　d)任务式教学 　　e)投票器 　　f)对分课堂 (2)实践社区活动 　　a)活动内容:微信群交流、面对面学习与交流、开公开课、相互听评课 　　b)活动时间:开公开课 1 次,听评同一社区成员课堂教学 3 次 　　c)研修成果:提交公开课教学设计、课堂实录、听评课反馈报告 (3)成果展示 　　a)教学发展中心课程调查问卷(学生) 　　b)改进前后的教案对比

（5）中期学生反馈与教学有效性的多元评价

1）中期学生反馈（midterm students feedback，MSF）。"教学发展中心"注重对教学的过程性评估。为了帮助全校教师提高教学水平、改进课堂教学效果，"教学发展中心"自2012年2月起，为全校教师提供中期学生反馈服务，其宗旨是帮助教师发现问题、寻求解决问题的办法，从而提高自己的教学水平，改善课堂教学效果。中期学生反馈包括四个环节。第一，前期会谈。了解该课程和课堂的基本信息，告知教师中期学生反馈的具体做法，让教师了解整个过程，建立彼此信任的关系。第二，课堂观摩。"教学发展中心"咨询员去课堂进行观摩、录像（需由教师本人提出申请），组织学生讨论并收集学生对课程和课堂的反馈信息。第三，后期会谈。就教师的真实课堂及学生的反馈意见，向教师提交调查报告，并和教师一起讨论改进教学和课堂效果的办法。第四，后续跟踪。在学期期末，"教学发展中心"咨询员应教师需求，了解该课堂的改进情况，并将此信息直接反馈给教师。中期学生反馈表现出私密个性化服务、收集学生真实反馈和共同探讨改进策略的特征。

2）教学有效性的多元评价（multi-approach assessment of teaching effectiveness，MATE）。"教学发展中心"在研究有效教学的理念与概念内涵的基础上，综合教学有效性的几种取向，设计了 MATE 模型。这个模型的优点在于其不仅整合了教师特质、教学行为、学生认知过程（归结为学生特质）、学生学习成效等多种教学有效性的取向以及学生评教、同行评议、教师自评等多种评价方法于一体，能够很好地提供一个系统考察教学有效性的框架，而且充分考虑了其他影响评价结果可比较性和普适度的维度，如课堂规模、课程难度等决定课程间差异的课程特质，为评估结果兼容总结性和形成性用途提供了保障，为教学管理和教学发展工作提供了理论指引。

在 MATE 模型的基础上，"教学发展中心"针对院系评估的需要进一步开发了院系教学质量评估，这是"教学有效性多元评估项目"的院系级评估方案（培养方案），旨在帮助高校院系诊断一组课程的整体教学有效性状况，并基于综合评估结果提出相应的改善计划和优化策略，进而全面提升院系的整体教学水平，打造一流学科品牌。

6. 上海交通大学"教学发展中心"的教学激励

"教学发展中心"设置了专门的基金和奖项，激励教师中心活动，不断提升教师的发展水平，并对教学成就突出的教师给予表彰。

（1）教学发展基金

为激发一线教师开展课堂教学研究的活力，引领他们从经验性教学逐步走向教学研究，并提升到学术高度，"教学发展中心"从 2012 年开始设立了促进教师进行教学研究的专项经费——教学发展基金。该基金设立的初衷和宗旨是：长期并始终致力于帮助教师提升教学能力和改进学生的学习效果，鼓励教师基于"以学生的学习为中心""关注学生的学习效果"的教学理念进行实践研究。该基金的研究周期为一年，每年结题时，"教学发展中心"会组织专家根据项目完成的质量确定资助的基础经费额度和额外奖励经费额度。该基金自设立以来，不断更新和优化，在促进教师关注学生的学习效果方面发挥了重要作用，目前主要有教学发展基金和国际化专项基金两类。

1）教学发展基金。该基金鼓励教师进行教学学术研究，即在教学实践的基础上，从课堂教学中存在的真实问题出发，根据教师自身的教学需求或研究兴趣、学校的教学现状等，围绕先进的教学理念和科学的教学规律，自行拟订研究课题，收集研究数据，将改革前后的教学情况进行研究和对比，总结并提升实践经验，以提高教师自身的教学水平、改善教学效果。

2）国际化专项基金。为鼓励教师对国际化办学进程中遇到的各类问题进行深入研究和探讨，促进学校实现"办学国际化""世界一流大学"的目标，"教学发展中心"特设立国际化专项基金，鼓励教师针对教育国际化的有关问题进行学术研讨，即教师可以根据自身的工作、教学需要或研究兴趣，自行拟订研究题目，收集研究数据，总结研究结论，以改善工作、教学效果，或进一步指导学校的国际化办学实践。

教学发展基金在不断创新与拓展，受新型冠状病毒肺炎疫情的影响，在教育部"停课不停学"的号召下，教学发展基金又专门增设了 2020 "停课不停教"教学发展专项基金和 2020 学生促教基金两类，帮助师生更好地开展疫情期间的教与学工作。

（2）教学奖项

1）卓越教学奖。为了提高学校教师的课程教学质量，营造重视教学和奖励先进的文化氛围，"教学发展中心"特设立"卓越教学奖"。"卓越教学奖"本着"以学生的学习效果为中心"的原则，注重奖励在课程教学中潜心投入、使学生获得了良好学习效果的教师。"卓越教学奖"每年评选一次，每年的奖金总额为 10 万元，由获奖者平分，每次最多奖励 5 人。获奖者可得奖金及奖牌、证书，并在颁奖典礼上介绍教学经验。未获奖的候选人，作为教学发展中心教学效果评估研究项目的承担者，可获得 2000 元资助。截至 2020 年，"卓越教学奖"已开设了 6 届，有 30 名教师获此殊荣。

2）青年教师教学竞赛。为全面贯彻党的教育方针，推进落实全国高校思想政治工作会议精神，坚持立德树人的根本任务，深入推进"学在交大"，不断提升青年教师的教学能力和业务水平,展现青年教师的教学风采,引导和激励广大教师做好"立德树人、教书育人"工作,加快推进学校"双一流建设","教学发展中心"特设立上海交通大学青年教师教学竞赛。青年教师教学竞赛的宗旨为"学在交大",主题是"青春在讲台",理念为"上好一门课"。青年教师教学竞赛按学科分为6个组别,分别为人文学科(含哲学、文学、历史学、体育)、社会学科(含经济学、法学、教育学、管理学、艺术学)、自然科学基础学科(理学)、自然科学应用学科(含工学、农学、医学)、外语教学学科(含语言类和非语言类外语教学学科)、思想政治理论课。每个组根据选手得分评出一等奖1名,其他奖若干名,由学校颁发奖励证书和奖金。所有获奖者名单将在校人力资源处备案,并在个人晋职晋级、申报奖励、考核评估等环节作为相关评估与考核的依据。教学竞赛组织情况将纳入院系年度考核评优的指标体系,作为单位考核评估的重要依据。

五、"学习范式"下我国高校教师发展策略

(一) 教师发展模式转型的时代需求

根据教育部公布的全国教育事业发展统计公报①,2013年,我国高等教育毛入学率达到34.5%,进入了高等教育后大众化阶段,高等教育在校生保持低速增长,总体规模保持在3500万人左右,高校毕业生保持在每年800万人左右。同时,教育部统计数据显示,高考录取人数增长幅度持续减缓,高考录取率相对稳定,从高等教育教育需求与供给基本趋势上判断,我国高等教育需求增长已进入一个滞胀期,短期内出现大幅度增长或骤减的可能性不大,而高等教育供给能够满足基本需求以及需求的小幅增长,由此形成我国高等教育发展的"新常态"。高等教育从外延式发展转型到内涵式发展的道路,核心特征是提高高等教育质量和人才培养质量。《国家中长期教育改革和发展规划纲要(2010—2020年)》提出,要全面提高高等教育质量、提高人才培养质量,牢固确立人才培养在高校工作中的中心地位,同时明确指出,把教学作为教师考核的首要内容,大力提高教师教学水平。2012年,"高教三十条"中的第一条就是将内涵式发展作为提高质量的核心要求,此外还强调,要巩固本科教学基础地位,本科教学作为高校最基础、最根本的工作,领导精力、师资力量、资

---

① 教育部. 2013年全国教育事业发展统计公报[EB/OL]. 2014-07-04. http://www.moe.gov.cn/srcsite/A03/s180/moe_633/201407/t20140704_171144.html.

源配置、经费安排和工作评价都要体现以教学为中心。在高等教育内涵式发展中，坚持把教师队伍作为提高质量的根本保障，提高教师业务水平和教学能力。2012年，教育部出台文件推动高校普遍建立教师教学发展中心，重点支持建设一批国家级教师教学发展示范中心，有计划地开展教师培训、教学咨询等，提升中青年教师专业水平和教学能力。相对于发达国家而言，我国教师教学发展中心建设起步较晚，处于高等教育转型发展阶段。因此，教师发展需要有新的理论来引领，基于"学习范式"的教师发展模式有利于我国高等教育质量的提升。

（二）"学习范式"下的教师发展路径选择

我国教师发展中心建设总体上处于起步阶段，许多学校虽然在机构设置上已经建设了教师发展中心，但是由于缺乏专业人员，在建设过程中移植模仿的现象非常普遍，造成教师发展中心的同质化发展，在此过程中遇到许多共性的发展问题。例如，权灵通和何红中的研究指出，我国高校教师发展中心普遍存在职能不健全、职责界定不明晰、行政管理色彩较浓、服务教师意识不强、工作内容较为单一、活动创新性不足等问题。[1]针对以上问题，我国高校可借鉴国内外高校教师教学发展中心的建设经验，以适应本科教育向"学习范式"转型的需要，以学习为中心，从新的视角出发推动教师教学发展中心的建设。

1. 以学习为中心，推动大学组织变革

成功的大学教师发展项目对大学校园影响深远。大学教师发展将最终与学术共同体的发展融为一体。[2]博耶在1995年提出学校是学习共同体的观念，生活在学校中的人有着共同的愿景。作为学术共同体的大学，其中组织结构和发展定位等许多方面会对大学教师发展产生根本性影响。从性质上来说，教师教学发展中心是大学教学的内部支持性机构，与教学在学校中的定位直接相关。教学是大学之所以为大学的根本之意，高等教育改革的最终落脚点必须是教学。大学独特的发展目标影响着教师教学发展中心的建设目标与思路，在"学习范式"下，教师教学发展中心的建设需要大学组织也应进行相应的变革，构建学习中心大学。学习中心大学是从学生的视角出发，学校和教师服务

---

[1] 权灵通，何红中. 我国高校教师发展中心的建设历程与评价[J]. 高教探索，2016（5）：118-123.

[2] Bergquist, W. H., Phillips, S. R. Components of an effective faculty development program[J]. The Journal of Higher Education, 1975(2): 177-211.

于学生的需要,能否满足学生的需要是大学在高等教育普及化阶段生存的重要影响因素。因此,教师发展不再是单独的大学内部发展项目,而是与学校和学生发展融为一体的共同体。迪尔和斯波恩(Dill and Sporn)将这一现象描述为"一个全新的知识产业",主要的学术组织将成为"社会的学习共同体"。[1]在这个共同体内,以学习为中心必须渗透到大学的结构、组织、文化等各方面,才能有效地实现范式的转换。学习中心大学应从组织层面发生整体变革,大学的目标定位应把学习放在首位,对学生的学习负责,大学的重要任务在于创造新的学习环境,大学所创造的环境不仅仅是向学生提供更多的选择机会,而是为知识供应和学习服务创造更多的竞争,使学生在竞争的环境中学会学习。在此背景下,大学应该推进教学组织的改革,对原有教学要素进行重新组合,组合的标准是围绕学习这一中心,目的是为学生提供更好的学习环境。教师教学发展中心建设是教学组织变革的重要组成部分,在学习中心大学里,它已经超越单纯的教师发展职能,而是实现教师发展、学生发展及大学发展的融合。

2. 以教学文化为引导,提升教师教学学术能力

在教师发展概念框架中心,教学发展始终处于核心位置。教学发展既是大学教师的主要任务,也是大学教师发展的逻辑起点。所以,对逻辑起点的认识将影响大学教师发展的路径。在传统的"教学范式"下,教学发展侧重于传授知识、培养能力等方面,而在"学习范式"下,教学发展应被赋予更深层的含义,博耶等所倡导的多元学术观和教学学术运动赋予了大学教师职业以学术性,教学学术应是教师发展的核心竞争力。因此,提升教学学术能力应是教师教学发展中心的核心任务。教学学术不仅是教师发展的内容,也是教师发展的重要途径。教师发展与大学组织变革是紧密相连的,教学学术性的发展需要在大学组织层面建立支持教学学术能力发展的文化氛围,尤其需要教学文化的引导,正如邬大光教授所言,教学文化是大学教师发展的根基。[2]教学文化应体现出大学的使命,我国大学在快速发展过程中,在建设一流大学的进程中,重视目标建设、制度建设,而真正与世界一流大学具有较大差距的大学核心价值的缺失却被忽视,这种缺失从其要旨而言是一种教学文化。营造卓越的教学文化是教师教学发展中心建设的重要使命。我国高校教师教学发展中心仍然处于起步阶段,其学术性、独立性、专业性和感召性普遍较低,完全依靠中心人员来推动整个学校教师教学学术能力的提高是不现实的。但是,教学发展中心可

---

[1] Dill, D. D., Sporn, B. Emerging Patterns of Social Demand and University Reform: Through a Class Darkly[M]. New York: Pergamon Press, 1995: 126.

[2] 邬大光. 教学文化:大学教师发展的根基[J]. 中国高等教育,2013(8):34-36.

通过营造教学文化氛围，引导教师重视教学，提升教学学术性。教学文化的引导应以先进的教育理念为基础，在"学习范式"下，以学习为中心、以学生为中心的教育理念对教师角色提出了更高的要求，教学的学术含量进一步增加。教学文化建设应是基于教师共同体发展愿景的价值共识，是一个共同体的文化氛围，而不仅仅是教师个人信仰、价值和愿景。迪尔的研究表明，"教师发展中心过于强调针对个体教师的发展而不是促进群体教师发展的项目或过程限制了他们对组织学习的贡献"[①]。教学共同体对教师发展的影响是潜移默化的，具有强烈的导向作用和归属感，有利于激发教师自我发展的意愿，使教师在教学共同体中实现个人价值，激发教师自我反省、自我发展的内在动力，使其从自身出发自觉将提高教学学术能力作为教学发展的核心，教学质量才能从根本上提高。因此，教师教学发展中心建设应当正确认识"学习范式"下教学文化的内涵和本质，为教师教学发展提供价值引领，由此逐渐上升到教学的精神维度，在学习共同体中形成优良的教学文化氛围，在此基础上，通过有效的教学制度建设和教学资源管理，促进教师教学学术能力的提升。

3. 以支持性为基本原则，助力教师职业生涯发展

1962年成立的密歇根大学"学习与教学研究中心"，成为引领教师教学发展中心建设的重要标志，经历半个世纪的发展，其成功经验在于将中心定位为一个支持性机构。"不将中心作为一个学生评价办公室，因为当中心被认为是一个支持性部门，而不是一个评估部门时，它与教师的合作更有效。"[②]支持性原则决定了中心与教师和学生的伙伴合作关系，通过服务教师教学和学生学习，推动学校教学改革，进而促进教学质量的提高。支持性原则的核心是服务导向，直接指向的是教师职业生涯发展，终极指向是教学质量的提高。我国高校教师教学发展中心建设基本上也遵循这一原则，多数高校的教师教学发展中心定位于学术性和服务性机构，部分兼有行政管理职能。在"学习范式"下，教师教学发展中心服务教师职业生涯发展应建立在需求导向的基础上。所谓的需求导向，是指中心在提供支持服务时应从教师个人发展需要的角度出发，特别是对教师和学院提出的教学培训需求做出积极回应，只有当中心设计的项目不是强迫对象的任务，而是适应教师的主动需求时，才能与支持性的定位相契合。大学教师发展是与大学发展任务相契合的系统性和全面性的

---

① 转引自包正委，董玉琦. 发达国家高校教师发展的模式演进探析[J]. 外国教育研究，2014（5）：73-81.

② 〔美〕康斯坦斯·库克. 提升大学教学能力——教学中心的作用[M]. 陈劲，郑尧丽，译. 杭州：浙江大学出版社，2011：33.

职业生涯发展，涉及教学、科研和社会服务等多个领域，同时也与教师个体的发展需要和价值诉求等相关联。格里斯指出，高校教师眼中的"成长与发展"分为以下三个层次：一是学术成果，即增加并提升工作成果与质量、提高学术地位；二是个人学习，即不断地积累新的知识和技能，或者增强对某一领域的深度理解；三是学科或社会变革，即为某一领域的研究或相关社会领域做出贡献。[1]通过梳理中外教师教学发展中心建设举措可知，目前支持教师职业生涯发展的手段概括起来包括两大类。第一类是"平台+项目"支持。教师教学发展中心是促进教师进行校内外交流的平台，中心通过开发一系列教师发展项目和方案来支持教师在教学和科研等方面的发展。例如，澳大利亚国立大学包括新教师入职培训项目、教师职业生涯发展规划项目、教师互帮制项目、高等教育学习与教学中心等项目。第二类是"资源+技术"支持。它主要是指中心利用现代技术为教师发展提供最新的教学信息和教师所需的教学技术手段。教师教学发展中心都会建立自己的网站，在网站中建设有专门的教学和研究资源，使教师能够较为迅捷地获得教学和研究信息，提升专业发展水平。有的教师教学发展中心更是提供信息技术支持，提高教师教学的信息化水平。例如，普林斯顿大学麦格雷教与学中心就设有路易斯教学技术部，为各项教师教学发展活动提供技术和多媒体支持。

4. 以学习效果为导向，关注学生发展

舒尔曼认为，"在高等教育中，教、学是紧密相连的、无法分开的，教学学术水平不仅涉及教师的教，更多地关注学生的学"[2]。因此，教师教学发展中心建设应超越单纯的教师发展，要关注学生的学习和学生发展，其中尤为重要的是教师教学发展应建立在学生学习的基础上。在"学习范式"下，以学习效果为导向的教育模式（outcome-based education mode）要求教师的教学应建立在学生学习反馈的基础上，教师要关注学生的学习投入情况，激发学生主动学习。库恩认为，判断一所大学的质量高低就是看其学生的学习投入高低，看学校吸引学生投入学习所做的努力，看学校提供的学术环境、资源是否为学生的学习活动提供了有力的支持。[3]教师教学发展中心建设要从促进学生主动学

---

[1] Akerlind, G. S. Academic growth and development: How do university academics experience it?[J]. Higher Education, 2005(1): 1-32.

[2] 转引自王晓瑜. 大学教师发展教学学术的若干理论问题探究[J]. 教师教育研究, 2009（5）: 13-18.

[3] Kuh, G. D. Assessing What really matters to student learning: Inside the national survey of student engagement[J]. Change, 2001(3): 10-17.

习的视角来完善教师发展体系和内容，把教师发展与学生发展融合在一起，尊重学生受教育的选择权，把教育"参与权"交还给学生，激发学生的创造动机和发挥学生的创造潜质。西班牙的加塞特从教育的经济原理出发指出，现代大学必须以学生为基础，而不是以教师或知识为基础。造成这一改变的原因"根本不是学生或其他任何人，而是时代本身和当前全世界的教育现状正再次迫使大学要把学生放在中心位置——为学生服务"[①]。现代大学应以最普通的学生为起点，发挥他们的主体性，教师教学发展中心的建设要以有利于他们的学习和发展为核心，这是"学习范式"对教师发展的内在要求，以学生为中心去理解教师发展，关注教学关系中教师和学生两个方面，则学生更易获得较好的学习结果；相反，以教师为中心去理解教师发展，会使得教师的教学停留于表面，而且学生的学习无法深入开展。[②]

[①] Tagg, J. The Learning Paradigm College[M]. San Francisco: Jossey-Bass Publishers, 2003: 124.
[②] Akerlind, G. S. A phenomenographic approach to developing academics' understanding of the nature of teaching and learning[J]. Teaching in Higher Education, 2008(6): 633-644.

第六章 学生为本:"学习范式"视域下大学本科教学课程改革

随着新一代信息技术在教育中的应用越来越广泛,我们将面临一个知识更加不确定的时代,教育必须更加关注生活本身,运用复杂的、不确定性的知识解决真实生活场景中的问题。面向不确定性知识的本科教学改革,确定"以学生为中心"理念已成为世界高等教育发展的共识。对于大学本科教学来说,以学生为中心意味着本科教学向"学习范式"转型。这就要求我们重新思考大学教学理念,回归学生中心,大学的职责应围绕学生发展生产有意义的学习。[①]在教育教学实践和教育理论研究中,课程与教学在很长一段时间内处于分离的状态。到了19世纪,杜威基于"做中学"的教育理念推动课程与教学的第一次整合,20世纪末,部分学者进一步对其进行了重新整合。[②]里贾纳·韦迪(Regina Weade)用新的术语来概括整合后的新理念及相应的实践形态,即"课程教学"。[③]从理论趋势来看,大学课程与大学教学的关系处于既分离又融合的状态,但总体来说,大学课程与大学教学呈逐渐融合的趋势成为越来越多人的共识,越来越多的人对本科教育课程的内涵诠释中包含教学。但从本科教育管理来说,本科教学是一项十分重要的管理工作,教学管理实践中往往将课程置于教学之中。因此,本章在讨论大学本科教学与课程关系时,先谈狭义的大学教学的范式转换,再谈广义的大学课程的范式转换。

[①] 吴立保,严燕. 论以学习为中心大学的构建策略[J]. 黑龙江高教研究,2010(4):11-14.
[②] 张华. 课程与教学整合论[J]. 教育研究,2000(2):52-58.
[③] Weade, R. Curriculum instruction: The construction of meaning[J]. Theory Into Practice, 1987(1): 15-25.

一、大学本科教学向"学习范式"的转换

20 世纪 60 年代以后,大学教学发生了重大转变,其显著性特征是由"以教师为中心"的知识传授向"以学生为中心"的教学转变。"现代教与学已经远离过去传授模式,取而代之的是以学生为中心,注重学生在学习中的积极参与。"①20 世纪末,随着世界范围内本科教育改革运动的开展,大学本科教学逐渐向"学习范式"转换,更加强调以生为本,以学习为中心。

(一)大学本科教学传统范式的挑战与困境

"以教师为中心、以教材为中心、以课堂为中心"的"老三中心"是大学本科教学传统范式的典型特征,而且是自中世纪大学诞生以来在大学教学中长期占据主导地位的教学范式。但是,随着社会的转型和高等教育由大众化向普及化发展,大学本科教学传统范式的弊端日益显现,面临着巨大的挑战。

1. 大学本科教学传统范式面临的挑战

大卫·肯博(David Kember)通过实证研究发现,大学教师的教学观主要可以分为两大类:教师中心/内容导向和学生中心/学习导向。②前者是传统的大学教学范式,教师中心包括认为教学是知识传输、塑造和组织内容、帮助学生获取知识等。自中世纪大学诞生以来,教师中心范式一直在大学教学中占据主导地位,教师对教学的认知固守于传输信息的片面观点,讲授法是最基本的教学方法,教师依据教学安排传授教学内容。教师中心的大学本科教学范式注重给学生传递知识,而不是因材施教。③正如亚瑟·科恩(Arthur M. Cohen)所言:"高等教育大众化时期,虽然产生了一些新的教学方法,但更多的是对早期教学方法的改进,讲授和实验室方法仍然是主要的教学方法。"④尽管教师中心范式在人类知识传递过程中发挥了重要的作用,但是,工业社会向信息社会的转变,加速了确定性知识向不确定性知识的范式转换,不确定性知识越

---

① 马万华. 迎接大学"灿烂的明天"——北京大学百年校庆"大学校长论坛"综述[J]. 高等教育研究,1998(4):19-24.

② Kember, D. A reconceptionalisation of the research into university academics' conceptions of teaching[J]. Learning and Instruction, 1997(3): 255-275.

③ Grainger, T., Barnes, J., Scoffham, S. A creative cocktail: Creative teaching in initial teacher education[J]. Journal of Education for Teaching, 2004(3): 243-253.

④ 〔美〕亚瑟·科恩. 美国高等教育通史[M]. 李子江,译. 北京:北京大学出版社,2010:209.

来越占据着主导地位，知识生产方式也相应地发生了范式转换，总体趋势是从确定性知识范式向不确定性知识范式转换。传统知识生产模式在信息化时代式微，由此对大学教学的教师中心范式提出了根本性的挑战，即经由某个领域的专家学者通过学术探究来整理或生产知识的时代正在消逝，教师与学生不再是权威知识的"传播者""接受者"，逐步成为知识的"共同体""创造者"。①波拉克指出："不确定性，远非前进的障碍，它实际上是创造性的强烈刺激因素和重要组成部分。"②不确定性知识观对高等教育的影响是革命性的，使高等教育系统在发展演化中充满了不确定性，知识生产的新型模式为大学创新教学提供了有利条件。大学本科教学必须回应倡导培养学生创新思维、发挥教育过程的主体性、关注教育内容的生成性、注重教育价值的个体性等基于不确定性知识的本科教学价值诉求。③随着社会转型的加速发展，尤其是信息化社会技术迭代更新带来的颠覆性变革，传统精英教育的观点已很难适应快速变化、高技术性和紧密联系的社会。同时，高等教育由大众化向普及化转变，不仅大学与社会的关系发生了变化，大学生群体也发生了很大的变化，异质性学生群体使学生需求日益多样化，而教学方式相对落后，跟不上社会变化，难以适应学生的学习需要。1988年，费尔德和斯勒沃曼就曾指出，传统的大学讲授方式与学生学习方式的不匹配是大学生在学率低和获得低学习成就的重要原因之一。④因此，在美国高等教育进入大众化期间，大学教学范式就逐步发生了变化，由以教为主向以学为主转变，教的终极目标是为了不教，"教师传授给学生的最宝贵的本领，不是事实和原理，而是精神状态和思想方法"⑤。我国高等教育大众化期间也面临着类似的教学范式转换的挑战，随着我国高等教育迈入普及化阶段，以教师为中心的大学本科教学范式越发不能适应普及化阶段的需求，大学本科教学范式的转换需求也更加迫切。

2. 大学本科教学传统范式的实践反思

范式是在一定时期内具有特定内在逻辑、内涵与框架，其存在的合理性，除了在于范式本身的自洽性之外，还在于范式存在的外部环境的适应性。

---

① 解德渤."重塑教学"：信息化时代对大学教学的颠覆与重构[J]. 江苏高教，2018（3）：37-41.
② 〔美〕亨利·N. 波拉克. 不确定的科学与不确定的世界[M]. 李萍萍，译. 上海：上海科技教育出版社，2005：75.
③ 吴立保. 论本科教育从"教学范式"向"学习范式"的整体性变革——以知识范式转换为视角[J]. 中国高教研究，2019（6）：65-71.
④ 转引自吴振利. 新世纪美国大学教学特色分析[J]. 国家教育行政学院学报，2014（11）：91-94.
⑤ 〔英〕阿什比. 科技发达时代的大学教育[M]. 滕大春，滕大生，译. 北京：人民教育出版社，1983：43.

大学本科教学传统范式在社会转型发展中面临诸多挑战，反思本科教学实践，可以发现存在以下几个方面的发展困境。

（1）以知识为本的教学理念

传统的大学教学范式一直秉承以知识为中心的教学理念，大学教学的核心价值观是知识本位、内容本位，大学教学仍然局限于"教书论"的框架之中。以知识为本的教学理念必然导致应试为主的教学，使大学教学目标发生严重偏离，主要体现在：一是追求按先验性的预定目标"造人"的园艺化教学；二是遵循知识的消费逻辑，将知识物化、产品化，导致以计量逻辑为中心的功利性教学；三是扭曲大学的服务逻辑，将学生视为考试的机器，倡导灌输模式的工具性教学。①这种现象在我国大学较为普遍，教材作为知识的载体，在我国大学教学中占据主导地位，围绕教材中的知识框架和知识点，教师教教材、学生学教材、考试考教材，一些大学甚至存在一些教师教学只教一本教科书的现象。②这种围绕知识、围绕教学内容的教学与学习，偏重教科书里的知识，已经无法适应信息社会的要求以及科技创新的速度。所以，在当前的社会背景下，如果教育仅仅是传递知识和信息，那么它几乎没有什么意义。③博舍尔（Roger Bushier）等将这种以知识为本的教学与学习处于两个境地形象地比喻为教学生活在楼上，学习生活在地下室。④这种教学与学习的隔离使得传统的大学教学很难取得预定的效果。

（2）以教师为中心的教学关系

传统的大学教学范式以知识为本，在教学关系上必然倾向于以教师为中心。以教师为中心的大学教学会将学生视作被动的学习者。教师成为复制、灌输知识的"机器"，学生成为接受知识的"容器"，在很大程度上忽视了教学活动中学生的"主体性"。⑤普罗瑟（Prosser）和特里格威尔（Trigwell）的研究发现，教师的教学方法与学生的学习成果之间有着紧密的联系，如果教师采用以知识传授的方式授课，学生的学习方法比较浅显，学生的学习质量和效果也

---

① 于忠海. 超越"应试"：大学教学的应然性诉求[J]. 现代大学教学，2012（5）：1-7.
② 陆国栋，张力跃，孙健. 终结一本教科书统治下的教学[J]. 高等工程教育研究，2015（1）：17-24.
③ 郑燕祥. 教育范式转变：效能保证[M]. 上海：上海教育出版社，2006：35.
④ Bushier, R., Huang, Y. In the house of scholarship of teaching and learning(SoTL), teaching lives upstairs and learning in the basement[J]. Teaching in Higher Education, 2008(6): 645-656.
⑤ 熊卫华. 从适应性教学观到发展性教学观：大学教学观的应然转向[J]. 中国高教研究，2011（7）：91-93.

就不好。①这种教学方法的选择与教师对教学过程中师生关系和师生角色定位的认知相关联，采取传授方式授课的教师会不自觉地将自己置于中心地位，学生成为纯粹的教学对象，而不是一个在教学场域里的生命主体。学生的发展性、成长性、个性、多样性和复杂性被忽视，本应是复数的生命个体被简单化为接受知识的单数的学生，这与大学教学的目的背道而驰。从本质上来说，大学教学的根本目的在于促进学生的发展，学生的主体性发展具有复杂性与多样性，以教师为中心的教学关系使学生处于教学的边缘地位，师生关系成为以知识为中介的单向化传输过程，以知识传授替代学生发展，学生发现问题、分析问题和解决问题的能力以及善于创新、勇于创新的个性品质等的培养被排除在教学过程之外。这就要求大学教学除了向学生传授知识外，还要促其智能发展，更要培养其情感、态度和价值观，培养其健全人格。Barnett 等认为，以学生为中心的教学方法优越于以教师为中心的教学方法，因为前者代表了与传统教学方法完全不同的建构哲学。②这种哲学思想反映在教学关系上，是将学生视作平等的主体，强调教学过程的互动与交流，在复杂、不确定、动态变化的教学过程中发挥教师的教学智慧，促进学生发展。

（3）以传授为主的教学方式

大学教学一直到 20 世纪末期，在知识本位论的教学目标下，仍然坚持使用以行为主义心理学为基础的传统教学方法，将复杂的大学教学过程简约为知识的传授。这是建立在简单性思维基础上的教学过程认知。简单性思维具有还原思维、线性思维、时间的可逆性和他组织等显著的表征。简单性思维蕴含着将学科知识当作确定的、静态的、分割化、间接的实体来传递、掌握和占有，进而使课堂教学逐渐沦落、异化为对公共知识传递的技术性灌输、程序性控制以及操作式压迫等③。受简单性思维模式影响，大学教学在固定、理性教学模式下，必然导致教学的模式化、生产化以及流程化。大学一切教学是为了知识理性的获得和传递，"只能依靠外界的特定指令来推动组织向有序演化，从而被动地从无序走到有序"④，屏蔽了教学的复杂性，将学生鲜活、丰富的发展需求都排除在教学过程之外。这种教学方式在确定性知识占据主导地位的社会

---

① Prosser, M., Trigwell, K. Understanding Learning and Teaching: The Experience in Higher Education[M]. Buckingham: SRHE & Open University Press, 1999: 18.

② Barnett, A. T., Crandon, I., Lindo, J. F., et al. An assessment of the process of informed consent at the university hospital of the West Indies[J]. Journal of Medical Ethics, 2008(5): 344-347.

③ 张良. 从简单性到复杂性——试论我国教学范式的重建[J]. 清华大学教育研究, 2013（5）: 103-108.

④ 吴彤. 自组织方法论研究[M]. 北京：清华大学出版社，2001：3.

里，曾极大地推动了教学与研究的启蒙与发展，为人们摆脱教学实践的日常经验视域中的纷繁芜杂提供了简单性的支撑和确定性的寻求。然而，随着知识生产模式的转变，不确定性知识占据主导地位也增加了大学教学的复杂性。大学教学呈现出关系性、非线性、不可逆性和自组织性等特征。因此，在现代社会背景下，传统的大学本科教学的"讲授+粉笔"讲授模式，不仅课堂氛围过于沉闷，而且课堂行为过于单一。这种单一的教与学的行为窄化了师生的互动空间，是将教学过程从学生的生活世界中抽离出来，片面强调知识的间接性，阻碍了大学教学的多样性和丰富性。这就需要立足时代发展的需要，重新审视大学教学具有哲学性、生命性、学术性、实践性和复杂性等特性，重塑大学教学方式。

（二）大学本科教学向"学习范式"转换的趋势

高等教育进入大众化之后，提高本科教育质量成为世界高等教育关注的共同话题，其中本科教学成为提高本科教育质量的关键所在。大学本科教学改革的趋势是超越以教师为中心的传统范式，从教师中心向学生中心转向，构建"学习范式"下的大学本科教学成为世界高等教育发展的趋势。

大学本科教学向"学习范式"转换是一个渐进的过程，从时间上来看，20世纪80年代，大学本科教学"学习范式"开始兴起。从主体关系来看，大学教学开始由注重教师的"教"向注重学生的"学"转变，大学有效教学或者卓越教学的关注点转向学生的学习。从影响因素来看，知识生产方式由"知识生产模式Ⅰ"向"知识生产模式Ⅱ"转换，知识属性也从确定性走向不确定性，在不确定性知识范式下，大学教学必须相应地发生范式转换。面对不确定性知识，大学本科教学需要回归师生共同体。它既是一个教学共同体，也是一个学习共同体，是教师和学生围绕知识整合与探究形成的学习场域，学生的主动参与是学习取得成功的关键。通过学生主动投入学习，产生有意义的学习，才是大学本科教学改革的根本着力点。

国外大学本科教学向"学习范式"转换的表征就是由"以教师为中心"的知识传授向"以学生为中心"的教学转变。受进步主义教育理论的影响和建构主义心理学研究结果的支持，从20世纪80年代中期开始，"以学习者为中心教育"真正被应用于教学实践，并逐渐成为一种教学范式。[1]这种范式的精

---

[1] Weimer, M. Learner-centered Teaching. Five Key Changes to Practice[M]. San Francisco: Jossey-Bass Publishers, 2002: 25.

髓理念在于为学而教（teaching for learning），学生要从被动的记忆性学习转向主动的交往性学习，调动学生参与学习的积极性。正如普罗瑟和特里格威尔指出的那样，"学习与教学是密切相关的：良好的教学必须帮助学生获得高质量的学习；学生的学习必须成为教学活动的中心"[①]。美国密歇根大学教学法专家威尔伯特·J. 麦肯齐等认为，在现在大学的教学中，讲课者的任务不是去概括各种知识，而是要教会学生学习和思考。[②]因此，到了20世纪90年代，越来越多的美国研究型大学倡导"以学生为中心"的本科教学范式，大学本科教学的根本使命在于促进学生学习。密歇根大学、雪城大学、亚利桑那大学、加利福尼亚大学伯克利分校、俄亥俄州立大学等都在推进向"以学生为中心"的本科教学范式改革，提出了大学的任何行动、计划、选择与决策都应从以学生为中心的角度来审视，都应以学生的最高利益为依据。"以学生为中心"的大学本科教学范式改革的核心特点体现在四个方面：第一，了解学生，把教学建立在学生想学什么而非教师想教什么的基础上；第二，鼓励学生主动参与，学习不是一种旁观者的游戏；第三，强调学习成果，判断教学成功的根本标准是学生学得好不好；第四，采用学生评教，以一种简单而又有效的方式保证教学质量。[③]此外，在大学本科教学的范式转换中，教学方法的改革成为突破口，为了凸显学生中心，学校应采取小班教学、讨论式教学、研究性学习、项目式教学以及服务学习等一系列创新性教学方法，同时，应强调学生学习经验的完整性，强化课程教学与课外学习的结合，倡导学生"做中学"，通过调动学生的主动性和积极参与来促进学生的完整发展。

大学本科教学向"学习范式"转换也得到高等教育理论研究者的广泛关注。美国高等教育学会、美国教育科学研究所等机构及相关学者从卓越教学的目标引领出发，探讨大学本科教学的改革问题。1993年，埃利斯（Edwin S. Ellis）和沃辛顿（Lou A. Worthington）等学者综合大量不同教学理论（含行为的、认知的、社会学习等）与实证研究的结果，指出当前卓越教学研究和教学改革的趋势，并提出以学生为中心的研究范式的10条卓越教学原则，通过精心的教学搭建，帮助学生成为独立自主的学习者。[④]进入21世纪后，美国相

---

① Prosser, M., Trigwell, K. Understanding Learning and Teaching: The Experience in Higher Education[M]. Buckingham: SRHE & Open University Press, 1999: 13.
② 〔美〕威尔伯特·J. 麦肯齐，等. 麦肯齐大学教学精要：高等院校教师的策略、研究和理论[M]. 徐辉，译. 杭州：浙江大学出版社，2005：42-43.
③ 叶信治. 从美国大学教学特点看我国大学教学盲点[J]. 高等教育研究，2011（11）：68-75.
④ 转引自周仕德，刘翠青. 何谓好的大学教学？——30年来国外大学卓越教学研究的回顾、特点及启示[J]. 现代大学教育，2019（4）：76-88.

关研究机构更加重点关注学生学习，致力于推动美国大学本科教学由"教"向"学"的转变，并得到了美国高校的一致响应和支持。

20世纪80年代，欧洲学者也开始旗帜鲜明地主张大学本科教学应该"以学生为中心"。1986年，布兰德（Brandes）和金尼斯（Cinnis）在《以学生为中心的学习指导》一书中首次提出"以学生为中心的学习"概念。①进入21世纪，麦克赫默（Machemer）和克劳罗德（Crawlord）进一步拓展了"以学生为中心的学习"的概念内涵，将其解读为把学生放在中心地位的一种学和教的方法。②尤其是随着博洛尼亚进程的持续深入推进，推进"以学生为中心的学习"已经成为欧洲大学本科教学改革的共识。从1999年的《博洛尼亚宣言》到2015年的《埃里温公报》，都在重视和深化"以学生为中心"的理念与实践。其中，2009年发布的《鲁汶公报——2020年前的博洛尼亚进程》重申高等教育机构教学使命的重要性，以及目前正在进行的基于学习成果的课程改革的必要性。"以学生为中心的学习"要求赋予学生充分的自由，革新教与学的方法，建立有效的学习支持和指导体系，课程设计应关注学生的需要等。这标志着欧盟官方正式接受"以学生为中心的学习"理念。"以学生为中心的学习"已成为欧洲高等教育界的新话语，成为欧洲高等教育改革的核心命题。③

20世纪90年代末以来，随着我国高等教育快速从精英化向大众化过渡，大学本科教学也开始借鉴"以学习者为中心"的教育理念，"以学生为中心"的教育观念及改革给高等教育实践带来了一股清新之风，取得了一些可喜的转变。④进入21世纪以来，越来越多的学者开始关注"以学生为中心"的大学教学改革问题，并引起高校的共鸣。在行业协会方面，中国高等教育学会及其分支机构（高等教育专业委员会、大学素质教育研究会）等纷纷围绕"以学生为中心"的大学本科教育教学改革进行深入交流和研讨，引导理论界关注大学本科教学改革趋势。自2015年我国提出"双一流"建设战略以来，大学本科教学的根本性地位得到进一步加强，以本为本、以学生为本将成为我国大学本科教学改革的根本方向。

---

① Brandes, D., Cinnis, P. A Guide to Student Centred Learning[M]. Oxford: Blackwell, 1986: 12.
② Mechemer, P. L, Crawlord, P. Student perceptions of active learning in a large cross-disciplinary classroom[J]. Active Learning in Higher Education, 2007(1): 9-30.
③ 刘海燕."以学生为中心的学习"：欧洲高等教育教学改革的核心命题[J]. 教育研究，2017（12）：119-128.
④ 陈新忠，李忠云，胡瑞."以学生为中心"的本科教育实践误区及引导原则[J]. 中国高教研究，2012（11）：57-63.

二、国外大学本科课程向"学习范式"转型的趋势与改革实践

(一)"学"为中心:大学本科课程改革的趋势

大学课程作为知识的载体,随着大学的产生就存在,在很长一段时间内,作为一种不证自明的存在,很少有人去探寻课程的本质与属性问题。到了近代,随着人们对知识属性探讨的深入,大学课程的"自明性"受到了挑战。许多学者开始从不同视角探讨大学课程的本质,如克拉克·克尔将大学课程定义为"学院提出的在人类不断发展的知识和经验中那些被认为是对某个时期受教育者的生活有用的、适当的或相关的知识和经验"[1]。拉萨·R. 拉特卡(L. R. Lattuca)和约翰·S. 斯塔克(J. S. Stark)把大学课程定义为"情景中的学术方案",认为"方案包括行动的全部蓝图——目的、行动和测量的方法",作为学术方案的课程的目的在于促进学生发展,因此,课程要将学生的教育需求放在首位。[2]在具体实践行为层面,从最为广泛的意义上对课程进行了描述的是莱特克利夫(J. L. Ratcliff),他将大学课程定义为,许多教师和管理人员一致认为:本科生的课程定义应作为学生获得学士学位的正式学术经历,尤其是那些包括工作坊、研讨会、学术会议、实习、实验以及其他非典型"课程"学习经历在内的广博定义。[3]从学者对课程内涵认识的探讨中可以看出课程范式转型的理论趋势。

从本质上来说,"课程组织不是一个价值中立的过程,任何课程组织模式总是受特定的课程价值观的支配,必定折射或体现出特定的课程价值观"[4]。大学课程对学生发展发挥着至关重要的作用,但是,大学课程不是一成不变的,从课程理论本身来说,从泰勒的课程模式到课程开发,再到课程理解,课程模式本身在不断地发生改变,其中,社会需求是促使大学课程持续变化

---

[1] 转引自 Frederick, R. Curriculum: A History of the American Undergraduate Course of Study Since 1636[M]. San Francisco: Jossey-Bass Publishers: 1978: xiv.

[2] Lattuca, L. R., Stark, J. S. Shaping the College Curriculum: Academic Plans in Context[M]. San Francisco: Jossey-Bass Publishers: 2009: 4.

[3] Ratcliff, J. L. What is a curriculum and what should it be?[A]//Gaff, J. G., Ratcliff, J. L. Handbook of the Undergraduate Curriculm: A Comprehensive Guide to Purposes, Structures, Practices, and Change. San Francisco: Jossey-Bass Publishers, 1997: 5-29.

[4] 张华. 课程与教学论[M]. 上海:上海教育出版社,2000:234.

的根本原因，正如西班牙学者加塞特所言：事实证明，根本不是学生或其他任何人，而是时代本身和当前全世界的教育现状正在再次迫使大学要把学生放在中心位置——为学生服务，正如大学处于最兴盛的发达时期那样。[①]因此，大学课程需要正视大学的时代变迁，根据学生发展需要和社会期许，重建课程理念、目标与结构体系。[②]由此可见，把握大学课程的改革趋势对于推进本科教育改革具有重要作用。从美国大学本科课程改革的发展历程来看，其大体经历了科学与实用型专业课程体系建立（19世纪末—1920年），通识课程的兴起与革新（1920—1960年），过度专业化、职业化和碎片化（1960—1980年），以及整合连贯化（1980年以后）四个阶段。[③]20世纪80年代以后的课程整合发展与本科教育改革向"学习范式"转换的时间节点基本保持一致，表明美国大学本科课程进入新的阶段，在"学习范式"理念的引导下，"以学为中心"成为美国大学课程改革的趋势，如美国研究型大学开展的新生研讨课、项目化课程、研究性课程等方面的课程改革，都在强化学生的参与。

从美国大学本科课程的发展历程来看，课程受时代背景的影响并打上时代的烙印。随着信息社会的到来，与课程密切相关的知识生产方式也发生了根本性变革。史密斯（Anthony Smith）和韦伯斯特（Frank Webster）指出，"知识生产模式Ⅱ"具有非等级、多元、跨学科、变化迅速等特征，对多样化需求具有社会敏感性，"由于没有可识别的统一性，也不可能取得目标和工作方法上的一致，多元知识体系的建立宣告了大学共同目标的终结"[④]。这就预示着大学课程知识选择实践逻辑正逐渐发生改变，学生越来越成为知识选择的主体，课程要为学生的学习服务，要体现学生的学习需求。

1998年，首届世界高等教育大会在法国巴黎召开，会议通过了《21世纪的高等教育：展望与行动世界宣言》（Higher Education in the Twenty-First Century: Vision and Action）的大会公报，对高等教育发展产生重要影响的"学生中心"理念得到普遍认同，成为引领高等教育改革发展的主要理念。之后，2009年的第二届世界高等教育大会通过了《社会变革与发展中高等教育

---

① 〔西〕奥尔特加·加塞特. 大学的使命[M]. 徐小洲，陈军，译. 杭州：浙江教育出版社，2001：7.
② 王一军. 大学课程：发展学生"个人知识"的必要与可能[J]. 高等教育研究，2011（4）：64-75.
③ 谢鑫，张红霞. 一流大学本科教育的课程体系建设：优先属性与基本架构[J]. 江苏高教，2019（7）：32-39.
④ 〔美〕安东尼·史密斯，〔美〕弗兰克·韦伯斯特. 后现代大学来临？[M]. 侯定凯，赵叶珠，译. 北京：北京大学出版社，2010：176.

与研究之新动力》(The New Dynamics of Higher Education and Research for Societal Change and Development)的大会公报,其中提出鼓励学生积极参与学习生活,这作为在可预见的未来影响高等教育政策与机构发展战略的新动力,使教育权力发生了转移——从"教育者选择"到"学习者选择"。① "学习者选择"在课程实践领域的推广与运用表明,课程不再是由教师单方面制定的,学生参与权与选择权的介入使得"以学生为中心"成为大学课程结构调整的重要价值取向。目前,以人工智能、大数据为代表的新一代信息技术的变革给大学课程的改革带来了更大的空间,大学课程需要保持知识的灵活性,赋予学生鲜活的智慧。大学课程需要保持学习体验的连接性,以及知识的整体性、场域性和关联性,将课程活动视为"有机体",即过程或进化的生成,提倡把教育事件看作由相互联系和互动的"实际场合"或"实际存在物"组成的一个庞大的课程网络体系。大学课程要保持过程的动态性,课程不是预定的知识"轨道",而是动态生成的,是师生共同体在特定场域相互作用的结果,具有即兴、变化及生成的特点,即所有大学的课程活动中都要有一个创造性的因素,一种在充满冒险的、变化着的世界中生存下来所必需的创造性。在这个过程中,大学课程是学生参与创新发现的旅程。②

因此,以学生为中心的大学课程改革的核心要义是实现以"学"为中心。以"学"为中心不仅契合了终身教育理念,也是对时代语境下人的主体意识张扬的有效回应,更是大学课程改革效度的重要体现。20 世纪 80 年代以来,西方学者关于大学课程研究领域开始超越以"泰勒原理"为代表的具有理性主义性格的"课程开发范式",走向把课程作为多元文本来理解的"课程理解范式"。在对传统课程理论进行批判的基础上,在社会、知识与学生的关系上,大学课程越来越关注学生,由社会中心、学科中心逐渐转向学习者中心,以学生为中心、关注学生学习成为课程的主导价值取向。埃利斯(Arthur K. Ellis)认为,课程模式可被划分为知识中心模式、学习者中心模式和社会中心模式这三种类型,相应的课程分别为学科中心课程、学生中心课程和社会中心课程。③从表 6-1 中可以看出三种课程的区别。

---

① 滕珺. 多元、公平、合作、创新:世界高等教育发展的新趋势——解读 2009 年 UNESCO 世界高等教育大会公报[J]. 比较教育研究,2009(12):51-55.
② 刘璐,辛宝忠. 现代大学课程与教学的变革——基于大数据时代的知识观[J]. 中国电化教育,2017(11):125-128.
③〔美〕亚瑟·K. 埃利斯. 课程理论及其实践范例[M]. 张文军,译. 北京:教育科学出版社,2005:3.

表 6-1 "三中心"课程论对照表

类别	学科中心课程	学生中心课程	社会中心课程
着重点	教学内容来自学术性科学;有组织的范围和顺序	聚焦个体;个人成长和发展;学习者的兴趣;强调情感	寻求与社会的相关性;公民意识的教育
教学	教师是学者/学习者;教师主导的课程;多样化的教学策略	教师作为促进者	问题解决单元;学科科目作为工具;社区中的人力资源;小队设计/小队教学/小队学习
学习	掌握教材;学生是被统治的学习者	随机教育	团体项目;协作努力;做领导的机会
环境	明确关注学术性;传统学科;学校即学习场所	培养创造力;激励性的环境;游戏化的环境;活动自由;信任的气氛	课堂/学校是民主的;跨年龄/跨年级;真实世界是学习的实验室
评价	正规考试;标准化评价	学习者自发;面向发展;强调形成性;轶事的、经验的;非竞争性的	在真实世界中的成效;公民意识和领导能力的发展;知识和技能的应用;集体反思;社会性方面的发展

"学习范式"下,学习中心课程模式关注学生的学习,聚焦学生的个体成长,更加关注学生的兴趣、体验、情感与自我发展。这样,大学课程属性从统一的"高深知识"逐渐转化为个人的情境定义,由探究普适性的教育规律转向寻求情境化的教育意义。大学课程的主体从教师走向学生,传统的教师课程转变为学生的课程。课程建设正在从"重教"走向"重学",而且课程教学正在从封闭单向走向开放互动。[①]怀特海指出,"学生是有血有肉的人,教育的目的是为了激发和引导他们的自我发展之路"[②]。以"学"为中心的大学课程改革趋势,要求教师作为促进者,课程具有形成性和生成性,让学生在特定的学习情境中去建构知识、探究知识,实现知识传递与知识建构的双向互动,将培养学生批判思维、创新精神和创造力作为课程目标,促进学生有活力地个性化发展。

(二)国外大学本科课程改革的案例分析

大学本科课程对大学生全面发展起着决定性的作用,课程建设在大学本科教育中的地位正在从边缘走向中心,以学生为中心成为世界大学本科课程发展的主导理念。发展整合教育是美国研究型大学本科教育向"学习范式"改革

---

① 刘献君. 大学课程建设的发展趋势[J]. 高等教育研究,2014(2):62-69.
② 〔英〕怀特海. 教育的目的[M]. 庄莲平,王立中,译. 上海:文汇出版社,2012:10.

转型的新动向。所谓的整合教育，实质上是要实现与个体发展相关的各要素之间的系统化、协调化和综合化。①为达到整合教育的目标，美国研究型大学坚持以基本能力素质为中心，创新教学组织形式，重视从入学到毕业各个阶段的综合学习，从新生适应、宿舍学习以及社区生活等方面加强课堂教学与课外活动之间的联系，将结构化教育与非结构化教育整合起来，推动本科教育的一体化，让本科生通过多种形式获得整合教育经验，其中，课程整合处于核心地位。进入 21 世纪，美国许多著名的研究型大学都在不断深化课程改革，以促进学生学习，促进学生发展。

1. 通识课程：哈佛大学课程改革的典型案例

哈佛大学唯一两度执掌校政的校长——德里克·博克指出，大学的各种使命中，"只有一项任务不能被社会其他组织所取代：那就是本科教育"②。哈佛大学一直高度重视本科教育的质量。其中，通识教育被视作哈佛大学本科教育的灵魂，围绕通识教育，哈佛大学对本科教育课程开展了多次改革。

（1）通识教育的改革历程

追溯哈佛大学通识教育课程改革的历史可以发现，任期长达 40 年的哈佛大学第 21 任校长艾略特（C. W. Eliot）在倡导大学选修制时就孕育着通识教育课程的思想。到了 1943 年，柯南特校长任命专门委员会调查通识教育现状，并于 1945 年发表了著名的哈佛大学"红皮书"（The Red Book）——《自由社会中的通识教育》（*General Education in a Free Society*）。1949 年，"红皮书"中关于哈佛大学实施通识教育的计划和总体构想正式付诸实施，揭开了哈佛大学全面实施通识教育的序幕。1976 年，德里克·博克校长推出核心课程改革来取代近 30 年的通识教育计划。核心课程体系是在本科生教育的专业课和选修课以外建立的一套共同的基础课程，一方面，强调将共同的价值观念传输给来自不同背景的学生③；另一方面，强调以"获得知识的方法"为核心开发课程，为高等教育树立了新的标杆。2002 年，萨默斯校长强调通识教育与现实生活的联系，开启了哈佛大学新世纪全面的本科生课程改革，课程改革的目标是培养"世界公民"。这次课程改革因萨默斯校长的辞职而一度陷入绝境。2006 年 10 月，哈佛大学《通识教育工作小组初步报告》（Report of the Task Force on General Education）终于出台，其中最重要的理念转变是重审通识教育的意义——从"学什么"转向"用什么方法学习"，将哈佛大学本科通识教

---

① 高飞. 美国研究型大学本科教育发展研究[M]. 北京：人民出版社，2012：135.
② 转引自邬大光. 重视本科教育：一流大学成熟的标志[J]. 中国高教研究，2016（6）：5-10.
③ 舸昕. 从哈佛到斯坦福[M]. 北京：东方出版社，1999：44.

育课程改革推进到一个新的阶段。2009年起,哈佛大学新的通识教育课程改革的中心为:不是为了具体的工作而学习,而是培养学生的批判性思维,使其了解不同观点,强调跨学科学习,给予学生更宽广的知识覆盖面。[①]

(2)通识教育的改革目标

哈佛大学本科生课程体系在美国高等教育中处于领先地位,尤其是本科生通识教育课程改革被美国高等教育界誉为课程改革的一个里程碑。1945年的哈佛大学《红皮书》和1976年的核心课程改革,都是根据时代发展需要进行的有针对性的通识教育改革。在继承哈佛大学通识教育传统的基础上,为克服哈佛大学通识教育"更多地反映的是教师对各自专业领域的关注",关注教师教学而忽视学生学习的弊端,根据2006年《通识教育工作小组初步报告》倡导的改革,2009年之后,哈佛大学推进新的通识教育改革,其目标有四个:①通识教育应使学生成为全球社会民主制度下的公民;②通识教育应教会学生理解自己是传统艺术、思想与价值观的产物和参与者;③通识教育应使学生学会适应变化;④通识教育应使学生对自身语言行为在道德方面的理解而得以发展。[②]与之前的通识教育目标相比,新的"通识教育"不仅提出"全球公民"的具体培养目标,更是将"变化"列为通识教育培养目标。《通识教育工作小组初步报告》认为,变化是现代生活的重要组成部分。通识教育需要学生掌握推动社会变化的科学和技术等方面的影响因素,从而具备适应快速变化的社会的能力。

(3)通识教育课程设置的思路

布鲁姆认为,大学必须抵制住为社会包揽一切的诱惑。大学不过是影响社会的众多因素之一,它必须总是关注于自己的使命,抵制住使自己变得更有用、更有实用价值、更受欢迎的冲动,不辱使命。[③]哈佛大学通识教育课程设置是建立在大学使命的基础上的思考,遵循知识的整合性和连贯性的设计思路,一方面,通过整合拓宽学生的知识领域;另一方面,加强学生在不同学科知识的整合,使学生能运用多学科的视角以及跨学科的方法来思考和解决问题。从课程设置来看,知识整合基本上有三种方法:依靠学科进行整合、依靠获取知识的方式进行整合、依靠学生的生活经验进行整合。在哈佛大学通识教

---

① 曹盛盛,王晓阳. 哈佛大学通识课程改革及其运行管理服务体系研究[J]. 中国高教研究,2015(5):33-40.

② 梁爽. 从《通识教育工作小组初步报告》看哈佛通识课程改革[J]. 比较教育研究,2007(7):62-66.

③ Bloom, A. The Closing of the American Mind: How Higher Education Has Failed Democracy and Impoverished the Souls of Today's Students[M]. New York: Simon & Schuster Paperbacks, 1987: 254.

育课程改革历程中，其课程设置思路根据时代变化不断进行调整。20世纪70年代，哈佛通识教育课程按照学科的不同进行课程内容的规划，以此实现知识的整合，通过对核心课程的学习，让学生习得基本概念和思维方式。2006年《通识教育工作小组初步报告》推进的新的通识教育改革中，课程设计并没有单纯采用以学生的生活经验为主来对课程内容进行整合，而是兼用学科和学生经验来安排课程。这种课程设置思想倾向于把人类的知识领域分为人文、社会、科学三大类，使学生掌握未来生活所需能力。

（4）通识教育的课程体系

哈佛大学新的通识教育课程将所有课程分为八个模块：审美与诠释理解、文化与信仰、实证与数学推理、伦理推理、生命系统科学、物理世界科学、世界中的诸社会、世界中的美国。八大通识教育课程模块由不同学院提供，具有很强的相关性。课程模块既具有相对独立性，也相互渗透，同一课程可以分属于不同模块，甚至有的课程可以分属于三个模块。同时，八个模块中的课程不是固定不变的，每个学期都会向学生提供新的课程单。课程单包括每门课上课的时间安排、授课教师信息和课程的基本内容，便于学生选择。哈佛大学遵循"宽基础、综合化、重实践"的课程设置原则，不断增加通识教育课程的数量，以保持通识教育课程和专业课程的平衡。哈佛大学要求每个学生在大学期间必须修满八门通识教育课程，占其本科总课程的1/4，并且强调通识教育课程与专业课程相联系，共同提高学生的写作、演讲和问题解决的能力。[1]从通识教育课程设置情况来看，八大模块之间也存在不平衡性，其中实证与数学推理模块增长幅度最快，审美与诠释理解、文化与信仰这两个模块增幅次之，相对而言，生命系统科学和世界中的美国两个模块增幅滞后，总体来说，随着通识教育课程数量的快速增加，理科类与文科类课程数量的差距在不断缩小，逐渐达到哈佛大学通识教育课程"试图弥合人文学科和所谓的'硬'学科或定量的科学之间的差距"的目标。[2]

哈佛大学的多数通识教育课程开设在春季学期或秋季学期，以一个学期为单位（13周），每周完成2~3小时的理论课程学习以及讨论课程学习。理论课程和讨论课程是通识教育课程的主要授课形式。理论课程一般一周上2次，每次1.5~2小时，以教师讲课或邀请其他专家做报告为主。讨论课程每周上1次，主要是帮助学生更好地巩固和应用理论知识。讨论课程是教师主

---

[1] Eder, D. J. General education assessment within the disciplines[J]. The Journal of General Education, 2004(2): 135-157.

[2] Buckler, J. A. Towards a New Model of General Education at Harvard College[EB/OL]. http://isites.harvard.edu/fs/does/icb.topic733185.files/Buckler.pdf.

动设计，师生共同参与的互动性课程，教师要有明确的课程目标、准备必要的课程资料、确定学生学习目标、提供学习方式、明确课程作业，因此，讨论课程对教师的要求更高，让学生通过讨论课程获得更多材料来理解和巩固理论课程知识，使参与课程的师生在讨论中产生出更多的灵感和想法。哈佛大学通识教育还提供了一部分暑假学期课程，包括校内学习和国外学习两种类型。其中国外学习课程备受学生欢迎，国外学习目的地多样，课程分属不同模块（表6-2）。[①]学校资助学生到国外学习的目的是让所有学生在大学期间都有机会追求有意义的海外学习经历，有利于提高学习质量。

表 6-2　哈佛大学夏季海外课程信息表

项目考察地	课程名称	所属模块
塞内加尔的达喀尔	非洲法语国家的信仰、文化和社会	文化与信仰；世界中的诸社会；历史研究
法国普罗旺斯的艾克斯	从殖民地到后殖民地的阿拉伯和欧洲的地中海地区	世界中的诸社会
希腊的奥林匹亚	从古代到现在的东西方跨文化联系	审美与诠释理解；世界中的诸社会（但不同时属于）；历史研究
德国的慕尼黑（还包括柏林和维也纳）	德国语言与文化	文化和信仰；世界中的诸社会（但不同时属于）；历史研究
英国的牛津	达尔文和当代生物进化论	生命系统科学
法国的巴黎	巴黎及其革命	审美与诠释理解；文化与信仰（但不同时属于）；历史研究
斯堪的纳维亚国家	北欧海盗研究：历史和考古 北欧海盗研究：传说与文学	审美与诠释理解；文化与信仰（但不同时属于）；历史研究
意大利的特兰托	心灵和大脑结构	生命系统科学
意大利的威尼斯	混合人种文学	审美与诠释理解；历史研究
	自然	伦理推理
	力量与抗争：美国与20世纪60年代的世界	世界中的美国；历史研究
	如果没有上帝，所有都是允许的：有神论和道德推理	伦理推理

总之，通识教育课程改革不仅在哈佛大学取得了成功，使哈佛大学走向卓越，而且推动和激发了美国其他大学进行课程改革，改变了整个美国高等教育现状，同时也对世界范围内的大学课程改革和高等教育改革产生了深刻

[①] 曹盛盛，王晓阳. 哈佛大学通识课程改革及其运行管理服务体系研究[J]. 中国高教研究，2015（5）：33-40.

的影响。

2. 创业课程：斯坦福大学本科课程改革的典型案例

（1）创业课程的发展历程

重视本科教育是斯坦福大学的重要传统，斯坦福大学第 10 任校长约翰·亨尼斯指出，"我们不能预言，但可以确保我们的学生将成为最富有知识的领导者。他们将会创造不同，用创造力和技术引领下一个世纪的进程和卓越"[1]。在培养学生创造力和领导力这一宗旨的引领下，斯坦福大学是美国较早开展创业教育的大学之一。斯坦福大学被誉为"硅谷的摇篮"，20 世纪 50 年代初，斯坦福科技园正式成立，促进了斯坦福大学的科研活动和校企科研合作的发展，也为创业教育奠定了基础。1967 年，斯坦福商学院为工商管理硕士（master of business administration，MBA）专业学生开设了一门关于财富创造和公司创建的课程，由此拉开了斯坦福大学设置创业教育课程的帷幕。[2]20 世纪 70 年代，受美国"创业革命"浪潮的影响，创业教育在美国大学受到高度重视，斯坦福大学以商学院为主体开设了多门创业教育课程。20 世纪 90 年代，斯坦福大学的创业课程从商学院拓展到工学院、医学院、法学院、文理学院、地球与科学学院、教育学院等，每个学院分别开设了 1~3 门创业方面的课程。创业课程也从研究生教育拓展到本科生教育。进入 21 世纪，伴随着知识经济的发展，斯坦福大学的创业教育课程日益成熟，成为本科教育课程设置的重要组成部分。以 2007 年为例，斯坦福商学院开设了 22 门与创业相关的课程，商学院开设的选修课程中有 29%的课程都与创业相关。[3]

（2）创业课程目标

斯坦福在创建斯坦福大学时就明确提出学校的培养目标是："造就有文化教养的、有实用价值的公民，这些人在校期间必须为今后各自选择的职业做好准备，以便成就计日可待。"[4]斯坦福大学的培养目标十分务实，要求学习内容要对学生的生活直接有用，学以致用并有助于未来的成功，在办学理念上就体现了创业教育的思想。斯坦福大学创业教育的目的是培养具有创业能力、创业精神的对社会有价值的人。在具体创业课程目标上，商学院主要通过开设创业思维、创业实践和创业技能等方面的课程，以培养优秀的创业者和成功的企

---

[1] Stanford University. Stanford Facts: Introduction Greetings from President Hennessy[EB/OL]. 2012-09-15. http://facts.stanford.edu/.

[2] Katz, J. A. The chronology and intellectual trajectory of american entrepreneurship education 1876—1999[J]. Journal of Business Venturing, 2003(2): 283-300.

[3] 张笑岩. 斯坦福大学创业教育课程的目标研究[D]. 西南大学硕士学位论文，2011：12.

[4] 转引自周少南. 斯坦福大学[M]. 长沙：湖南教育出版社，1996：62.

业管理者为目标，而非主要通过开设创业基础知识课程来激发学生的创业精神和创业意识。从课程目标分类来看，可以将创业课程目标细分为创业知识、创业能力和创业意愿等多个维度。从创业知识来看，斯坦福大学创业课程要求学生掌握必要的创业财务知识、管理知识、法律知识以及与专业相关的生产、信息、技术等方面的知识；从创业能力来看，斯坦福大学创业课程要求培养学生运用营销、管理知识创建并管理新企业的能力，培养学生对新机会的识别、评估和捕捉能力，掌握组建团队与进行团队合作的能力，培养学生应对不确定性环境的能力；从创业意愿来看，斯坦福大学创业课程明确提出培养学生对创业的情感、态度与价值观等方面的具体目标，主要包括对创业的认识和理解而产生创业兴趣、积极参与创业实习和实践、在创业活动中获得成功的体验并建立自信心、对科学的进步及社会经济和科技的影响持关注的态度等，使学生养成创新创业意识，并具有创业道德和社会责任感等方面的价值取向。

（3）创业课程组织

为了有效推进创新创业研究的发展，1996年，斯坦福大学商学院成立创业研究中心（Center for Entrepreneurial Studies，CES），标志着斯坦福大学创业教育进入有组织化管理的新阶段。该中心的主要任务是通过提供创业教育课程、组织夏季创业研究项目（Entrepreneurial Summer Program）等活动，加强学生、企业管理人员与本地创业社团的联系，为学生和企业管理人员提供咨询与服务工作，建立创业资源数据库、企业管理人员在线服务网络、创业者图书馆等网络资源。[①]1998年和1999年，斯坦福大学商学院又分别成立了电子商务和商业中心（Center for Electronic Business and Commerce）、全球商业和经济中心（Center for Global Business and the Economy）以及社会创新中心（Center for Social Innovation）等与创新创业相关的研究组织。此外，斯坦福大学工学院设有开展斯坦福科技创业计划（Stanford Technology Ventures Program，STVP）的创业教育中心。斯坦福大学的创业教育组织为学校创新创业教育的开展提供了有力支撑。

（4）创业课程结构

斯坦福大学较早开展创业教育，形成了良好的创业生态，创业课程、课外创业活动、创业教育组织与资源共同架构起稳固的创业教育结构体系，为创业教育的开展提供了坚实的基础。斯坦福大学创业课程的面向对象具有广泛性，课程内容具有跨学科性。斯坦福大学创业课程体系设置遵循文科和理科、

---

① 张笑岩. 斯坦福大学创业教育课程的目标研究[D]. 西南大学硕士学位论文，2011：10.

教学和科研、文化教育与职业教育"三结合"的基本原则，使斯坦福大学创业课程成为人才培养的有机组成部分，而不是为了创业而孤立地设置专业课程。总体来说，从课程形式结构来看，斯坦福大学创业教育课程结构分为第一课堂和第二课堂两大类。其中第一课堂又分为商学院的创业课程和非商学院的创业课程。商学院开设了20多门与创业相关的教育课程，非商学院的创业课程包括夏季创业研究项目和与本专业相关的创业课程。第二课堂包括创业活动周、创业协会和创业俱乐部、创业讲座、创业计划大赛、创业实习等活动，形成了体系化的创业课程结构（图6-1）。从创业课程内容来看，斯坦福大学的创业课程主要有三类：理论性创业教育、专业性创业教育、实践性创业教育。第一类涉及创业的理论专业知识，包含金融、市场营销、法律等专业知识领域，如商学院开设的"投资管理和创业融资"、法学院开设的"法律基础"等课程。第二类涉及信息技术领域、软件领域和医学领域的专业技能，如工学院开设的"工程技术"、医学院开设的"生物设计"等课程。第三类涉及创业教育实践训练，如"全球领导者交流会"、创业计划大赛、创业讲座等。

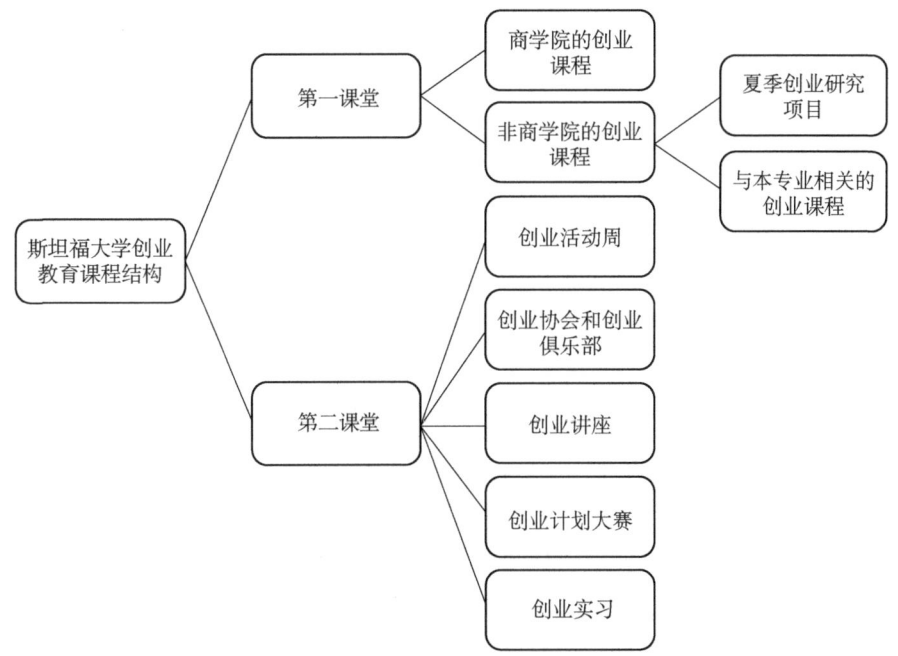

图6-1 斯坦福大学创业教育课程结构图

斯坦福大学不仅形成了体系完善的课程结构，还十分注重创业课程教育与专业教育的联系，各学院开设了大量与本专业相关的创业课程。斯坦福大学把创业教育课程有机地融入了教学管理体系和大学培养计划中，使创业教育课程与学生的专业课程完美地结合起来。工学院、文理学院、地球科学学院、商学院、法学院、医学院、教育学院等都结合自身专业情况开设了一系列专业技术领域创业课程（表6-3）。

表6-3 斯坦福大学各学院开设的专业技术领域创业课程

学院	课程
工学院	亚洲高技术产业创业（Entrepreneurship in Asian High-Tech Industries） 技术创业（Technology Entrepreneurship） 技术风险的领导力（Leadership of Technology Ventures） 管理者的技术观念（Technology Concepts for Managers） 技术管理（Technology Management） 创业工程师（The Entrepreneurial Engineer） 科技创业的形成（Technology Venture Formation） 电子商业（Electronic Business and Commerce）
文理学院	社会创业者与社会创新（Social Entrepreneurship and Social Innovation） 社会科技的力量（The Power of Social Technology） 社会网络、职业与市场（Social Networks, Careers and Markets）
地球科学学院	金融（针对非工商管理硕士专业学位学生开设）（Finance for Non-MBA） 组织行为的依据（Evidence in Action） 谈判（Negotiation） 环境创业（Environmental Entrepreneurship）
商学院	全球领导者交流（Communication for Global Leaders） 新风险工作坊（New Venture Workshop） 评估创业机会（Evaluating Entrepreneurial Opportunities） 创业：形成新企业（Entrepreneurship: New Venture Formation） 创业财务（Entrepreneurial Finance） 创业交流研讨会（Seminar in Entrepreneurial Communication） 领导者团队实验（Leadership Fellows Laboratory）
法学院	公司战略的法律保障和经济效益（Law and Economics for Corporate Strategy） 伦理（Ethics） 管理者与法律环境（Managers and the Legal Environment） 欧洲的政策和商业（Politics and Business in Europe）
医学院	健康保护系统的模式（Modeling Health Care Systems） 生物科技产业的道德问题（Ethical Issues in the Biotech Industry） 窘境沟通管理（Managing Difficult Conversations） 新技术的商业化：干细胞和再生医学（Commercializing New Technologies: Stem Cells and Regenerative Medicine）
教育学院	教育中的商业机会（Business Opportunities in Education） 非营利机构的战略管理（Strategic Management of Nonprofits） 高等教育经济学（The Economics of Higher Education）

（5）创业课程评价

斯坦福大学采用"内外双评"的方式对创业教育课程进行系统评价，以保证创业教育质量的不断提高。校内创业教育课程评价主要运用 Vesper 评价，从师资、课程、学术发展、毕业生、创业教育项目、毕业生创立企业的比例和教育影响力等七个方面开展综合评价。在具体方法上，采用问卷法和基准法跟踪调查毕业生，基于调查结果和反馈情况分析规划和调整创业课程，确立新的课程目标和教学方法。校外创业教育课程评价主要从课程设置、实施效果、学术影响、社会影响、毕业生新创企业情况、实践平台等六个方面进行公正合理的评价，评价主体主要包括教育专家、毕业生、学生家长、社会媒体等。[①]

3. 整合课程：麻省理工学院本科课程改革的典型案例

发展整合教育是美国研究型大学本科教育向"学习范式"改革转型的新动向。所谓的整合教育，实质上是要实现与个体发展相关的各要素之间的系统化、协调化和综合化。[②]麻省理工学院是素以工程教育享誉全球的研究型大学，其工程教育经历了三次大的改革，从 20 世纪 80 年代开始的第三次工程教育改革突出培养学生的能力和学习经验的整合。其中，课程整合处于核心地位，以基本能力素质为中心，将结构化教育与非结构化教育整合起来，让本科生通过多种形式获得整合教育经验。例如，麻省理工学院的新生学习共同体就是一种非常具有代表性的整合课程，共设置了实验学习小组、课程总汇、地球观测计划、每天一书和科学计划五类学习共同体活动，每个活动均为期一年，可容纳 25～100 人。参与其中的本科生围绕跨学科的主题或问题共同参与和完成学习任务，从而获得与教师、工作人员以及高年级学生长期接触的机会，收获与常规大学本科新生教育不一样的体验。[③]

（1）课程改革目标

1994 年，麻省理工学院工程学院院长莫西斯（Joel Moses）提出"大工程观"的教育理念，推动美国"回归工程实践"运动的开启。"大工程观"的教育理念体现了信息时代及高等教育全球化背景下培养创新型工程科技人才的教育诉求，成为美国高等工程教育发展史上一个重要的里程碑。[④]基于"大工程观"的工程教育改革目标首先需要反思与重构麻省理工学院的本科工程教育，

[①] Stanford University[EB/OL]. 2015-12-15. http://www.gsb.Stanford.edu/faculty-research/faculty.
[②] 高飞. 美国研究型大学本科教育发展研究[M]. 北京：人民出版社，2012：135.
[③] 高飞，王晓瑜. 美国麻省理工学院新生学习共同体研究[J]. 高教探索，2010（6）：80-84.
[④] 莫甲凤，周光礼. 能力、整合、国际化：麻省理工学院工程教育的第三次教学改革[J]. 现代大学教育，2016（4）：47-54.

这种反思与重构是围绕学生究竟应当学什么以及如何学这一根本问题展开的。"大工程观"是一种整合的教育观,基于现代工程集成发展的现实需要,工程教育的目标要突破科学与技术上的需求,应当整合政治、经济、文化、环境、道德等非技术因素对工程系统的复杂影响,对现代工程进行系统化的再造。这就需要培养学生具有多学科知识、能力和素质整合的目标。因此,麻省理工学院第19任校长查尔斯·维斯特提出,"在麻省理工,我们有一特别的职责,就是去培养那些在变化的环境中能起领头作用的工程师、管理者和科学家。在这点上,我们面临的最大挑战就是培养学生将知识从研究转到实用终端所需的态度和能力上"①。面向越来越综合化的课程设计和实践,麻省理工学院的工程教育培养目标更加强调培养本科生具有足够的灵活性及系统观察事物的能力,能够理解制造过程并且具备团队精神、沟通技能与经验和更宽广的视野。2014年,麻省理工学院发布的《未来教育报告》提出,将以学生为中心、质量持续改进等理念融入课程变革之中。2017年8月,学校正式启动为期三年的"新工程教育转型"(New Engineering Education Transformation,NEET)的新一轮工程教育改革计划,强调工程教育以学生为中心,注重培养学生的工程思维、科学思维及人本思维,旨在培养能够引领未来产业界和社会发展的领导型工程人才。②

(2)加强课程整合

麻省理工学院的课程设置一般包括学校总体要求和各系的具体要求。课程设计的总体思路强调通识教育与专业教育的整合。1995年,美国国家科学基金会工程局(The NSF Engineering Directorate)提出工程教育范式改革,强调课程改革的目标是要保持坚实的数学基础和科学知识基础,面向工程实践引入基本原理,整合数学、基础科学、工程学以及人文社会科学等课程,使用远程学习方法与技术不断增加国际交流与学习的机会。③在此背景下,麻省理工学院加大了对本科课程整合的力度,主要体现在以下两个方面。

第一,加强通识教育课程的整合。麻省理工学院的《未来教育报告》中明确提出"加强本科生的教育经历,继续保证艺术、人文学科和社会科学方面的强大计划"④。为了实现这一计划,学校总体要求课程以通识教育课程为

---

① 转引自眭依凡. 学府之魂——美国著名大学校长演讲录[M]. 北京:教育科学出版社,2013:205.
② 刘进,王璐瑶. 麻省理工学院新工程教育转型:源起、框架与启示[J]. 高等工程教育研究,2019(6):162-171.
③ Peden, H. C. Systemic Engineering Education Reform: An Action Agenda[R]. Washington: National Science Foundation, 1995: 4.
④ 转引自刘少雪. 美国著名大学通识教育课程概况[J]. 比较教育研究,2004(4):6-10.

主,分为知识型课程和技能型课程。知识型课程需要涵盖自然科学,人文、艺术与社会科学,科学与技术和实验等方面的知识;技能型课程包括交流、写作、体育等。从课程设置来说,通识教育课程一方面要尊重学生的自由选择,同时也采取一定的规范要求,如理工科的学生必须按照学校要求修完数学、科学、人文、艺术和社会科学等课程。通过知识型和技能型、理工和人文社科的整合,学生对完整的人类社会知识具有较为全面的理解,为未来解决复杂工程实践问题奠定基础。麻省理工学院要求每一个本科生都要学习满足学校总体要求的课程,并获得相应的学分(表6-4),其中既有统一的选修课程的限定,也有根据学生个性发展需要的自主选修课程。尽管学校要求每个学生选修的课程数量只有17门,但是在学校层面,人文社科学院就开设有数百门课程供学生选择,数量庞大的选修课程使课程选择的自由度逐渐提高,课程主动权实现了从"教师"向"学生"的转移,学生能够根据自己的兴趣和个性进行课程选择,提高了学生学习的积极性。

表6-4 麻省理工学院学校总体要求课程及学分设置情况

课程类别	课程数量(门)	每门课程学分	总学分
科学	6	12	72
人文、艺术与社会科学	8	6～12	48～96
科技限制性选修	2	9～15	18～30
实验	1	6～18	6～18
总计	17	—	144～216

第二,促进跨学科课程的整合。建立跨学科中心是麻省理工学院促进跨学科课程整合的重要组织创新。目前,麻省理工学院设置了60多个跨系、跨学科的教育和研究中心,尤其是工学院和斯隆管理学院(Sloan School of Management)之间开展的跨学科教育和研究合作,成为麻省理工学院独一无二的比较优势。这些跨学科中心和跨学院的合作,使跨学科课程在实施过程中得到有力的组织保障,通过跨学科课程的设置,整合不同学科的知识内容和思维方法,更有助于培养学生的发现能力、分析能力、解决问题能力、交流能力。

2007年2月,麻省理工学院本科教育特别工作组(The Task Force on the Undergraduate Educational Commons)在对本科生课程进行两年半的全面审查后,发布了《未来教育报告》,认为麻省理工学院所进行的课程改革是合适的,并提出了进一步改革的建议:第一,给注重科学和技术的必修课提供更大灵活性的同时保持它们的严谨性;第二,明确和强化必修课中的人文、艺术和社会科学部分，鼓励更多的跨校合作，实现合作的制度化。①

（3）促进学习与生活的整合

麻省理工学院的校训"Mind and Hand"（手脑并重）就体现出本科教育"做中学"的思想，因此，麻省理工学院的课程改革并不局限于课堂，而是强调学以致用，鼓励学生将课堂学习知识运用到实际生活中，"服务性学习"就是一种促进学生学习经历与现实生活整合的新的改革尝试。在麻省理工学院，"服务性学习"是一种以学术为基础，整合与学术相关的服务项目。它既是一种学习方式，也是一种教学法，同时也可以看作课程改革的一种创新形式。以学术性为基础，服务性学习的活动项目目标与学术性课程相整合，这是与其他一般性的社会服务的本质区别。从课程目标来说，服务性学习更加强调激发学生的学习动机，提高学生的团队协作能力、创造力、意志力、解决实际问题的能力，以及对人道主义的认识。从学生的学习来说，服务性学习特别强调对服务行为体验的批判性反思，将服务实践活动与课堂教学以及生活的其他领域联系起来，从而获得新的知识，提升能力，培养社会责任感。麻省理工学院于2001年开始实施服务性学习计划，各学院结合专业开发出多种形式的服务性学习项目，如工程学院结合老年社区的实际需求，开发了一个可以帮助老年人独立生活的"步行架"。建筑学院为有机耕作的农民开发了一套廉价住房设计及土地规划方案。生物医学学院与非营利性的医疗联盟合作开展服务活动，课程内容既包括对相关疾病进行了解与分析，也包括与患者、家属、资助者和研究人员进行线上诊疗交流。机械学院开设了能源研究课程，授课教授来自不同领域的顶级专家，根据问题和研究领域，课程内容将理学、工学、哲学、法学、文学等诸多学科有机融合起来。斯隆商学院综合商务核心课程由三门基础课程（管理、营销和法律问题）和一门实践课程组成，不仅教师来自不同学科领域，学生也来自不同专业，体现出更广泛的跨学科整合。

（三）国外大学本科课程的新样态

（1）跨学科课程

跨学科课程设置是美国研究型大学本科教育课程整合的重要形式。跨学科的专业课程设置淡化了学术边界，通过学生的自主辅修，与研究性学习结合起来，使学生从本科阶段起就获得跨学科学习与研究的机会，培养学生的创新

---

① Charles Stewart III. Overview of the Report of the Task Force on the Undergraduate Educational Commons[EB/OL]. 2007-02-16. http://web.mit.edu/fnl/volume/194/stewart.html.

思维，形成合理的知识生态体系，激发其创造潜能。伴随着 20 世纪 90 年代美国本科教育向"学习范式"的转型，跨学科课程逐渐受到重视，进入 21 世纪后，美国研究型大学开设跨学科课程已经成为通识教育课程体系的一个重要乃至核心组成部分。跨学科课程的设置有利于促进学生全面发展，培养学生跨学科思维习惯和创新能力。跨学科课程克服课程设置过于专业化所导致的掌握的学术知识过于碎片化的问题，使学生学会能综合运用不同的学科和理论观点，以整体知识观和生活观全面认识世界，并且能够运用批判性思维解决复杂问题。美国大学跨学科课程一般分为三大类型：第一类，"交叉文化"类，课程内容主要横跨艺术、人文和社会科学知识领域，如美国杜克大学开设的"交叉文化探究"跨学科课程；第二类，横跨工程、健康科学、数学和自然科学知识领域的跨学科课程，如加利福尼亚大学洛杉矶分校的"自然界的数学规律"课程；第三类，连接人文社会科学、工程科学和自然科学知识领域的跨学科课程，架构起跨越不同学科知识的"桥梁"，如密歇根大学的"全球变化"课程、马里兰大学的"创造力"课程等。[①]跨学科课程设置需要从学校层面进行整体规划，尤其是通识教育的跨学科课程需要学校层面对教学资源状况进行统一规划、设计和组织实施。在具体策略上，首先，需要学校成立专门的跨学科协同教学领导机构。例如，加利福尼亚大学洛杉矶分校就成立了教育顾问委员会，协作开发与管理跨学科课程。其次，需要专门的经费支持，这是跨学科课程设置的根本保障。例如，加利福尼亚大学洛杉矶分校每年投入约 670 万美元支持跨学科课程改革计划[②]，主要支持教师开展跨学科课程的教学。再次，需要组建跨学科教学团队。跨学科教学需要一支稳定的具有多学科背景的教师团队合作，保障跨学科课程设计、教学组织形式和教学方法运用等方面的互相支持、取长补短，促进各自教学水平的提高。最后，需要开展跨学科的研究。无论是课程知识还是教学方式，跨学科课程设置对教师来说都是巨大的挑战，需要来自不同学科的教师合作开展专门的研究，为教师开展跨学科课程教学提供理论支持和教学指导。

（2）研究项目课程

研究项目课程实质上是为本科生提供参与科研机会的项目，本科生以合作者的身份与教师协作开展前沿问题的科研创新活动，包括撰写项目申请书、制订研究计划、跨系科实验室进行实验、收集数据、分析数据、撰写研究报

---

① 郭德红. 美国研究型大学跨学科课程开发的经验与启示[J]. 中国高校科技，2017（5）：53-54.
② 郭德红. 美国研究型大学跨学科课程开发的经验与启示[J]. 中国高校科技，2017（5）：53-54.

告、展示研究成果、开展项目自评等。①该项目于1969年最早由麻省理工学院率先在全美实施，项目名称为"本科生研究机会项目"（Undergraduate Research Opportunities Program，UROP），目的在于将传统关注传授知识的教学转移到研究和探索性的教学中来。相关研究显示，麻省理工学院大学本科四年中大约有80%的学生至少从事过一项UROP研究项目。②研究项目课程作为一种课程组织创新，具有如下特点：项目创设了真实的问题情境，强调小组合作学习，学习者需要在整个过程中围绕项目问题与同伴开展会话、完成任务，从而获得相应的知识和技能。③研究项目课程设置的中心从"学科"转移到"学生"这个探究的主体上，有利于激发学习的有效性。

1998年，博耶在《重建本科生教育：美国研究型大学的发展蓝图》中建议美国研究型大学将科研纳入本科生教育计划中，为本科生提供在导师指导下进行科学研究或创造性活动的机会，这使得研究项目课程在美国研究型大学中得到广泛推广。研究项目课程要求学生从新生一年级开始就参与科研，在每一门课程中都尽可能运用以发现为本的方法来获得成功④，主要目的在于通过参与科研活动来激发学生的学习动机和学术兴趣，使学生掌握科学研究的规范，培养学生的科研态度和能力。例如，加利福尼亚大学伯克利分校设立了"本科生研究学徒计划""校长本科生研究奖学金计划""本科生研究实践计划""哈斯学者项目""伯克利夏季生物工程项目"等系列项目，为本科生提供了参与教师科研和开展研究性学习的计划。

（3）螺旋课程

螺旋课程是斯坦福大学促进课程整合的一种创新尝试。作为一种新的课程形式，螺旋课程的目的是鼓励高层次反思、掌握跨学科方法以及促进跨学期智力发展的连续性，核心理念在于促进学生达成适应性学习，通过精心设计实现课程与课程之间的整合，培养学生的适应性。螺旋课程通过聚集不同学科的教师，将课程进行集群式组合，强化师生互动，促进学生开展跨越学科和跨领域边界的知识学习的自由探索，形成内在整合的学术经历。

---

① 莫甲凤，周光礼. 能力、整合、国际化：麻省理工学院工程教育的第三次教学改革[J]. 现代大学教育，2016（4）：47-54.

② 刘宝存. 为未来培养领袖：美国研究型大学本科生教育重建[M]. 北京：高等教育出版社，2011：197.

③ Krajcik, J. S., Blumenfeld, P. C., Marx, R. W., et al. Inquiry in project-based science classrooms: Initial attempts by middle school students[J]. The Journal of the Learning Sciences, 1998(3-4): 313-350.

④ The Boyer Commission on Educating Undergraduates in the Research University. Reinventing Undergraduate Education: A Blueprint for America's Research Universities[R]. New York: State University of New York at Stony Brook, 1998: 24-25.

螺旋课程通常是一组课程群，一般由三门或更多门课程组成，如关于国际人权的一门螺旋课程可以将历史学、哲学、法律和国际关系等课程集结在一起，又如关于水的一门螺旋课程可以将环境研究、公共政策、工程学、历史学、法律等课程集结在一起。螺旋课程突破专业课程按照学科知识逻辑的架构来安排课程内容的限制，而是面向复杂的现实问题，关注的是涉及影响多学科或被多学科影响的问题。螺旋课程提供了一种知识链，课程群中的每门课程虽然单独开设，但是课程之间在概念上相互关联，为学生提供了一种结构性和启发式的学习模式。同时，螺旋课程的管理方式灵活，学生可以在几个学期中选择修习，不一定要参加螺旋内的所有课程，也不需要按一定顺序选择课程，只要依据自己的背景和兴趣选择即可。①

（4）顶石课程

20世纪60年代开始，美国研究型大学就开设了专门针对高年级学生的顶石课程（capstone course）。1998年的博耶报告更是呼吁美国研究型大学为本科生在最后一个学期或几个学期营造高峰体验（culminate with a capstone experience），并将其作为美国研究型大学本科教育改革十项举措之一。顶石课程的概念内涵是借鉴和移植建筑学的"顶石"术语和心理学的"顶峰体验"两个概念，是为临近毕业的本科生开设的一门高级习明纳课程，为本科生提供整合、总结和评价大学所学知识的机会，成为本科生培养工程建设能力的最后一块"顶石"，增强学生对本科所学知识和技能的"整体力"。顶石课程是一门广义的课程概念，具有整合性和体验性，还有人将其翻译为"高峰体验课程""总整课程""顶点课程"等。《博耶报告》将"顶石课程"界定为"帮助学生达到工作或攻读研究生的水准，为走上工作岗位或继续深造做准备；它应该是大学前几年学习的积累和延续，形式上尽可能让学生以合作方式进行"②。顶石课程对本科生培养的作用，一方面是帮助学生整合过去所学相对片段式的知识，另一方面是为本科生走向未来真实世界做好准备。尤其是通过对本科阶段所学专业知识进行有效整合，培养学生发现问题、批判性思维、语言表达以及应用所学解决问题的能力，并获得享受成功带来的顶峰体验。③

---

① 刘海燕，常桐善. 能力、整合、自由：斯坦福大学21世纪本科教育改革[J]. 清华大学教育研究，2015（4）：30-35.

② The Boyer Commission on Educating Undergraduates in the Research University. Reinventing Undergraduate Education: A Blueprint for America's Research Universities[R]. New York: State University of New York at Stony Brook, 1998: 36.

③ Nilsson, T. K. H., Fulton, J. R. The Capstone Experience Course in Agricultural Curriculum[R]. California: American Agriculture Economics Association, 2002.

在教育理论上，顶石课程遵循了人本主义教学论、建构主义教学论，强调学生对知识获取的过程取向与自主建构。在课程目标上，顶石课程目标不只是涉及专业能力，而是要实践"全人教育"的思想，从知识、能力、情感、意识、社会责任等方面培养学生适应社会生活，做一个完整的"全人"。在课程内容上，顶石课程内容强调个性化和自主性，凸显科学探索创新，通过设置"创设情境—布置任务—确认问题—资料查询—制订计划—实施任务—成果展示—反馈评估"等环节，充分体现问题导向、体验式、项目化、跨学科、多视角等课程特点，培养本科生的反思能力与批判性思维。①在课程学习上，顶石课程利用团队合作式学习方式，凸显学习的协作性、竞争性，并强调教师的引导与支撑作用。在课程评价上，顶石课程的评价注重全程化、多元性，力求客观、全面。总的来说，顶石课程作为一种新的课程样态，重在强化知识的整合和培养学生的批判性思维，有助于提升本科生的综合素质，成为连接学校与社会的桥梁，对本科生适应社会发挥了积极的作用。尼尔逊（Tomas K. H. Nilsson）和弗尔顿（Joan R. Fulton）认为，顶石课程是本科生课程上的皇冠，目的在于培养学生发现问题的能力、应用既有知识和技能解决问题的能力、批判性思维能力和表达结论的能力。它需要从一门门面窄的课程向旨在培养有教养的人的宽泛的课程转变。②

三、我国大学本科课程向"学习范式"转型的探索

新中国成立以后，我国对大学教育进行了系统改造，本科课程改革中很大程度上是移植与借鉴苏联模式，形成了具有中国特色的计划统一的课程模式。改革开放以后，随着社会主义市场经济的逐渐建立以及教育对外开放程度的增加，计划统一课程模式的弊端日益显现，在实践反思与理论研究的基础上，我国逐步形成自主开放的课程模式，尤其是 20 世纪 90 年代以来，以素质教育为核心的大学本科通识教育课程改革具有显著的中国特色。进入 21 世纪，随着高等教育大众化的加速、信息技术的运用以及世界高等教育课程改革的影响，大学本科课程模式呈现出新的发展趋势，开始以学生为中心，关注学生需求，这表明我国大学本科课程开始向"学习范式"转型。

---

① 张学良，李辉. 过程取向与自主建构：美国高校顶石课程形态[J]. 中国高教研究，2017（3）：78-82.

② 转引自刘宝存. 美国研究型大学的高峰体验课程[J]. 中国大学教学，2004（11）：60-61.

（一）我国大学本科课程改革的范式转换

1. 我国大学本科课程的计划统一模式

胡建华教授认为，我国在 20 世纪 50 年代初期的高等教育改革是中国现代大学制度的原点。[①]1950 年 6 月召开的第一次全国高等教育会议通过的《关于实施高等学校课程改革的决定》是构建新中国大学课程体系之基础的重要文献。《关于实施高等学校课程改革的决定》强调，"高等学校应以学系为培养专门人才的教学单位，各系课程应密切配合国家经济、政治、国防和文化建设当前与长期的需要，在系统的理论知识的基础上，实行适当的专门化"。大学课程的系统化与专门化成为根本原则，专才教育成为课程体系改革的指导思想，由此奠定了我国大学本科课程计划统一模式的基调。经过 1953 年和 1954 年全国范围的院系调整改革，1954 年底，在教育部的直接领导下，全国共制订了 173 个专业的全国统一的教学计划，以培养适应计划经济建设专门人才为目标的新的大学课程体系基本形成。[②]大学本科课程计划统一模式的特点在于统一性、计划性和逻辑性，全国大学采用统一的教学计划，有计划地安排大学四年的课程进度，按照知识的逻辑和学生成长的逻辑，大学四年期间所学课程依据专业培养目标、按照一定的顺序逻辑被组成一个体系。大学课程形成由基础课、专业基础课、专业课组成的课程体系（俗称"三层楼"式结构），由基础到专业、由浅入深、由易到难是课程体系化的基本原则。这一模式的本科课程体系以培养高级专门人才为主要目标，将教学目标、教学内容、教学进程等要素统一纳入以教育部行政指令为主导的宏观集权管理体制中，这与当时推行的计划经济模式是相适应的。"这是中国高等教育在一种特殊的历史背景下，为了向前发展而不得不做的一次历史承接。"[③]

2. 大学本科课程的自主开发模式

20 世纪 80 年代，我国改革开放处于起步阶段，大学本科课程设置仍然由国家主导，"这一阶段的大学课程体系从统一性、计划性、逻辑性的特点上来讲，可以说是计划经济时代的延续"[④]。谢鑫和张红霞将这种课程体系比作"两层楼"模式，即"专业基础课+专业课"的课程结构，其中，专业类课程

---

① 胡建华. 现代中国大学制度的原点：50 年代初期的大学改革[M]. 南京：南京师范大学出版社，2001：10.
② 胡建华. 中国大学课程体系改革分析[J]. 南京师范大学学报（社会科学版），2007（3）：76-81.
③ 杨志坚. 中国本科教育培养目标研究[M]. 北京：高等教育出版社，2005：108.
④ 胡建华. 中国大学课程体系改革分析[J]. 南京师范大学学报（社会科学版），2007（3）：76-81.

一家独大。①但是，随着经济体制改革的推进，我国大学课程建设的指导思想出现了关于通才与专才教育的争论，对推进大学本科课程体系改革发挥了积极的作用。专才教育的课程体系造成理工分校、文理分家、专业面狭窄，其结果是使学生知识面狭窄、思想闭塞、目光短浅等，因而受到质疑。为了适应学科高度分化、高度综合的发展趋势，国内许多学者呼吁必须重视通才教育。杨东平教授认为，"通才教育是符合我国国情的改革的选择"②。作为一种全新的教育思想，通才教育通过教育赋予人更强的自我选择、自我发展、自我完善的能力，从而确立起人在教育中的主体性。经历近10年左右关于通才教育与专业教育的争论，从本质上来说，二者不是非此即彼的关系，随着对通才教育讨论的深入，通识教育这一概念逐渐替代了通才教育，较为一致的共识是面向21世纪的大学本科学校课程改革与发展战略选择应是专业教育与通识教育相结合，而且大学本科课程体系改革的一个重要任务就是加强通识教育的内容，淡化专业界限，以培养具有宽厚基础的专门人才。因此，20世纪80年代，我国大学本科课程改革出现了四个转变，即从过度专业化向拓宽口径、加强基础转变，从单一性向综合化转变，由刚性向逐步实现弹性化转变，课程体系决策权力从"国家治权"部分地向高校自主转变。③1985年，《中共中央关于教育体制改革的决定》颁布以后，大学本科制订教学计划和教学大纲的权力逐渐由国家教育行政部门下放到高等学校。许多高校都推出自主设置课程体系的尝试性改革，如北京大学的"淡化专业，加强基础"的课程改革，武汉大学重视精选和优化课程体系的改革。南京大学、复旦大学、浙江大学、武汉大学等试行学分制改革，培养专业基础扎实、知识面拓展的本科生成为这一时期大学本科课程改革的重要指导思想。到1986年，全国有200多所高校推进学分制改革，为我国大学本科课程体系的模式转换提供了坚实的实践基础。④

20世纪90年代，随着全面推进素质教育的思想被引入高等教育，我国高等教育的指导思想与目标导向开始转变和提升，使得我国大学本科课程体系改革的指导思想有了突破。从政策层面，1994年，国家教委颁发《高等教育面向21世纪教学内容和课程体系改革计划》并在全国范围内组织实施，标志着

---

① 谢鑫，张红霞. 一流大学本科教育的课程体系建设：优先属性与基本架构[J]. 江苏高教，2019（7）：32-39.

② 杨东平. 通才教育的复兴——试论我国高等教育模式的改革[J]. 自学，1989（8-9）：34-38.

③ 陈兴明，郑政捷，陈孟威. 新中国70年大学本科课程体系的嬗变[J]. 中国大学教学，2020（1）：70-78.

④ 韩磊磊，源国伟. 中国高校学分制30年——大学教学制度改革讨论述评[J]. 高教探索，2008（4）：62-67.

我国大学开始新一轮课程体系改革。该计划提出,"研究和改革基础课程、主干课程的教学内容和体系",其目的在于"更加注重素质教育、创新能力培养、个性发展"。[①]在高校实践层面,复旦大学、中国科学技术大学、西安交通大学、北京大学等相继开启了大学本科课程体系的改造。例如,复旦大学于1994年施行"普通教育课程+学科基础课+专业课"的新课程体系。这一课程体系主要突出通识教育课程的改革,由此形成的"新三层楼"课程体系成为我国大学本科课程的蓝本。总的来说,这一时期大学课程改革方向在于培养能够适应21世纪的高素质人才,在课程价值取向上,转向全面重视综合素质教育的通识教育与专业教育相结合的模式,从大学本科课程的基础性、多样性、综合性和弹性上进行突破性改造。胡建华教授将这一新阶段归纳为自主开放模式。[②]鲍威教授将胡建华教授的研究成果进行了总结归纳,系统比较了大学本科课程的自主开放模式和统一计划模式的区别(表6-5)。[③]

表6-5 中国高校课程范式的转换

计划统一模式		自主开放模式	
特征	含义	特征	含义
专业性	与社会分工相匹配,将课程目标设定为高度专业化人才的培养	综合性	随着知识生产模式的转变和跨学科主义的渗透,将课程目标设定为综合人才的培养
统一性	各大学课程体系的设计、运作等环节统一在中央政府的直接领导之下	校本性	各大学课程体系(思想政治教育除外)基本由各院校自主确定
计划性	学生在大学期间所学课程遵循院校教学计划,从而保障教学运作轨道化的有序进行	宽博性	课程体系所包括的学科、知识趋于多样,侧重学生宽泛的社会适应性的培养
逻辑性	学生在大学期间所学课程依据专业培养目标,形成一定逻辑顺序的教学体系	选择性	大学课程体系中选修课程比例提高,增加学生自主选择的空间

以综合性、校本性、宽博性、选择性为特征的大学本科课程自主开放模式,作为一种新的课程范式,在一定程度上适应了高等教育招生规模迅速扩张后本科生群体特质多元化所产生的多样化需求,课程体系向注重因材施教和个性发展的基础性、多样化、综合化、弹性化发展。20世纪90年代形成的大学课程自主开放模式一直延续到21世纪,并不断推进多样化的改革。然而,新的课程范式仍然存在着人文导向与职业导向的冲突、通识教育的空心化、以往

---

① 国家教委高等教育司. 高等教育面向21世纪教学内容和课程体系改革资料和经验汇编(Ⅰ)[M]. 北京:高等教育出版社,1997:3.
② 胡建华. 中国大学课程体系改革分析[J]. 南京师范大学学报(社会科学版),2007(3):76-81.
③ 鲍威. 大学教学课程的范式转换及其驱动机制[J]. 清华大学教育研究,2015(2):97-105.

支撑职业教育的基石的瓦解等困扰大学课程体系建设的问题。①从整体上来说，没有取得根本性的突破，课程体系专业化特点依然明显，只是效仿美国的通识教育模式进行了一些修补，正如刘道玉教授指出的那样，"添枝加叶式的改良，没有触及课程体系的本源"②。其中一个重要的原因是对大学课程教学改革缺乏理论研究，大学课程体系的改革本应成为高等教育改革的重点，但是，"整个高等教育改革似乎偏离了这个重点，课程体系成为目前高等教育改革的一个盲区"③。没有理论创新就很难取得实践上的突破，在我国高等教育从大众化阶段进入普及化阶段这一时期，大学本科课程需要有新的理论引领以推进进一步的范式转换。

3. 大学本科课程的"学习范式"转型

从制度变迁的视角来看，大学本科课程的范式转型也是课程制度安排的变迁，是在多种驱动力的综合作用下形成的，既有自下而上的诱致性变迁，也有自上而下的强制性变迁。我国大学课程经历21世纪前十年的改革与发展，随着高等教育质量成为高等教育改革的轴心话题，大学本科课程体系的改革越来越受到重视，受世界范围本科教育向"学习范式"转型的影响，以学生为中心的本科教育改革越来越受到重视，在民间组织的学术研讨、政府的政策推动以及高等教育理论研究者的呼吁等多种因素的影响下，我国大学本科课程开始向"学习范式"转型，尤其是国家"双一流"战略的实施以及高等教育进入普及化阶段，这种转型越来越快，具有中国特色的大学本科课程范式正在形成。

从学会组织来看，中国高等教育学会作为高等教育领域最具影响力的民间学术组织，从关注高等教育战略逐渐关注课程建设。2012年7月，中国高等教育学会院校研究分会和华中科技大学共同举办"以学生为中心的本科教育变革"国际学术研讨会，与会学者提出中国高等教育界需迫切推行"以学生为中心"的本科教育改革，实现从"教"向"学"的转变，需要推进"以学为中心"的课程建设。④2014年7月，中国高等教育学会院校研究分会举办以"大学课程建设与本科教学改革"为主题的国际学术研讨会，提出加强大学课程建设的时代紧迫性，强调大学课程建设要树立"以学生为中心"的价值导

---

① 鲍威. 大学教学课程的范式转换及其驱动机制[J]. 清华大学教育研究，2015（2）：97-105.
② 刘道玉. 论大学本科课程体系的改革[J]. 高教探索，2009（1）：5-9.
③ 刘道玉. 论大学本科课程体系的改革[J]. 高教探索，2009（1）：5-9.
④ 张俊超. 推进从"教"到"学"的本科教育教学变革——"院校研究：'以学生为中心'的本科教育变革"国际学术研讨会暨中国高等教育学会院校研究分会2012年年会综述[J]. 高等教育研究，2012（8）：104-109.

向，探索有效的课程设计及实施模式，建立健全"以学生为中心"的课程评价体系。①2015年11月，中国高等教育学会举办以"教学·课程·方法：高等教育现代化"为主题的国际论坛，进一步探讨了大学课程建设问题。

从政策层面来看，进入21世纪以来，从2012年的《教育部关于全面提高高等教育质量的若干意见》("高教三十条")，到2018年的《教育部关于加快建设高水平本科教育　全面提高人才培养能力的意见》("新时代高教四十条")，教育部颁发了一系列关于加强本科教学、提高教学质量的文件，其中都将课程建设视作教学的重要环节。其中关键的转变在于提出提高选修课比例、完善学分制和弹性学制、学科交叉、文理交融、科研参与、新生研讨课等新理念，与本科教育学习范式的核心理念是一致的。尤其是"新时代高教四十条"的出台，可以看作我国本科课程向"学习范式"转型的标志。在"新时代高教四十条"中，不仅强调"坚持学生中心，全面发展"的基本原则，要求以促进学生全面发展为中心，既注重"教得好"，更注重"学得好"，激发学生学习兴趣和潜能，激励学生爱国、励志、求真、力行，增强学生的社会责任感、创新精神和实践能力。更为重要的是提出推动课堂教学革命的具体措施，要求以学生发展为中心，通过教学改革促进学习革命，积极推广小班化教学、混合式教学、翻转课堂，大力推进智慧教室建设，构建线上线下相结合的教学模式。因课制宜选择课堂教学方式方法，科学设计课程考核内容和方式，不断提高课堂教学质量。在教育部的推动下，一流本科课程建设正在加速向"学习范式"推进。谢鑫和张红霞在分析北京大学、清华大学、复旦大学、浙江大学、南京大学五校最新的人才培养方案后发现，尽管这些一流大学的本科课程建设还存在着过渡性痕迹明显、改革不够彻底等弊端，但是我国一流大学本科课程体系呈现出注重广博基础、宽口径和跨学科人才培养，选修课比例显著提升，开展个性化分流培养，新生研讨、科研参与、实践训练等课程创新等方面的优点，课程建设更多地服务学生学习需要。②

从高等教育理论研究来看，进入21世纪以来，越来越多的高校校长和高等教育理论研究者开始关注大学本科课程改革的问题。龚放教授在《高等教育研究》创刊30周年时撰文提出，课程和教学应是高等教育研究的潜在热点，并指出高等教育研究要更加重视"形而下"（教学内容与课程设计、教材及教

---

① 袁飞. 加强大学课程建设　适应时代发展要求——"大学课程建设与本科教学改革"国际学术会议暨中国高等教育学会院校研究分会2014年年会综述[J]. 高等教育研究，2012（9）：107-109.
② 谢鑫，张红霞. 一流大学本科教育的课程体系建设：优先属性与基本架构[J]. 江苏高教，2019（7）：32-39.

材体系的更新、教学艺术、教学媒介技术手段）的研究。①大学课程教学研究要重点关注激发学生投身学习、主动探索的热情，以增强社会责任感、提升创新能力和实践能力等问题，体现出本科教育"学习范式"的核心理念。如果说学分制的实行是我国大学本科课程自主开放模式的触发点，那么个性化选修课程则是我国大学本科课程向"学习范式"转型的起点。刘献君教授从多个方面论述了我国大学本科课程向"学习范式"转型的趋势。从课程在学校中的地位来看，课程建设正在从边缘走向中心；从教育思想理念发展来看，课程建设正在从"重教"走向"重学"；从改革发展过程和课程建设发展内在逻辑来看，课程建设正在从课程开发走向课程理解；从教育教学方式变革来看，课程正在从封闭单向走向开放互动。②

（二）我国大学本科教育的通识课程改革：以复旦大学为例

自20世纪90年代，我国大学本科教育通识教育课程改革开始启动，主要形成了北京大学的"实验班+选修课"模式、武汉大学的全校性选修课模式和复旦大学的通识教育本科学院模式。③进入21世纪以后，以本科学院推进通识教育的模式在清华大学、浙江大学、复旦大学、西安交通大学等高校推广，对我国本科教育课程改革产生了较大的影响。总体来看，复旦大学本科教育的通识课程改革具有持续性和代表性。

复旦大学坚持把本科教育摆在发展首位。1990年，复旦大学提出"宽口径、厚基础、重能力、求创新"的理念，通过不断改革，逐步构建了以综合、文理基础和专业教育三大板块为内容的教学体系。进入21世纪，学校推出文理教育改革方案。2005年，学校成立了复旦学院，开始全面探索面向全体学生的通识教育人才培养模式。以本科学院的制度创新推进通识教育对我国大学本科教育改革产生了重要的影响。

1. 复旦大学通识课程的改革历程

改革开放以来，复旦大学一直致力于探索适合社会发展要求的人才培育模式，创新教育理念和教学体系。复旦大学本科教育通识课程改革可以分为以下三个阶段。

第一阶段，萌芽期（20世纪80年代），在我国学界开始通才教育与专业

---

① 龚放. 课程和教学：高等教育研究的潜在热点——对《高等教育研究》的一点期望[J]. 高等教育研究，2010（11）：24-26.
② 刘献君. 大学课程建设的发展趋势[J]. 高等教育研究，2014（2）：62-69.
③ 骆少明，刘淼. 中国大学通识教育报告[M]. 广州：暨南大学出版社，2010：15-16.

教育的争议中，谢希德校长当时就提倡学生要全面发展，要积极借鉴国际上大学教育的先进经验，尝试"通才教育"。他指出，"理工科的学生要学习文史知识，文科学生也要学习自然科学"[①]。谢希德校长的教育理念推动了复旦大学在通才教育方面的先行先试。

第二阶段，初步形成期（20世纪90年代）。1994年，复旦大学提出"宽口径、厚基础、重能力、求创新"的人才培养理念，在全国率先启动学分制改革，实施"通才教育、按类教学"。1999年，复旦大学继续加强本科教学改革，调整课程结构，深化学分制改革，扩大学生选课自主权。到2002年，学校按照学科大类将全校课程分成综合教育、文理基础教育和专业教育三大模块，以综合教育和文理基础教育为主要特色的通识教育课程体系架构基本形成。

第三阶段，创新发展时期（2005年至今）。2005年，复旦大学成立复旦学院，负责全校通识教育课程的教学与管理。大学的本科新生（包括留学生）按专业录取后将进入复旦学院，学习一年后再进入专业院系学习，这标志着复旦大学的通识教育本科学院模式正式形成。2006年，复旦大学结合通识教育理念和通识教育课程探索出六大模块的通识教育核心课程体系。2012年，复旦大学在复旦学院、教务处、本科生招生办等机构的基础上组建了新的复旦学院（即本科生院）。新复旦学院下设志德、腾飞、克卿、任重、希德五个贯穿本科教育阶段的住宿书院。书院以"读书、修身"为价值核心，辅以"转变、关爱"为两翼，努力建设一种创新型书院模式的通识教育。同时，学校教学指导委员会下设通识教育委员会，负责通识教育核心课程的顶层设计和建设规划。自2015年起，复旦大学将通识教育核心课程六大模块调整为七大模块，进一步丰富通识课程内容，构建了具有特色的复旦大学的通识课程模式。复旦大学形成了以核心课程为主轴，以住宿书院制和导师制为辅翼的通识教育培养体系，在全国高校本科教育通识课程改革中发挥了很好的引领与示范作用。

2. 复旦大学通识课程的改革目标

复旦大学有着悠久的办学历史，秉持立德树人根本宗旨，致力于成为世界一流的育人、学术和文化卓越中心。在新的历史时期，复旦大学坚持把本科教育摆在发展首位，以培养德智体美劳全面发展的社会主义建设者和接班人为根本，坚持"国家意识、人文情怀、科学精神、专业素养、国际视野"的育人特色，致力于为国家兴旺、社会发展、人类文明进步培养大批领袖人才、行业

---

① 转引自王鑫，林荣日. 通识教育核心课程在复旦：变化与审视[J]. 煤炭高等教育，2012, 30（4）: 1-6.

栋梁及社会英才，培养担当民族复兴大任、掌握未来的复旦人。

为了实现复旦大学的人才培养目标，复旦大学不断推进通识教育改革。在改革过程中不断深化对通识教育的认识，复旦大学通识教育"旨在打破分门别类的学科壁垒，贯彻人类学问与知识的共同基础，并展示民族文化精神对于一个民族的学问创新能力，具有根基性的意义"①。复旦大学通识教育核心课程的主导原则是突破单纯的"专业领域"和"知识领域"，从培养新时代中华民族的一代新人的角度出发，为学生提供能够帮助其形成基本的人文修养、思想视野和精神感悟的课程。②复旦大学希望通过通识课程的有效实施，提高学生的人文修养，打开学生的思想视野，增强其独立思考能力和学术创新能力，在人类学问与知识的共同基础上，传递科学与人文精神，培养学生具有完全的人格，领悟不同的文化和思维方式，养成独立思考和探索的习惯，对自然和社会有更高境界的把握。③

3. 复旦大学通识课程的体系建构

2002年，复旦大学的通识教育课程体系分为综合教育和文理基础教育两大类。2006年，复旦大学通识课程按照素质教育的理念，根据开放性和系统性的要求设置通识课程体系，在强调德智体美相互渗透的同时，注重课程的交叉、渗透和融合。通识课程主要由核心课程、专项教育课程和选修课程三部分以及暑期国际课程组成。通识教育核心课程作为通识教育的基础，包括思想政治理论课程模块和核心课程六大模块，其中六大模块是复旦大学通识课程体系的改革重点，主要包括：①文史经典与文化传承模块；②哲学智慧与批判性思维；③文明对话与世界视野；④科技进步与科学精神；⑤生态环境与生命关怀；⑥艺术创作与审美体验。

2015年，在新一轮本科教育改革进程中，复旦大学将通识教育核心课程六大模块调整为七大模块，具体调整方案是新增了"社会研究与当代中国"作为第四模块，把"科技进步与科学精神"模块调整为"科学探索与技术创新"，并且对每个模块的课程内容都做了进一步的丰富。2017年，复旦大学进行了新一轮本科教育教学计划修订，通识教育核心课程七大模块旨在培养学生具有以下几方面的能力：具有理解人类文明丰富性和多样性的能力，直面人类

---

① 乐毅. 复旦本科通识教育改革的经验及启示——核心课程、讨论课、助教制[J]. 理工高教教育，2008（2）：58-61.

② 熊思东，李钧，王德峰，等. 通识教育与大学：中国的探索[M]. 北京：科学出版社，2010：208.

③ 吴坚. 哈佛大学与复旦大学通识教育课程设置比较研究[J]. 高教探索，2016（2）：28-33.

世界所面临的发展与挑战；具有认识现代性的社会基础框架的能力，充分体认全球化时代个体价值和社会价值之间错综复杂的相互关系；具有体认中国文化独到智慧的能力，从传统中汲取宝贵的经验；具有运用科学方法论和批判性思维解决问题的能力，塑造学术独立的大学精神。重建核心课程将带动全校的本科教育课程建设，使"体验性、实践性、讨论性"三大特性涵盖所有的本科课程。[①]复旦大学通识教育核心课程七大模块教学目标及基本课程单元结构如表6-6所示。

表6-6 复旦大学通识教育核心课程模块一览表

模块名称	教学目标	基本课程单元
第一模块：文史经典与文化传承	通过阅读中国文化经典，获得对文化传统的切实认识和理解，对文化传承有生动的体会和主动的担当	诸子经典 经学传统 史学名著 古典诗文 传统白话文学 现代文史名著 现当代文学
第二模块：哲学智慧与批判性思维	通过研读哲学原典，让学生领略东西方的智慧传统，形成对于人类文化创造和知识进展至关重要的反思和批判精神，以及形成思想独立、学术自由和天下为怀的知识分子品格	形而上学与知识论问题 科学哲学与认知问题 政治哲学与社会问题 道德哲学与人生问题 艺术哲学与审美问题 宗教哲学与信仰问题 批判性思维与论证问题
第三模块：文明对话与世界视野	对世界诸文明类型形成框架性理解，由此实现对人类文明的丰富性和多样性的理解，探索不同文明彼此沟通、相互体认的可能途径，发现文明之间实现知性对话的空间	古希腊罗马文明 犹太-基督教文明 现代西方文明 东亚文明 印度文明 西亚与伊斯兰文明 文明比较与对话
第四模块：社会研究与当代中国	通过对社会科学理论的介绍以及适当的社会科学方法的训练，培养学生能够运用科学、理性、批判和比较分析的能力，以及使用社会科学的视角审视中国和世界的能力	社会科学经典导读 社会科学研究方法 政治与社会 经济与社会 法律与社会 传播与社会

[①] 秦绍德. 学习与探索：复旦对于通识教育的理解和实践[J]. 中国高等教育，2006（15）：31-33.

续表

模块名称	教学目标	基本课程单元
第五模块：科学探索与技术创新	通过讲授数学、自然科学与工程技术的重要知识点、方法论或发展历史、现状和趋势，增强学生的基础科学素养，使学生逐步建立起对于人类自身和世界的科学态度，塑造理性批判、数理逻辑、科学探索和求实创新的精神	逻辑与数学思想 物理的致知与致用 化学与社会文明 工程理念与技术创新 科学技术及其思想发展
第六模块：生态环境与生命关怀	引导学生深入理解生命的意义，了解自然与生命的发展规律，关注人与自然、人与社会的协调发展，培育保护环境的自觉意识，倡导健康的生活方式和生活态度，树立保护生态、敬畏生命的价值观和道德观，实现科学精神与人文关怀的渗透交融	生命 环境 健康
第七模块：艺术创作与审美体验	通过审美教育，增强学生的感性鉴审能力、内在诸能力和诸种知识的交汇融通能力以及综合创造与表达能力，同时促进学生对古今中外优秀艺术作品的了解、对人类文明真善美理念的熏染	中国戏曲 戏剧经典与表达 中国书画 美术实践与鉴赏 陶艺与雕塑 诗文品读 写作的技艺 表演艺术入门 中国音乐审美 音乐经典与表达 影视解读与实践 器物文明和文化 艺术专门原理与文化思考

2017年6月，复旦大学发布实施《复旦大学2020一流本科教育提升行动计划》，标志着复旦大学的本科教育进入新的阶段。该行动计划集中体现了"一流目标、一流品牌、一流理念"；瞄准一流人才目标，培养掌握未来的复旦人；建"复旦本科"一流品牌；传"自信自主自律"之正道，塑一流学生；扬"教书育人"之正气，造一流教师；给一流保障，支撑一流大学本科教育质量提升；供一流学生丰富获得感，实现立德树人，培养精英领袖人才，为国家实现"两个一百年"目标输送大批"高精尖缺"人才。在该行动计划的指引下，复旦大学通识课程的教育理念更加体现学生中心理念，将通识教育核心课程质量看作复旦通识教育体系的关键。复旦大学通过实施通识教育核心课程质量提升计划，在三年建设期内，为推进以学生成长为中心的教学模式构建，推进新一轮核心课程建设，2017年全年开设七大模块核心课程222门次，邀请资深教授开设"给新生的第一堂通识课"系列讲座和"如何进入学术写作"系列讲座；组

织编撰了核心课程学生手册、教师手册，为本科生修读核心课程及教师建设课程提供指导和帮助；修订《复旦通识核心课程助教工作条例》，制订"通识核心课程助教成长计划"，全面提升复旦大学通识教育核心课程助教工作水平。

4. 复旦大学通识课程的组织实施

在通识教育核心课程的建设上，复旦大学建立了一套完整的通识教育教学体系以保证通识教育的全面展开①，具体实施措施包括以下几个方面。

第一，实行导师制。学校从各院系遴选德才兼备的优秀教师担任本科生导师，指导学生制订个性化的修读计划，为学生的学业、生活和人格养成提供全方位的指导。

第二，推行核心课程助教制度。每门通识教育核心课程都配备了1~2名本专业在读研究生作为课程助教，促进了教师和学生之间的交流，为学生营造了自由的学习空间。

第三，建立核心课程讨论班制度。讨论班采用不超过20人的小班教学形式，学生在助教的指导下针对一些经典著作中值得研究的问题开展小组讨论和课堂主题演讲，也有定期开展的一些网络课堂讨论，重点培养学生的批判思维能力、研究创新能力和解决问题的能力，为探究性学习的实现打下了基础。

第四，成立核心课程建设小组。课程小组成员共同研讨教学方式，加强核心课程团队建设，优化主讲教师结构，为核心课程进行跨学科融合打下了基础。

通识教育课程的目的不仅在于使学生掌握基础知识，还要使学生掌握学科间的联系，最后能把知识应用于生活核心课程，注重阐明所有人应具有的共同经验，注重那些可以加强人类关系和改善生活质量的共同活动。②复旦大学通识教育课程的实施打破了以往的专业视域和知识视域，强化了师生对于通识教育理念的认同。总体来说，复旦大学通识教育课程体现出两大特点：第一，课程范围的覆盖面广，课程内容的经典性高。在通识课程的分布方面，七大模块课程涵盖了从西方到东方、从人文社会到自然科学、从古代经典到现代化进程、从艺术创作到生命关怀的内容。课程内容也不是简单的介绍，而是突出"经典性"，注重将经典文本作为课程教材，要求学生精读并讨论心得。第二，学生的参与度高。尤其是在以讨论班形式开设的核心课程上，学生可以就某个感兴趣的话题展开自由讨论，在讨论课上，学生之间可以相互交流，也可以与

---

① 北航高研院通识教育研究课题组. 转型中国的大学通识教育——比较、评估与展望[M]. 杭州：浙江大学出版社，2013：30-34.

② 李曼丽. 哈佛核心课程述评[J]. 比较教育研究，1998，（2）：30-33.

教师进行相关的探讨和辩论。①

（三）我国大学本科课程改革的新探索

进入 21 世纪以来，我国高校本科课程改革的进程不断深化，在加强通识课程和改革专业课程设置的基础上，课程建设范式也逐步与世界接轨，不断创新本科课程的新样态，开发研究型课程，设置跨学科课程，打造多元金课，创新课程思政，逐渐探索出具有中国特色的大学本科课程范式。

1. 开发研究型课程

为了培养拔尖创新人才，我国许多高校开展拔尖人才培养试点工作，如北京大学的"元培计划"、南京大学的"英才培育计划"、复旦大学的"望道计划"、清华大学的"学堂人才培养计划"、上海交大的"致远学院"等，这些高水平研究型大学的拔尖人才培养都是非常注重课程改革的，其中最能体现课程设置向"学习范式"转型的就是开发本科生研究型课程。一批研究型大学在较大范围内启动了本科生科研训练计划，旨在本科阶段为学生提供尽可能多的研究训练机会，提高本科生的科研创新能力。

北京大学设置"研究型课程"选修课，鼓励学生在导师的指导下参加科研活动，给予 2~6 个学分。以 2015—2016 学年为例，学校共完成了 550 名（人次）教师指导 762 名（人次）本科生的 544 项本科生科研项目的立项，已完成了 484 名教师指导 728 名本科生完成的 481 个项目的结题审核，共 728 名本科生获得了学分。本科生的科研参与比例占学生总数的 1/3，理工院系由于学科特点，本科生的科研参与比例平均可达 60%。同时，学校开放共享科研资源，以推动本科生的探究性学习，通过开放测试基金，支持本科生或研究生参与科研，以第 23 期开放测试为例，有 78 名本科生获得了开放测试基金。②

清华大学设置了激励有兴趣和潜质的学生参与大学生研究训练（students research training，SRT）计划。通过不断完善 SRT 计划的管理模式和拓展 SRT 项目类型，SRT 计划成为本科生创新能力培养、全球视野提升和价值塑造的综合育人平台。截至 2018 年底，SRT 计划累计立项 21 100 余项，有逾 4 万人次学生参与。近年来，SRT 立项数量平均每年在 1500 项以上，60% 以上的本

---

① 王鑫，林荣日. 通识教育核心课程在复旦：变化与审视[J]. 煤炭高等教育，2012（4）：1-6.
② 北京大学本科教学工作审核评估自评报告（2016）[EB/OL]. 2018-04-24. http://www.dean.pku.edu.cn/userfiles/upload/msgshow/201804241851244092.pdf.

科生在读期间均参加了一项或以上的 SRT 项目。①

复旦大学设置"复旦大学本科生学术研究资助计划",该类计划自 1998 年起实施,包含"䇹政项目""望道项目""登辉项目""曦源项目"等各类科研实践项目,引领优秀本科生踏上学术研究之旅。复旦大学的本科生学术研究资助平台每年资助近 500 名学生独立开展创新性的学术研究活动。②

2. 打造多元金课

2018 年 6 月,在全国高等学校本科教育工作会议上,陈宝生部长首次提出"金课"概念。同年 8 月,"淘汰'水课'、打造'金课'"被写入教育部印发的《教育部关于狠抓新时代全国高等学校本科教育工作会议精神落实的通知》。高校"金课"建设旨在振兴本科教育,落实本科教育在人才培养中的核心地位、在教育教学中的基础地位、在新时代教育发展中的前沿地位。教育部推出的"五大金课"建设,成为中国特色高校课程改革的新样态。

"金课"是一种隐喻,表示对课程建设的一种预期和价值导向,指明了大学应该产生优质的教学。教育部高教司司长吴岩认为,"金课"就是一流课程,并提出"两性一度"的"金课"内涵诠释。"两性"即高阶性和创新性。高阶性主要是指培养学生解决复杂问题的综合能力和高级思维。创新性体现在课程内容有前沿性和时代性、教学形式体现先进性和互动性、学习结果具有探究性和个性化三个方面,重点培养学生的探究能力,能够把学生的个性特点发挥出来。"一度"即挑战度,是指课程要有一定难度,需要学生和老师付出更多的努力。③陆国栋教授认为,"金课"就是高质量课程的统称,并指出"师生互动、关注过程、严格要求"是"金课"的三个基本特征。④张福利认为,"金课"就是以学生发展为中心,以学生素质和能力发展为课程设计的出发点,通过教学模式的创新,使课程达到高阶性、创新性、有挑战度,受学生欢迎,满足学生需求。⑤从以上对"金课"的内涵解释来看,其都不约而同地聚焦于学生发展、学生学习,体现出以生为本的教育发展理念,体现出我国高校课程建设向"学习范式"转型的趋势。基于"学习范式"的高校课程改革以课

---

① 2018—2019 年清华大学本科教学质量报告[EB/OL]. 2019-12-16. http://www.tsinghua.edu.cn/_local/D/51/C4/9C31C0CC9287C56A7E246B71ED7_32475816_81794.pdf? e=.pdf.
② 复旦大学 2018—2019 学年本科教学质量报告[EB/OL]. 2019-12-17. http://www.xxgk.fudan.edu.cn/2e/3c/c12643a208444/page.htm.
③ 吴岩. 建设中国"金课"[J]. 中国大学教学,2018(12):4-9.
④ 陆国栋. 治理"水课" 打造"金课"[J]. 中国大学教学,2018(9):23-25.
⑤ 张福利. 中国高校的第一堂"金课"[EB/OL]. 2018-11-25. http://finance.china.com/jyk/news/11179727/20181125/25311592.html.

程质量提升为核心，可以从五个方面来理解高校"金课"的价值逻辑。第一，"金课"建设应确立以学生为中心的教育理念；第二，"金课"建设目标应是促进学生产生高阶性的学习；第三，"金课"建设内容应是师生共创具有挑战性的学习内容；第四，"金课"建设类型应是建设有利于学生学习的多样化金课；第五，"金课"建设实践应是推进课程与教学的同步耦合。①

高校"金课"建设的根本在于培养高质量人才，在推进本科教育改革的时代背景下，高校"金课"建设不是一个简单的质量工程或项目，而是代表一种课程建设向"学习范式"的转型，"金课"建设要从注重教师之"教"落实到关注学生之"学"。②正如博耶所指出的那样，大学的使命是"大学里的每个人都应该是一个探索者和学习者。大学的教学任务就是让每个学生都参与到这一共同的使命——探索、研究和发现中来"③。传统的课程建设以学科知识为中心，课堂教学以传授知识为主，没有促进学生产生真正有意义的学习，学生没有全身心地投入教学学习过程之中。"金课"建设就是要以课程范式转换推动一场"课程革命"，大学"金课"的评判标准应该指向于学生的深度学习。④

为了落实教育部于2018年8月印发的《教育部关于狠抓新时代全国高等学校本科教育工作会议精神落实的通知》中提出的"合理提升学业挑战度、增加课程难度、拓展课程深度，切实提高课程教学质量"的要求，教育部提出建设五大类型"金课"，包括线下"金课"、线上"金课"、线上线下混合式"金课"、虚拟仿真"金课"和社会实践"金课"。随后，结合2019年4月启动的"六卓越一拔尖"计划2.0，在全面推进新工科、新医科、新农科、新文科的建设过程中，"金课"建设进入全面实施阶段，计划建设两万门中国"金课"，在92个专业大类、630个专业都有"金课"，既有公共课"金课"，也有专业课"金课"，既有培养"创新型"人才的"金课"，也有培养"复合型"人才的"金课"，还有培养"应用型"人才的"金课"。⑤多元化的"金课"建设成为

---

① 刘青山，刘佳，吴立保，等. 学习范式下高校"金课"建设的价值逻辑与路径选择[J]. 江苏高教，2020（8）：55-63.

② 董立平. 关于大学课程建设与改革的理论探讨——基于中国大学"金课"建设的反思[J]. 大学教育科学，2019（6）：15-22.

③ The Boyer Commission on Educating Undergraduates in the Research University. Reinventing Undergraduate Education: A Blueprint for America's Research Universities[R]. New York: State University of New York at Stony Brook, 1998: 9.

④ 吕林海. "深度学习"视域下的大学"金课"——历史逻辑、考量标准与实现路径之审思[J]. 高校教育管理，2020（1）：40-51.

⑤ 吴岩. 建设中国"金课"[J]. 中国大学教学，2018（12）：4-9.

撬动"课堂革命"的支点，让学生产生有意义的学习，促进学生的多元化发展，从而整体提升我国高校人才培养质量。

3. 创新"课程思政"

习近平总书记在 2016 年全国高校思想政治工作会议上强调，各类课程要与思想政治理论课同向同行，形成协同效应。[①]这为我国高校"课程思政"建设指明了方向，提供了遵循。2017 年 12 月，《中共教育部党组关于印发〈高校思想政治工作质量提升工程实施纲要〉的通知》颁布，其中明确提出，"梳理各门专业课程所蕴含的思想政治教育元素和所承载的思想政治教育功能，融入课堂教学各环节，实现思想政治教育与知识体系教育的有机统一"。"课程思政"作为一种新的课程样态，同时也是一种课程建设的方法，不仅引起我国高校思想政治教育理念和体系的重大变革，而且在将思政元素融入专业课程思想的指引下，我国高校课程建设的内涵和方式都发生了重大变革。

（1）"课程思政"的形成发展

"课程思政"源自上海高校思想政治教育综合改革的实践。自 2014 年以来，为了贯彻落实"立德树人"根本任务，上海部分高校在通识教育中开设了由名家大师主讲国家建设发展成就的"中国系列"课程，课程主要目的是在课堂教学中根植社会主义核心价值观，随着"中国系列"课程理念建设的升华，尤其是复旦大学通识课程改革的实践探索，高校思想政治教育的"上海经验"逐步形成"课程思政"理念，强调加强高校思想政治教育工作，必须从高等教育"育人"的本质要求出发，从国家意识形态战略高度出发，应抓住课程改革核心环节，充分发挥课堂教学在育人中的主渠道作用，着力将思想政治教育贯穿于学校教育教学的全过程，着力将教书育人落实于课堂教学的主渠道之中，深入发掘各类课程的思想政治理论教育资源，发挥所有课程的育人功能，落实所有教师的育人职责。2018 年 9 月，教育部颁发的"新时代高教四十条"中强调，推动高校全面加强"课程思政"建设。"课程思政"已成为新时代振兴本科教育与提高人才培养能力的重要着力点。

（2）"课程思政"的内涵诠释

尽管对"课程思政"有许多不同的概念诠释，但共同的指向是将"课程思政"的本质定位于立德树人，也就是说，"课程思政"在本质上还是一种教育，还是为了实现立德树人根本任务。从课程本质出发，"课程思政"是高校思想政治教育教学改革的内在要求，其核心在于挖掘不同学科和专业课程的

[①] 习近平在全国高校思想政治工作会议上强调：把思想政治工作贯穿教育教学全过程开创我国高等教育事业发展新局面[N]. 人民日报，2016-12-09（001）.

思想政治教育资源，建立有机统一的课程体系，形成全学科、全方位、全功效的思想政治教育课程体系。①从课程内容出发，"课程思政"是将思想政治教育融入课程教学的各环节、各方面，"以'隐性思政'的功用与'显性思政'——思想政治理论课一道，共同构建全课程育人格局"②。从课程实施出发，"课程思政"是指通过运作整个课程，在全员参与下，对学生予以全方位、全过程的思想政治教育的活动与过程，它既是一种思想政治教育理念，又是一种教育方法。③伴随着"课程思政"的实践推广，越来越多的人赞同"课程思政"是一种方法，是高校在落实立德树人根本任务的过程中体现马克思主义指导地位、践行社会主义核心价值观的方法，是坚持用习近平新时代中国特色社会主义思想铸魂育人，实现习近平新时代中国特色社会主义思想进教材、进课堂、进头脑的方法，是实现立德树人根本任务的方法。④总的来说，"课程思政"是把思政教育元素融进各类课程中，贯穿到学校教育教学全过程的方法，使各类课程与思政课程同向同行，消除思政教育与专业教育"两张皮"的现象，使课程思政元素既与课程建设目标紧密相连，又与遴选课程知识点、构建课程知识体系紧密相关。

（3）"课程思政"的实践探索。

上海在推进思想政治教育综合改革过程中，在全市开展"课程思政"整体试点校12所、重点培育校12所、一般培育校34所，基本实现全市高校全覆盖。各高校已建设"中国系列"课程近30门，综合素养课程175门，近400门专业课程申报开展试点改革，探索出"课程思政"建设的"上海经验"。⑤伴随着"上海经验"的推广，南京大学李向东的"宇宙简史"课程更是将"课程思政"推向新的阶段，基于价值引领的"课程思政"建设在全国高校全面开展。

结合学校学科专业特色推进"课程思政"是各高校的共同特点，形成许多创新模式。第一，发挥专业课隐性融入思政教育的育人功能。例如，上海中医药大学在"人体解剖学"课程中引导学生对生命意义的思考、对医学责任意识的审视，在"中药饮片鉴识"课程中设计了进入社区宣教的实践内容，将专

---

① 闵辉. 课程思政与高校哲学社会科学育人功能[J]. 思想理论教育，2017（7）：21-25.
② 陆道坤. 课程思政推行中若干核心问题及解决思路——基于专业课程思政的探讨[J]. 思想理论教育，2018（3）：64-69.
③ 何玉海. 关于"课程思政"的本质内涵与实现路径的探索[J]. 思想理论教育导刊，2019（10）：130-134.
④ 杨祥，王强，高建. 课程思政是方法不是"加法"——金课、一流课程及课程教材的认识和实践[J]. 中国高等教育，2020（8）：4-5.
⑤ 李国娟. 课程思政建设必须牢牢把握五个关键环节[J]. 中国高等教育，2017（15/16）：28-29.

业技能服务社会的职业价值观传递给学生。①第二，以教学团队开展"课程思政"。例如，上海交通大学采用"1+4"思政课教学模式，由 1 个多元组合的教学团队轮流走进思政课堂授课，同时引入"大班教学、小班讨论、社会实践、网络教学"等环节的多课堂教育。组建起的这支教学团队包括校长、校党委副书记及校内外教学名师，形成跨越专业、学科交叉的"客座教授"机制。②第三，以通识课程为载体推进"课程思政"。上海在探索通识教育课程改革的过程中，以综合素养课程为抓手，通过制定综合素养课程建设价值标准，强调社会主义核心价值观进课堂，在综合素养课程教学中潜移默化地加强理想信念教育。继上海大学"大国方略"课程之后，复旦大学推出"治国理政"、上海交通大学推出"读懂中国"、同济大学推出"中国道路"、上海大学推出"创新中国""创业人生"、上海师范大学推出"闻道中国"、华东政法大学推出"法治中国"、华东理工大学推出"绿色中国"等一批"中国系列"品牌课程。第四，以专业思想政治教育课程推进"课程思政"。例如，上海外国语大学推出"中外时文选读"课程，由思政课教师梳理提供我国国家领导人在国外大会演讲或杂志上发表的文章，由专业课教师在课堂上进行讲解，反响热烈。这种以思想政治教育为主阵地的课程，有助于实现知识传授与价值观培养的同频共振，具有强大的说服力和感染力，有助于将最大化发挥课堂的主渠道功能。第五，以评价激励为载体推进"课程思政"。例如，复旦大学以高校教师教学激励计划为抓手，落实育人价值导向，针对专业课程的育人功能和任课教师的育德实效开展绩效评价，以此作为是否继续给予支持及支持额度的重要依据，为促进教书与育人相统一提供了重要途径。第六，以组织建设推进"课程思政"。在北京师范大学、复旦大学、中山大学等高校成立党委教师工作部的示范引领下，全国许多高校都成立了党委教师工作部，统筹做好教师思想政治工作和师德师风建设，将"课程思政"纳入教师工作之中。例如，武汉大学提供 50 万元经费资助了 5 个思想政治理论课教学改革项目，集结 60 多名思想政治理论课教师，推出思想政治理论课四门在线课程，对全国思想政治理论课程起到了示范作用。③

在"课程思政"的建设过程中涌现出许多典型案例，其中，南京大学李向东教授开设的"宇宙简史"课程，成为通识教育中"思政课程"的标杆。2016 年 5 月，李向东开始着手思考如何为互联网的原住民——在校大学生构

---

① 虞丽娟. 从"思政课程"走向"课程思政"[N]. 光明日报，2017-07-20（014）.

② 高德毅，宗爱东. 从思政课程到课程思政：从战略高度构建高校思想政治教育课程体系[J]. 中国高等教育，2017（1）：43-46.

③ 高燕. 课程思政建设的关键问题与解决路径[J]. 中国高等教育，2017（15/16）：11-14.

建一门以"树立正确的宇宙观"为目标的天文基础课程。在两年多的课程建设实践中，李向东教授始终聚焦课程思政元素，构建"宇宙简史"课程知识体系。2018年9月26日，"宇宙简史"课程在中国大学MOOC平台上线，引起了强烈反响。李向东教授站在立德树人根本任务的新高度，围绕"树立正确的宇宙观"的课程建设目标，构建创新性的课程体系，打造高阶性的课程，实现了习近平新时代中国特色社会主义思想进教材、进课堂、进头脑。

"宇宙简史"课程在建设过程中，围绕习近平总书记提出的在人才培养中"要坚持价值性和知识性相统一，寓价值观引导于知识传授之中"的要求，抓住"立意、创意、汇意、达意"四个关键环节，潜心探索在知识传授中实现价值观引导的最佳方式。[①]"立意"是指将立德树人理念作为课程建设的主要目标。作为一门面向文科大学生的天文课程，"宇宙简史"课程强调普及天文知识这一基本出发点，在课程建设之初，明确将帮助学生"树立正确的宇宙观"作为课程的重要目标，探索课程思政建设的新路。"创意"是指以问题为导向设计教学大纲，选取、整合课程内容，在课程教学中，强化在知识传授中深度融合价值观，以新的视角重新审视教学内容的科学性和合理性。"宇宙简史"的课程建设是以问题为导向重构课程大纲，结合人类宇宙观的发展和学习程度的递进设置了八个专题，每个专题提出一个融合科学与价值观的问题，通过对问题的分析和解答，揭示人类认识宇宙的历程及其蕴含的科学精神和方法，让宇宙简史所反映的不仅是宇宙的演化历史，也是人类宇宙观的发展史和天文学家的探索史。"汇意"是指有机融合课程的内容与内涵，以知识作为载体，润物无声地传递价值理念。在"宇宙简史"课程教学中，一方面强调以科学研究体现科学精神，另一方面强调以跨学科的视角体现学术思想性。同时，凸显以人为本的理念，体现人性光辉，在课程教学中体现以学生为中心的理念。"达意"是指选择契合内容的有效表现方式。在"宇宙简史"课程建设过程中，为了实现课程的建设目标，内容和表现形式应该高度契合。除了主讲教师负责确定课程的主题、大纲和内容外，还有一支来自文科院系和出版社的顾问团队，成员既有老师也有学生，尤其是高水平的跨学科顾问团队，对课程内容的安排和授课方法提出了许多很有价值的建议和意见。

---

① 李向东. 在知识传授中实现价值观引导[J]. 中国高等教育，2019（9）：18-20.

第七章　学习成果："学习范式"视域下大学本科教育学习评价改革

　　本科教育向"学习范式"转型应是整体的转型,是对传统的"教学范式"的整体超越和替代。质量评价作为本科教育的重要环节,"学习范式"视域下本科教育质量评价,从传统的关注教师教的质量,转向关注学生学的质量。20世纪90年代以来,在"服务学生发展"的教育理念指引下,关注学生学习成果评价成为本科教育质量评价的趋势。

一、美国大学本科教育学习成果评价的理论进展与实践探索

20世纪80年代以来,高等教育由精英化向大众化、普及化发展阶段转变所引发的高等教育质量与质量保障问题成为国际关注的焦点,从学习成果的角度衡量高等教育质量与高等学校教育教学质量成为国际通用的标准。美国、欧盟等率先进入大众化、普及化发展阶段的国家和地区开始从学生学习成果的角度对保障与提升高等教育质量进行探索,无论是在理论研究还是实践行动方面均取得了丰硕成果。我国自20世纪80年代中后期以来,也开展了对普通高等学校本科教育教学的质量保障活动,如在2003年开始进行首轮高校教学工作水平评估。结合我国高等教育发展新阶段的特点与使命,2011年教育部下发《教育部关于普通高等学校本科教学评估工作的意见》,提出了"五位一体"的本科教学评估制度,并确立了以学生为本、以产出为导向的评估新理念。在国际趋势与制度引导的双重作用下,我国高等学校将学习成果评价作为本科教育教学的改革重点,通过对学习成果评价理念与实践的不断探索,逐步实现向"学习范式"转变的教育教学目标。

(一)美国大学本科教育学习成果评价的理论基础

20世纪90年代,美国本科教育质量问题引发社会关注,如何评价本科教育质量成为社会关注的核心问题,学者纷纷呼吁高等教育要重塑"为学生成长和发展服务"的理念,在此影响下,一批关注学生成长与发展的研究人员围绕"学生发展"产出了重要的研究成果,其中学生投入(student involvement)理论、增值(value-added)理论、结果导向教育理论等为学生学习成果评价的产生与实践奠定了重要的理论基础。

1. 学生投入理论

20世纪80年代,美国学者阿斯汀就如何评价高等教育"卓越"的标准进行了批判,认为传统评价大学卓越的标准,如"声望""资源""教育内容"等质量观均偏离了大学的核心目标,认为"追求学生的发展"才是评价大学是否卓越的根本标尺。[①]阿斯汀在《学生投入:高等教育发展理论》一文中提出了学生投入理论,对美国高等教育中的评价理论与实践发展具有里程碑式的意

---

① Astin, A. W. Achieving Educational Excellence[M]. San Francisco: Jossey-Bass Publishers, 1985: 5.

义。他指出，学生投入是指学生在学习过程中所投入的体力和精力。因此，一个高度投入的学生就是指在学习上投入了大量的精力，在校园里花费了大量的时间，积极参与学生组织，并经常与教师和其他学生进行互动。与此同时，他也详细描述了理解"参与"概念的五个前提假设：①参与涉及对各种教育对象体力和精力的投入，这里所指的对象既可以是高度概括化的概念，如学生体验，也可以是高度具体化的概念，如为某一化学课程做准备；②不管对象是什么，参与都是一个连续的过程，也就是说，不同学生对某一特定对象表现出不同程度的参与，同一学生在不同时间对不同对象表现出不同程度的参与；③参与既有数量特征，也有质量特征，例如，学生参与学习活动的程度可以通过数量（学生花在学习上的时间）和质量（学生是否复习并理解阅读作业还是只是盯着课本做白日梦）两个方面来衡量；④学生在教育过程中的收获和个人发展水平与学生参与的质量和数量成正比；⑤衡量教育政策和实践的有效性要通过考量该政策和实践是否增加了学生学习参与。[①]其中，后两个假设尤为关键，因为这两个假设为教育活动和教育政策的设计提供了将学生参与加入评价过程的依据与线索。

美国印第安纳大学的乔治·库恩（George D. Kuh）进一步完善了学生投入理论的研究。库恩等认为，影响学生投入的因素主要有三个方面：学生行为、大学先期经历和学校环境。其中学生行为主要包括学习习惯、学习时间、学习动机、学习互动等，大学先期经历主要包括学生的人口学因素、学习准备、入学意愿等，学校环境主要包括学习支持、校园环境、教学活动等。[②]他还指出，仅通过学校外部条件来评估高等教育质量是不全面的，学生的学习投入程度是衡量高校教育质量的核心指标的观点。正是基于学习投入理论，库恩作为美国印第安纳大学的主要项目负责人，与美国高等教育管理系统中心等机构联合开发了 NSSE，对美国大学生的学习投入情况进行了跟踪调查。

2. 增值理论

增值理论的产生与美国高校强调学生应在大学中获得成长密不可分，同时，增值理论也迎合了美国高等教育对质量问责的需要。阿斯汀提出了 I-E-O 评价模型 [input-environment-outcome（I-E-O）conceptual model of

---

① Astin, A. W. Student involvement: A developmental theory for higher education[J]. Journal of College Student Personnel, 1999(5): 518-529.

② Kuh, G. D., Kinzie, J., Buckley, J. A., et al. What Matters to Student Success: A Review of the Literature. Commissioned Report for the National Symposium on Postsecondary Student Success: Spearheading a Dialog on Student Success[R]. Washington: National Postsecondary Education Cooperative, 2006: 7-8.

assessment）]，指出高等教育的"输出"（output）是"输入"（input）和"环境"（environment）相互作用的结果。其中，输入是指学生的人口学特征、原生家庭背景、学生入学前的学习经历等；环境是指学生在学习过程中的政策、文化和经历等；输出是指学生的学习成果，包括学生毕业后所获得的知识、技能、态度等。[1]该模型试图解释环境对学生整体或个体变化或成长的影响，关注教师和管理者实施的学校项目和政策。[2]这一模型也为美国大学进行学生增值性评价与发展奠定了理论基础。1985年，特里·泰勒（Terry Taylor）、查尔斯·麦克莱恩（Chades McClain）提出了增值评价法，即通过对学生在整个大学就读期间或某个阶段的学习过程、学习成果的分析，来描述学生在学习上进步或发展的"增量"。[3]厄内斯特·博耶（Ernest Boyer）在其著作《大学：美国大学生的就读经验》中也对学生学习的增值评价进行了阐述，认为"学校在对学生进行评定成绩的时候，要通过所修课程和所获得的分数做出评定，即评定每个学生的进步"[4]。越来越多的学者和研究人员认同通过学生接受教育过程中的实际增值来评价学校的教育质量，对于"增值"的理解也达成了较为一致的认识，即认为增值就是一定时期内所接受的教育对学生成长和发展所带来的影响，增值评价就是通过测量这种影响的程度而对学生的成长进行反映。增值评价从学生发展角度证明和解释了高等教育质量和高等教育所承担的社会作用，学者给予了积极的评价，"在教育中使用增值评价可以对学生的学习积极性产生正向的影响，特别是当所提供的数据能够用于影响每天发生在课堂教学的时候。以学生学习成长为评价内容的增值模式较传统的只注重结果的学生评价模式更符合目标导向的原则"[5]。

3. 结果导向教育理论

结果导向教育又称成果导向教育、产出导向教育等，产生于20世纪80年代中期，在90年代得到迅猛发展。1918年，博比特（Bobbitt）出版了第一本专门论述课程的书——《课程》，标志着课程作为专门研究领域的诞生。博比特基于"社会需要"的目的，通过运用工业科学管理的原则对学校教育进行改革，继而又把这一管理原则推广到课程领域，将学生看作是"原料"，是学

---

[1] Astin, A. W. What Matters in College? Four Critical Years Revisited[M]. San Francisco: Jossey-Bass Publishers, 1997: 7-8.

[2] 徐波. 高校学生投入理论：内涵、特点及应用[J]. 高等教育研究，2013（6）：48-54.

[3] 章建石. 增值评价法——关注学生的实际进步[J]. 评鉴，2007（8）：51-54.

[4] Boyer, E. L. College: The Undergraduate Experience in America[M]. New York: Harper & Row, 1987.

[5] Anderman, E. M., Anderman, L. H., Yough, M. S., et al. Value-added models of assessment: Implications for motivation and accountability[J]. Educational Psychologist, 2010(2): 123-137.

校这架"机器"的加工对象。①虽然他的这种思想被后来的教育研究者所诟病，但他提出的"应该根据社会需要来确定教育目标"、"教育目标科学化和具体化"的思想对后世产生了深远的影响。1981年，斯巴迪（Spady）首先系统地阐释了结果导向教育理念，并迅速得到国际教育领域的重视和应用。随后，英国、澳大利亚、新加坡、南非、中国台湾与香港等国家和地区也引进并逐步推行相关改革，并取得了显著成绩。2000年以来，欧洲、澳大利亚、加拿大和美国等国家和地区将其纳入高等教育质量认证体系中，以确保质量、透明性和兼容性。在知识经济时代，结果导向教育被视为由市场驱动的高等教育最合适不过的教育模式，这种创新性的教学模式为学校和政府提供了在学校质量管理方面以及地区、国家之间学历互认方面的有力工具。②正如有学者指出的那样，结果导向教育是一种"颠覆性方式"的教育，将学习作为教育的中心，所有的决策都是为了构建有利的学习环境和学习经历，从而最终实现预期的学习成果目标。③

结果导向教育的核心内涵就是，学校的一切教育活动都应该围绕预期的学生学习成果的达成而展开。对学生学习成果的明确预期不仅是教育教学活动的出发点，也是检验各项教育教学活动有效性的根本标准。斯巴迪在《结果导向的教育——关键问题和回答》一书中对结果导向教育进行了解释："结果导向教育意味着对教育活动进行清晰地定位与组织，以实现全体学生在接受一定时间的教育后能够达到预期的学习成果。这意味着在开始进行教育活动之前，教育者就应该能够对学生在完成教育活动之后所达到的学习成果进行预期，能够提前设计课程计划、教学活动和课程评价，以实现预设的学生学习成果。"④为了帮助理解结果导向教育的内涵，斯巴迪还提出了在结果导向教育中必须思考的四个问题：①我们想让学生取得的学习成果是什么？②我们为什么要让学生取得这样的学习成果？③我们如何有效地帮助学生取得这些学习成果？④我们如何知道学生已经取得了这些学习成果？⑤与

---

① Bobbitt, F. The curriculum[J]. American Journal of Education, 1918(26): 10.

② Hejazi, B. M. Moving Towards an Outcomes-Based Curriculum Model in Design Education: An Action Research Study at OCAD University[EB/OL]. 2017-06-25. http://openresearch.ocadu.ca/id/eprint/1886/.

③ Killen, R. Outcomes-based education: Principles and possibilities[D]. Newcastle: University of Newcastle(unpublished manuscript), 2000.

④ Spady, W. G. Outcome-Based Education: Critical Issues and Answers[M]. Arlington: American Association of School Administrators, 1994: 12.

⑤ Spady, W. G. Outcome-Based Education: Critical Issues and Answers[M]. Arlington: American Association of School Administrators, 1994: 34.

泰勒所提出的四个基本问题相比，斯巴迪所提出的四个基本问题更加明确地指出教育的目的就是为了实现学生预期学习成果，一切教育教学活动都应该围绕学习成果开展。

（二）美国大学本科教育学习成果评价的实践进展

学生学习成果是学生接受一段时间教育后所期待发生的学习成果的增值与提升。美国教育评价标准联合委员会（Joint Committee on Standards for Educational Evaluation）将学生学习成果定义为"学生特定学习的期望，即学生在特定的学习、发展及表现等方面将会获得的各种结果，通常包括知识、能力、态度及个体行为"①。20世纪80年代美国的"评估运动"将学生学习成果纳入评估高校教育质量的范畴之中，且在接下来的大学发展当中逐渐被认可并进行实践，学生学习成果评估已经成为美国高等教育保障教育教学质量的重要标志与途径。

1. 学生学习成果纳入认证指标

美国高等教育在"评估运动"的促动下实现了质量文化的转向，联邦政府、州政府纷纷通过制定规章制度、调整拨款等方式鼓励高校进行能够有力证明学生学习成果提升的评估活动。以加利福尼亚政府为例，其颁布的《1990年高等教育评估法案》（Higher Education Assessment Act of 1990）中明确写道"立法机构声明，为提高人才培养的业绩，鼓励高校以积极的强化、激励与合作为基础，使用有效的评估机制"②。进入21世纪，美国高等教育机构组织和质量保障体系更加强调基于学生学习成果的评估。2002年，美国伊利诺伊州、肯塔基州等五个州首次合作召开大学学习全国论坛（The National Forum on College-Level Learning），强调通过收集可以比较的学生学习成果资料，为进行学生学习成果评估做准备。2006年，美国教育部高等教育未来展望委员会（Commission on the Future of Higher Education，CFHE）发布报告，再次强调了学生学习成果评估的重要作用，呼吁建设"全美大学生教育记录数据库"（National Student Unit Record），以追踪全美大学生的教育经历与发展。第三方评估机构作为美国高等教育质量保障中的重要力量，也开始将评估学生学习成果作为评估指标与认证标准，要求参与认证与评估的高校提供能够证明学生学习成果的材料。以通识教育为例，2007年美国高等教育质量六大认证机构对

---

① 俞佳君. 美国高校中的学生学习成果评估[J]. 外国教育研究，2016（1）：17-29.
② 黄海涛. 美国高等教育中的学生学习成果评估研究[D]. 南京师范大学博士学位论文，2010：24.

高校在通识教育中所达成的学生学习成果的评估涉及内容广泛[①]，包括交流、科学推理、信息技术、读写能力、批判性思维等近20项，认证机构对高校所需提供的通识教育学习成果的要求只是一个总体上的概括，各个高校需要根据学校办学特色和人才培养目标所制定的学生学习成果来确定通识教育的教育目标，进而提供各种证据来说明高校在通识教育方面促进了学生学习成果的达成。

专业认证是美国高等教育质量保障的重要形式，主要以具体专业（如医学、法律、工程等）或专业学院为认证对象，对课程设置、教学设施和专业建设等进行评估，是对高等学校专业教育质量的底线保证。1996年成立的高等教育认证委员会（Council for Higher Education Accreditation，CHEA）是美国高等教育实施教育认证机构认可工作的规模最大且最具权威的机构。1932年成立的工程和技术认证委员会（Accreditation Board for Engineering and Technology，ABET）作为华盛顿协议的六个发起组织者之一，在工程教育专业认证领域享有广泛声誉。ABET于1936年首次对工程学位项目进行认证以来，已经为30个国家的752所院校的3709个项目进行了认证[②]，其新的认证标准经修改后于2001年推行实施，EC2000工程认证标准更加关注学生学习成果的认定，强调学生在教育过程中所要达到的能力要求，进而提出了工程专业毕业生所必须达到的11项学生学习成果：①数学、自然科学和工程学知识的应用能力；②设计和实验以及分析和解释数据的能力；③根据需要设计系统、部件或过程的能力；④在多学科团队中发挥作用的能力；⑤识别、系统阐述以及解决工程问题的能力；⑥对职业道德和伦理责任的认知；⑦有效的交流能力；⑧宽厚的教育基础，能够认识到工程对经济、环境、社会乃至世界的影响；⑨对终身学习的正确认识和学习能力；⑩有关当代问题的知识；⑪在工程实践中运用各种技术、技能和现代工程工具的能力。[③]

2. 通过标准化测试评估学生学习成果

通过标准化测试对学生的学习成果进行评估产生于20世纪初期，经过卡内基基金会等研究机构和高校的改革尝试，以标准化测试来评估学生学习成果的方式如今已经成为美国高校学生评价不可缺少的手段，其作用不仅能够反映

[①] Greenwood, N. A., Hampe, G., Hartman, H., et al. Sociology and General Education[EB/OL]. http://www.asanet.org/images/asa/docs/pdf/Task%20Force%20on%20Sociology%20and%20General%20Education.pdf.

[②] 王薇. 美国专业认证制度的起源、组织及特点[J]. 教育评论，2018（4）：150-153.

[③] 张文雪，王孙禺，李蔚. 高等工程教育专业认证标准的研究与建议[J]. 高等工程教育研究，2006（5）：22-26.

学生学习成果的水平，还间接影响着美国高等学校在生源、资金、声誉等方面的获取。卡内基基金会第一任主席亨利·普瑞切特（Henry Pritchett）对高校教育教学质量极为关注，他认为"可以通过运用客观题测试来对学生的能力进行判断，从而判断学生在大学里的学习是否成功"①，这一想法直接影响了标准化测试在美国高校中的产生与实施。1961年，威廉在密苏里大学首次通过标准化考试的方法，对学生的数学、拼写、写字、阅读和作文等领域的学习成果进行了测试。②在此之后，麻省理工学院、辛辛那提大学和哥伦比亚大学也通过客观试题的方式对学生的学习成果进行标准化测试。20世纪中后期，各种专门从事标准化测试的机构和部门迅速发展，各种针对不同类型和目的的学生学习成果测试也大量产生，如教育测试服务中心（Educational Test Service，ETS）研发了"研究生入学考试"（Graduate Record Examination，GRE）、"学术能力与学业进步测评"（Measure of Academic Proficiency and Progress，MAPP），以及高等学校入学"学术水平评估测试"（Scholastic Assessment Test，SAT）工具；美国大学测验中心（American College Testing，ACT）研发了"大学成果测量"（College Outcome Measures Program，COMP）及"大学生学业水平评价"（Collegiate Assessment of Academic Proficiency，CAAP）工具；等等。

　　CLA项目由美国教育资助委员会负责开发与管理，2004年秋季在美国高校中正式使用。CLA的评价内容主要聚焦于学生的批判性思维、分析推理、书面沟通和问题解决能力，CLA测试题型包括"立论型任务"（make-an-argument tasks，MA）、驳论型任务（break-an-argument tasks，BA）和绩效分类型任务（performance tasks，PT），CLA强调通过解决真实生活环境中的模拟问题对学生的批判性思维进行综合测试，因此通常将三种类型测试同时使用。CLA-MA考察学生的文章分析、写作技能，题目通常是一个简短的由一两句话构成的对某一问题的阐释或观点，要求学生对这一题目提出自己赞同或不赞同的观点，并结合自身的知识储备和个人经验等对自己的观点做出有根据的论述。CLA-BA测试学生对他人观点进行批判的能力，题目呈现一段与杂志、报纸或电视新闻相类似的短文，短文内容包括预先设计好的几处逻辑论证方面的缺点与不足，要求学生对这段短文内容进行评价，指出其中存在的问题，并运用有关原理解释存在问题的原因。CLA-PT的题目来自现实生活中的模拟问题，题目呈

---

① 转引自 Savage, H. J. Fruit of an Impulse: Forty-five Years of the Carnegie Foundation[M]. New York: Harcourt, Brace, and Company, 1953: 284.

② 转引自 Savage, H. J. Fruit of an Impulse: Forty-five Years of the Carnegie Foundation[M]. New York: Harcourt, Brace, and Company, 1953: 284.

现 5～10 篇相关材料，要求学生通过阅读材料并解决相关问题，材料通常包括图表、技术报告、科学杂志摘要、关键问题或术语的阐述、公民信件、新闻报道文章、访谈记录与地图等。题目要求学生判断资料潜在的问题与来源的可信度，将提供的材料进行整合加工后对某一问题进行阐述，分别指出其优势与劣势，最终得出结论。①2014 年，CAE 在原有测试的基础上推出了 CLA+，在评估内容方面，CLA+ 引入了科学和定量推理、批判阅读和评估的内容；在评估手段上，CLA+ 加入了科学和定量推理、批判阅读和评估的方式；在评估结果方面，CLA+ 引入了标准参照结果、学生动机问题调查结果等部分材料。②CLA 和 CLA+ 基于增值评价理念，强调学生通过接受高等教育而实际发生的能力为测评目标，这一评估方式被越来越多的学生和高校认可。

随着美国高等教育对通识教育的重视，培养学生批判性思维等通用能力已经成为美国高校的重要教育目标，包括批判性思维在内的对学生通用能力进行测评的大规模测试也呈多样化发展。罗伯特·恩尼斯（Robert Ennis）在 20 世纪 80 年代主持开发了一系列批判性思维测试，其中包括用于测试本科生的康奈尔批判性思维测试（Z 层级），共涵盖了 7 个方面的 52 道题目，包括演绎推理、识别非形式谬误、前提的可接受性、归纳推理-识别结论、归纳推理-识别前提、定义以及识别隐含假设。③ETS 水平轮廓测试（The ETS Proficiency Profile Test，EPP）是 ETS 针对高等教育学生评价需要所开发的测评产品，旨在衡量学生在批判性思维、阅读、写作和数学方面的能力，测试分为两种形式：标准样式和简易样式。标准样式由分列为四种技能的 108 道题目组成，一次测试大约需要 2 个小时才能完成。简易样式包括 36 道题目，大约需要 40 分钟来完成。参加标准样式考试的学生将获得 8 项不同类别的分数，包括 ETS 总分数、四项技能子分数（包括批判性思维、阅读、写作和数学）和三项基于内容的单项分数（包括人文、社会科学和自然科学）。④批判性思维测试是 EPP 的重要测试内容，测试维度包括五个部分：①在非虚构类文章中区分修辞与辩论；②识别隐含假设；③基于已有信息形成最佳假设；④推导、解释不同的变量间的关系；⑤基于已有信息得出有效的结论。大学生批判性思维

---

① 马星, 国兆亮. 基于学习结果的美国通识教育评价[J]. 高教发展与评估, 2017（6）：35-42.

② 杨启光, 唐慧慧. 从 CLA 到 CLA+：美国高等教育高阶思维能力增值评估模式论析[J]. 现代教育管理, 2019（2）：119-124.

③ 仲海霞. 批判性思维能力测试评介[J]. 工业和信息化教育, 2018（5）：77-89.

④ Liu, O. L. Value-added assessment in higher education: A comparison of two methods[J]. Higher Education, 2011(4): 445-461.

能力被美国大学联合会认定为是 21 世纪学生必须具备的能力之一。[①]81%的美国雇主认为，批判性思维是他们最为看重的大学生学习成果。[②]批判性思维的标准化测试也已经成为美国高校证明学生学习成果的重要内容与方式。

3. 间接方法评估学生学习成果

通过评估学生在校期间的学习参与、师生互动以及学校所提供的教育环境等方面的因素对学校的教育质量进行评估是学生学习成果评估的重要方法，基于"建构主义学习理论"和"学生发展理论"的大规模调查问卷迅速成为美国高校学生学习成果评估的重要工具。其中影响范围广泛的"全美大学生学习投入性调查"和"研究型大学学生经历调查"最为典型。

（1）全美大学生学习投入性调查

1998 年，美国皮尤慈善信托（Pew Charitable Trusts，PCT）基金会联合全美高等教育管理系统中心（National Center for Higher Education Management Systems，NCHEMS）召开了旨在探讨美国本科教育质量评估新模式的专家研讨会议，专家对美国的高等教育评估体系进行了尖锐的批评，认为无论是已有的认证机构所进行的院校认证、专业认证还是通过第三方进行的大学排名的评估，都没有对大学的根本任务进行有利的测评，即没有对大学是否能够为学生提供有价值的教育经验并促进学生的有效发展进行评估。与此同时，通过学生学习成果评估对本科教育质量进行评估的方式在该次会上再次得到广泛认可，并提议开发"一项有效的、具有可靠性且能够广泛应用到各个学校的对学生学习行为和经验进行调查的评估项目"[③]。皮尤慈善信托基金会委托全美高等教育管理系统中心的彼得·尤厄尔（Peter Ewell）负责开发此项评估项目，并提供了 330 万美元的启动经费支持，"全国大学生学习性投入调查"（National Survey of Student Engagement，NSSE）的评价项目由此诞生，由印第安纳大学中学后研究中心（Center for Postsecondary Research，CPR）和印第安纳大学调查研究中心（Center for Survey Research，CSR）共同承担项目的实施和管理工作。1999 年，NSSE 先后在 78 所院校进行了试点调查，在随后的 2000 年，NSSE 项目正式在全美范围启动，共有 276 所院校参与调查，到 2019 年已经有 1600 多所美国和加拿大的四年制学院和大学参

---

① AAC & U. Essential Learning Outcomes[EB/OL]. http://aacu.org/leap/essential-learning-outcomes.
② AAC & U. Falling Short? College Learning and Career Success[EB/OL]. http://www.aacu.org/stes/default/files/files/LEAP/2015employerstudentsurvey.pdf.
③ Kuh, G. D. The national survey of student engagement: Conceptual and empirical foundations[J]. New Directions for Institutional Research, 2009(141): 5-20.

加了 NSSE。①

NSSE 问卷借鉴了美国大学生学习体验调查问卷（College Student Experience Questionnaire，CSEQ），包括五大指标，分别是"学业挑战水平"（level of academic challenge，LAC）、"主动合作学习水平"（active and collaborative learning，ACL）、"生师互动水平"（student-faculty interaction，SFI）、"教育经历丰富度"（enriched educational experiences，EEE）和"校园环境支持度"（supportive campus environment，SCE）。每一指标包含 6~12 个题项，五大指标共含 42 个题项，共同构成了"有效教育实践基准"（benchmarks of effective educational practices）。2013 年，NSSE 项目团队对评价指标做了大幅修改，修订后的 NSSE 包括四大主题共 10 个"学习性投入指标"（engagement indicators）。主题一：学业挑战（academic challenge），包括高阶性学习（higher-order learning）、反思性与整合性学习（reflective & integrative learning）、学习策略（learning strategies）、定量推理（quantitative reasoning）；主题二：同伴学习（learning with peers），包括协作学习（collaborative learning）、与不同人群讨论问题（discussions with diverse others）；主题三：与教师互动经历（experiences with faculty），包括生师互动（student-faculty interaction）、有效教学实践（effective teaching practices）；主题四：校园环境（campus environment），包括互动质量（quality of interactions）、支持环境（supportive environment）②。修订后的 NSSE 指标体系分类更加合理，且突出了对大学教育教学的指导性，新增加的"定量推理"指标突出了 NSSE 适应时代发展需要的特点，定量推理能力被越来越多的美国高校视为与阅读和写作能力同等重要的能力，无论是在工作中还是在生活中，理解数字和数据内容也是现代人类生存所必需的技能之一。③"有效教学实践"是另一项新增加的指标，众多研究发现，学生的课程学习收获、认知发展和留存率都与有效教学实践有正相关关系。④另外，修订后的 NSSE 更加强调院校的特色发展，增加了"主题模块"（topical modules）调查内容，参评学校可以根据自己的需要参与其中任意调查模块，包括学业咨询（academic advising）、公民参与（civic engagement）、可迁移技能发展

---

① National Survey of Student Engagement. What does NSSE do?[EB/OL]. http://nsse.indiana.edu/nsse/about-nsse/index.html.

② National Survey of Student Engagement. Information About the 2013 Update[EB/OL]. http://nsse.indiana.edu/nsse/survey-instruments/nsse-2013-update.html.

③ 龙琪. 剖析美国《全国大学生学习性投入调查》及其变化[J]. 高教发展与评估，2016（1）：54-65.

④ Braxton, J. M., Bray, N. J., Berger, J. B. Faculty teaching skills and their influences on the college student departure process[J]. Journal of College Student Development, 2000(2): 215-227.

（development of transferable skills）、多元视角经历（experiences with diverse perspectives）、基于技术的学习（learning with technology）、写作经历（experiences with writing）、信息素养经历（experiences with information literacy）、全球视野——认知和社会（global perspectives-cognitive and social）[①]。

NSSE 聚焦于学生在校期间用于学习活动和学习经历的时间和精力，强调学校营造的学习氛围对学生学习收获的影响，所调查的数据不仅能够对学生的学习成果进行提前预测与预警，帮助学校和教师开展具有针对性的学习支持服务，而且通过对参评学校的每个指标的得分、同类学校在相同指标上的得分以及平均分进行统计分析，可以对不同学校的相同专业或不同院校之间的数据进行比较，为不同地区、不同类型高校提供可以进行比较的指标和数据。正如加利福尼亚州立大学前校长彼得·史密斯（Peter Smith）所说："NSSE 就是个无价之宝。通过这一调查，我们可以知道学校在哪些方面做得好，哪些方面还需要进一步改进。与此同时，这一调查还鼓舞了我们对教育质量进行改进的信心。总之，参与这一调查所获得的好处数不胜数。"[②]随着美国高等教育质量问责文化的逐渐形成，越来越多的学校在招生与就业等工作中将 NSSE 评估结果作为学生学习经历质量的证据，将其提供与分享给学生、家长和用人单位，学校也将调查结果分享给校友和相关利益群体，从而争取更多的资金捐赠。[③]

（2）研究型大学学生经历调查

美国研究型大学兴起于 19 世纪，经过百余年的发展，现已成为美国最具竞争力的科研机构，承担了大量的科学研究工作。与此同时，对本科教育质量的提升也成为近年来研究型大学的关注焦点。1999 年，加利福尼亚大学的道格拉斯（Aubrey Douglass）和菲拉克斯（Richard Flack）最先提出对本科生进行学习经历调查的设想。2001 年，加利福尼亚大学伯克利分校高等教育研究中心对这一设想进行了实践，以便了解加利福尼亚大学伯克利分校的教学服务和学生学习质量，进行了研究型大学学生经历（Student Experience in the Research University，SERU）调查。在加利福尼亚大学总校的安排下，加利福尼亚大学的其他 8 所分校也加入这一调查中，于 2002 年进行了首次调查。2008 年，除加利福尼亚大学系统的 9 所学校加入此项调查外，明尼苏达大

[①] National Survey of Student Engagement. NSSE Survey Instruments[EB/OL]. http://nsse.indiana.edu/nsse/survey-instruments/index.html.

[②] 转引自汪雅霜，汪霞. 学习投入度调查：美国高等教育质量评价的新视角[J]. 全球教育展望，2015（5）：50-57.

[③] National Survey of Student Engagement. Exploring Different Dimensions of Student Engagement[R]. Bloomington: Indiana University Center for Postsecondary Research, 2005: 24.

学、北卡罗来纳大学等 12 所研究型大学也加入了此项调查。2010 年，我国的南京大学、西安交通大学、湖南大学，南非的开普敦大学，荷兰的阿姆斯特丹大学等也加入了此项调查，共同构成了 SERU 调查联盟。

SERU 本科生调查主要对研究型大学学生经历的系统环境进行研究。阿斯汀在他 1991 年出版的《卓越评价——高等教育评价与评估的哲学与实践》一书中构建了"输入-环境-输出"评价模型，并认为评价"通过提供与课程有关的信息，应能够帮助教育做出决策"[1]。理解教育的结果必须了解输入、环境、输出这三者之间的关系。"输入-环境-输出"评价模型说明：知道学生达到什么结果只是评价的一部分，而关于学生起点的信息和他们在求学过程中所经历的事件同样也是必不可少的。没有这些背景，要使用学习成果评价的结果来提高教育质量是十分困难的。[2]基于"输入-环境-输出"评价模型框架，SERU 分为四个板块，分别是学生背景、学业参与、学习成果和学生满意度（图 7-1）。[3]SERU 调查设计灵活，每个学校可以根据学校实际需求对重点问题进行调查，同时，SERU 使大量学者和研究机构参与到通过数据分析提升学校教育教学水平的行列当中，在学术参与、本科生参与科研、校园环境、性别与种族等多项研究中，SERU 提供的数据使研究者能对学生学习成果进行更深入的研究。例如，一项关于美国研究型大学提升国际化水平的研究中，研究者采用了 2012 年美国 15 所研究型大学的 33 784 名本科生的 SERU 调查数据，结果显示，对于美国大学四年级的学生而言，在社交场合与国际学生交流互动能够提升他们的全球竞争力。[4]SERU 的目的在于促进和加强以证据为基础的管理，并为大学的自我完善提供支持。

SERU 具有以下作用：①为院校提供学生群体数据，包括学生的家庭情况、学业情况、文化背景和种族，以及学生的自我认同、职业理想和其他目标；②为院校提供学生经历数据，包括学生行为、期望和满意度受研究型大学的学术和管理实践的影响，以及他们的行为和兴趣如何影响学术环境的数据，通过提供多样化的数据，从学科和课程方面出发对不同群体进行分析；③将数

---

[1] Astin, A. W. Assessment for Excellence: The Philosophy and Practice of Assessment and Evaluation in Higher Education[M]. New York: American Council on Education and Macmillan Publishing Company, 1991: 12.

[2] 黄海涛. 美国高校"学生学习成果评估"的特点与启示[J]. 教育研究，2013（4）：138-146.

[3] Center for Studies in Higher Education. About SERU[EB/OL]. http://cshe.berkeley.edu/seru/about-seru/ugseru-survey-design.

[4] Shcheglova, I., Thomson, G., Merrill, M. C. Fostering Global Competence Through Internationalization at American Research Universities[EB/OL]. 2017-10-24. http://cshe.berkeley.edu/ publications/fostering-global-competence-through-internationalization-american-research-universities.

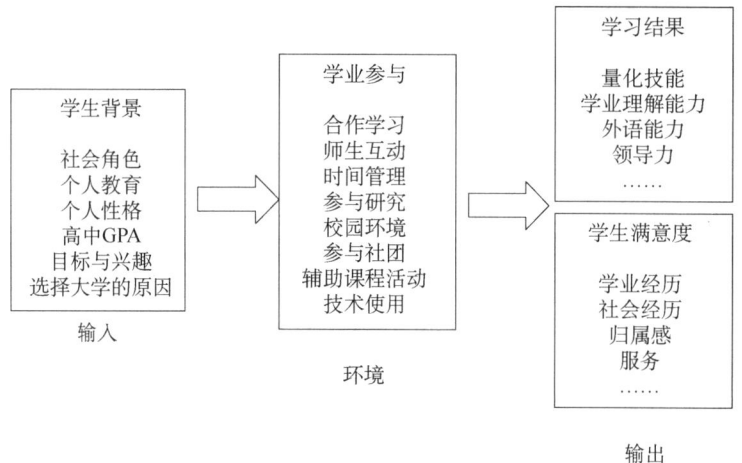

图 7-1 SERU 调查结构图

据转化成政策建议，通过数据分析，帮助院校确定教育优势与劣势，并将改进意见整合到与学生经历密切相关的政策当中。①SERU 调查数据也被广泛应用到美国研究型大学教育质量问责报告当中，例如，在 2011 年加利福尼亚大学问责报告中，2010 年的 SERU 调查数据证明了加利福尼亚大学在学生分布地区和种族等方面的多样性，2006 年、2008 年和 2010 年的 SERU 调查数据展示了学生在就读期间在专业理解能力、写作能力和批判性思维能力方面的发展状况。②

4. 课程嵌入式的学生学习成果评价

来自外部的高等教育质量问责极大地促进了学校内部教育质量的改进，众多研究机构和研究人员联合一线教师尝试并开发了一系列基于课程的学生学习成果评价工具，通过对学生课堂学习成果数据的积累与评价来实现教师的有效教学，从而达到真正提升学生学习成果的目的。

根据学生范围的不同，学生学习成果可以分为不同层面，因此，对学生学习成果进行评估也要分为不同层次。总体而言，学生学习成果评价呈现出由上至下的趋势，即上一层的学习成果是由下一层学习成果逐渐积累而成的，从而实现由课堂—课程—专业—学校—地区—国家等不同层次学生学习成果的积累与评估。课堂和课程层面的学生学习成果的评估是组成更大范围学生学习成

---

① Center for Studies in Higher Education. SERU Mission[EB/OL]. http://cshe.berkeley.edu/seru/seru-mission.

② 邓文超，吕林海. 研究型大学本科教育质量评估的新视角与新方法——基于 SERU 调查的解析[J]. 煤炭高等教育，2012（5）：63-67.

果评估的基本单位，同时也是实现课堂教学改进的基础环节。课程嵌入式的评价方法通过四个步骤进行：首先，将课程目标与学生毕业时所预期达到的学习成果相关联，教师可以根据过往授课过程中收集到的学生表现对学习成果进行界定，进而与其他任课教授共同探讨并制定能够体现学生知识、能力、态度增值的课程目标。其次，教师根据设计好的课程目标合理安排能够反映和体现学生学习成果的教学环节，并且保证教学活动与课程所要达到的预期学生学习成果保持一致。再次，开发测量工具，即对学生的学习表现进行分级并提供可对照的分级标准，以判断学生学习成果所处的水平和增值情况。最后，根据收集到的学习成果的使用对课堂教学和课程安排进行改进。在这一过程中，研究人员和教师通过多种形式的评价方法确定学生的学习成果，安吉洛（Angelo）等对常用于课堂评估的学生学习成果评估工具进行了总结，概况为"知识与技能评价工具""学习态度、价值观和自我认知程度评价工具""教学反响评价工具"三种类型的评价工具。[1]量规（rubric）、电子档案袋（e-portfolio）等也是常用于学生学习成果评价的工具。

  量规不仅是一个描述性的评分教学工具，还是一个有效的可用于获取知识和发展专业能力的通用评估工具。[2]由于量规对教学的积极影响，教师在教育中对它们的使用次数日益增加。量规的评分标准设定是在教师对学生学业成绩进行评价、衡量学生学习进步的基础上产生的，而越来越多的研究者在制定量规的时候会将学生对自身群体的评价意见纳入其中，有研究证实学生参与制定标准和规则将激励他们完成更加明确、标准更高的学习目标，从而建立一种教师和学生都参与其中的对学习目标进行设定、调整、测量的新型合作伙伴关系。[3]量规分为综合评量（holistic scoring）和分析评量（analytic rubric）两种：在综合评量中，量规对学生所达到的学习成果水平进行综合性描述，并赋予对应分数，教师从总体上对学生的学习成果进行判断。综合评量不能对学生学习成果进行反馈，得分高意味着学生在学习过程中的表现良好，得到了教师的认可。分析评量是教师较为常用的一种量规，这种评量可以清晰地展现测量维度，每一个测量维度采用3级到5级评分，每级对应着学生学习表现和结

---

[1] Angelo, T. A., Cross, K. P. Classroom Assessment Techniques: A Handbook for College Teachers [M]. San Francisco: Jossey-Bass Publishers, 1993: 103-362.

[2] Mertler, C. A. Designing scoring rubrics for your classroom[J]. Practical Assessment Research & Evaluation, 2001(25): 1-8.

[3] Banta, T. W., Griffin, M., Flateby, T. L., et al. Three promising alternatives for assessing college students' knowledge and skills[EB/OL]. http://www.learningoutcomesassessment.org/documents/AlternativesforAssessment.pdf.

果的描述。教师可以在不同维度上对学生的学习表现进行评判，学生也可以通过量规知道自己在哪些方面还存在不足。①美国大学与学院协会（Association of American Colleges & Universities，AACU）发起的本科教育学习有效性评估（Valid Assessment of Learning in Undergraduate Education，VALUE）项目是针对通用能力所设计的评价方案项目，共完成了包括写作、小组合作、阅读、批判思维和创造性思维等16个量规设计，为美国大学评价学生通用能力设定了统一的基础评价标准。②

电子档案袋又称"学习档案评价"或"学生成长记录档案"，美国哈佛大学教育学院首次在教学活动中运用此项评价工具。美国西北评价联合会（Northwest Evaluation Association，NEA）将电子档案袋定义为一种能够通过有目的地收集学生在学习过程中的表现与成就，从而实现对学生的学习成果进行持续记录与改进评价的工具。电子档案袋所收集的学生学习成果材料的形式多样，包括音频、视频、图片、文本等各种电子化的数字材料。根据目的和使用状况的不同，史密斯（Kari Smith）和蒂尔马（Harm Tillema）将档案袋分为以下四类：全套档案袋（dossier portfolio）、培训型档案袋（training portfolio）、反思型档案袋（reflective portfolio）、个人发展型档案袋（personal development portfolio）。③美国博伊西州立大学（Boise State University，BSU）教育学院教育技术系自2008年起依托 Moodle（modular object-oriented dynamic learning environment，模块化面向对象的动态学习环境）平台开设了教育技术专业硕士项目的"Eportfolio"课程，此门课程不仅将电子档案袋作为一种评价工具和手段，还强调将电子档案袋作为一种学习内容对学生能力进行培养。BSU-Eportfolio 的课程内容包括五个步骤：第一步，在教师的指导下建立电子档案袋，并根据美国教育传播与技术学会（Association Educational Communication Technology，AECT）的标准集成自己的电子档案袋作品；第二步，由同伴和教师对初步建成的电子档案袋进行评审并提出修改建议；第三步，学生根据这些建议对电子档案袋进行完善，并分享自己在完善过程中的心得与反思；第四步，接受教师委员会对学生电子档案袋的审核，通过的学生可以毕业并获得学位证书；第五步，允许未能通过的学生进行二次审核，学生在修改完成后再次提交审核。④经过长期的教学实践证明，BSU-Eportfolio 的课

---

① 马星，国兆亮. 基于学习结果的美国通识教育评价[J]. 高教发展与评估，2017（6）：35-42.
② AAC & U. VALUE[EB/OL]. http://www.aacu.org/value.
③ Smith, K., Tillema, H. Clarifying different types of portfolio use[J]. Assessment & Evaluation in Higher Education, 2003(6): 625-648.
④ 王慧君，马岩岩. 美国博伊西州立大学"电子档案袋"课程的设计、实施及启示[J]. 电化教育研究，2019（1）：121-128.

程对学生的自主学习能力、自我管理能力、教学实践能力等均有较大程度的促进作用。

课程嵌入式的学生学习评价旨在有效促进学生的学习成果，评价重点更多地关注真实课堂教学的改进。美国高等教育学生学习评价著名学者班塔（Trudy Banta）认为，要将评价工作视为"学习的过程，意味着院校必须反复尝试去探索什么是评价、怎样评价"，并指出要想将学生学习成果评估落实到行动上，首先，院校要花费更多的精力和时间分析评价结果；其次，评价结果需要被全体教师与学生所了解；最后，要有足够畅通的渠道与资源使教师和学生对评价工作表达意见。[①]因此，要实现基于课堂的学生学习成果评价，需要学校和院系、教师和学生的共同行动与配合。

5. 学位资格框架中的学生学习成果

高等教育在个人成才、社会发展等方面发挥着越来越重要的作用。从个人发展来看，接受高等教育已经成为个人素质、求职能力的重要体现。为了在同时代中取得成功，如今的大学生必须为未来的生活和工作做好充分的准备以适应快速的社会变化。从社会进步来看，高等教育对经济和文化的重要作用使世界众多国家的领导者、政策制定者等纷纷表示要增加本国公民接受高等教育的数量，尽快进入高等教育大众化甚至是普及化阶段。2009年，美国路名纳教育基金提出了一项教育目标："到2025年实现美国成年人中获得高等教育学位的比例从40%上升到60%。"[②]但很快人们认识到，如果学习的质量不达标，大学所"生产"出的"产品"只能保量而不能保质的话，这一美好的目标只是一种"空洞的成功"（hollow attainment）。因此，只有在不降低高等教育学位质量的前提下，追求数量的增加才具有意义。

美国学位资格框架（Degree Qualification Profile，DQP）正是在众多对美国高等教育质量的质疑声中被提出来的，既是为了应对美国公众对高等教育质量问责的需要，同时也是高等院校进行质量保障的有效工具。与全球学习质量框架（Global Learning Qualifications Profile，GLQP）、欧洲质量框架（European Qualifications Framework，EQF）类似，DQP试图通过对学习成果的评价与累积使学生建立明确的学习目标。DQP涉及学生学习的五个维度，即专业知识（specialized knowledge）、综合/整合知识（broad/integrative knowledge）、智力

[①] Banta, T. W., Blaich, C. Closing the assessment loop[J]. Change, 2011(1): 22-27.

[②] Ewell, P. The Lumina Degree Qualifications Profile(DQP): Implications for assessment[EB/OL]. https://www.learningoutcomesassessment.org/wpcontent/uploads/2019/02/OccasionalPaper16.pdf.

技能（intellectual skills）、应用学习（applied learning）、公民学习（civic learning），并在副学士（associate level）、学士（bachelor's level）、硕士（master's level）三个层次上进行开发。例如，副学士层次要求学生对事物进行"描述"或"介绍"，学士层次要求学生对事物进行"构建"或"解释"，硕士层次则要求学生对事物进行"创造"或"评价"。这些"行动词汇"（action verbs）为教师检测学生知识掌握程度、能力提高水平提供了重要的指导，并对教师根据学生相应程度与能力情况设置恰当的作业和考试大有帮助。以专业知识为例，表7-1显示了DQP在副学士、学士和硕士层次分别对专业知识方面的学位框架。从DQP中专业知识维度对能力的设定上可以看出，副学士、学士、硕士三个层次之间的能力逐渐提高，为教师教学与学生学习提供了较为清晰的目标。

表7-1　专业知识在DQP中的能力要求

层次	专业知识
副学士	能够描述所学专业的范围和基本特征，引用部分核心理论和案例，至少在一个相关领域进行解释说明。 使用当代术语进行说明。 在相关领域中所制造的产品等没有重大错误，并能对其性能进行判断
学士	定义并解释专业的范围、内容、类型和实践。 定义并恰当使用专业中涉及当代以及历史上存在的主要专业术语。 熟练地使用专业工具、技术和方法。 运用至少另一视角或学术观点对复杂问题进行评估、澄清及纠正。 通过独立收集、处理和整合观点、概念、设计与技术，在专业领域中构建一个与之相似但复杂的项目。 在当前研究、学术成果和技术中构建总结性的项目、论文或基于实践的展示
硕士	能够阐明主要的理论、研究方法、调查方法以及实践；阐述它们的来源；阐述它们的应用范围以及相互关系。 评价主要人物的贡献，描述专业领域内主要的方法论和实践；在对二者进行结合的情况下能够开展项目研究、撰写论文、进行汇报等。 在实践中清楚地表达一系列的挑战；阐明专业前沿；独立地提出问题、收集资料，在对观点、概念、构想与技术进行整合的基础上，阐述当前理论、知识和实践存在的局限

将学生达到的能力作为框架设定的基础，DQP暗示着评估哲学的重要转向。在这一过程中，研究者将学生的学习成果数据进行收集，与教学过程相结合，并"检测"（check up）框架的有效性。评估活动以渐进的方式嵌入教学过程中，为了证明学生掌握能力的情况，就需要有更具挑战性的实践、展示和任务被运用到评估的过程当中。另外，DQP所采用的评估方式将教师对学生学习能力的设定标准，而不是将来自外部测试或权威所要求的学生能力的标准

放置于评估的中心，这就更需要教师团队的协同合作，进而通过设定学生学习成果的能力来改进作业、考试等。[①]评估方式的转向暗示着 DQP 有助于解决经常被谈及的困境：为问责而评还是为改进而评。[②]实现改进评价与问责评价内外沟通的关键在于学生学习成果评价方法的设计与运用。彼得森（Peterson）和沃恩（Vaughan）对影响学生学习成果评价的因素进行了总结：①外部因素。例如，联邦政府、州政府以及认证组织针对学生学习成果评价所提出的政策支持与规定。②院校背景因素。不同学校（如公立学校、私立学校）在资源环境和学生规模等方面都各有不同特点，因此，不同的学生学习成果评价方法适用于不同背景的院校。③评价途径。它是指评价的内容和手段以及学生绩效报告的数量和类型。④院校支持。它包括是否强调将学生学习成果作为院校质量提升的目标，院校管理、教师参与是否能够给予学生学习成果评价足够的关注与支持。⑤评价的管理政策与实践。它是指院校支持学生学习成果评价的运行机制，如数据的收集方式、信息的公开方式等。⑥组织文化。组织中的质量文化深刻影响着学生学习成果评价的开展与实施。⑦评价结果的使用与影响。要想评价结果能够促进实现教育教学的改进，学生学习成果评价的信息就必须被运用到教育决策当中。[③]DQP 的优点在于可以很好地向公众展示学生在高等教育过程中学到了什么以及所具备的能力，同时也可以有效地嵌入具体的教学活动中，通过对学生学习成果的评估和分析，从而实现改进教学质量的目的。

二、国外其他国家本科教育学习成果评价的理论进展与实践探索

（一）OECD"高等教育学习成果评价"项目

2008 年，OECD 成员国教育部长"东京会议"在借鉴国际学生能力评价

[①] Ewell, P. T. The Lumina Degree Qualifications Profile(DQP): Implications for Assessment (Occasional Paper#16)[R]. Urbana: University of Illinois and Indiana University, National Institute for Learning Outcomes Assessment, 2013.

[②] Ewell, P. T. Assessment, Accountability, and Improvement: Revisiting the Tension(NILOA Occasional Paper#1)[R]. Urbana: University of Illinois and Indiana University, National Institute for Learning Outcomes Assessment, 2014.

[③] Banta, T. W. Building Scholarship of Assessment[M]. San Francisco: Jossey-Bass Publishers, 2002: 131-147.

项目（Program for International Student Assessment，PISA）经验的基础上，提议开展跨地区、全球性的高等教育质量评价项目。经过多次协商会谈，OECD 成员国发起了旨在对不同国家和地区的高等教育质量进行评估的国际性项目，即"高等教育学习成果评价"（The Assessment of Higher Education Learning Outcomes，AHELO）项目。AHELO 是 OECD 在高等教育领域实施的规模最大、涉及面最广的一项综合性国际评价项目，项目明确将学生学习成果作为评价的主要关注点和指标，以强调高等教育从教的范式向学的范式转变背景下"以学生为中心"的教育理念的变革趋势。

AHELO 项目试图通过建立一个国际通用的学生学习成果评价工具，为不同国家测量本国大学生的学习效果和质量提供可比较的途径。其项目评估的内容分为三大板块，分别是通用技能测试、学科技能测试以及学生背景调查。通用技能测试在于对学生经过一段时间的学习后所获得的通用性能力与技巧的测试，其能够在不同环境背景下进行迁移，从而具有广泛性、灵活性的跨学科性质。[①]AHELO 项目通用技能测试具体包含四项核心能力测试板块：批判性思维能力、分析推理能力、解决问题能力和书面交流能力。通用技能测试题目源自美国教育援助委员会编制的 CLA，并依据各个国家的不同文化与语言特点进行改编。除了结构型问答任务以外，通用技能测试还借鉴了由澳大利亚教育研究委员会研发的课程综合能力测试选择题作为结构型问答的补充，通过两类题型来考察学生的通用技能。学科专业技能测试是针对学生经历过一段时间的学习后所获得的某一学科专门知识而形成的专业技能的测试。[②]学科专业测试对工程学和经济学学科进行了开发，在工程学科测试方面，AHELO 通过使用一套在线测试来衡量高年级学生通过运用、应用和运用他们的知识与推理来解决现实世界问题的能力。基于全球工程教育对毕业生应该知道什么、能够做什么有了很好的认识，许多国家和地区都开发了工程教育培养的学习框架，进行全球通用的工程教育专业认证，这些为工程学科技能测试奠定了基础。工程学科测试由澳大利亚教育研究委员会、日本国家教育政策研究所和意大利佛罗伦萨大学欧洲工程师联盟共同研制，旨在测量学生使用"工程语言"的能力，并展示专业工程师必须具备的非技术能力。工程学科测试包括五个方面的学习成果测试，即工程学通用技能、基础和工程科学知识、工程分析、工程设计和工程实践。经济学测试的重点是对学生使用"经济学语言"解决现实问题的能力

---

① AHELO. FS Conference Agenda[EB/OL]. http://www.oecd.org/site/ahelo/.

② OECD. The Assessment of Higher Education Learning Outcomes[EB/OL]. http://www.oecd.org/education/imhe/theassessmentofhighereducationlearningoutcomes.htm.

进行测试。这需要学生理解基本的经济学概念，能够应用这些概念，并能够使用适当的工具来评估问题、分析数据，能够向不同利益相关者传递相关结果。普林斯顿大学教育考试服务中心主导了经济学测试开发，测试包括五个方面的测试，即学科知识和理解、学科知识及其应用、有效利用相关数据和定量方法的能力、与专家和非专业人士沟通的能力、独立学习的能力。[①]学生背景调查包括对学生的成长背景、先期学习经历、课程学习、个人努力、教学资源和教学质量等方面的调查，通过收集关于学生输入和过程变量的背景信息，可以为学校提供帮助弱势群体学生完成学业、满足特殊群体学生学习需求等方面的决策支持信息。AHELO 采用自愿参与方式，参与测试的国家遍及欧洲、美洲、亚洲与大洋洲。

OECD 组织与制定的 AHELO 项目在国际高等教育质量评估领域掀起了一场改革浪潮。AHELO 强调改变过去以投入为主体的评估方式，针对即将毕业的大四学生的学习成果进行评估，以学生学习成果的产出为评估出发点，对世界高等教育质量保障与改进方向具有重要的引领作用。

（二）欧盟"调优"项目

欧盟"调优"（TUNING）项目始于 2000 年，根据博洛尼亚进程的建立目标，其项目旨在整合欧盟各国和地区的教育资源，促进教师、研究人员和学生在欧盟成员国之间的流动，从而从整体上保证欧盟各国高等教育质量的水准，促进欧盟高等教育的一体化发展。[②]"调优"项目的调整重点不在于高等教育制度，而在于调整专业和学科层面的水平，也就是将关注点立足于学生的学习内容，尝试构建一种在课程和教学实践方面具有可比性的教育结构。

"调优"项目将"学生能力"作为高校教育教学调整的根本目标。在"调优"框架中，能力分为通用能力和学科专业能力。通用能力也称可迁移能力，是不同专业的学生都需要掌握的能力。"调优"项目将通用能力划分为三类：第一类是工具能力，包括认知能力、方法能力、技术能力和语言能力等；第二类是人际交往能力，如社交能力和合作能力等个人能力；第三类是综合能力，是指认识并理解整个系统的能力和技能，能够综合运用相关知识与能力、感知力，同时具备操作能力和人际交往能力等。目前，"调优"项目总结归纳出 30

[①] OECD. Getting the right data：The assessment instruments for the AHELO feasibility study[EB/OL]. http://www.oecd.org/education/skills-beyond-school/gettingtherightdataatheassessmentinstru mentsfortheahelo feasibilitystudy.htm.

[②] 郑东方. 欧盟调优的举措特点与发展动态[J]. 中国高等教育，2014（2）：61-63.

余项通用能力。①学科专业能力是与特定学科相关的、能够体现专业能力要求的能力。"调优"项目认为，要通过对人才培养方案的设计与修订来体现就业市场对人才培养需求的变化。在项目的第一阶段和第二阶段，"调优"项目涉及9个学科专业领域（商业、化学、地球科学、教育、欧洲研究、历史、数学、护理和物理）。

在"调优"项目中，与"能力"密切相关的概念是"学习成果"，"调优"项目也对此进行了区分：学习成果是对学习者在完成学习后所期望了解、理解或能够展示的内容，学习成果必须体现满足获得学分的要求。能力是对知识、理解力、技术技能的动态结合，培养能力是教育的根本目标。②在实践中，各项能力的提高需要通过具体的课程实施来完成，"调优"项目尝试在具体的学科专业领域层面建立学分与学习成果之间的联系，即接受完成某一阶段的教育之后，学生应该知道、理解和掌握的内容。因此，学习成果应当是明确的、具体的和可测量的。在教学过程中以学习成果为基础设计教学目标、组织教学实施以及进行学生学习成果的评价，使学生学习成果更加清晰和容易理解，也使学生所获得的学历更加易于比较和获得承认。③"调优"项目强调从高校的微观层面实施改进，通过持续不断地对人才培养方案、课程体系设计、教学活动和教学评价的调整，使学校的教育教学活动围绕预期学生学习成果展开，突出学生在教育活动中的主体地位。为了保证和提高项目实施效果，"调优"项目还设计了一套针对课程质量的评估标准，分别从教育过程、教育成果、教学手段和工具三个参考维度进行评价。在评价教学过程时，需要对学校教育的整体目标、预期的学习成果和能力、学位课程设计和课程实施的保障措施、学位方案的一致性、学期和学年的课程安排、教学评价的方法等各个方面进行评价；在评价教育成果时，需要对出勤率、留存率以及升学和就业情况进行评价；在评价教学手段和工具时，需要对教学设施的使用、其他辅助教学机构和人员对学生的学习支持进行评价。④以上三个维度和相关要素共同构成了课程评价评估表（checklist for curriculum evaluation），使高校不断对课程教学质量进行监测、反馈与改进。

"调优"项目虽然源于欧洲，但由于其以提高学生能力和学习成果为出发点的教育教学调整深入人心，亚洲、美洲等国家和地区的高校也纷纷加入此项

---

① Generic Competences[EB/OL]. http://www.unideusto.org/tuningeu/competences/generic.html.
② Generic Competences[EB/OL]. http://www.unideusto.org/tuningeu/competences/generic.html.
③ 窦现金. 欧盟调整和优化高等教育质量的政策举措[J]. 中国高等教育，2013（18）：60-63.
④ 郑东方. 欧盟调优的举措特点与发展动态[J]. 中国高等教育，2014（2）：61-63.

目。2012年，我国教育部与欧盟委员会教文总司共同设立了中欧"调优"研究项目，并于2013年对土木工程、工商行政管理、比较教育三个专业进行了"调优"试点。

（三）英国"卓越教学与学生学习结果框架"项目

伴随着20世纪初开始的英国大学扩张，传统大学的精英教育模式受到冲击，对可能存在的高等教育教学质量下滑的担忧成为英国高等教育界持续关注的问题。英国政府在1997年发布的《迪尔英报告》（The Dearing Report）中提出采取学生学费制度，开始将学生作为高等教育消费者的角色，并逐渐开始对学生作为高等教育消费者角色进行政府问责。"教学卓越与学生学习结果框架"（Teaching Excellence and Student Outcomes Framework，TEF）即英国政府从"以学生为中心"的立场出发提升高等教育教学质量的新举措。2015年11月，《实现我们的潜能：教学卓越、社会流动与学生选择》（Fulfilling our Potential-Teaching Excellence, Social Mobility and Student Choice）绿皮书发布，正式宣告TEF的启动。[①]TEF的目的主要聚焦于三个方面：第一，对于学生来说，TEF能够为学生提供清晰的对高校教学质量进行判断的信息，以帮助他们更加准确、科学地选择接受高等教育的类型和机构。第二，对于高等教育机构来说，TEF通过评估的方式对高等教育机构所提供的教育教学质量进行评定，鼓励在高校中实施卓越的教育教学，有利于高校实现教学与科研平等的机构文化。第三，对于外部用人单位来说，TEF能够通过提供清晰的关于课程和学生学习成果的信息来帮助用人单位识别和雇佣到所需要的人才。[②]从评估的目的可以看出，TEF是对将教学质量视为"教师的教"转变为"学生的学"的重新定义与评估实践。以往由英国高等教育质量保障署（Quality Assurance Agency, QAA）实施的院校审核评估更多的是对教学投入与教师教学行为的评估，忽视对学生学习过程与学习效果的关注；而TEF通过收集学生学习相关的背景、经历与结果的资料来综合评估学校的教学质量水平，以促进学生学习，提高学习效果。

TEF的评估标准突出体现了以"学生为中心"的理念。TEF围绕学生学习的发生与结果设计了三个维度，分别是"教学质量""学习环境""学生学习

[①] 马星，冯磊. 英国提升高等教育教学质量的新探索——"教学卓越框架"实施进展与争议[J]. 外国教育研究，2018（11）：42-57.

[②] Department for Business Innovation & Skills. Fulfilling our Potential: Teaching Excellence, Social Mobility and Student Choice[R]. London: Her Majesty's Stationery Office, 2015: 12-19.

成果"。在"教学质量"维度，评估标准包括四个方面："学生参与"，即教学能够提供的有效学习时间，激励学生参与并积极完成学习；"重视教学"，即高等院校所营造的文化能够促进与肯定卓越的教学实践；"教学严谨性与拓展性"，即课程设计、开发、标准和评估能促进学生知识积累、技能训练和潜能发挥；"反馈"，即有效运用评价和反馈以支持学生发展、进步。在"学习环境"维度，评估标准包括三个方面："资源"，即有效协助学生学习与发展其独立学习和研究的物质环境与数字资源；"奖学金、科研和职业实践"，即学生获得奖学金、参与科研和职业实践的机会；"个性化学习"，即为学生提供个性化学术体验，促进全体学生能力获得与进步，增加其留存率。在"学生学习成果"维度，评估标准包括三个方面："就业和深造"，即学生完成其学业目标和职业目标，特别是能够继续深造或获得高技能就业机会；"就业能力和可迁移能力"，即学生获得的知识、技能和素养得到用人单位的认可，并能够支撑其获得更高的生活品质和更大的职业成就；"全体学生获得积极成果"，即不同背景的学生均能获得积极的学习成果，特别是弱势群体和高风险群体学生。①TEF 的评估标准围绕学生在教学中获取资源、实现互动、获取成果等方面展开，注重全体学生在教学中的行为与结果，充分体现了尊重学生差异发展的理念，保证每一位学生获得充分发展的可能与机会。

TEF 设定了六个方面的核心指标，分别是课程教学、评估与反馈、学术支持、辍学率、就业率或继续深造比例、高技能岗位就业比例或继续深造比例，TEF 评估的所有指标数据均来自已有的权威数据库和调查数据，包括英国全国学生调查（National Student Survey，NSS）、高等教育统计署（Higher Education Statistics Agency，HESA）、个性化学习者记录（Individualized Learner Record，ILR）、大学毕业生去向调查（The Destination of Leavers Survey from Higher Education，DLHE）等。TEF 的评估结果与高校收取的学费相关联，TEF 原计划在项目实施第三年时，获得"铜牌"级别的学校可按通货膨胀的 50% 来提高学费与贷款额上限，获得"银牌"和"金牌"级别的学校可按通货膨胀的 100% 来提高学费与贷款额上限。②英国政府希望借此评估项目来提高以"学生为中心"的理念在大学教育教学中的转变与地位，积极促进基于学生"学习范式"的转型。

---

① Department for Education. Teaching Excellence Framework: Year two specification[EB/OL]. https://www.gov.uk/government/uploads/system/uploads/attachment_data/file/556355/TEF_Year_2_specification.pdf.
② 马星，冯磊. 英国"教学卓越框架"专业教学质量评估：特征、反思与启示[J]. 高教探索，2018（3）：63-69.

三、我国本科教育学习成果评价的理论进展与实践探索

2010年,《国家中长期教育改革和发展规划纲要（2010—2020年）》提出了"全面提高高等教育质量"的发展要求,我国高等教育也从外延式发展逐步转向以内涵发展为目标的发展道路。高等教育内涵式发展道路的确立是根据我国高等教育发展阶段及所处时代环境所做出的科学判断,2018年,习近平总书记在与北京大学师生座谈时强调,当前我国高等教育办学规模和每年毕业人数已居世界首位,但规模扩张并不意味着质量和效益增长,走内涵式发展道路是我国高等教育发展的必由之路。①从高校人才培养的角度来看,提高教育教学质量,实现"以学生为本"的人才培养模式就是内涵式发展的必要途径。在此种环境下,我国高校和研究人员尝试引进与开发旨在能够表征与促进学生学习成果的评价方法,从学生学习成果评价的角度对我国高校的教育教学质量进行监督与反馈。

（一）工程教育专业认证中的学习成果评价

工程教育专业认证是国际通行的工程教育质量保证制度,也是实现工程教育国际互认和工程师资格互认的重要基础。②2016年,我国正式加入"华盛顿协议"（The Washington Accord, WA）认证体系,这是我国工程教育人才培养走向世界范围、获得世界认可的重要标志。我国工程教育在经历了恢复调整、调整发展、规模扩张、质量提升四个阶段③,建立起"以学生为中心""成果导向""持续改进"的原则,确立了"学生""培养目标""毕业要求""持续改进""课程体系""师资队伍""支持条件"七个方面的认证标准。根据成果导向的教学方法,工程教育专业认证要求参与认证的专业对"培养目标""毕业要求""课程体系"进行"反向设计",也就是课程设计中的所有能力指标点需要能够支撑毕业要求的达成,毕业要求能够支撑五年以后毕业生的培养结果,通过对毕业要求达成度评价来衡量专业教育质量。毕业要求的评价强调采用基于学生学习成果的评价方法,包括贯穿学生学习经历与成果全过程的直接评价方法和间接评价方法。直接评价方法是通过直接观察或测验对毕业要求和能力指标点进行评价,包括课堂展示、作业、测试成绩等;间接评价方法是

---

① 习近平. 在北京大学师生座谈会上的讲话[N]. 人民日报, 2018-05-03（002）.
② 吴岩. 构建中国特色高等教育质量保障体系[M]. 北京：教育科学出版社, 2014：128.
③ 林健, 郑丽娜. 从大国迈向强国：改革开放40年中国工程教育[J]. 清华大学教育研究, 2018（2）：1-17.

通过学生自我陈述、问卷调查、访谈等方式间接推测和评估学生学习成果的方法，学生满意度调查、校友追踪调查、用人单位对毕业生工作的满意度调查都是常用的间接评价方法。①

在工程教育专业认证工作的推动下，基于学生学习成果的评价逐渐在我国高校专业教学中实施开展。汕头大学是我国较早根据结果导向教育理念与模式进行专业教育教学实践的高校，其示范效用带动了全国高校进行工程教育改革。学校在 2006 年加入国际 CDIO 合作组织，在全校范围进行工程教育改革：在专业层面制定预期"学习产出"；通过一体化课程设计，建立课程与培养标准的匹配矩阵；确定课程层面的预期"学习产出"，并设计相适应的教学策略；做好专业层面与课程层面的实际"学习产出"评估。②由此可以看出，对学生学习成果的评估是工程教育专业认证的重要环节与必要支撑，工程教育专业认证的推广有利于向我国高校普及学习成果评价与评估的理念和方法。

（二）清华大学"中国大学生学习与发展追踪调查"

清华大学教育研究院自 2009 年起，在 NSSE 的基础上开发了汉化版工具 NSSE-China，2011 年正式更名为"中国大学生学习与发展追踪调查"（Chinese College Student Survey，CCSS），CCSS 秉持了高等教育人才培养质量评价的新趋势，通过使用通用或可比较的国际评价标准，建立起以"实质等效"（substantial equivalence）为原则的、能够比较不同地区和学校的教育过程与结果的评价方法。贯彻了以"学习者为中心"的增值评价，改变了传统的以教育投入及办学条件为主要内容的评价方式，强调以"学习者为中心"，突出教育过程为学生成长与发展带来的成果及变化；坚持以"证据"为基础的可持续的评价方式，通过长期积累、科学采集的数据和可显现的证据，运用现代科学技术手段和研究方法，全面系统地分析与评价高等教育人才培养的整体情况；坚持多元利益相关者参与，通过对不同利益相关者的不断协商与反馈，最终达成各方一致的教育目标；坚持评估过程的制度化建设，评估结果最终用于改进教育教学，最终形成自评估文化。③

---

① 孙晶，张伟，任宗金，等. 工程教育专业认证毕业要求达成度的成果导向评价[J]. 清华大学教育研究，2017（4）：117-124.

② 顾佩华，胡文龙，林鹏，等. 基于"学习产出"（OBE）的工程教育模式——汕头大学的实践与探索[J]. 高等工程教育研究，2014（1）：27-37.

③ 文雯. "中国大学生学习与发展追踪研究"工具介绍——高等教育质量的学生发展视角[R]. 北京，"中国大学生学习与发展追踪研究"2016—2017 年会，2017.

CCSS 是在 NSSE 的基础上发展而来的，两者均以"学习性投入"作为评价工具的理论基础。学习性投入源于对学校教育过程与学生学业成就关系的研究，它的提出者乔治·库认为，"当一个学生学习或练习一门课程的次数越多，他对这门课程的了解就越多。同样，当学生在写作、分析或解决问题上练习的次数越多，他们得到的反馈就越多，同时他们熟练掌握这门课程或技能的概率就越大"[1]。学生参与学习行为本身增加了掌握知识和技能的可能性，在大学里参与有目的的教育教学活动是学生培养心智和提高能力的基本途径。因此，学生在具有有效教育目标的活动中投入的时间和精力越多，获得的反馈越多，知识、技能和性情上的发展也就越好；学校越是从各方面创造条件鼓励并支持学习性投入，学生就会有更多的学习性投入。[2]研究团队将这些测量题项根据其在教育实践中的具体意义建构成五个可进行跨院校比较的指标，它们分别为学业挑战度、主动合作学习的水平、生师互动的水平、教育经验的丰富度以及校园环境的支持度。[3]教育过程的诊断指标主要基于我国教育国情，课题组通过对题项的重新组合或开发，用于院校自身诊断和问题改进，七大过程性诊断指标包括课程的教育认知目标、课程要求的严格程度、课程学习行为、课程外拓展性学习行为、向学/厌学、自我报告教育收获、在校满意度。[4]

CCSS 的开发过程经历了三个阶段[5]：第一个阶段是针对 NSSE-China 问卷进行修订的阶段，主要对存在文化认知偏差的题目进行修订和删减，解决问卷重量轻质的问题，并扩充了关于学生背景信息的题目和构建教育过程分析诊断的指标。第二个阶段是 CCSS 问卷正式形成阶段，这一阶段完善了过程性指标，并形成了学校、院系、学生三级指标体系，引入追踪研究，并对精英院校、应用型院校采用的问卷进行区分设计，启动大学教育结果的国际比较研究。第三个阶段是进一步完善与应用阶段，加强调查工具在院校改进和质量治理中作用机制的实践和研究，并发展中国大学生学习理论。目前 CCSS 已形成大学生学情调查的系列工具，包括面向普通本科院校的绿色问题，面向应用型

---

[1] Kuh, G. D. What we're learning about student engagement from NSSE: Benchmarks for effective educational practices[J]. Change, 2003(2): 24-32.

[2] Kuh, G. D. Assessing what really matters to student learning: Inside the national survey of student engagement[J]. Change, 2001(3): 10-17.

[3] 罗燕, 史静寰, 涂冬波. 清华大学本科教育学情调查报告 2009——与美国顶尖研究型大学的比较[J]. 清华大学教育研究, 2009（5）: 1-13.

[4] 涂冬波, 史静寰, 郭芳芳. 中国大学生学习性投入调查问卷的测量学研究[J]. 复旦教育论坛, 2013（1）: 55-62.

[5] 文雯. "中国大学生学习与发展追踪研究"工具介绍——高等教育质量的学生发展视角[R]. 北京, "中国大学生学习与发展追踪研究" 2016—2017 年会, 2017.

院校的黄色问题，对院校毕业生进行追踪调查的蓝色问题和专门为清华大学本科生进行全口径、全过程追踪研究的紫色问题。①

CCSS 的开发极大地推动了我国院校与学者对学生学习成果评价的研究与实践，对大学生学习投入的调查与研究也逐渐走向深入。史静寰团队首次使用 NSSE-China 调查工具对包括清华大学在内的全国 28 所院校进行了调查，并对清华大学本科教育在五大可比指标、主要的教育环节以及学生收获方面与美国同类院校的表现进行了比较，研究结果证实了清华本科教育与美国同类院校在总体水平上不存在差距，并且清华大学学生在课下学习、课程外的拓展性学习上的得分都优于美国高校。②赵婷婷团队通过使用 CCSS 调查工具，对国内 A 大学工科学生的学生学习投入与美国高水平研究型大学学生的学习投入进行了比较研究，发现 A 大学工科学生在学习投入方面存在一定差距。③杨立军团队基于南京邮电大学 CCSS 调查数据，分析了该校学生在学习上的极度自我挑战指标，并与部分"985 工程""211 工程"高校进行了对比，探究了影响学生进行学习上的极度自我挑战的主要因素。④各个高校和研究团队通过基于数据方式的呈现、比较并改进大学生学习投入的现状，对高校提高教育教学质量、推进"以学生为中心"的教育范式起到了重要促进作用。

（三）南京大学 SEUR 调查

南京大学作为我国著名的研究型大学之一，于 2011 年加入了由美国加利福尼亚大学伯克利分校主持开发的 SERU 调查，并组织开始调查工作。经过三个阶段对问卷的反复测试与修正，确定了问卷包含六大部分：①学术参与；②学生生活与目标；③学习进步与学习成果；④全球化技能与技术的使用；⑤南大课程学习的满意度和投入度；⑥学生个人背景与对学校教育的整体建议。首轮调查对象包括全校大二、大三、大四年级的所有本科生，共计 9565 人，其中人文学科占 18.5%，社会科学占 20.3%，自然科学占 29.7%，工程技术占 28.0%，医学和农林占 3.5%。研究团队进而对问卷包括的六大部分的数据进行分析，并与加利福尼亚大学伯克利分校数据进行了对比研究。首轮调查研究发现，南京大学在学生学习习惯、学校规范性、学风、对学生和本科

---

① 史静寰. 通过学情研究改进教学，提高大学人才培养质量[J]. 中国大学教学，2019（12）：29-31.
② 史静寰，文雯. 清华大学本科教育学情调查报告 2010[J]. 清华大学教育研究，2012（1）：4-16.
③ 赵婷婷，杨翊. 工科学生学习投入的国际比较研究——以 A 大学为例[J]. 高等工程教育研究，2015（2）：70-76.
④ 刘允，杨立军，孙孝科. 大学生学习极度自我挑战的实证研究——基于南京邮电大学学生 NSSE-China 的数据分析[J]. 实验技术与管理，2013（12）：177-180.

教育重视程度方面要优于加利福尼亚大学伯克利分校，而在课堂参与、深层次学习、与教师和同学互动合作等方面还有待改进。①

随着数据的积累与丰富，研究团队对大学生学习经历的研究进一步深入。研究团队基于2013年南京大学SERU调查对本科生的学习参与对能力发展的影响进行了研究，进而提出"本科教育改革要直击学生学习方式的变革这一核心内容"，要鼓励、推进本科生学习方式的深刻转型，让学生真正参与到学习当中。②研究团队对中国学生课堂保守学习行为及其影响机制进行了研究，开发了《中国学生的保守课堂学习行为倾向量表》（Conservative Learning Behavior Propensity Questionnaire of Chinese Students，CLP），并通过整群抽样的方法对南京大学物理专业大一、大二年级学生进行了调查与数据分析，进而从"深层学习与思维"的关键作用、"利他倾向"的正向影响和"对话文化"的现实构建三个视角，为课堂教学提出了更深入的理论剖析与实践建议。③

（四）中国教育科学研究院"全国高等教育满意度调查"

2011年，《教育部关于普通高等学校本科教学评估工作的意见》提出建设中国特色"五位一体"的评估制度，以"五个度"强化了评估质量标准，即培养目标的达成度、社会需求的适应度、师资和条件的支撑度、质量保障运行的有效度、学生和用户的满意度。学生满意度作为"五个度"之一，是高等教育评价对"以学生为中心"教育理念的具体体现。国外大学对学生满意度的调查开展时间早于我国，1994年，美国全美大学生满意度调查在全美实施，对涉及学生学校效果、校园生活、校园支持服务等13个维度进行了调查；2005年，英国政府组织实施全国大学生调查，其中包括对学生的满意度调查，涉及课程教学、学术支持、组织与管理等8个维度。

2016年，中国教育科学研究院研究团队通过构建我国高等教育满意度理论模型，提出并确定了高等教育满意度的五个维度，即教育期望值、教育质量满意度、教育公平满意度、教育环境满意度、总体满意度，并在实证调研和前期大量访谈的基础上编制了《全国高等教育满意度调查问卷》，分别确定了五个维度的评价指标：①教育期望，包括总体期望、对本校的期望、个体需求期望；②教育质量感知，包括人才培养、课程组织、教师教学；③教育公平感

---

① 刘海燕. 基于学生"就读经验"的本科教育质量研究[D]. 南京大学博士学位论文，2012.

② 刘珊珊，吕林海. 本科生学习参与对其能力发展的影响的实证研究——基于南京大学SERU问卷调查[J]. 教学研究，2015（5）：1-5.

③ 吕林海. 转向沉默行为的背后：中国学生课堂保守学习倾向及其影响机制——以南京大学物理专业本科生为对象的实证研究[J]. 远程教育杂志，2016（6）：28-38.

知，包括权利公平、机会公平、规则公平；④教育环境感知，包括学校管理、校园文化、环境与资源；⑤教育总体满意度，包括整体直观印象满意度、与期望比较的满意度、教育信心。①全国 31 个省份的 350 所高校的 48 845 名毕业年级学生参与了此次调查，这是对我国高等学校学生满意度所进行的首次全国性大规模调查。

中国教育科学研究院研究团队对数据进行的统计分析显示，全国高等教育总体满意度指数为 69.42，略低于基础教育满意度水平；课题组还对全国高等教育质量满意度、高等教育公平满意度、高等教育环境满意度、高等教育期望值指数等方面进行了统计分析。研究结果表明，"我国高校应严格要求学生，积极发掘学生的学习动力，促使学生的获致性因素与高校的质量提升行动呈现相互促进与互动感应的良性循环，推进大学生对高校的努力改进处于积极体验及有效反应状态"②。继首轮全国高等教育满意度调查之后，课题组于 2018 年实施并开展了第二轮全国性调查。

四、"学习范式"视域下本科教育学习成果评价的发展趋势

2020 年 6 月，中央全面深化改革委员会第十四次会议审议通过了《深化新时代教育评价改革总体方案》，首次提出了"改进结果评价，强化过程评价，探索增值评价，健全综合评价"的教育评价改革方向，学生学习成果评价符合"四个评价"的政策导向，对高等教育评价改革具有积极意义。学生学习成果评价也是践行"以本为本"，切实提高本科教育教学质量的具体措施，各国对学生学习成果评价的积极探索展现了未来本科教育质量评价的发展趋势。

（一）评价目的：问责与改进相结合

对教育评价目的的探讨总是存在两种声音——"问责"抑或"改进"。在以往的教育评价中，这两者往往难以调和，正如尤恩对改进范式与问责范式所描述的那样，两者在目的、立场、理念、工具等多个维度上各不相同（表 7-

---

① 张男星，黄海军. 全国高等教育满意度调查：理论模型、工具方法与假设验证[J]. 大学（研究版），2017（9）：58-71.

② 张男星，黄海军. 全国高等教育满意度调查：理论模型、工具方法与假设验证[J]. 大学（研究版），2017（9）：58-71.

2)。①然而，学生学习成果评价为两种范式的教育评价走向共同目标的实现提供了解决方案。

表 7-2 问责范式与改进范式的比较

项目		改进范式	问责范式
战略维度	目的	形成性（改进）	总结性（判断）
	立场	内部	外部
	理念	契约	合规
应用方法	工具	多样化	标准化
	证据属性	定量与定性	定量
	参考点	随时间变化、比较、建立目标	可比、固定标准
	结果的交流	多元化的内部渠道与媒	公开交流
	结果的使用	多重反馈循环	报告

从各国的实践来看，各国通过积极探索学生学习成果评价工具的使用来实现"问责"评价与"改进"评价的统一。包括 NSSE 在内的大规模学生学情的调查不应仅停留于数据结果的分析与报告，还可以进一步结合学生群体的特征进行分析，为特殊群体学生提供教育教学方面的帮助，实现个性化、精准化的教学辅导。另外，对学校与专业层面的学生学习成果的评价可以帮助学校与教师了解学校与专业的教育教学水平，通过与同类型高校的比较，对教育教学和学生学习成果进行改进。正如有学者指出的，要处理好问责与改进两种范式的统一：一是需要学校对外部的合理关注进行积极回应；二是要积极展示与评价结果相关的行动；三是重视评价在学校发展中的重要地位；四是要将评价嵌入日常的教育教学活动当中。②各国高校积极对学生学习成果评价进行尝试与探索，也是对两种评价范式进行统一的积极实践。

（二）评价理念：本科教育质量增值

对学生学习成果的评价不是仅仅关注学生的学习成果，更加重视"投

---

① Ewell, P. T. Assessment and accountability in America today: Background and context[J]. New Directions for Institutional Research, 2008(S1): 7-17.

② Ewell, P. Assessment, Accountability and Improvement: Revisting the Tension[EB/OL]. http://learningoutcomesassessment.org/documents/PeterEwell_005.pdf.

入"与"过程"对学生学习成果的作用,强调"教育增值"在学生学习成果评价中的体现。随着对教育质量认识的深入,越来越多的国家和研究者将学生的学习成果作为衡量教育质量的最终落脚点和根本,此种观点在全球范围引发强烈反响,"教育增值"理念迎合了对教育质量的重新认识。在此背景下,1966年,美国科尔曼报告(Coleman Report)通过对4000所学校的60万名学生进行调查,反映了学校对学生学业成就的影响,认为学校不仅要提供平等的教育资源,更重要的是要提供平等的教育环境,从而释放每一个孩子的潜能。[1]以科尔曼报告为起点,教育增值的理念与方法在全球范围内发展起来。

厄内斯特·博耶在《大学:美国大学生的就读经验》中借鉴了"教育增值"的观点,认为"在对学生的学习进步进行评定的时候,要根据学生所修课程的收获进行等级和分数的评定。[2]20世纪70年代,奥斯汀所提出的输入-环境-输出模型、参与理论等同样是教育增值理念的具体体现,他借用经济学增值最大化的术语,认为"最卓越的学校就是那些能够对学生的知识和个人发展,以及对教师的学术能力、教学能力和教学产出施加最大影响力的学校"[3],进而对本科生在大学教育中的教育增值进行了长期的实践调查与研究,为学生学习成果的实践与应用提供了重要的理论基础。

教育增值的理念与方法已经被广泛融入学生学习成果评价的实践当中。美国大学通过在学生入学成绩的基础上预测 CLA 结果,经过一段时间的大学教育后,再对学生进行 CLA 测试,通过前后两个成绩的对比可以得出学生在接受大学教育期间的增值,并根据数据结果向学校提供反馈。[4]包括国际经济合作与开发组织发起的 AHELO、美国大学入学考试组织的 CAAP、美国教育考试服务中心组织的 MAPP 等大规模测评工具均是在教育增值理念的基础上进行设计与开发的。教育增值理念也被应用于通过间接评价方法对学生学习经历的调查,如 NSSE 和 CCSS 等。

---

[1] 刘尧. 教育评价是教育质量的守护神吗? ——一个古今教育评价重心变迁的解析视角[J]. 中国地质大学学报(社会科学版),2016(6):145-151.

[2] Boyer, E. L. College: The Undergraduate Experience in America[M]. New York: Harper & Row, 1987: 263.

[3] 转引自刘尧. 教育评价是教育质量的守护神吗? ——一个古今教育评价重心变迁的解析视角[J]. 中国地质大学学报(社会科学版),2016(6):145-151.

[4] 章建石. 基于学生增值发展的教学质量评价与保障研究[M]. 北京:北京师范大学出版社,2014:75-76.

（三）评价内容：拓展学生高阶能力

学生的学习成果包括在接受一段时间的教育之后所获得的知识、能力和态度的总和，越来越多的学生学习成果评价着眼于对学生能力和态度的评价方法的开发，特别是面向 21 世纪未来人才核心能力的评价。布鲁姆等提出的认知领域教育目标分类方法为评价学生学习成果提供了理论依据。布鲁姆认为，根据从低阶到高阶的发展，学生的认知过程可分为回忆、理解、应用、分析、评价与创造，其中分析、评价与创造属于高阶思维能力。[①]当学生能够将所学到的知识迁移到新的问题和新的学习情境之时，他的学习才是有意义的学习，教育就是要实现学生从低阶能力向高阶能力的转变，大学教育也越来越认识到培养学生高阶能力的重要性。

学生学习成果评价强调对学生高阶思维与能力的评价，不仅评价学生"知道什么"，更加强调评价学生"能做什么"。复杂问题解决能力是工程教育专业认证中要求的内容之一，对复杂问题解决能力的评价也成为学生学习成果评价的重要内容，已有研究对复杂问题的构成、解决过程、测量工具与方法等进行了深入研究。[②]批判性思维能力也是备受国际高等教育重视的能力之一，对批判性思维能力测量工具的开发也不断走向成熟，康奈尔批判性思维测试（Cornell Critical Thinking Tests）、ETS 水平轮廓测试、CLA 测试等都包括对批判性思维能力的标准化测评，我国学者通过对 ETS 水平轮廓测试进行汉化后形成 EPP（中国），对我国大学生的批判性思维能力进行了深入研究。[③]除此之外，包括团队合作能力、沟通交流能力、写作能力等在内的强调学生高阶能力培养的学生学习成果评价也逐渐成为研究与实践的发展趋势。

（四）评价主体：鼓励多元协商参与

学生学习成果的评价主体逐渐从"一元"走向"多元"，多维度呈现学生的学习成果。"学习范式"下的本科教育评价鼓励利益相关者的积极参与，通过多元协商评价来综合评判学生的学习成果。以往对学生的评价主要来自教

[①]〔美〕洛林·W. 安德森. 布卢姆教育目标分类学：分类学视野下的学与教及其测评[M]. 蒋小平，等译. 北京：外语教学与研究出版社，2009：23.

[②] 张生，任岩，骆方. 学生高阶思维能力的评价：复杂问题解决的测量述评[J]. 中国特殊教育，2019（10）：90-96.

[③] 赵婷婷，杨翊，刘欧，等. 大学生学习成果评价的新途径——EPP（中国）批判性思维能力试测报告[J]. 教育研究，2015（9）：64-71.

师，教师通过学生的日常学习和期末考试成绩来测查学生是否掌握了预期学习内容，而这一过程往往很少涉及能力和态度的评价。学生学习成果评价强调对知识、能力和态度的全面评价，这就从根本上扩大了参与评价的主体范围，学生学习成果可以通过多种方式进行呈现与表达，对学生学习成果的评价也需要从多角度、不同层面开展实施。

首先，学生既是评价对象，同时也是评价主体。学生学习成果评价越来越重视学生作为高等教育消费者身份的角色，各国纷纷开发并组织实施了对学生接受高等教育的满意度调查，其中澳大利亚的课程体验调查（Course Experience Questionnaire，CEQ）、美国的毕业生调查（National Survey of Recent College Graduates，NSRCG）、德国的本科毕业生调查（Survey of Bachelor's Graduates，SBG）等均涉及对大学生学习体验的满意度调查。我国高等学校院校评估指标中也将学生满意度作为评价高校教育教学质量的指标之一，各高校也纷纷开发并实施问卷调查，以对学生满意度进行年度跟踪。除了间接评价方法之外，学生作为自我评价的主体也逐渐在评价中发挥作用。越来越多的教师鼓励学生通过自评与同伴评价的方式对自己的学习进行反思，学生在自我评价与互评的过程中获得了更好的学习效果。其次，用人单位也成为学生学习成果评价的重要参与者，越来越多的用人单位参与到毕业生能力目标的制定与评价当中，英国教学卓越框架评估也将用人单位对毕业生能力的评价作为证明学校教育质量的指标。除此以外，包括社区、实习实训机构等各种与学生教育经历相关的机构都可能成为评价学生学习成果的主体，学生学习成果评价主体越来越成为一个开放的组织，有学生学习与教育经历发生的地方，学生的学习成果就可以被"看见"与评价。

第八章　中国逻辑：我国本科教育向"学习范式"转型的发展策略

进入21世纪，我国高等教育发展进入了快车道，实现了从精英化到普及化的发展阶段转换。在此进程中，本科教育经历了规模扩张到质量提升的转变，2006年以后，本科生招生规模增长速度进入平稳期，2007年，《教育部财政部关于实施高等学校本科教学质量与教学改革工程的意见》颁布，本科生教育质量成为关注的重点。党的十八大报告中明确指出，要"把立德树人作为教育的根本任务"，习近平总书记围绕立德树人工作提出新思想、新论断、新要求，不仅要求更加重视本科教育，而且要求不断更新本科教育理念。2015年，随着国家"双一流"战略的实施，本科教育作为"双一流"建设的基础在国家层面得到重视。2017年，党的十九大报告明确提出"实现高等教育内涵式发展"目标，对本科教育范式的转型提出了更加明确的要求。2018年6月，新时代全国高等学校本科教育工作会议召开以及《一流本科教育宣言（成都宣言）》发布，提出"坚持以本为本，推进四个回归"，提出把本科教育放在人才培养的核心地位、教育教学的基础地位、新时代教育发展的前沿地位。2018年9月召开的全国教育大会以及2018年10月发布的"新时代高教四十条"，对本科教育做出进一步部署。这标志着我国迎来了全面振兴本科教育的新时代，本科教育从整体层面进入范式转型期，落实"立德树人"根本任务，培养中国特色社会主义的建设者和可靠接班人成为本科教育发展的核心价值，质量提升成为新时代本科教育发展的主旨，而以学生为中心成为新时代本科教育发展的核心理念。从发展趋势来看，我国大学本科教育向"学习范式"转型遵循着新时代本科教育发展的中国逻辑，体现出中国特色。

一、我国本科教育向"学习范式"转型的内在逻辑

我国本科教育发展进入新阶段，向"学习范式"转型是新时代对本科教育提出的必然需求，也是本科教育改革发展的内在逻辑驱动的结果。

（一）本科教育向"学习范式"转型的理论逻辑

理论逻辑是指事物的发展是其内在本质要求的反映，是理论应然性的表现。巴尔和塔戈在《从教到学——本科教育的新范式》一文中指出，"我们正向一个新的范式转变：大学是一个为提供学习而存在的机构。这种转变改变了一切"[①]。巴尔和塔戈将本科教育新的范式称作"学习范式"，本科教育向"学习范式"转型既是一种理论创新，也是理论发展的必然结果。本科教育"学习范式"的本质是以学生为中心的范式，核心观点是"以学生发展为中心、以学生学习为中心、以学习效果为中心"。赵炬明教授将其与传统的"以教师为中心、以课堂为中心、以教材为中心"的"老三中心"相比较，称其为"新三中心"。基于"新三中心"的本科教育"学习范式"的变革主要实现了从"教"到"学"的转变，学生成为知识学习的主动建构者，不再是被动接受知识的"容器"，学习的过程是师生互动共同探究的过程，不再是生产流水线的罐装过程。

本科教育向"学习范式"转型是教育哲学、认知心理学以及脑科学等多学科理论知识发展到特定阶段的必然产物。从教育哲学来看，"学习范式"的哲学思想可以追溯到古希腊时期，苏格拉底的"产婆术"可以看作"学习范式"最早的哲学思想源头，到了20世纪，杜威的"学生中心"思想为"学习范式"提供了坚实的哲学依据，此后的西方人本主义哲学家基于博雅教育理念提出的关于通识教育的思想以及培养"完人"的教育目标，进一步奠定了本科教育向"学习范式"转型的哲学基础。从认知心理学和脑科学来看，传统"教学范式"的学习是建立在行为主义心理学基础上的，学习过程是刺激—反应的简单图式，也是机械训练和复制的过程。20世纪初，随着认知心理学、发展心理学、学习心理学、教育心理学的发展，研究者对学习的认识也发生了改变，从而为大学教学实践改革提供了理论指导。[②]1950年以来，脑科学和神经

---

① Barr, R. B., Tagg, J. From teaching to learning—A new paradigm for undergraduate education[J]. Change, 1995(6): 12-26.

② 赵炬明，高筱卉. 关于实施"以学生为中心"的本科教学改革的思考[J]. 中国高教研究，2017（8）：36-40.

科学、青春期大学生发展研究、认知心理学与认知神经科学、学习科学和学习心理学等领域的知识进步，为"以学生为中心"的本科教育改革提供了科学基础。认知心理学和脑科学发展对本科教育向"学习范式"转型的主要贡献在于增进了人们对学习的理解，学习理论从行为主义走向人本主义。人本主义学习理论认为，人天生有学习的潜能。学生的学习是个体主动建构的过程，因此，学习动机和学习效果与学习目的有关。围绕学生学习特点组织教学，激发学生的责任感、主动性、开放性是学习的关键影响因素。本科教育就是帮助学生在头脑中构建特定的专业认知模型。"学"是学生在自己头脑中构建认知模型，"教"是教师帮助学生构建认知模型。因此，教学必须以学生为中心，教师只能是帮助者，越俎代庖是行不通的。教学的中心是"学"，而不是"教"。这就说明了本科教育必须向"学习范式"转型，以学生为中心，推进从"教"向"学"的根本转变。20世纪后半叶，随着建构主义理论的兴起以及高等教育大众化和现代信息技术的迅猛发展，"以学生为中心"作为高等教育理念在世界范围内得到认可。1976年，联合国教科文组织发布了《教与学：高等教育新方法和新资源指南》，1996年，联合国教科文组织发布了《学会生存：教育世界的今天和明天》，1998年，联合国教科文组织在世界首届高等教育大会宣言中提出：高等教育要转向"以学生为中心"的新视角和新模式，并预言"以学生为中心"的新理念必将会对21世纪的整个世界高等教育产生深远的影响。作为促进教育、科学及文化方面国际合作的国际性组织，联合国教科文组织通过一系列的报告和会议，推动"以学生为中心"理念在高等教育领域的传播并付诸实践，使其成为推进本科教育向"学习范式"转型的主要力量。

（二）本科教育向"学习范式"转型的实践逻辑

20世纪80年代，知识与经济之间的相互渗透和作用越来越强劲，使得全球经济发生了根本变化，知识经济带来的划时代变革对本科教育产生了重大影响。毫无疑问，21世纪是知识经济时代，而且知识迭代更替速度日益加快，一轮又一轮的科技革命浪潮推动对本科教育进行深刻的变革，尤其是智能时代的到来，有可能会对本科教育产生颠覆性的影响。在科技进步的推动下，本科教育向"学习范式"转型在高等教育的实践中逐渐推进。

美国大学在第二次世界大战以后就开始反思大学科研繁荣导致本科教育式微的问题，20世纪80年代，以研究型大学为主，美国大学开始推进全面振兴本科教育质量的改革运动，尽管这一时期的本科教育质量改革与预期的目标相差甚远，甚至有的学者称之为失败的改革，但是，其进一步激发了美国大学进行反思，本科教育改革不仅是政策和投入的问题，而是要对本科教育的范式进行彻底的转换。1998年，卡内基基金会博耶研究型大学本科教育委员会发表了《重建本科教育——美国研究型大学发展蓝图》的研究报告，指出美国大学需要根本性变革才能适应科学、技术、经济、社会正在发生急剧深刻的变化。这种变革是一种包括思想观念、体制结构和工作方式的全方位、深层次的改革，是整个本科教育发展范式的转换，要从"教学范式"向"学习范式"转换，这也从根本上回答了20世纪80年代美国本科教育质量改革运动失败的原因，改革没有跳出传统的"教学范式"的限制，改革方向的偏离决定了改革的付出和努力都必然付诸东流。《重建本科教育——美国研究型大学发展蓝图》得到了美国众多高校的响应，特别是进入21世纪，美国研究型大学结合各自的办学特色与实践，推出了一系列本科教育改革方案，改革的根本价值取向是关注学生学习，遵循本科教育"学习范式"的理念与思路。尤其是《斯坦福2025计划》提出的"开环大学"理念以及构建"以学生为中心"的自适应成长体系和支撑体系，对信息时代本科教育改革提出的颠覆性教育理念与设计，如"自定节奏的教育""轴翻转的培养模式""有使命的学习"等，都是真正落实"以学生为中心"的理念的举措，使本科教育"学习范式"在信息化、智能化时代更具有个性化、终身化、定制化、自主化等特征，引领美国本科教育改革的未来方向，使美国本科教育成为世界本科教育改革的风向标，"教会学生学习"和使学生"学会学习"成为美国本科教育改革的主旋律，引领美国本科教育向"学习范式"整体转型。

1999年，欧盟的博洛尼亚进程开启了欧洲大学向"学习范式"转型的实践。博洛尼亚进程推动建立了基于学习成果的学分转换和累积体系（European Credit Transfer and Accumulation System，ECTS），使大学要从学生学习成果的角度重新思考本科教育改革问题。2009年，《鲁汶公报——2020年前的博洛尼亚进程》中正式提出了"以学生为中心的学习"的本科教育改革理念，指出"以学生为中心的学习方式要求给学习者充分自由，要求采用新的教学方法和学习方法，要求有效的支持和指导结构，要求三个层次的课程更明确地关注学生"[1]。《鲁汶公报——2020年前的博洛尼亚进程》作为博洛尼亚进程十年的标志性成果，是欧盟各国部长共同签署的政府间正式文件，是欧洲高等教育面临着全球化以及科技的高速发展带来的机遇和挑战提出的共同应对策略，"以学生为中心的学习方式"作为指导未来十年欧盟高等教育发展的核心理

---

[1] 李婧，罗玮. 鲁汶公报——2020年前的博洛尼亚进程[J]. 大学（研究与评价），2009（7）：91-94.

念，欧盟启动了一系列项目来推进本科教育向"学习范式"转型的实践改革，例如，2009年，欧洲学生联合会和国际教育协会（Education International，EI）联合启动了"教育新范式：以学生为中心的学习"项目，2013年，欧洲学生联合会启动了"以学生为中心的学习的同行评价项目"，不仅为欧洲大学向"学习范式"转型提供了建议、策略和方法，还培育了以学习为中心的大学文化。2015年，欧洲高等教育质量保障协会（European Association for Quality Assurance in Higher Education，ENQA）重新修订了《欧洲高等教育区质量保障标准与指导纲要》，不仅更加强调了大学开展"以学生为中心的学习"对本科教育质量提升的重要性，而且增加了对大学开展"以学生为中心的学习"的评估力度和要求，将"以学生为中心的学习"逐渐操作化和制度化，使本科教育"学习范式"在欧洲大学得以真正实践。

1995年，原国家教委印发《关于开展大学生文化素质教育试点工作的通知》，在北京大学、清华大学等52所高校开设文化素质教育试点，通识教育课程突破原有的专业教育课程体系得以正式确立，标志着我国推进以学生为中心的本科教育改革初步开启。进入21世纪，随着高等教育大众化进展的加快，在高等教育分类发展和特色发展思想的指导下，部分高校开展多样化的本科教育改革，其中，南京大学"三三制"本科教育改革的理念就是强调以学生发展为中心，成为我国研究型大学推进本科教育范式转型的典范。与此同时，一批新建地方本科院校，如常熟理工学院、合肥学院、南京工程学院等也根据应用型大学的发展定位，在推动院校转型过程中探索构建出以学生为中心的本科教育体系，也取得了较好的实践经验。在此基础上，以"双一流"建设为契机，我国大学本科教育向"学习范式"转型的实践探索进入规模化阶段。2015年，《国务院关于印发统筹推进世界一流大学和一流学科建设总体方案的通知》的颁布与实施，不仅推动我国向高等教育强国迈进的历史性跨越，而且促进本科教育发生了深刻的变革。本科教育作为"双一流"建设的基础性地位得到共识，本科教育的范式改革成为政府、高校、个人等多方利益相关者的共同诉求。在此背景下，"双一流"建设高校纷纷加强本科教育改革，如清华大学一流本科教育目标为致力于培养肩负使命、追求卓越的人，使学生具备健全人格、宽厚基础、创新思维、全球视野和社会责任感，实现全面发展和个性发展相结合。其中"全面发展和个性发展相结合"的目标定位体现出以学生为中心的教育理念。复旦大学在推进一流本科教育进程中，强调师资队伍建设机制创新，培养和引进一批活跃在国际学术前沿、满足国家重大战略需求的一流优秀人才，吸引国内外一流学者参与本科教育，让学生一开始就能接触到最优秀的学者，培养其对学术的兴趣，增强学习的主动性和选择性。哈尔滨工业大学的一流本科建设注重深化课程教学改革，实施研究型教学和小班教学，通过更新课程内容，注重交叉复合，体现学术前沿和时代要求，培养学生创造性思维和批判性思维能力，提高课程挑战度，开设荣誉课程，激发学生的学习兴趣。北京大学和清华大学大力推进本科教育的科教融合，推动本科教育从以"教"为中心向以"学"为中心转变，使学生成为真正的主动学习者。南京大学一流本科教育改革突出以学生发展为中心，强调自主探索、自主选择、自主学习、自主管理。"双一流"建设中的本科教育改革实践是以建设一流本科教育为目标的，遵循本科教育发展规律，借鉴世界发达国家本科教育向"学习范式"转型的成功经验，立足我国大学发展实际诉求，以学生学习和发展为中心，成为推动我国本科教育系统性变革，实现向"学习范式"转型的实践逻辑，大学从关注"教"走向关注"学"成为我国建设一流本科教育的内在价值取向。

（三）本科教育向"学习范式"转型的制度逻辑

制度逻辑指某一领域中稳定存在的制度安排和相应的行动机制，这些制度逻辑诱发和塑造了这一领域中相应的行为方式。①本科教育向"学习范式"转型是高等教育发展到一定阶段的产物，从外部来看，是对适应社会经济政治环境变化的教育改革调整；从内部来看，是本科教育发展内部矛盾变化的结果。本科教育的主要矛盾发生了根本变化，国家逻辑、院校逻辑和个人逻辑相互作用的关系发生了变化，进而形成了本科教育变革的制度变迁，从制度安排上逐渐从宏观的国家逻辑占主导地位向微观的院校个人逻辑占主导地位转变，促进人的发展成为本科教育的内在动力，由此，以学生为中心、促进学生全面发展和个性化发展成为本科教育"学习范式"的制度逻辑和内在价值取向。

宏观上的国家逻辑是指那些有关中央政府和政策决策过程的稳定制度安排。②在欧盟等发达国家，由于高等教育管理体制的差别，尽管国家层面也提出提升高等教育发展的战略，但是本科教育制度变迁过程中的国家逻辑并不显著。受中央集权的宏观高等教育管理体制的影响，我国本科教育向"学习范式"转型是一个比较缓慢的过程，其中国家逻辑占主导地位。20世纪50年代的院系调整是体现国家战略的高等教育改革，从宏观上规定了我国本科教育的制度安排，具有典型的强制性制度变迁的特征。这一制度安排符合新中国成立之初国民经济处于起步阶段时对专门人才的需求，具有明显的计划性，移植苏

---

① 周雪光，艾云. 多重逻辑下的制度变迁：一个分析框架[J]. 中国社会科学，2010（4）：132-150.

② 周雪光，艾云. 多重逻辑下的制度变迁：一个分析框架[J]. 中国社会科学，2010（4）：132-150.

联模式本科教育是以知识传授为主的专业教育模式，是典型的"教学范式"。院系调整成为我国本科教育制度的原点，由国家逻辑主导的制度变迁也成为我国本科教育范式转换的路径依赖。从制度安排的价值取向来看，国家集中计划、中央和地方政府分别办学的办学体制是根据国家经济社会发展的需要，专业设置、学生规模等都由国家决定，院校逻辑和个人逻辑没有进入本科教育改革的视野，高校办学自主权较小，个人缺乏专业选择的自主性。从制度变迁方式来看，这是一个自上而下的改革过程，中央政府根据国家发展战略制定本科教育改革发展目标，通过发布文件的方式设定本科教育改革基本框架，省级政府据此进行部署，各高校制定细节步骤具体加以实施。改革开放以来，我国本科教育改革运动都是以重大文件的方式来推动的，在政策文本中体现出本科教育改革理念的变化，进而转化为操作层面的高校本科教育行动。这种自上而下的强制性制度变迁能够保证本科教育教育改革政策的连贯性，以学生为中心的本科教育改革理念在重大文件中都得到体现，而且日益成为本科教育改革政策的核心价值取向。1985年颁布的《中共中央关于教育体制改革的决定》中就针对之前苏联模式过于强调"教学中心"的弊端提出了本科教育改革的要求，并于1998年颁发了首个专门的本科教育改革文件——《关于加强普通高等学校本科教育工作的意见》，其中关于提倡启发式教学、科教融合以及重视学生的能力培养等规定都体现出本科教育改革要体现以学生为中心的理念。1993年颁布的《中国教育改革和发展纲要》进一步强化了本科教育改革的重要性。1998年颁布的《面向21世纪教育振兴行动计划》提出全面振兴本科教育的号召，为高等教育大扩招背景下的本科教育改革确立了基本思路。进入21世纪，我国高等教育快速进入大众化阶段，教育部通过颁发一系列关于加强高等学校本科教学工作、提高本科教学质量的文件来巩固本科教育的基础地位，并引导本科教育建立以学生为中心的人才培养模式。2010年颁布的《国家中长期教育改革和发展规划纲要（2010—2020年）》中明确倡导帮助学生学会学习，2012年教育部颁发的"高教三十条"中进一步明确了"以人为本，培养高素质人才"的本体性价值取向。2018年，教育部印发"新时代高教四十条"，提出了"围绕激发学生学习兴趣和潜能深化教学改革"等10个方面的指导性意见，标志着从国家政策层面确立了本科教育走向"学习范式"。"新时代高教四十条"不仅强调本科教育基础地位，而且突出学生中心的理念，强调本科教育要"坚持学生中心，全面发展"。2019年，《中国教育现代化2035》立足现代化教育强国战略的需求和人的全面发展的需要，进一步强化了本科人才培养的核心地位。由此可见，"学习范式"将成为我国本科教育中长期改革与发展的主导范式。

在微观层面，院校逻辑是指高校有关政策决策过程的稳定制度安排。[①]本科教育改革的院校逻辑指大学遵循高等教育规律自下而上的诱致性制度变迁。潘懋元先生将高等教育规律分为外部规律和内部规律，院校逻辑的本科教育制度变迁是高等教育内部规律占主导地位，是来自个别高校的改革尝试所取得的经验、推广与示范，进而引起本科教育制度变迁的过程。院校逻辑的本科教育制度变迁的核心是学科逻辑。学科是知识发展的制度化产物，因此，从这个意义上来讲，知识生产模式的变迁是本科教育改革遵守的核心逻辑，对推进本科教育范式转换起着至关重要的作用。随着知识经济的发展，知识生产模式Ⅰ向知识生产模式Ⅱ的模式转变决定了本科教育向"学习范式"转型是大学本科教育应该遵守的院校逻辑，也就是说，大学本科教育应该适应知识生产模式的转换而进行根本性的范式转换。进入 21 世纪，世界各国尤其是发达国家研究型大学进一步强化和凸显人才培养的基础性地位，"回归本科教育"成为世界一流大学共同的行动纲领，以学生为中心的本科教育"学习范式"在世界高等教育领域占据着主导地位。但是，从院校层面来说，这个转换过程是一个渐进的、缓慢的变革过程，这一点在美国本科教育向"学习范式"转型过程中尤为明显，美国的研究型大学基本上各自为政，独自开展以"学习为中心"的本科教育改革尝试，然后通过相关学会或协会的组织研讨、调研，形成有影响力的研究报告，进一步凝聚对本科教育发展理念和发展模式的共识，进而将各个学校的改革经验汇聚与集成，形成本科教育的共同价值取向，使新范式逐渐代替传统的范式成为引领本科教育发展的制度逻辑。我国本科教育范式转换中，院校逻辑能够发挥的作用相对有限。但是，来自部分高校的本科教育改革经验是宏观政策层面推进本科教育范式转换的实践依据，从这一点来说，院校逻辑在推动我国本科教育范式转换的进程中发挥了十分重要的作用，可以说，没有部分学校本科教育的大胆改革创新，也就不可能有整体层面的本科教育范式转换的可能。从 1989 年开始，四年一届的高等教育国家级教学成果奖是我国院校层面本科教育向"学习范式"转型的改革试点最具代表性的奖项。例如，2014 年，南京大学获得的高等教育国家级教学成果奖特等奖"以学生发展为中心的'三三制'本科人才培养体系构建与实施"，通过八年的改革构建了"以学生发展为中心"的本科教育新范式，打破了院系壁垒，将课程、专业和发展路径的选择权赋予学生。2018 年，四川大学获得的高等教育国家级教学成果奖特等

[①] 陈敏，李瑾. 30 年来中国工程教育模式改革背景研究——基于多重制度逻辑的分析[J]. 高等工程教育研究，2012（6）：59-67.

奖"以课堂教学改革为突破口的一流本科教育川大实践",强调本科教育教学实现了六个转变,即从注重知识点传授的"以教为中心"向"知识+思维方式+想象力"并重的"以学为中心"教学模式转变;从"灌输式""片面追求专业化"向探究式、个性化的培养方式转变;从重死记硬背、"期末一考定成绩"向重独立思考、"全过程学业评价-非标准答案考试"的学业评价转变;教师从"知识传播者"到激发学生创新创造的"引导者"的角色转变;学生从被动学习、"考试型学霸"向主动学习、"创新型学霸"的行为转变;从教学投入单一、偏少到全方位教学投入的机制转变,形成了教师"爱教、善教、乐教"、学生"勤学、悦学、会学"的良好氛围,形成了一流本科教育的"川大模式"雏形,引起国内外高教界的广泛关注,产生了引领和示范作用。①在推动本科教育范式转换进程中,获得高等教育国家级教学成果奖特等奖的高校发挥了很好的示范和引领作用,但推动本科教育整体范式转换的力量并非仅仅来自这几所院校。在对教育部网站公布的 2014 年和 2018 年两届高等教育国家级教学成果奖共计 904 项获奖成果的分析研究中可以发现,其中有关人才培养模式的改革占 48.23%,而人才培养模式改革的核心就是教育理念的变革。②薛欣欣和刘军伟对 2014 年和 2018 年两届高等教育国家级教学成果奖的分析结果显示,"以学生为中心",提高人才培养质量是任何教学改革的出发点和落脚点。③郭广军等同样对 2014 年和 2018 年两届高等教育国家级教学成果奖进行分析后提出,本科教育改革的方向在于深化人才培养模式改革,坚持学生中心,探索"四新"人才培养模式。坚持"学生中心、成果导向"是深化新时代大学教育教学改革的重要理念,探索新工科、新医科、新农科、新文科人才培养模式改革是新时代大学教育教学改革的重大举措。④在院校推进本科教育范式转换的进程中,自下而上的院校逻辑要发挥更大的作用,需要通过建立院校联盟的方式来共同推动,在我国本科教育改革过程中,以教育部直属高校为主体的高校联盟有九校联盟(C9 联盟)、卓越大学联盟、北京高科大学联盟、高水平行

---

① 以课堂教学改革为突破口的一流本科教育川大实践[EB/OL]. 2018-04-25. http://jxcg.scu.edu.cn/_local/5/CB/E8/E0E1B24A6EB22AFCD19847F5136_7975F8A9_11732B1.pdf.

② 教育部关于批准 2014 年国家级教学成果奖获奖项目的决定[EB/OL]. 2014-09-04. http://old.moe.gov.cn/publicfiles/business/htmlfiles/moe/s7000/201409/174749.html;教育部关于批准 2018 年国家级教学成果奖获奖项目的决定[EB/OL]. 2018-12-25. http://www.moe.gov.cn/srcsite/A10/s7058/201901/t20190102_365703.html.

③ 薛欣欣,刘军伟. 高校教学改革的反思——对近两届高等教育国家级教学成果奖获奖项目的实证研究[J]. 中国高教研究,2019(2):58-66.

④ 郭广军,陈拥贤,赵雄辉. 高等教育国家级教学成果奖特征分析与启示[J]. 大学教育科学,2020(1):43-50.

业特色大学优质资源共享联盟。以工业和信息化部直属高校为主体的高校联盟为 G7 联盟（国防七校）。以省属高校为主体的高校联盟有中西部"一省一校"国家重点建设大学（Z14）联盟、全国九所地方综合性大学协作会、全国地方高水平大学联盟、应用技术大学（学院）联盟。区域高校联盟有七校联合办学（武汉七校联盟）、重庆市大学联盟、秦皇岛高校联盟、大别山革命老区高校联盟、汉江流域大学联盟、长安联盟、长三角高校合作联盟。其他高校联盟有全国文理学院联盟等。除了国内高校联盟外，我国大学通过对外开放政策与国外大学形成联盟，如中欧工科大学联盟、中欧商校联盟、中俄新闻教育高校联盟、中俄工科大学联盟、中俄经济类大学联盟、中俄教育类大学联盟等，无论是国内高校联盟，还是国际高校联盟，院校联盟有助于将本科教育新范式在更大范围内达成共识和推广，使院校逻辑在推动本科教育范式转换中发挥的作用更加显著。

个人逻辑是指教师和学生等教育模式改革的直接参与者对改革政策的认知逻辑。[①]相对于本科教育改革的国家逻辑和院校逻辑，本科教育范式转换的个人逻辑登场是在高等教育大众化阶段，而在普及阶段，个人逻辑成为本科教育范式转换重要的驱动力，这是由于接受高等教育的群体发生了变化，进而对接受高等教育的价值认知也发生了变化。本科教育的工具性和功利性价值开始式微，本科教育将越来越发挥着促进个人全面发展和个性发展的本体性价值功能。学生接受本科教育的价值取向变化，对本科教育模式也提出了变革的要求，本科教育要通过供给侧改革来满足学生变化的需求。在此背景下，学生有很多选择，知道利用这些选择去获得他们所需要的东西。学生是消费者，他们对学习什么、如何学习具有发言权，这种变革的挑战是大学本科教育必须提供一种新的、不同的教育方式，需要以人为本，强调以学生为中心，关注学生个人并注重培养学生的社会责任感。因此，个人逻辑本质上是以学生为中心的。本科教育的组织形式和任何教育行为都指向学生个人发展，这意味着要从以国家逻辑和院校逻辑组织教学转向以学生为中心组织教学，教师和学生对各自身份的认知都发生了根本性转换，师生关系从知识的传授者与接受者的关系转变为学习共同体的平等成员，学生更加强调个性化发展的需求，教师角色开始由传统意义上讲台授课者转变为课程设计者、学生学习的引导者以及学生学习效果的评估者，成为学生学习的帮助者。

---

① 陈敏，李瑾. 30 年来中国工程教育模式改革背景研究——基于多重制度逻辑的分析[J]. 高等工程教育研究，2012（6）：59-67.

二、我国本科教育向"学习范式"转型的实践困境

美国未来学家库兹韦尔写了一本书——《奇点临近》。什么是奇点？其实也没有一个非常准确的定义，可以说它是未来可存在或不存在的那一个点，具有很大的不确定性。但是，我们正在向奇点走去，走向变化的、不确定的未来。随着信息社会尤其是智能社会的发展，不确定性将成为常态，面对未来发展的不确定性，尽管国家战略层面强调本科教育的基础性地位，强调以本为本、以学生为中心，大力推进本科教育向"学习范式"转型，但是，受到本科教育制度变迁路径依赖的影响，传统的本科教育"学习范式"制度惯性和思维惯性仍然存在，构成本科教育整体向"学习范式"转型的阻力，本科教育向"学习范式"转型改革面临诸多实践困境。

（一）理念困境：育人使命的价值偏离与教师中心的思维定式

托马斯·库恩将范式这一概念代入"科学革命的结构"，指出科学发展史就是一个范式取代另一个范式的过程，这就是"范式转换"过程。"范式转换"是一种对科学知识建构的整体性变革，是超越性而不是简单的修补。巴尔和塔戈采用范式转换的理论来解释本科教育改革，指出1980年以来美国本科教育提倡以学生为中心的改革失败的重要原因之一就是，没有认识到这种改革是一场范式变革，而把它看成是仅限于教学活动的局部改革。博耶委员会对美国研究型大学本科教育的评价是"常常是失败的，而且还在继续衰落"[1]。其根本原因在于对本科教育认识理念的滞后，本科教育传统结构没有改变，改革要么失败，要么举步维艰。陈宝生部长在新时代全国高等学校本科教育工作会议上的讲话中指出，我国本科教育改革的首要问题是理念滞后问题。面对扑面而来、汹涌澎湃的新一轮世界范围的科技革命和产业变革，本科教育办学理念思路跟不上时代的步伐，滞后于时代变革。[2]理念滞后是多方面的，既有对本科教育育人价值目标认知的偏移，也有对人才培养的价值认知模糊，还有对育人知识观的价值认知偏离。理念滞后成为我国推进本科教育向"学习范式"转

---

[1] The Boyer Commission on Educating Undergraduates in the Research University. Reinventing Undergraduate Education: A Blueprint for America's Research Universities[R]. New York: State University of New York at Stony Brook, 1998: 5.

[2] 陈宝生. 在新时代全国高等学校本科教育工作会议上的讲话[J]. 中国高等教育，2018（15/16）：4-10.

型的重要影响因素，在学校层面主要体现在育人价值目标认知的偏移和对育人知识观的价值认知偏离。

本科教育的首要目标在于育人，人才培养是大学的主要使命，更是本科教育的根基。本科教育向"学习范式"转型的理念滞后首先体现在本科教育的价值上，受市场化和功利化等思想的影响，社会过度重视与强化大学的科研功能，弱化了大学的教学与育人功能，致使大学本科教育偏离了育人的价值使命，缺乏对育人使命的守持理性[1]，使以学生为中心的教育理念成为空洞的口号。雅斯贝尔斯指出，"大学是一个由学者与学生组成的、致力于寻求真理之事业的共同体"[2]。本科教育要坚守大学应有的价值追求与社会责任。在哈佛大学专事本科生培养的哈佛学院任教 30 余年并任院长 8 年的刘易斯在《失去灵魂的卓越：哈佛是如何忘记教育宗旨的》一书中指出，哈佛大学在追求卓越的过程中，忘记了自己的一个基本的使命，那就是对本科生的教育，偏离了大学的根本宗旨。培养毕业生只是大学与社会交易的一部分，不能因此轻视学生道德人格的培养，忘却了应有的社会责任。[3]毫无疑问，刘易斯的批判并非是针对哈佛大学的个案，而是针对这一时期美国大学受市场化影响偏离追求真理和育人的共性。我国高等教育一直在改革中发展，制度的不定型不但导致没有建成卓越的本科教育，甚至没有形成重视本科教育的优良传统。[4]高等教育快速从大众化过渡到普及化阶段，追求一流成为国家和学校的一致目标，在此过程中也存在忽视本科教育、忽视本科教育育人功能的情况，全国高等学校本科教育工作会议上提出的"以本为本"和"四个回归"就是针对"忽视本科教育"这一问题提出来的。

本科教育的范式转型不仅要进一步确定本科教育的基础性地位，而且要回归到培养人的初心上来。在培养人的问题上，本科教育人才培养目标起着确定性作用，培养目标是人才培养的标准，是人才观在高校的集中反映和培养什么人的价值主张及具体要求，也是人才培养活动得以发生的基本依据和人才培养制度安排的基本原则。[5]从形式上，我国本科教育的培养目标普遍存在着培养目标不明确、目标空远、缺乏可操作性等共性问题，如某"985 工程"高校

---

[1] 眭依凡. 杰出人才培养：大学必须守持学术理性[J]. 中国高教研究，2012（12）：1-12.
[2] 〔德〕雅斯贝尔斯. 大学的理念[M]. 邱立波，译. 上海：上海世纪出版集团，2007：19.
[3] 〔美〕哈瑞·刘易斯. 失去灵魂的卓越：哈佛是如何忘记教育宗旨的[M]. 侯定凯，译. 上海：华东师范大学出版社，2007.
[4] 余秀兰，宗晓华. 一流大学的一流本科教育：特征与评价[J]. 江苏高教，2019（2）：4-11.
[5] 眭依凡. 大学：如何培养创新型人才——兼谈美国著名大学的成功经验[J]. 中国高教研究，2006（12）：3-9.

提出的人才培养目标是：培养一大批理想信念坚定、道德品质高尚、人文底蕴深厚、科学素养良好、创新能力卓越、身心体魄强健，具有国家情怀、担当精神、全球视野和跨文化沟通能力的"国民表率、社会栋梁"。这类人才培养目标虽然具有理想性，但目标高远空泛，难以实施和落实。[①]从范式转换的视角来看，我国本科教育培养目标还局限于传统教学范式的工具性目标，忽视了学生主体性目标。受苏联高等教育模式的影响，我国本科教育特别突出其专业教育特性，主要是将各行各业从业者的知识和能力要求具体化为人才培养目标。本科教育人才培养主要围绕如何使学生掌握从事某一具体职业所需要的完整知识体系来设计，与职业发展有直接对接性，使人才培养更加贴近行业需求，但是人文精神、思想品德与社会责任等通识性教育内容难以融入人才培养目标体系中，导致对通识教育和文化素质教育的挤压甚至排斥，人才培养目标的工具性价值取向不利于学生主体性精神的形成和发展，也可能会导致本科教育价值取向的异化。

本科教育理念的滞后还表现在对知识价值的认知偏离上。本科教育对人才培养的价值在于其对确定性知识和不确定性知识的价值认知上，传统的本科教育偏向确定性知识的传授。对于追求确定性知识的大学本科教育模式，马克·吐温提出尖锐的讽刺："大学就是这样一种地方，老师的笔记直接变成了学生的笔记，只是谁也不动脑子。"[②]目前，我国本科教育仍然局限于对确定性知识的传授，以教材为中心、以教师为中心、以课堂为中心的"老三中心"仍然是绝大多数高校的本科教育模式，弱化了对不确定性知识的探索与追求，难以培养与训练学生的批判性思维和创新精神。

本科教育存在的育人价值偏离有很多的影响因素，其中最重要而又最现实的影响因素是对学生的认知，即学生观问题。从院校层面到教师层面，尽管"以学生为中心"的理念已经为人熟知，但是，在实际操作层面，学校仍然停留在"以教师为中心"的旧模式之中，从专业设置、课程选择到教学方式，很少真正从学生的视角出发来考虑。对于学生来说，专业是前置性的，学生进入学校之前就被分到不同的专业，而这些专业设置是根据学校和教师的供给能力来设置的，而不是立足学生的学习需求。在办学实践中，尽管某个专业已经落后于时代发展的需要，但是要停办也是非常困难的，其原因就是这是教师的专业，教师是从自身存在的合理性来捍卫专业的存在的，而不是立足学生需求来

[①] 张应强. 从政策到行动：建设一流本科教育需要面对的关键性问题[J]. 江苏高教，2019（9）：1-7.

[②] 转引自赵炬明，高筱卉. 关于实施"以学生为中心"的本科教学改革的思考[J]. 中国高教研究，2017（8）：36-40.

改变专业设置。课程设置方面的情况也大致如此，因人设课的现象仍然存在。课堂教学中教师中心思想体现得更为明显，教育部提出的挤出"水课"、打造"金课"的倡议及其相关政策就很具象地指向课堂教学，指向"教师一言堂"、教师简单地进行知识信息传输的教学模式。除此之外，本科教育的组织形式，以及以专业分类的学院制的本科教育管理模式强化了对学生的"科层制"管理，限制了学生多样化发展的可能。目前，我国本科教育的书院制模式，尤其是本科生院模式在相关高校的试点都存在着一些问题，其中很大的原因就是我们的理念仍然停留在传统的教学范式之中，以教师为中心的惯性思维定式消减了本科教育组织形式创新应有的活力和动力。

（二）院校困境：学科专业壁垒与教学生态的固化

本科教育向"学习范式"转型的困境最集中体现在学校层面，从大学与政府的关系来看，改革开放以来，我国本科教育局改革的"项目制"方式造成了学校发展的同质化，降低了院校层面推进本科教育范式转换的内在驱动力。"项目制"作为一种治理制度，集中体现为财政领域中自上而下的资源分配机制与形式，成为自上而下工作部署、任务实施的一种重要形式。①"项目制"作为驱动改革推进的工具，在本科教育中得以运用，在高效推动改革实施的同时，其"溢出"效果是起到了控制科层系统与动员学术活动的效果，形成了我国本科教育建设的"压力—回应"模式和"竞争—回应"模式。第一种模式是指政府通过强制性的政策要求大学无条件遵守政府有关本科教育改革与发展的政策；第二种模式是指政府通过实施"质量工程"或"质量项目"的方式营造一个仿竞争取向的"政策市场"，引导大学按照政府设计的改革路线来推进本科教育改革，进而提高本科教育质量。②两种模式在本质上都是行政主导的本科教育改革运动，政府层面的改革措施则放在通过项目铺设与资金诱导，对教学形式、课堂教学进行"同质化"的组织控制。③在"项目制"本科教育建设中，学科专业壁垒阻碍了本科教育范式的转换。

学科建设与本科教育的疏离造成本科教育人才培养的割裂化。首先在对学科理论的认识上，学校片面地将学科建设聚焦于科学研究和研究生教育，忽略了学科建设与本科教育是互依共生、互促共进的生态共同体的关系。基于这

---

① 渠敬东. 项目制：一种新的国家治理体制[J]. 中国社会科学，2012（5）：113-130.
② 苏永建，李枭鹰. 高等教育强国视域下本科教育的价值意蕴与建设路径[J]. 国家教育行政学院学报，2018（10）：36-42.
③ 李海龙. "项目制"驱动本科教育改革的审思[J]. 苏州大学学报（教育科学版），2020（3）：55-64.

样的认知，学科建设只强调学科的科研意涵与工具价值，而忘记了学科本应有的教育效应与教育价值。科教融合的理念在本科教育中没有得到应有的重视，探究性学习和创新思维的培养在本科教育中没有得到重视，本科教育不注重激发学生研究的主动性和积极性，学生的主体地位没有得到发挥，没有学生主动参与的本科教育很难体现学生中心的理念。学科建设与本科教育的疏离固化了本科教育的功能定位，本科教育只关注知识传授，无论怎样改革都只是处于传统的"教学范式"之中。

　　本科教育专业壁垒阻隔造成本科教育缺乏对知识的整合。我国本科教育专业设置主要是按学科门类划分，专业划分过细一直被诟病。强化专业归属和知识专业化，阻隔了跨专业知识的整合。学科既是知识分类的组织单位，也是一种规训，对学科共同体内部成员起着保护与约束的作用，以排斥学科共同体外来者的侵入，进而形成了不同学科研究者之间的屏障，学科界限与学科壁垒由此产生。随着知识自身的演化与发展，吉本斯等提出知识生产由传统的知识生产模式Ⅰ向新的知识生产模式Ⅱ转变，注重多样化的技能、跨学科的合作、组织的柔性以及知识的实用价值。[①]学科知识的交叉和跨学科的组织的形成，能够满足当今科学技术发展和社会的需要。目前，我国高校本科教育阶段过于强调学科知识体系的系统性，围绕确定的知识体系所分化的专业知识在一定程度上彼此割裂，造成专业之间"壁垒森严"。围绕专业知识形成确定的课程体系，学生在既定的课程"轨道"上重复前车之辙，不愿涉及其他学科专业领域知识，难以很好地开展跨学科专业间的有效交流与沟通，尤其是专业课程与人文教育很难与专业教育、科技教育有效结合起来，本科教育所获得的知识难以得到有效整合，本科教育被简单地完成学分、获得文凭所替代，其所应有的注重文理基础教育、人格完善和职业基本修养的功能在本科教育中被弱化。第二次世界大战以后的美国也出现了类似的问题，博耶对美国研究型大学过于专业化的现象提出了尖锐的批评："我们主要的敌人是'割裂'……在大学内部是系科制、严重的职业主义和知识的割裂。"[②]本科教育专业设置过于专业化，导致课程设置的碎片化。巴尔和塔戈将此描述为学科、院系相对独立，一个教师对应一个教室，在规定的时间内完成相对固定的教学内容，50分钟一节课，每周3节课，共3个学分，学位等同于累积的学分数。[③]这种现象阻隔

[①] Gibbons, M., Limoges, C., Nowotny, H., et al. The New Production of Knowledge: The Dynamics of Science and Research in Contemporary Societies[M]. London: Sage Publications, 1994: 16.
[②] 转引自施晓光. 美国大学思想论纲[M]. 北京：北京师范大学出版社，2001：167-168.
[③] 转引自赵炬明. 论新三中心：概念与历史——美国SC本科教学改革研究之一[J]. 高等工程教育研究，2016（3）：35-56.

了教师横跨不同学科和专业的教学，本科生也无法获得跨学科、跨专业的学习经验。

院校层面推进本科教育向学习范式转换是一项系统工程，在实践层面需要构建一个符合教育规律的良好教学生态。教学生态是指在教学空间内各教学要素的存在状态，以及各要素之间及其与教学环境之间的关系。[①]教学生态失衡是当前我国大学本科教育困境的集中体现，一方面是本科教育要素的错位，例如，师生关系的错位在于过度强调教师本位，导致学生主体性式微；教学过程的错位在于过度追求标准化、统一化，束缚学生的学习选择权；课程组织的错位在于过度重视专业课的课程设置，通识课程学分受限，课程内容被压缩；教学组织的错位在于行政化管理模式导致教师教学的自主权不足。另一方面是教学模式的错位，教学模式的错位在于传统教学模式落后于环境变化，教学模式未能适应现代教育技术的发展而做出应有的调整。

（三）教师困境：教学学术的缺失与科研教学的隔离

本科教育向"学习范式"转型从制度设计上要求推进以学生为中心的制度创新，但这并非是"唯学生的制度创新"，在以"以学生为中心"设计相关制度时，必须考虑大学教师的独特属性，要考虑大学教师发展的需求。制度创新要建立在师生共同体的关系上来考量，建立服务于学生发展与教师发展相统一的共同体模式。本科教育向"学习范式"转型的进程中，教师发展困境主要体现在教师发展与学生发展相脱离，以及本科教育教学学术性缺乏造成的教师重科研、轻教学两个方面。

教师发展是推动本科教育向"学习范式"转型的重要力量。但是，教师发展不能局限于教师自身，而是要立足师生共同体的大学本科教育场域之中，师生共同体的本质是一个"学习共同体"，个人加入集体来共同实现学习目标。学习共同体创造一种环境，参与者可以与其他人产生有意义的互动。对于教师发展来说，学习共同体的对象一定要包括学生，学生发展是教师发展最应关注的内容，其重点在于强调学生学习的投入与效果，将促进学生学习作为教师发展的任务和目标，确立以学生为本、尊重学生个性发展的教育理念。因此，从本科教育"学习范式"的内在要求来看，教师发展与学生发展是相互依存的关系，但是，在现实境遇中，教师发展往往忽视学生发展的需要，教学只是学校规定的工作任务，教学之外，教师与学生很少有交流，课堂教学也仅限于知识传授，教学学术性的重要性被忽视，教师重科研、轻教学的现象比较严

---

① 李森. 论课堂的生态本质、特征及功能[J]. 教育研究, 2005（10）: 55-60.

重，教师专注于个人的学术成长和学术发展，忽视了对学生发展的关注，以"学生为中心"的教育难以落到实处。

本科教育向"学习范式"转型，教学学术性是教师发展的重要组成部分。博耶、舒尔曼等所倡导的多元学术观和教学学术运动，将教学纳入学术的范畴之中，认为教学也是一种学术，通过科学研究推进教学改革，实现科研与教学的融合。教学学术性对本科教育的改革具有重要的促进作用。1999年，博耶将"学习"元素加入教学学术性之中，主张教学与学习学术性，表示大学应对学生学习与教师教学同样重视，将学习融入教学，是大学教学发展的现实需要，意味着教师发展要从关注教师的"教"到关注学生的"学"。[1]立足教学学术性的要求，本科教育要开展以"问题"和"探索"为中心的教学，以培养学生的"问题意识"和"探索精神"。教师发展需要从学生"学"的角度来提升"教"的水平。但是，高等教育进入大众化阶段之后，受绩效主义和审计文化的影响，大学教授只关心研究，不关心教学与学生，教师重科研、轻教学成为影响本科教育质量的重要因素。芝加哥大学校长哈伯曾一针见血地指出："研究工作是首要的，其次才是提供教学；教师晋升的依据主要是科研而不是教学。"[2]目前，我国本科教育中也存在着这样的问题。阎光才教授对全国35所原"985工程"和"211工程"大学教师的调查结果显示，高水平大学中重科研的制度与价值取向的确是影响教师在本科教学的时间投入与投入热情的重要因素，即科研与本科教学之间在时间与精力投入上存在一定的排斥效应。[3]重科研、轻教学是教师对科研与教学关系偏狭的理解，是对本科教育应有责任的误读，更深层次的原因还是大学仍停留在"以教师为中心"的本科教育旧范式之中。

（四）学生困境：主体性式微与学习投入不足

曾任斯坦福大学副校长的沙尔迪瓦说："本科教育产生了静悄悄的革命：重点相对从研究转向教学，而教学被重新定义为学生参与研究。[4]本科教育向"学习范式"转型，需要发挥学生的主体性意识，学生参与学习、投入学习才是学习成功的关键。学习应是学生探究和发现的过程，大学应是一个学习共同

---

[1] 转引自 Lieberman, D., Guskin, A. E. The essential role of faculty development in new higher education models[J]. To Improve the Academy, 2003(1): 257-272.
[2] 转引自贺国庆. 德国和美国大学发达史[M]. 北京：人民教育出版社，1998：149.
[3] 阎光才. 高水平大学教师本科教学投入及其影响因素分析[J]. 中国高教研究，2018（11）：22-27.
[4] 转引自张红霞. 从国际经验看研究型大学本科教学改革的基本原则[J]. 高等教育研究，2006（12）：60-65.

体，教师和学生共同参与知识的探究、整合和应用。因此，本科教育过程中，学生是主体，必须是主动的发现者和他们自己知识的构造者，应通过赋予"学"在教学过程中的中心地位，让学生成为积极的参与者，对自己的学习负责。目前，在我国本科教育阶段，学生的主体性式微，学生学习动力不足、学习投入不高的现象比较普遍。澳大利亚籍学者约翰·比格斯（John Biggs）用"中国学习者悖论"（paradox of the Chinese learner）来描述中国大学的主体性式微现象：中国学生在学习过程中重视知识的接受和死记硬背，依赖教师的知识传授，追求学习可能带来的外部收益。[①]吕林海教授和龚放教授对中美研究型大学学习经历满意度的调查结果显示，在包括"师生互动""课堂讨论""深层学习""学业习惯""学习努力"等有关学生主体性发挥的影响因子中，中美研究型大学都存在着显著性差异，且都对学生的学习经历满意度有不同程度的影响。[②]张华峰和史静寰对中国大学生学习与发展追踪调查（2014—2017年）的数据显示，中国大学一年级和大学四年级学生在课堂上经常提问、讨论和经常质疑教师观点，以及提出不同意见的比例远远低于美国同年级大学生。[③]众多的实证研究表明，学生的学习困境是本科教育向"学习范式"转型的重要影响因素之一。

三、我国本科教育向"学习范式"转型的路径选择

本科教育是大学的立身之本。在大学的多项使命中，唯有一项任务无法被社会其他组织所取代，那就是本科教育。[④]从世界范围来看，本科教育改革的趋势是更加关注以学生为中心，关注学生的个性化成长，本科教育的"学习范式"已经从理念层面转化为实践运行模式，也从学术话语转化为政府政策话语，进而加速推进了本科教育学习范式的实践创新。托马斯·库恩在谈到范式转换时指出，"从一个陷入危机的范式向一个新范式的转变实际上就是在新基础上的重建，要改变这一领域中的一些最重要的理论以及这种范式的方法"[⑤]。

[①] 转引自张华峰，史静寰. 走出"中国学习者悖论"——中国大学生主体性学习解释框架的构建[J]. 中国高教研究，2018（12）：31-38.

[②] 吕林海，龚放. 中美研究型大学本科生学习经历满意度的比较研究——基于SERU调查的实证分析[J]. 清华大学教育研究，2016（2）：24-34.

[③] 张华峰，史静寰. 走出"中国学习者悖论"——中国大学生主体性学习解释框架的构建[J]. 中国高教研究，2018（12）：31-38.

[④] 邬大光. 重视本科教育一流大学成熟的标志[J]. 中国高教研究，2016（6）：5-10.

[⑤] Kuhn, T. S. The Structure of Scientific Revolution (2nd)[M]. Chicago: The University of Chicago Press, 1970.

在我国，随着"双一流"建设进入实质性阶段，尤其是全国高等学校本科教育工作会议的召开和"新时代高教四十条"的颁布实施，本科教育向"学习范式"转型作为一种政策话语出现在我国高等教育改革发展领域，成为引领我国高等教育普及化阶段本科教育改革发展的方向。在本科教育实践改革层面，我国本科教育应适应本科教学向"学习范式"转型的世界趋势，关注学生学习。同时，我国本科教育向"学习范式"转型应立足我国高等教育发展实际，遵循中国逻辑，推进本科教育整体性改革。

（一）我国本科教育向"学习范式"转型的关键环节

本科教育向"学习范式"转型是系统性的改革和整体性的转型，一方面，需要有统筹兼顾的全局性思维，引领本科教育跳出传统的"教学范式"框架的束缚；另一方面，需要有重点突破的思路，抓住本科教育范式转换的关键环节，以关键环节的突破推进本科教育向"学习范式"转型的整体推进。

1. 以本为本是大学本科教育向"学习范式"转型的基石

博耶的《本科教育重建：美国研究型大学发展蓝图》主要针对第二次世界大战以后美国研究型大学注重科研、忽视本科教育的现状所提出的，战略核心是构建"以学习为中心的研究型大学本科教育"，将研究型本科教育的重要性提升到事关国家核心竞争力的高度，并得到高校的积极响应。2012年斯坦福大学发布的《本科教育研究报告》以及2016年哈佛大学发布的《扭转浪潮——通过大学招生激发对他人和公共利益的关注》报告都是以本科教育改革为关注点，可以说，重视本科教育是美国研究型大学向"学习范式"转型的核心特征，正是其对本科教育改革的重视，才使美国大学持续保持一流。经历高等教育大扩招后，经过20多年的发展，我国毫无疑问地成为世界高等教育大国，但是，"大而不强"的问题仍然突出，在跨越式发展的赶超思维以及重点建设的制度设计的影响下，我国研究型大学建设出现了重科研、轻教学的问题，大学对本科教学地位重要性的认识不到位，教师教学投入不到位，学生学习过程关注不到位，教学优质资源保障不到位，以量化的指标来衡量学校办学水平，忽视了学生发展的整合性。潘懋元教授曾指出，一流大学重科研、重研究生教育、轻本科教育已是世界性问题。[1]因此，在建设"双一流"战略背景下，我国高校应适应本科教学向"学习范式"转型的世界趋势，关注学生学

---

[1] 转引自张应强. 从政策到行动：建设一流本科教育需要面对的关键性问题[J]. 江苏高教，2019（9）：1-7.

习，立足学校发展全局对本科教育做整体性改革，而非简单的局部创新。高校要转变观念，将一流本科教育视作"双一流"建设的基础，以"学习范式"的发展理念为指导，研究型大学的办学定位要回归本科教育使命。

2. 学生学习是大学本科教育向"学习范式"转型的着力点

杜博伊斯（Dubois）指出，"5000年来，在全世界为之奋斗和追求的所有公民权利中，学习是最为根本的权利"[①]。从美国研究型大学本科教育向"学习范式"整体转型的改革经验中可以看出，聚焦学生和学习，以学生为中心、以学习为中心是研究型大学本科教育改革的着力点。美国宾夕法尼亚大学前副校长布莱顿认为："现代教与学已经远离过去传授模式，取而代之的是以学生为中心，注重学生在学习中的积极参与。"[②]《国务院关于印发统筹推进世界一流大学和一流学科建设总体方案的通知》明确指出，要坚持立德树人，突出人才培养的核心地位，要将学生成长成才作为出发点和落脚点。依据这一要求，我国一流大学本科教育必须明确和贯彻"以学生为中心"的教育理念。这就需要大学各级领导在观念层面，甚至是信念层面关注学生，研究学生学习的特点与发展规律，大学有义务加强改革，从而为学生创造丰富多样的学习环境，尤其是适应创新创业人才培养的需要，联手企业和其他部门创造高品质的学习环境，并将其作为服务大学核心使命的重中之重。大学不仅要关注学习内容，更要注重教育的过程，要充分挖掘学生的潜力，为学生提供充分发展的机会，促进学生开展有意义的学习，培养学生的批判精神。在信息社会里，学会学习比学习知识本身更为重要，通过研究性学习和批判性思考，以培养学生应对社会复杂性问题的适应性和解决问题的能力。

3. 激励教师投身教学是大学本科教育教育向"学习范式"转型的关键举措

第二次世界大战后，美国研究型大学对教师的激励依据的是研究成果、科研经费和培养博士生数量等显性指标，而不是投入本科生教育的时间和精力，教师重科研、轻教学，由此导致社会对大学的不满，本科教育质量也严重下降。因此，美国研究型大学本科教育向"学习范式"转型尤其注重构建科学合理的教学评价体系，通过制度化的措施激励教师投身教学。2001年，《重建本科教育——博耶报告三年回顾》的调查结果显示，35%的研究型大学在教师

---

① 转引自 AAC & U. College Learning for the New Global Century[R]. Washington: Association of American Colleges & Universities, 2008.
② 转引自马万华. 迎接大学"灿烂的明天"——北京大学百年校庆"大学校长论坛"综述[J]. 高等教育研究，1998（4）：19-24.

职称晋升和获得终身教职时，已把本科教学情况作为重要的影响因素，53%的学校虽未把本科教学纳入评价指标中，但开始考虑这个方面。①借鉴美国研究型大学教师激励的制度及其政策举措来促进我国教师评价与激励制度改革，从技术层面上是很容易实现的，在政策效果上来看，其对推动我国一流本科教育改革有着立竿见影的效果。但是，激励教师投身教学不仅仅是提高奖励这么简单，更深层次的是需要营造能够使教师主动投身教学的支持性教学文化。大学教学文化要体现以人文本，倡导关爱教师的文化，教师要有尊严地生活。这一方面需要在教师评价上使教学拥有与科研同等的地位，有创造力的教学是保持学术繁荣与进步的重要组成部分，教学与科研都是发展学术的重要途径，理当受到应有的尊重；另一方面需要将教学纳入学术之中，赋予大学教师职业学术性，营造教师奉献教学的新型教学文化，提升教师教学的声望。

4. 学习效果评估是大学本科教育教育向"学习范式"转型的质量保障要求

提升质量是本科教育改革的最终目的，然而，传统"教学范式"下的本科教育质量评估侧重教师"教"的质量，重点评估灌输学生的教学的质量和投入教学之中的资源的质量，以输入性指标代替本科教育质量。"学习范式"下的本科教育质量主要取决于两个方面：一是学生个人的努力程度，尤其是学生与大学的学术生活环境的融入度；二是学校所能提供的学术环境。除课堂教学之外，学校应营造良好的校园文化和人际关系，以及课外活动的氛围，鼓励学生融入学习共同体之中。"当学习者能看到所学知识与真实世界的意义之间的关系时，他们就能充分地体会到学习的兴奋感、快乐感，并能发现这种学习的价值和意义。"②基于这样的认识，"学习范式"下本科教育质量关注的是学生"学"的质量，重点在于激发学生参与的教学质量。因此，美国研究型大学本科教育改革十分注重内部质量保障体系的构建，形成了学习效果评估模式，以真实掌握学生学习的实际情况以及学生对学校提供的学习环境和教师教学的满意度，在此基础上，在顶层设计方面加强教学管理制度创新，整合优质资源服务教学，在实践操作层面，切实推进"学习评估与反馈"和"学习指导与服务"，直接服务学生的改革。清华大学史静寰教授团队开展的全国大学生学习投入调查和南京大学龚放教授团队开展的研究型大学本科教学满意度调查研

---

① Carnegie Foundation for the Advancement of Teaching. Reinventing Undergraduate Education: Three Years After the Boyer Report[EB/OL]. 2001-03-12. http://www.sunysb.edu/press/021006-Boyer/.

② Bransford, J. D., Brown, A. L., Cocking, R. R. How People Learn: Brain, Mind, Experience, and School[M]. Washington: National Academics Press, 1999: 125.

究,均促进了我国本科教育评估对学生学习的关注,在"双一流"建设中,除了在国家层面统一开展本科质量评估之外,应当鼓励研究型大学根据各自情况开发学习效果评估体系,形成系列评估报告,作为开展本科教育持续改革的指南。

(二)我国本科教育向学习范式转型的路径选择

十九大开启了我国社会发展的新时代,我国本科教育向"学习范式"转型,既要遵循世界大学本科教育发展的共同规律,更要扎根中国大学,把握中国大学发展的时代特征,奠定中国大学的根基,形成具有中国特色的大学本科教育发展模式。

1. 坚持中国逻辑,办中国特色的本科教育

联合国教科文组织在2015年发布的研究报告《反思教育:向"全球共同利益"的理念转变?》中提出,21世纪的第二个十年标志着人类进入一个新的历史节点,给人类的学习和发展带来了新的机遇和挑战。我们正在步入一个新的历史阶段,各个社会之间相互联系和相互依存,各种复杂性、不确定性和张力达到了前所未有的程度。[①]不确定性既表现在与本科教育直接关联的知识生产的不确定性,也表现在世界政治经济秩序环境的不确定性。目前,逆全球化思维对大学本科教育存在的价值提出了严峻的挑战。正如英国高等教育学家阿什比指出的那样,大学是遗传与环境的产物。[②]作为现代大学基因的德国模式对美国、英国、苏联和世界各国的大学都有深刻的影响。但是,一旦进入新的环境,大学的形态就会发生变化,这些国家按其不同的背景,使德国的传统适应本国的需要,这就是大学发展的全球化—本土化过程。习近平总书记在北京大学师生座谈会上讲到,"世界上不会有第二个哈佛、牛津、斯坦福、麻省理工、剑桥,但会有第一个北大、清华、浙大、复旦、南大等中国著名学府"[③]。这就要求我国本科教育向"学习范式"转型,不是简单的教育理念的融合和教育模式的移植借鉴,而是要扎根中国大地,立足中国逻辑,办具有中国特色的本科教育新范式。习近平总书记强调,"我国有独特的历史、独特的文化、独

---

① 联合国教科文组织. 反思教育:向"全球共同利益"的理念转变[M]. 北京:教育科学出版社,2017:7.

② 〔英〕阿什比. 科技发达时代的大学教育[M]. 滕大春,滕大生,译. 北京:人民教育出版社,1983:126.

③ 习近平:青年要自觉践行社会主义核心价值观——在北京大学师生座谈会上的讲话(2014年5月4日)[EB/OL]. 2014-05-05. http://cpc.people.com.cn/n/2014/0505/c64094-24973220-2.html.

特的国情,决定了我国必须走自己的高等教育发展道路"①。

中国特色的本科教育新范式要坚持社会主义办学方向,体现新时代国家需要。坚持社会主义办学方向是我国本科教育向"学习范式"转型的最大特色。党的十九大提出,中国特色社会主义进入新时代,这是我国发展新的历史方位。中国特色的本科教育新范式应是在习近平新时代中国特色社会主义思想的指引下,一方面要扎根中国大地办人民满意大学,另一方面更要勇立时代潮头,担当时代重任,坚持正确的政治方向和价值导向,从中国问题、中国国情出发,传承中华优秀传统文化,不断增强"四个自信",坚持为人民服务,为中国共产党治国理政服务,为巩固和发展中国特色社会主义制度服务,为改革开放和社会主义现代化建设服务。②新时代全国高等学校本科教育工作会议召开以后,随着《中国教育现代化2035》以及"新时代高教四十条"等文件的颁布实施,我国大学本科教育进入新的发展阶段,新时代中国特色社会主义大学本科教育的功能面临着深刻的变化。因此,我国本科教育向"学习范式"转型,始终要与国家命运紧密相连,始终要与中华民族伟大复兴的进程同向同行。

中国特色的本科教育新范式要坚持立德树人根本任务,培养社会主义接班人。从总体上看,激发高校办学活力,全面落实立德树人根本任务,形成内生性的改革创新发展路径,是新时代高校深入落实教育体制机制改革的重要方向。③这也是本科教育新范式的根本方向。培养什么样的人、怎样培养人、为谁培养人事关教育目的,这是大学本科教育工作必须回答的根本问题。作为中国共产党领导的社会主义国家,我们的教育必须把培养社会主义建设者和接班人作为根本任务。④党的十八大以来,习近平总书记围绕立德树人工作提出了新思想、新论断、新要求,明确指出要把立德树人的成效作为检验学校一切工作的根本标准,真正做到以文化人、以德育人。⑤在全国教育大会上,习近平总书记更是强调要努力构建德智体美劳全面培养的教育体系,形成更高水平的

---

① 办好人民满意的新时代高等教育[EB/OL]. 2018-03-26. http://theory.people.com.cn/n1/2018/0326/c40531-29888264.html.

② 郝平. 双一流大学始终跟在他人后面没有出路[N]. 人民日报,2017-11-02(003).

③ 金哲洙. 坚持内生性的改革创新是加快推进一流本科专业建设的关键[J]. 教育发展研究,2019(5):3.

④ 习近平. 坚持中国特色社会主义教育发展道路 培养德智体美劳全面发展的社会主义建设者和接班人[N]. 人民日报,2018-09-11(001).

⑤ 人民日报:落实立德树人根本任务,必须抓住理想信念铸魂这个关键[EB/OL]. 2018-05-31. http://opinion.people.cn/n1/2018/0531/c1003-30024346.html.

人才培养体系。①我国本科教育向"学习范式"转型，不仅要强调坚持以学生为中心的理念，更要注重培养德智体美劳全面发展的社会主义建设者和接班人。本科教育的人才培养要在坚定理想信念、厚植爱国主义情怀、加强品德修养、增强综合素质等方面下功夫，要引导学生全面发展、健康发展。

2. 坚持以本为本，构建学习中心大学

陈宝生部长在全国高等学校本科教育工作会议上提出"以本为本"和"四个回归"，这无疑是新时代国家层面对大学发展定位的一种政策导向。落实到院校层面，大学不仅要重视本科教育的基础性地位，更要重视本科教育的范式转型，大学发展定位应适应本科教育向"学习范式"转型的需要，凝聚学习中心的大学愿景。这是新时代重新认识大学发展定位的问题，构建"学习中心大学"，需要将学习置于本科教育的核心位置。凝聚大学愿景是一个关于大学发展的价值共识过程，是大学重新设计、重组和文化变革的过程，是突破原有规则的束缚、形成新话语体系的过程。学习范式的话语体系是基于学生中心的视角，创新思考和构建整个大学教学的生态系统，围绕学生学习质量的提高，学习环境、学习体验、学习投入、学习支持和学习成果等成为教学关注的重点。大学发展愿景蕴含着对大学存在与大学何为的价值判断，是大学发展的指南针。"学习范式"下的本科教学改革应形成大学新的愿景——构建"学习中心大学"。O'Banion 指出，"学习中心大学"应遵循六个基本原则：①大学为个体学习者带来实质性改变；②学习者在学习过程中扮演全面的伙伴角色，承担着对自己的选择负责的责任；③大学能创造和提供尽可能多的学习选择；④大学帮助学习者形成并参与互助学习活动；⑤大学根据学习者的需要来定义学习促进者的角色；⑥只有在改进和扩大学习的情况下，学习中心大学及其作为学习促进者的定位才能获得成功。②"学习范式"的最终目的是促进学生学习，进而保障大学的教学质量。因此，构建"学习中心大学"的首要任务是把学习放在首位，大学通过创造丰富的环境和新的途径来促进学生的深度学习和有意义学习。这是一个深刻的转变过程，从教学的角度来看，大学不再满足于仅仅提供优质教学，更应转向促进学生产生学习并提高学生学习质量，将学习置于大学每一个决定和行动的核心，这就意味对大学内涵的重新认识、对大学组织的重新架构以及大学中管理者、教师和学生对自身角色的重新定位。大学

---

① 努力构建德智体美劳全面培养的教育体系——二论学习贯彻习近平总书记全国教育大会重要讲话精神[EB/OL]. 2018-09-14. http://edu.people.com.cn/n1/2018/0914/c1053-30293487.html.

② O'Banion, T. Creating More Learning-Centered Community Colleges[R]. Mission Viejo: League for Innovation in the Community College and PeopleSoft, 1997: 15.

的发展规划、政策制定、资源配置、教学设施、课程开发以及教学服务等诸多方面都要聚焦到提高学生学习质量这一核心任务上，而这一根本性改变的核心理念是"以学生为中心"。

确定"以学生为中心"理念已成为世界高等教育发展的共识。1998年，联合国教科文组织发表的《21世纪的高等教育：展望和行动》指出，"高等教育显然需要'以学生为中心'的新视角和新模式"[①]。2018年6月在成都召开的新时代全国高等学校本科教育工作会议，是我国高等教育史上具有划时代意义的会议，标志着我国本科教育发展进入新的阶段，本科教育的核心地位、基础地位和前沿地位得以确认。对于高校来说，重视本科教育，回归培养人的大学根本职能，意味着本科教育要向"学习范式"转型。"学习范式"的价值在于提出了一系列"新的问题和可能的答案"，核心在于将大学的使命重新定义为学习。[②]这就要求我们重新思考大学的发展理念，从过去围绕大学排行榜生产学术GDP（gross domestic product，国内生产总值）的简单量化指标中解脱出来，回归学生中心，大学的职责应围绕学生发展生产有意义的学习，这样的大学才能被称为学习中心大学。[③]

构建学习中心大学，需要从学校整体层面来推动和支持以学生为中心的改革，否则改革很难成功，1990年以来美国大学的改革经验证明了这一点。1992年2月，雪城大学推进"以学生为中心的研究型大学"改革计划，其核心是把学习放到大学使命的中心位置，通过教学、研究、奖学金、创造性成果以及服务促进学生学习。[④]亚利桑那大学强调学生中心地位，注重营造关注学生的教和学的环境，认为学习中心的环境有利于学生独立以及相互探索知识的内容及其意义。[⑤]为了实现构建学习中心大学的使命和目标，在组织层面，面对不确定性知识，大学要实现从自我封闭和静态的机构到开放和不断变化的持续性学习组织的转变，使大学在教育学生的过程中变得更加有效。对于大学来说，一方面要理解学生发展和学生学习的不确定性和复杂性，另一方面要应对各种发展不确定性的挑战。因此，学习是最重要的，大学作为产生学习的机

---

① 赵中建. 21世纪世界高等教育的展望及其行动框架——98世界高等教育大会概述[J]. 教育发展研究，1998（12）：1-8.

② 吴立保. "学习范式"下美国研究型大学本科教育改革的经验及启示[J]. 现代大学教育，2017（6）：45-52.

③ 吴立保，严燕. 论以学习为中心大学的构建策略[J]. 黑龙江高教研究，2010（4）：11-14.

④ 〔美〕罗杰·盖格. 大学与市场的悖论[M]. 郭建如，马林霞，等，译. 北京：北京大学出版社，2013：104.

⑤ 〔美〕詹姆斯·杜德斯达. 21世纪的大学[M]. 刘彤，屈书杰，刘向荣，译. 北京：北京大学出版社，2005：231.

构,其自身也需要不断努力学习,寻求资源集聚,为学生提供丰富的、全面的和浸入性的学习环境,致力于提高学生学习能力,密切关注学生的学业和社会进步。

3. 回归全人教育,强化跨学科知识的整合

本科教育改革的根本是培养什么样人的问题。在确定性知识的范式中,本科教育的核心价值观是工具价值和社会逻辑,强调专业化人才培养,其深层假设源于工业化社会需要高校批量生产各个层次的人才与专业人员。[1]在经济全球化、信息化和智能化时代,面对不确定性知识,本科教育需要跨学科知识的整合教育,其核心价值观与深层假设是内在价值和人本逻辑。伦理学家麦金泰尔将"内在价值"理解为通过实践所获得的对活动的内在兴趣与从事活动的幸福感[2],也就是说,本科教育要有超越工具价值的内在价值取向,人即是目的,本科教育是一种面向生命主体、重视内在体验、关照动态生成、促进师生共同发展的复杂而又不确定性的文化活动,学生应是一个统一与完整的人,而不是片面与人格分裂的生命。因此,本科教育改革要回归全人教育的价值目标追求。全人教育的根本价值目标在于促进人的全面发展,是人作为整体在生理、心理、智力、道德、精神等方面的和谐发展,强调多样性的统一,而不是仅限于知识的获取与掌握,是个体在与他人及自然界的相互关联与互动中,面对不确定性的知识和情境,寻求个体价值与生命意义的情境相互关联性的过程。随着人工智能的发展,现有的面对确定性知识的教育优势将荡然无存,教育必须超越确定性知识的积累,涉及不确定性知识、好奇心、想象力和价值观等诸多方面。

面对不确定性知识,本科教育跨学科专业知识的整合最终要落实在课程内容上,"课程应具有'适量'的不确定性、异常性、无效性、模糊性、不平衡性、耗散性与生动的经验",它应是"一种形成性的而不是预先界定的、不确定性的但却有界限的课程"。[3]跨学科专业知识的整合也是课程内容生成性的过程,在复杂的、不确定性的知识体系中,为解决适应未来社会发展所面临的各种不确定性问题,要培养学生探索跨学科知识的能力,培育其解决复杂问题的思维模式,不排斥复杂性和不确定性,形成跨学科整合的学习经验,促进

---

[1] Baldwin, T. The Cambridge History of Philosophy: 1870—1945[M]. Cambridge: Cambridge University Press, 2003: 11-26.

[2] 〔美〕麦金泰尔. 追寻美德:伦理理论研究[M]. 宋继杰,译. 南京:译林出版社,2003:238-239.

[3] 〔美〕小威廉姆·E. 多尔. 后现代课程观[M]. 王红宇,译. 北京:教育科学出版社,2000:56.

学生能够有意识、有目的地利用跨学科链接、整合的知识和技能来解决复杂问题，适时而灵活地开展反思性思考。加强跨学科专业和多学科专业的人才培养不仅是国外一流大学重点关注的问题，在美国更是上升为国家战略，其在本科教育阶段开展 STEM［科学（science），技术（technology），工程（engineering），数学（mathematics）］教育就是很好的例证。1986 年，美国政府就确立了 STEM 教育优先发展的战略地位，重视在本科教育阶段开发跨学科整合型 STEM 课程。STEM 教育又被称为"元学科"，能够在夯实科学、技术、工程和数学等多学科知识的基础上，提高学生以跨学科的新思维、新方法解决复杂问题的综合能力。[1]因此，美国政府对 STEM 教育一以贯之地给予高度重视。2009 年，奥巴马任美国总统之初就强调 STEM 的重要性，为此颁布了《美国振兴及投资法案》和"竞争卓越"计划，通过拨款大力资助 STEM 教育。2018 年，美国总统特朗普签署备忘录，拨款 2 亿美元加大对 STEM 教育的支持，尤其注重计算机科学和编程方面的教育，将 STEM 教育放在人才培养的战略高度，并且将 STEM 教育与职业教育相结合，主张提升雇员的实际技能素养，以满足用人单位对雇员的期许。

4. 坚持学为中心，推进课程教学创新

本科教育向"学习范式"转型，最终落脚点在课程教学的创新上，要坚持学为中心，聚焦学生的"学"，课程教学的目的在于让学生更加投入学习之中。"学习范式"下的课程教学创新需要抓住以下几个关键环节。

第一，以通识教育改革为抓手，推进本科教育课程体系重构。课程体系重构是课程建设的制度化和组织再造的过程。迈尔斯（M. B. Miles）等认为，课程制度化首先是一个发展过程，而不是一种结果状态。制度化是具有结构的组织对变革元素的同化，是以一种稳定的方式对组织进行的调整。因此，制度化是组织将革新同化入其结构的过程。[2]本科教育课程体系重构的深层是课程价值观的转换，表层是课程组织模式再造的过程。高等教育普及化阶段，本科教育向"学习范式"转型的课程建设价值取向应是越来越重视通识教育。纽曼认为，"普遍知识"能够使学生具有"头脑冷静、通情达理、直率诚恳、克己自制及立场坚定"等德性或教养，从而使"一种以自由、公平、冷静、克制和

---

[1] 赵呈领，申静洁，蒋志辉. 一种整合创客和 STEM 的教学模型建构研究[J]. 电化教育研究，2018（9）：81-87.

[2] Ekholm, M., Trier, U. P. The concept of institutionalization: Some remarks[A]//Miles, M. B., Ekholm, M., Vandernberghe, R. Lasting School Improvement: Exploring the Process of Institutionalization. Leuven: ACCO, 1987: 1-39.

智慧为特征的终身思维习惯得以形成"。①在艾略特、赫钦斯、科南特和博克等的持续推动下,以"通识计划"和"核心课程"为特色的美国通识教育课程体系,成为美国大学本科教育向"学习范式"转型的基础。因此,我国本科教育课程体系建设的价值取向上要重视通识教育,要把它聚焦到中国高等教育培养什么人、一个理想的高等教育课程与教学制度所依据的哲学基础是什么、人才培养需不需要一个一致性的逻辑作为指导思想等顶层设计。②在通识教育改革的基础上,本科教育要以"超越学科界线、拓宽专业基础、优化知识结构"为基本原则,优化课程结构,减少专业必修课,增加专业选修课和自由选修课的比例,满足个性化学习的需要。在美国,哈佛大学、斯坦福大学、普林斯顿大学等研究型大学均要求通识教育课程的学分不得低于总学分的1/3。我国大学本科教育中的通识教育课程尤其要在课程内容上进一步强化中国特色,融入中国元素,深度挖掘中华文明精粹,在全球化进程中积极构建中国文化传统,发扬高等教育养护文明的功能,增强学生民族自尊心和自信心。③在专业课程中,要强化课程思政,把思政元素融入专业课程之中,把知识教育与价值引领融合起来,以实现立德树人的根本任务。这两点是我国本科教育课程向"学习范式"转型的中国特色。

第二,推进本科教育课程组织形式创新。德兰迪(G. Delanty)指出,"当代大学课程开发应有的价值取向应该是促进知识多样化以满足每一个学生的发展需要,为每一个学生提供适宜的课程"④。我国大学本科教育课程体系需要突破以院系为单位设计"模块课程"的组织模式,要克服由院系教师提供"课程套餐"的院系本位论的局限性,打破专业和院系壁垒,从学生学习和个性成长需要出发,开设出更多跨专业、跨学院的"课程套餐",把课程选择权归还给学生,保障学生对课程的自主选择权。美国文理学院的精英本科教育的学生一般都会有大一新生研讨课、大二确定专业、大三校外学习、大四高级综合训练课等共同体验,在这个过程中,每个学生又有多种选择。⑤这种在统一课程

---

① [英]约翰·亨利·纽曼. 纽曼大学的理想(节本)[M]. 徐辉,顾建新,何曙荣,译. 杭州:浙江教育出版社,2001:33.

② 李曼丽. 中国大学通识教育理念及制度的构建反思:1995—2005[J]. 北京大学教育评论,2006(3):86-99.

③ 黄维. 本科立人本科立校——构建"中国特色世界一流"本科教育体系初探[J]. 中国高教研究,2016(8):1-6.

④ [英]杰勒德·德兰迪. 知识社会中的大学[M]. 黄建如,译. 北京:北京大学出版社,2010:6.

⑤ 王春春. 高等教育普及化时代的精英本科教育——基于美国文理学院的案例分析[J]. 教育研究,2017(11):140;146.

体系下的不同选择，使大学本科教育在保持整体性和内在一致性的基础上，学生经过四年的学习，既能够掌握合理的学科知识结构，也能够掌握不同广度和深度的知识，在不同的教育阶段经历特定的教育体验。

第三，深化本科教学方式的创新。"学习范式"下的本科教学创新主要体现在三个方面：首先，学习责任由教师转向学生，教师的角色由知识的传播者转变为学习的促进者。其次，让学生主动参与课程内容的学习，使学生成为教育过程的积极参与者，而不是被动的接收者。通过主动学习，学生将更容易理解学习内容并将知识应用到不同的环境之中。最后，给予学生做出形成性评价的机会，通过即时反馈提高学习成果。[①]教学过程的创新和课堂革命要建立"学习共同体"理念，本科教育要鼓励学生在共同体中学习，教学过程是师生合作共创的过程，教师和学生在教学过程中共商合作，以平等的身份共同学习，达成共同的教学价值和目标。在教学过程中，参与式互动是本科教育教学改革的关键点，要推动教学活动由教师单向教向师生双向互动转变，实现探讨式、互动式、启发式等课堂教学模式改革，特别是要适应信息技术对课堂教学的革命性变革，如翻转式课堂、混合式教学、基于人工智能的辅助教学方法。教学方式的变革是让课堂教学由知识教育教授改变为学生主动参与学习的过程，让课程立起来、教学活起来、学生动起来。正是在相互讨论的过程中，学生才能真正体验到学习的乐趣、知识探究的乐趣，才能真正领略知识对人生的意义，在参与讨论的过程中形成对知识探究的兴趣，养成一种自觉的探究精神，掌握一种可靠的探究方法，培养批判性思维和独立判断能力。

鲍威的实证研究表明，规制和参与相互交融的课堂教学方式是影响教学实践的高影响因素。[②]巴尔和塔戈认为，教学情境中的学生不仅仅是一种"存在"，更重要的是他们是"主动"学习者。[③]参与式教学并不排斥传统的规制性教学组织形式，课堂教学过程中引入小组探究、课堂讨论、案例解析等参与式教学方法，为促进学生深度学习奠定重要基础。

本科教育向"学习范式"转型，需要适应未来社会发展以及知识生产不确定性的需求，要增加创造性元素，培养学生探究未知的兴趣和研究能力。卢

---

① Mostrom, A. M., Blumberg, P. Does learning-centered teaching promote grade improvement?[J]. Innovative Higher Education, 2012(5): 397-405.

② 鲍威. 跨越学术与实践的鸿沟：中国本科教育高影响力教学实践的探索[J]. 北大教育评论，2019（3）：105-129.

③ Barr, R., Tagg, J. From teaching to learning—A new paradigm for undergraduate education[J]. Change, 1995(6): 13-25.

晓东教授借用中国艺术特别是中国画里"留白"这一独特概念，指出一流本科教育是"留白"的。"留白"是中国艺术，特别是中国画的独特概念。①"留白"是期待留给观看者想象的空间，"留白"的本科教育给学生自由创造的空间。这也是为本科教育的科教融合留下空间。从国外发达国家高等教育，尤其是研究型大学的本科教育来看，实现科教融合主要有两种方式：一是研究性教学，即开展以研究为基础的教学。研究性教学是教学学术性的要求，既可以通过对传统的"教学范式"的课堂框架改革来实现，也可以在"学习范式"下独立探索出一种新的学习模式，学生成为研究者和探索者。二是本科生科研，即本科生参与教师的科研项目或自选研究项目。这是对传统课堂教学的突破。其中最具代表性的是美国"本科生科研学徒计划"和奥尔堡大学的"项目式教学"。我国"双一流"建设高校也普遍认同科教融合理念，十分重视本科生科研，主张通过"做研究"提升学生能力。②研究性教学和学生科研项目等创新性教学改革，目的在于推进从以教为中心到以学为中心的转变。

5. 增强教学学术，构建"学习范式"的教师发展模式

博耶提出了教学学术概念，教学学术是一种通过咨询或教学来传授知识的学术，即传播知识的学术。教学的学术性意味着教师不仅传授知识，也创生和扩展知识。教师的教学既是在培养学生，又是在造就学者，在教师的教学中，博耶提出的探究的学术（scholarship of discovery）、整合的学术（scholarship of intergration）、应用的学术（scholarship of application）和教学的学术（scholarship of teaching）这四个方面不是彼此孤立、相互排斥的，而是相互交叠、相互依存、相互促进的，处于同等重要的位置。对于教师发展来说，教学学术运动的目标主要是提高教师教学质量、关注学生学习。由教学学术演化而来的教与学的学术，将学生的学习纳入教师发展之中，拓展了教师发展的内涵，也引起了教师发展由教学范式向学习范式的转型。③"学习范式"下的教师发展模式，不仅关注如何改进教师的教学技能，而且关注教师的职业发展，需要超越单纯的教师发展，推进教师的"教"和学生的"学"的融合，促进高校学习观念和学习方式的变革，提高教学效率，提升学习效率和学习质量，进而促进高校办学水平和人才培养质量的提高。

---

① 卢晓东. 一流本科教育的创造性元素[J]. 重庆高教研究，2019（4）：87-89.

② 周光礼. 一流本科教育的中国逻辑——基于C9高校"双一流"建设方案的文本分析[J]. 湖南师范大教育科学学报，2019（2）：15-22.

③ 吴立保，刘捷. 教学学术视角下的高校教师教学发展中心建设研究[J]. 中国高教研究，2015（11）：81-86.

范式的首要功能是赋予信息以意义并使之有用，不同范式对信息所赋予的意义不同，新的范式就是用新的思维看待旧的信息并从旧的信息中发现新的知识，这是知识创新的过程，也是范式转换的过程。新范式是对原有范式的整体超越，但并不是完全对立的，两种范式之间有共同的基础，有重叠的领域。"学习范式"和"教学范式"之间的差别不是程度的问题，而是整体性价值预设的不同。因此，"学习范式"并不排斥教师"教"的主要作用，而是以新的思维来思考教学模式，帕克·帕尔默主张超越以教学为中心和以学生为中心的实践的错误二分法[1]，通过推进学习中心的教学创新，将"教"和"学"有机融合起来，在产生学习这一核心任务上，学校和学生形成双赢格局，学校对学生学习负责，学生也对自己的学习负责，通过责任分担，产生协同效应。"学习范式"下的本科教育对教师的角色提出了新的挑战，大学必须建立专门机构促进教师专业发展，以支持和激励教师从事以学习为中心的教学。在"学习范式"下，以学习为中心、以学生为中心对教师角色提出了更高的要求，教学的学术含量进一步增加。学习范式是以整体论的视角看待教学与学习，学习过程中的各个主体都是学习者，在特定的场域和时间内构成学习共同体。教师应该用"学习范式"的思维来重新审视教学，更新对教学的认识，教师发展过程不仅要掌握"教"的艺术，更应关注学生的学习成果，教学应建立在学生学习反馈的基础上，教师要关注学生学习投入情况，激发学生主动学习。因此，一方面，"学习范式"要求建立专门的教师发展促进机构，构建大学发展、教学发展、个人发展和学生发展的"四维一体"的教师发展模型，通过系统的专业培训，增强教师对教学的批判性反思，为学生营造批判性学习和主动学习环境，协调大学、教师和学生的共同发展。另一方面，"学习范式"不是为教师提供具体教学方法的工具箱，而是关于教师教学哲学的转变——聚焦学生的"学"，而不是教师的"教"。"学习范式"下的教师发展是超越单纯的教师自身发展，拓展教学学术的内涵，将"教"与"学"融入学习共同体之中，将学生发展融入教师发展之中，教师在承担学生学习促进者的角色中不断完成自身的成长，以自身的发展促进学生的发展。

6. 回归师生共同体，促进学生产生有意义的学习

　　随着新一代信息技术在教育中的应用越来越广泛，我们将面临一个知识更加不确定的时代，教育必须更加关注生活本身，运用复杂的、不确定性知识在真实的场景中解决生活中的问题，而不仅仅是单一的确定性知识维度。在此

---

[1] Palmer, P. Teaching and learning in community[J]. About Campus, 1997(5): 4-13.

背景下，本科教育需要超越知识的传递，走向未来生活，融入社会责任，培养学生的交流合作能力和批判性思维、创造力。德国学者雅斯贝尔斯主张教育的本质不是知识的堆积，而是灵魂的沟通与碰撞，他特别形象地比喻为"一棵树摇动另一棵树，一朵云摇动另一朵云，一个灵魂唤醒另一个灵魂"①。真正的教育应是人与人之间灵魂的沟通，是在特定场域下对教育价值和意义的追求，具有不确定性和生成性，而非仅仅教授确定性的知识。因此，我们必须从人本性的价值性存在来重新审视大学本科教育，大学也应从传统的"学者共同体"走向"师生共同体。"雅思贝尔斯指出："大学是一个由学者与学生组成的、致力于寻求真理之事业的共同体。"②对于本科教育来说，需要推动本科教育整体向"学习范式"转型。本科教育向"学习范式"转型，并非排斥确定性知识的传授，而是拓展了知识学习的范围，使我们不再局限于确定性知识的视域范围，并重新定义与理解本科教育的教与学的关系，发挥教师和学生的主体作用，需要回归师生共同体。师生共同体也是一个学习共同体，学习成为教与学关系的核心，在师生共同体场域中，师生间通过平等对话和意义建构，使学生产生有意义的学习。其中，学术的主动是学生学习取得成功的关键，学生通过主动投入学习，从而产生有意义的学习，才是本科教育改革的根本着力点。

师生互动是师生共同体活动的基本形式，是师生共同构建与维系关系的关键，是提高本科教育教育质量的前提条件。促进生师互动、关注学生学习经验是高等教育质量的基本"支撑点"，这已经成为国际共识。1984年，美国高质量高等教育研究小组就明确指出："除了跟老师的接触，似乎没有任何因素可以说明学生学习和对学校满意程度的原因。"③梅贻琦先生用"从游论"来比喻教学共同体的存在。他将教师比作大鱼，将学生比作小鱼，教师与学生的交往关系是大鱼前导、小鱼尾随。④"从游既久，其濡染观摩之效，自不求而至，不为而成（《孟子》）。"师生共同体的建构与维持需要师生双方的主动参与，涵盖课堂上的互动及课后的密切接触。龚放教授将大学师生共同体理解为认知拓展、情感互通和共生、创生等三重境界。⑤通过共同体成员双向（师生交流）和多向（既包括师生之间，也包括生生之间、师师之间）的交流与共

---

① 〔德〕卡尔·雅斯贝尔斯. 什么是教育[M]. 邹进, 译. 北京：生活·读书·新知三联书店, 1991：1.
② 〔德〕卡尔·雅斯贝尔斯. 大学之理念[M]. 邱立波, 译. 上海：上海人民出版社, 2007：19.
③ 吕达, 周满生. 当代外国教育改革著名文献（美国卷·第一册）[M]. 北京：人民教育出版社, 2004：38.
④ 黄延复. 梅贻琦教育思想研究[M]. 沈阳：辽宁教育出版社, 1994：175.
⑤ 龚放. 大学"师生共同体"：概念辨析与现实重构[J]. 中国高教研究, 2016（12）：6-10.

生，超越单纯的知识传授，在情感、价值和意义层面实现互通，进而创造出一种新的存在形式并赋予它新的价值和意义。在师生共同体中，教师发展和学生发展融为一体，围绕知识探究与创新，面对不确定性知识，激发师生的想象力，学生的求知欲激发教师不断探究未知领域，教师的最新研究成果将引领学生进行更深入的探险与创新。

  师生共同体本质上是一个学习共同体，在共同体中，培养学生自主学习能力，学生的学习参与才能让师生互动成为常态。"学习参与"是指学生投入有益于学习和成长的各种活动中的时间与精力之程度，这些活动包括课堂讨论、师生互动、生生互动、学习习惯、挑战性学习、课外互动参与等。[1]在日益多样化的社会中，具备学习能力比掌握知识更为重要。博耶认为，大学教育意味着学生积极主动地学习和有条理地探索研究，以发展自己独立思考和运用知识的能力。他引用阿德勒的话说，"所有真正的学习是主动的而不是被动的。学生要用脑子去思考，而不仅仅是记忆。学习是一个发现的过程，在这个过程中主体是学生而不是教师"[2]。罗伯特·格鲁丁指出："学习不仅仅是积累信息，而是重建一个人的世界。"[3] "学习范式"下的本科教学承担着培养学生自主学习能力、激发学生潜能的责任，应创造条件，使学生能够学习重建他们的世界。"学习范式"对学习的定义有三个假设：第一，知识是社会建构的，而不仅仅是客观事实；第二，教师的角色是与学生分享专业知识和意义互构，而不是简单地传授真理；第三，学生有思考、评价和运用已有的知识进行决策的能力。[4]在"学习范式"下，学生必须是主动的发现者和他们自己知识的建构者，通过有效的沟通，在相互尊重的基础上构建学习共同体。在这个共同体中，大学也是一个学习者，需要不断将资源转移到能够提高学生学习能力的活动中，鼓励师生进行深层互动与合作，共同参与研究，在研究中培养学生的自主学习能力和批判性思维能力，学生在参与学习的过程中主动学习，对自己的学习负责。学生必须自己根据情况自主判断采取何种行动策略，"试试看"（try it and see），学生自己加工信息并将信息变得有意义，这就是新的学习范式。因此，学生用自己的方式产生范式转换，"试试看"的方式涉及的是反思

---

  [1] Pascarella, E. T., Terenzini, P. T. How College Affects Students: A Third Decade of Research[M]. San Francisco: Jossey-Bass Publishers, 2005: 602.

  [2] 〔美〕欧内斯特·博耶. 美国大学教育：现状、经验、问题及对策[M]. 复旦大学高等教育研究所，译. 上海：复旦大学出版社，1988：162.

  [3] Grudin, R. The Grace of Great Things: Creativity and Innovation[M]. New York: Ticknor and Fields, 1990: 152.

  [4] Magolda, M. Learning-centered practice is harder than it looks[J]. About Campus, 1999(4): 2-5.

性思维。

7. 坚持成果导向，关注学习中心的质量评估

随着美国大学本科教学改革实践的深入，"学习范式"逐渐演变为一种概念原型（concept prototype），每个学校根据自身实际情况，在对学生学习成果进行评估的基础上给予"学习范式"一种实用解释，进而提出本科教学"学习范式"改革的关注点。例如，纽约州立大学奥斯威戈分校通过学生学习评估发现问题，提出学习范式的目的在于建立有意义的学习，并围绕有意义的学习推进教学改革。由于学习成果评估对"学习范式"的重要性，在教育话语体系上，"学习中心大学"的改革运动有被"学习成果教育模式"（outcome-based education mode）所替代的趋势。在"学习范式"下，学习成果评估是提高大学教学改革的关键环节，需要设立专门的教学研究与评估机构，推进学习中心的质量评估，以学生学习体验为关注点。学习成果评估是以质量提升为目的，在学校层面，评估目标则是将大学转变为创造最佳学习环境的机构，围绕"学生知道什么"和"学生能做什么"这两个根本问题，评估学校的整体设计、资源建设和课程开发等重要环节是如何激发学生的创造力和创新力的，重点是学生应该在每个层面上掌握什么、我们应该教他们什么，以及他们应该如何在真实的评估中展示他们的学习效果。在教师层面，评估教学的有效性是一种教师责任，评估可以提供持续的、连贯的反馈，并创建有意义的课程，同时，评估可以扩展学生的视野和提高学习的标准，对学生学习的改进是必要的。通过评估结果的反馈，教师可以精心设计学习活动，选择有意义的内容，并促进学生参与。在学生层面，学习成果评估能帮助学生增强学习的主动性和积极性，成为有目的、自我管理的学习者。

8. 优化教育生态，设计学习中心的学习环境

教育的关键是提供适当环境，让学生通过活动成长。因为学习是行动，要设计一系列活动让学生动起来，行动可促成有效学习；学习是经验，是学生与环境之间的经验互动。[①]本科教育向"学习范式"转型，大学需要全员参与营造具有支持性的、积极的共同体氛围，既包括共同体成员的交往互动环境，也包括共同体存在的实体空间和虚拟空间环境，更注重营造"以学习为中心"的学术文化氛围，由此形成一个便于学生积极参与、主动学习的教育生态环境。教育是一个复杂的系统，可以把它看作一个教育生态系统。教育理念、教

---

① 赵炬明. 打开黑箱：学习与发展的科学基础（上）——美国"以学生为中心"的本科教学改革研究之二[J]. 高等工程教育研究，2017（3）：31-52.

育组织、教学内容、教学方法、质量保障和学习环境形成一个复杂的生态系统。传统的"教学范式"往往聚焦教师的教和学生的学，认为围绕学科知识开展师生互动的质量是提升本科教育质量的关键因素，学习环境常常被忽视。本科教育向"学习范式"转型，不仅要考虑到显性因素对本科教育的影响，还要注重学习环境的影响，只有设计学习中心的学习环境，才能充分调动学生的自主性和学习参与。韦恩认为，学习中心大学的本质是创造环境，其他方面的特征虽然重要，但只是结果，而非本质，因此，创造学习环境成为大学的重要任务。[1]大学所创造的环境不仅仅是向学生提供更多的选择机会，而是为知识供应和学习服务创造更多的竞争[2]，使学生在竞争的环境中学会学习，同时也让学生承担学习的责任，成为自主、自治的学习者。齐默尔曼指出，在良好的学习环境中，学生完成学习任务时充满自信、勤奋和机智，"自治的学生知道什么时候自己明白了某一事实或掌握了某项技能，什么时候自己还不知道。自治的学生需要时能找到信息并采取步骤去掌握它。当遇到像艰苦的学习条件，如表达不清楚的老师和深奥的课本这样的障碍时，他们总有办法克服"[3]。创造新的环境意味着，一方面，满足教学人员自身学习的需要，作为学习共同体重要一方的教学人员，只有通过自身的学习，才能更好地为学生的学习提供更丰富的知识，创造丰富多样的环境，才能努力提供高质量的课程、采取多样化的教学方法，为学生的学习提供高质量的服务；另一方面，要从科学世界的教育和生活世界的教育两方面创造学习环境，不能把提供环境局限于学科专业学习上，学生日常生活世界是学生成长的重要环境，大学应从提高自身的文化品位出发，通过大学文化环境的熏陶影响学生的学习。

在"学习范式"下，大学的使命是创造更强大的学习环境，旨在评估学习环境的有效性，而不是学习环境本身的特性。"学习范式"的核心是创造有意义的学习环境。巴尔和塔戈所提出的"学习范式"在一定程度上是建立在有效学习环境基础上的结果。有意义的学习环境不仅是在课堂上创造出来的，而且是学校整体环境的产物。在本科教学改革中，由于缺乏对高等教育环境中学习空间重要性的广泛讨论，学者对学习环境的理解较为片面。学习环境是一个不断建构的过程，创造更强大的学习环境意味着一个大学必须首先成为一个学

---

[1] Wayne, G. D. Policy Governance—An Example of the Learning Paradigm in Action[R]. Paper Presented at the Learning Paradigm Conference, San Diego, January 10, 1999.

[2] Duderstadt, J. University for the 21st Century[M]. Ann Arbor: The University of Michigan Press, 2000: 297.

[3] Zimmerman, B. J. Self-Regulated learning and academic achievement: An overview[J]. Educational Psychologist, 1990(1): 3-17.

习型组织。学习型组织不仅是组织结构的改革，更重要的是组织文化的转型，使大学能够适应教师和学生对未来变化的期望，鼓励教师和学生用新方法进行实验，创造出最适合的学习。大学要设计出具有挑战性的学习环境并为学生学习提供支持性的学习环境。具有挑战性的学习环境旨在通过设计出一系列刚好超越其目前所掌握知识水平的具体任务、项目或问题，为学生提供成功的标准以便他们评估自己的学习成果，鼓励学生在"试试看"的探究学习中进行自我控制、自我修正，允许实验失败而免于惩罚并给予相应的学习指导。最后，大学要设计促进学生学习的物理环境。"在促进学生发展的许多方法中，物理环境的使用可能是最不容易理解的，也是最被忽视的。"[①]优雅、清净和宽松的物理环境既是学生自主学习的空间场所，同时也是一种"物型课程"，对"物"的文化塑型及课程意象起到陶冶情操、培养良好学习习惯的作用。

---

① O'Banion, T. An inventory for learning-centered colleges[J]. Community College Journal, 2000(1): 14-23.

参 考 文 献

〔英〕埃里克·阿什比. 科技发达时代的大学教育[M]. 滕大春,滕大生,译. 北京:人民教育出版社,1983.
〔美〕安东尼·史密斯,〔美〕弗兰克·韦伯斯. 后现代大学来临?[M]. 侯定凯,赵叶珠,译. 北京:北京大学出版社,2010.
〔西〕奥尔特加·加塞特. 大学的使命[M]. 徐小洲,陈军,译. 杭州:浙江教育出版社,2001.
白蕴琦.《地平线报告(高等教育版)》内部预测准确率研究[J]. 中国远程教育,2019(5).
包正委,董玉琦. 发达国家高校教师发展的模式演进探析[J]. 外国教育研究,2014(5).
鲍威. 大学教学课程的范式转换及其驱动机制[J]. 清华大学教育研究,2015(2).
鲍威. 跨越学术与实践的鸿沟:中国本科教育高影响力教学实践的探索[J]. 北京大学教育评论,2019(3).
北航高研院通识教育研究课题组. 转型中国的大学通识教育——比较、评估与展望[M]. 杭州:浙江大学出版社,2013.
别敦荣. 普及化高等教育的基本逻辑[J]. 中国高教研究,2016(3).
别敦荣,李家新. 大学教师教学发展中心的性质与功能[J]. 复旦教育论坛,2014(4).
别敦荣,韦莉娜,李家新. 高校教师教学发展中心运行状况调查研究[J]. 中国高教研究,2015(3).
博耶本科教育委员会,朱雪文. 彻底变革大学本科教育:美国研究型大学的蓝图[J]. 全球教育展望,2001(3).
曹盛盛,王晓阳. 哈佛大学通识课程改革及其运行管理服务体系研究[J]. 中国高教研究,2015(5).
陈宝生. 在新时代全国高等学校本科教育工作会议上的讲话[J]. 中国高等教育,2018(15/16).
陈晨,杨成,王晓燕,等. 学习测量:大数据时代教育质量提升的新力量[J]. 现代教育技术,2017(2).
陈恩伦,郭璨. 新中国70年来高校教学管理制度的演变轨迹与演变逻辑——以历史制度主义为分析视角[J]. 四川师范大学学报(社会科学版),2019(5).
陈骏. 融合国际经验建设通识教育与个性化培养相结合的本科教学模式[J]. 国家教育行政学

院学报, 2011（1）.

陈骏. 三合一·三元结构·三三制——南京大学三次重大教学改革的百年审思[J]. 江苏高教, 2015（1）.

陈敏, 李瑾. 30年来中国工程教育模式改革背景研究——基于多重制度逻辑的分析[J]. 高等工程教育研究, 2012（6）.

陈新忠, 李忠云, 胡瑞. "以学生为中心"的本科教育实践误区及引导原则[J]. 中国高教研究, 2012（11）.

陈兴明, 郑政捷, 陈孟威. 新中国70年大学本科课程体系的嬗变[J]. 中国大学教学, 2020（1）.

陈学飞. 美国高等教育发展史[M]. 成都：四川大学出版社, 1989.

陈志勇. 大学教师教学发展中心：是什么？做什么？[J]. 高等工程教育研究, 2013（6）.

[美]丹尼尔·雷诺, [美]赫伯特·谢尔曼. 从战略到变革：高校战略规划实施[M]. 周艳, 赵炬明, 译. 桂林：广西师范大学出版社, 2006.

[美]德雷克·博克. 回归大学之道：对美国大学本科教育的反思与展望[M]. 侯定凯, 梁爽, 陈琼琼, 译. 上海：华东师范大学出版社, 2012.

邓磊, 钟颖. "强基计划"对高校人才选拔培养的价值澄明与路径引领[J]. 大学教育科学, 2020（5）.

[美]迪·芬克. 创造有意义的学习经历——综合性大学课程设计原则[M]. 胡美馨, 刘颖, 译. 杭州：浙江大学出版社, 2006.

董立平. 多样化：高等教育普及化阶段的基本特征[J]. 中国高等教育, 2016（17）.

董立平. 关于大学课程建设与改革的理论探讨——基于中国大学"金课"建设的反思[J]. 大学教育科学, 2019（6）.

窦现金. 欧盟调整和优化高等教育质量的政策举措[J]. 中国高等教育, 2013（18）.

范国睿. 教育制度变革的当下史：1978—2018——基于国家视野的教育政策与法律文本分析[J]. 华东师范大学学报（教育科学版）, 2018（5）.

方巍. 美国高校学生发展理论评述[J]. 外国教育研究, 1996（4）.

冯向东. 高等教育研究中的"范式"与"视角"辨析[J]. 北京大学教育评论, 2006（3）.

傅大友. 新建期、应用型、地方性：新建本科院校转型发展的关键词[J]. 中国高等教育, 2010（22）.

高德毅, 宗爱东. 从思政课程到课程思政：从战略高度构建高校思想政治教育课程体系[J]. 中国高等教育, 2017（1）.

高飞. 美国研究型大学本科教育发展研究[M]. 北京：人民出版社, 2012.

高飞, 王晓瑜. 美国麻省理工学院新生学习共同体研究[J]. 高教探索, 2010（6）.

高书国. 全球高等教育普及化进程分析[J]. 高校教育管理, 2007（3）.

高燕. 课程思政建设的关键问题与解决路径[J]. 中国高等教育, 2017（15/16）.

龚放. 高等教育现代化进程中的南京大学[J]. 南京大学学报（哲学·人文科学·社会科学版）, 2002（3）.

龚放. 素质教育——南京大学的思考与实践[M]. 南京：南京大学出版社, 2005.

龚放. 课程和教学：高等教育研究的潜在热点——对《高等教育研究》的一点期望[J]. 高等教育研究, 2010（11）.

龚放. 聚焦本科教育质量：重视"学生满意度"调查[J]. 江苏高教, 2012（1）.

龚放. 大学"师生共同体":概念辨析与现实重构[J]. 中国高教研究,2016(12).
顾明远. 学习和解读《国家中长期教育改革和发展规划纲要(2010—2020)》[J]. 高等教育研究,2010(7).
顾明远,石中英. 学习型社会:以学习求发展[J]. 北京师范大学学报(社会科学版),2006(1).
顾佩华,胡文龙,林鹏,等. 基于"学习产出"(OBE)的工程教育模式——汕头大学的实践与探索[J]. 高等工程教育研究,2014(1).
管兆勇,吴立保. 大气科学类专业课程体系的构建与改革[J]. 中国大学教学,2016(11).
郭广军,陈拥贤,赵雄辉. 高等教育国家级教学成果奖特征分析与启示[J]. 大学教育科学,2020(1).
郭丽君. 大学教师聘任制——基于学术职业视角的研究[M]. 北京:经济管理出版社,2007.
郭丽君,吴庆华. 浅析美国高校新教师发展[J]. 高等教育研究,2012(7).
郭思乐. 从主要依靠教到主要依靠学:基础教育的根本改革[J]. 教育研究,2007(12).
郭伟,张力玮. 借镜《教育2030行动框架》打造"中国教育现代化2035"——访中国教育学会副会长、中国教育发展战略学会副会长、长江教育研究院院长周洪宇教授[J]. 世界教育信息,2018(4).
郝维谦,龙正中. 高等教育史[M]. 海口:海南出版社,2000.
何玉海. 关于"课程思政"的本质内涵与实现路径的探索[J]. 思想理论教育导刊,2019(10).
贺国庆. 德国和美国大学发达史[M]. 北京:人民教育出版社,1998.
贺国庆,何振海,等. 战后美国教育史[M]. 上海:上海交通大学出版社,2014.
〔美〕亨利·N. 波拉克. 不确定的科学与不确定的世界[M]. 李萍萍,译. 上海:上海科技教育出版社,2005.
胡建华. 现代中国大学制度的原点:50年代初期的大学改革[M]. 南京:南京师范大学出版社,2001.
胡建华. 中国大学课程体系改革分析[J]. 南京师范大学学报(社会科学版),2007(3).
胡建华. 建设一流本科教育首先需要更新教育理念[J]. 苏州大学学报(教育科学版),2018(4).
黄福涛. 外国高等教育史[M]. 上海:上海教育出版社,2003.
黄海涛. 美国高校"学生学习成果评估"的特点与启示[J]. 教育研究,2013(4).
黄培森. 教学学术内涵的反思与重构[J]. 学术探索,2015(7).
黄维. 本科立人本科立校——构建"中国特色世界一流"本科教育体系初探[J]. 中国高教研究,2016(8).
蒋妍,林杰. 日本大学教师发展的理念与实践——京都大学的个案[J]. 北京大学教育评论,2011(3).
教育发展与政策研究中心. 发达国家教育改革的动向和趋势——美国、苏联、日本、法国、英国1981—1986年期间教育改革文件和报告选编[M]. 北京:人民教育出版社,1986.
〔英〕杰勒德·德兰迪. 知识社会中的大学[M]. 黄建如,译. 北京:北京大学出版社,2010.
金慧,沈宁丽,王梦钰.《地平线报告》之关键趋势与重大挑战:演进与分析——基于2015—2019年高等教育版[J]. 远程教育杂志,2019(4).

金哲洙. 坚持内生性的改革创新是加快推进一流本科专业建设的关键[J]. 教育发展研究, 2019（5）.

〔德〕卡尔·雅斯贝尔斯. 什么是教育[M]. 邹进, 译. 北京：生活·读书·新知三联书店, 1991.

〔德〕卡尔·雅斯贝尔斯. 大学之理念[M]. 邱立波, 译. 上海：上海人民出版社, 2007.

〔美〕康斯坦斯·库克. 提升大学教学能力——教学中心的作用[M]. 陈劲, 郑尧丽, 译. 杭州：浙江大学出版社, 2011.

李国娟. 课程思政建设必须牢牢把握五个关键环节[J]. 中国高等教育, 2017（15/16）.

李海龙. "项目制"驱动本科教育改革的审思[J]. 苏州大学学报（教育科学版）, 2020（3）.

李曼丽. 哈佛核心课程述评[J]. 比较教育研究, 1998（2）.

李曼丽. 中国大学通识教育理念及制度的构建反思：1995—2005[J]. 北京大学教育评论, 2006（3）.

李森. 论课堂的生态本质、特征及功能[J]. 教育研究, 2005（10）.

李向东. 在知识传授中实现价值观引导[J]. 中国高等教育, 2019（9）.

李雪飞. 本科生教育应该走向何处——《斯坦福大学本科生教育研究》报告述评[J]. 比较教育研究, 2014（5）.

李延保. 我国大学本科教育教学改革的新趋势[J]. 中国高教研究, 2013（7）.

李艳, 姚佳佳. 高等教育技术应用的热点与趋势——《地平线报告（2018年高教版）》及十年回顾[J]. 开放教育研究, 2018（6）.

联合国教科文组织. 反思教育：向"全球共同利益"的理念转变[M]. 北京：教育科学出版社, 2017.

梁爽. 从《通识教育工作小组初步报告》看哈佛通识课程改革[J]. 比较教育研究, 2007（7）.

林健, 郑丽娜. 从大国迈向强国：改革开放40年中国工程教育[J]. 清华大学教育研究, 2018（2）.

林杰. 哈佛大学博克教学和学习中心——美国大学教师发展机构的标杆[J]. 清华大学教育研究, 2011（2）.

林杰, 李玲. 美国大学教师发展的三种理论模型[J]. 现代大学教育, 2007（1）.

刘宝存. 美国研究型大学的高峰体验课程[J]. 中国大学教学, 2004（11）.

刘宝存. 为未来培养领袖：美国研究型大学本科生教育重建[M]. 北京：高等教育出版社, 2011.

刘道玉. 论大学本科课程体系的改革[J]. 高教探索, 2009（1）.

刘海燕. 跨学科协同教学——密歇根大学本科教学改革的新动向[J]. 高等工程教育研究, 2007（5）.

刘海燕. "以学生为中心的学习"：欧洲高等教育教学改革的核心命题[J]. 教育研究, 2017（12）.

刘海燕, 常桐善. 能力、整合、自由：斯坦福大学21世纪本科教育改革[J]. 清华大学教育研究, 2015（4）.

刘来兵, 涂怀京, 但昭彬. 中国教育活动通史（第八卷·中华人民共和国）[M]. 济南：山东教育出版社, 2017.

刘璐，辛宝忠. 现代大学课程与教学的变革——基于大数据时代的知识观[J]. 中国电化教育，2017（11）.

刘青山，刘佳，吴立保，等. 学习范式下高校"金课"建设的价值逻辑与路径选择[J]. 江苏高教，2020（8）.

刘少雪. 美国著名大学通识教育课程概况[J]. 比较教育研究，2004（4）.

刘圣中. 历史制度主义：制度变迁的比较历史研究[M]. 上海：上海人民出版社，2010.

刘尧. 教育评价是教育质量的守护神吗？——一个古今教育评价重心变迁的解析视角[J]. 中国地质大学学报（社会科学版），2016（6）.

柳友荣. 中国"新大学"：概念、延承与发展[J]. 教育研究，2012（1）.

卢晓东. 一流本科教育的创造性元素[J]. 重庆高教研究，2019（4）.

陆国栋，张力跃，孙健. 终结一本教科书统治下的教学[J]. 高等工程教育研究，2015（1）.

陆国栋. 治理"水课" 打造"金课"[J]. 中国大学教学，2018（9）.

〔美〕罗杰·盖格. 大学与市场的悖论[M]. 郭建如，马林霞，等译. 北京：北京大学出版社，2013.

罗燕，史静寰，涂冬波. 清华大学本科教育学情调查报告2009——与美国顶尖研究型大学的比较[J]. 清华大学教育研究，2009（5）.

〔美〕洛林·W. 安德森. 布卢姆教育目标分类学：分类学视野下的学与教及其测评[M]. 蒋小平，等译. 北京：外语教学与研究出版社，2009.

骆少明，刘淼. 中国大学通识教育报告[M]. 广州：暨南大学出版社，2010.

吕达，周满生. 当代外国教育改革著名文献（美国卷·第一册）[M]. 北京：人民教育出版社，2004.

吕达，周满生. 当代外国教育改革著名文献（美国卷·第二册）[M]. 北京：人民教育出版社，2004.

吕林海. 大学教学学术的机制及其教师发展意蕴[J]. 高等教育研究，2009（8）.

吕林海. 转向沉默行为的背后：中国学生课堂保守学习倾向及其影响机制——以南京大学物理专业本科生为对象的实证研究[J]. 远程教育杂志，2016（6）.

吕林海. "深度学习"视域下的大学"金课"——历史逻辑、考量标准与实现路径之审思[J]. 高校教育管理，2020（1）.

吕林海，龚放. 中美研究型大学本科生学习经历满意度的比较研究——基于 SERU 调查的实证分析[J]. 清华大学教育研究，2016（2）.

吕林海，Shen C. 大学教学的内部支持性机构及其经验借鉴研究——澳大利亚纽卡斯尔大学"学习与教学中心"的个案调研报告[J]. 比较教育研究，2010（8）.

马万华. 迎接大学"灿烂的明天"——北京大学百年校庆"大学校长论坛"综述[J]. 高等教育研究，1998（4）.

马星，冯磊. 英国"教学卓越框架"专业教学质量评估：特征、反思与启示[J]. 高教探索，2018（3）.

马星，冯磊. 英国提升高等教育教学质量的新探索——"教学卓越框架"实施进展与争议[J]. 外国教育研究，2018（11）.

毛礼锐，沈灌群. 中国教育通史（第六卷）[M]. 济南：山东教育出版社，2005.

冒荣. 高等学校管理学[M]. 南京：南京大学出版社，1997.

闵辉. 课程思政与高校哲学社会科学育人功能[J]. 思想理论教育，2017（7）.

明轩. 《世界高等教育宣言》概要[J]. 教育发展研究, 1999（3）.

莫甲凤, 周光礼. 能力、整合、国际化: 麻省理工学院工程教育的第三次教学改革[J]. 现代大学教育, 2016（4）.

〔美〕欧内斯特·博耶. 美国大学教育: 现状、经验、问题及对策[M]. 复旦大学高等教育研究所, 译. 上海: 复旦大学出版社, 1988.

潘懋元, 罗丹. 高校教师发展简论[J]. 中国大学教学, 2007（1）.

庞颖. 强基计划的传承、突破与风险——基于中国高校招生"自主化"改革的分析[J]. 中国高教研究, 2020（7）.

秦绍德. 学习与探索: 复旦对于通识教育的理解和实践[J]. 中国高等教育, 2006（15）.

瞿葆奎. 美国教育改革[M]. 北京: 人民教育出版社, 1990.

渠敬东. 项目制: 一种新的国家治理体制[J]. 中国社会科学, 2012（5）.

曲铭峰, 龚放. 哈佛大学与当代高等教育——德里克·博克访谈录[J]. 高等教育研究, 2011（10）.

曲钦岳. 办好一所高水平的大学需从多方面努力[J]. 中国高等教育, 1995（10）.

权灵通, 何红中. 我国高校教师发展中心的建设历程与评价[J]. 高教探索, 2016（5）.

权灵通, 何红中, 胡锋. 英国大学教师发展中心建设研究及启示以牛津大学为例[J]. 中国大学教学, 2017（11）.

尚红娟. 美国一流本科教育的改革与发展趋势[J]. 现代大学教育, 2018（3）.

邵进. 加强理科"基地"建设 努力培养高素质创新人才——南京大学理科"基地"建设与创新人才培养思路与举措[J]. 高等理科教育, 2000（6）.

施晓光. 美国大学思想论纲[M]. 北京: 北京师范大学出版社, 2001.

史静. 通过学情研究改进教学，提高大学人才培养质量[J]. 中国大学教学, 2019（12）.

史静寰, 文雯. 清华大学本科教育学情调查报告2010[J]. 清华大学教育研究, 2012（1）.

苏永建, 李枭鹰. 高等教育强国视域下本科教育的价值意蕴与建设路径[J]. 国家教育行政学院学报, 2018（10）.

眭依凡. 大学: 如何培养创新型人才——兼谈美国著名大学的成功经验[J]. 中国高教研究, 2006（12）.

眭依凡. 杰出人才培养: 大学必须守持学术理性[J]. 中国高教研究, 2012（12）.

眭依凡. 学府之魂——美国著名大学校长演讲录[M]. 北京: 教育科学出版社, 2013.

孙晶, 张伟, 任宗金, 等. 工程教育专业认证毕业要求达成度的成果导向评价[J]. 清华大学教育研究, 2017（4）.

孙志凤, 张红霞, 郑昱. 研究型大学新生研讨课开设效果初探南京大学案例调查研究[J]. 清华大学教育研究, 2010（6）.

谈松华. 《中国教育改革和发展纲要》的制定及其历史作用[J]. 教育史研究, 2019（2）.

〔美〕唐纳德·肯尼迪. 学术责任[M]. 阎凤桥, 等译. 北京: 新华出版社, 2002.

陶行知. 陶行知全集（第1卷）[M]. 长沙: 湖南教育出版社, 1984.

滕珺. 多元、公平、合作、创新: 世界高等教育发展的新趋势——解读2009年UNESCO世界高等教育大会公报[J]. 比较教育研究, 2009（12）.

田贤鹏. 个性化教育与终身化学习: 从《斯坦福2025计划》看未来教育模式变革[J]. 湖南师范大学教育科学学报, 2017（1）.

涂冬波, 史静寰, 郭芳芳. 中国大学生学习性投入调查问卷的测量学研究[J]. 复旦教育论坛，2013（1）．

汪霞，崔军．本科教学质量保障：大学教学发展中心的建设[J]．江苏高教，2013（1）．

汪霞，崔军．中外大学教学发展中心研究[M]．南京：南京大学出版社，2013．

汪雅君，何晓萍．《地平线报告（2019年高教版）》对高校信息化建设的启示[J]．中国教育信息化，2019（23）．

汪雅霜，汪霞．学习投入度调查：美国高等教育质量评价的新视角[J]．全球教育展望，2015（5）．

王宝玺，朱超颖．国外"教学学术"概念发展脉络演进[J]．全球教育展望，2018（4）．

王春春．高等教育普及化时代的精英本科教育——基于美国文理学院的案例分析[J]．教育研究，2017（11）．

王贵林．教学学术：教学型大学教师发展的基本选择[J]．高等工程教育研究，2012（3）．

王慧君，马岩岩．美国博伊西州立大学"电子档案袋"课程的设计、实施及启示[J]．电化教育研究，2019（1）．

王骥．大学知识生产方式：概念及特征[J]．自然辩证法研究，2010（10）．

王建华．大学教师发展——"教学学术"的维度[J]．现代大学教育，2007（2）．

王晓瑜．大学教师发展教学学术的若干理论问题探究[J]．教师教育研究，2009（5）．

王一军．大学课程：发展学生"个人知识"的必要与可能[J]．高等教育研究，2011（4）．

王玉丰．中国新建本科院校的兴起、困境与出路[J]．高等教育研究，2011（1）．

王玉衡．美国大学教学学术运动[J]．清华大学教育研究，2006（2）．

王玉衡．美国大学文化发展新趋向——教师发展从关注自身专业到关注学生学习[J]．外国教育研究，2008（9）．

〔美〕威尔伯特·J.麦肯齐，等．麦肯齐大学教学精要：高等院校教师的策略、研究和理论[M]．徐辉，译．杭州：浙江大学出版社，2005．

〔英〕维克托·迈尔-舍恩伯格，〔英〕肯尼思·库克耶．大数据时代：生活、工作与思维的大变革[M]．盛杨燕，周涛，译．杭州：浙江人民出版社，2013．

韦莉娜，别敦荣，李家新．高校教师对教师发展中心满意度研究[J]．复旦教育论坛，2016（2）．

魏红，赵彬．我国高校教师发展中心的现状分析与未来展望——基于69所高校教师发展中心工作报告文本的研究[J]．中国高教研究，2017（7）．

温伟力．"博耶报告"影响下的美国研究型大学本科教育改革[J]．外国教育研究，2010（9）．

翁伟斌．重建研究型大学本科教育的十种对策：来自波伊尔本科教育委员会的建议[J]．外国教育资料，1999（6）．

邬大光．高等教育大众化理论的内涵与价值——与马丁·特罗教授的对话[J]．高等教育研究，2003（6）．

邬大光．教学文化：大学教师发展的根基[J]．中国高等教育，2013（8）．

邬大光．重视本科教育：一流大学成熟的标志[J]．中国高教研究，2016（6）．

吴德刚．中国教育的伟大变革——党的重要历史文献学习与思考[J]．教育研究，2019（2）．

吴坚．哈佛大学与复旦大学通识教育课程设置比较研究[J]．高教探索，2016（2）．

吴立保．学习范式下的教师发展：理论模式与组织建设[J]．教育研究，2017（4）．

吴立保．"学习范式"下美国研究型大学本科教育改革的经验及启示[J]．现代大学教育，

2017（6）.

吴立保. 论本科教育从"教学范式"向"学习范式"的整体性变革——以知识范式转换为视角[J].中国高教研究，2019（6）.

吴立保，刘捷. 教学学术视角下的高校教师教学发展中心建设研究[J]. 中国高教研究，2015（11）.

吴薇，陈春梅. 英国大学教师发展中心的特点及启示——以伦敦学院大学、伦敦皇家学院和牛津大学为例[J]. 高教探索，2014（3）.

吴岩. 构建中国特色高等教育质量保障体系[M]. 北京：教育科学出版社，2014.

吴岩. 建设中国"金课"[J]. 中国大学教学，2018（12）.

吴振利. 新世纪美国大学教学特色分析[J]. 国家教育行政学院学报，2014（11）.

伍红林. 美国研究型大学本科教育改革新进展——《博耶报告三年回顾》解读[J]. 比较教育研究，2005（3）.

项璐，眭依凡. 培养目标：人才培养模式改革的价值引领——基于斯坦福大学"开环大学"计划的启示[J]. 现代大学教育，2018（4）.

〔美〕小威廉姆·E. 多尔. 后现代课程观[M]. 王红宇，译. 北京：教育科学出版社，2000.

解德渤. "重塑教学"：信息化时代对大学教学的颠覆与重构[J]. 江苏高教，2018（3）.

谢鑫，张红霞. 一流大学本科教育的课程体系建设：优先属性与基本架构[J]. 江苏高教，2019（7）.

熊思东，李钧，王德峰，等. 通识教育与大学：中国的探索[M]. 北京：科学出版社，2010.

熊卫华. 从适应性教学观到发展性教学观：大学教学观的应然转向[J]. 中国高教研究，2011（7）.

徐波. 高校学生投入理论：内涵、特点及应用[J]. 高等教育研究，2013（6）.

〔加〕许美德. 中国大学 1895—1995：一个文化冲突的世纪[M]. 许洁英，主译. 北京：教育科学出版社，2000.

薛欣欣，刘军伟. 高校教学改革的反思——对近两届高等教育国家级教学成果奖获奖项目的实证研究[J]. 中国高教研究，2019（2）.

〔美〕亚瑟·K. 埃利斯. 课程理论及其实践范例[M]. 张文军，译. 北京：教育科学出版社，2005.

〔美〕亚瑟·科恩. 美国高等教育通史[M]. 李子江，译. 北京：北京大学出版社，2010.

阎光才. 高水平大学教师本科教学投入及其影响因素分析[J]. 中国高教研究，2018（11）.

杨思伟. 高等教育普及化发展模式初探[J]. 上海教育科研，2001（4）.

杨祥，王强，高建. 课程思政是方法不是"加法"——金课、一流课程及课程教材的认识和实践[J]. 中国高等教育，2020（8）.

杨志坚. 中国本科教育培养目标研究[M]. 北京：高等教育出版社，2005.

于忠海. 超越"应试"：大学教学的应然性诉求[J]. 现代大学教育，2012（5）.

余秀兰，宗晓华. 一流大学的一流本科教育：特征与评价[J]. 江苏高教，2019（2）.

俞佳君. 美国高校中的学生学习成果评估[J]. 外国教育研究，2016（1）.

袁飞. 加强大学课程建设适应时代发展要求——"大学课程建设与本科教学改革"国际学术会议暨中国高等教育学会院校研究分会 2014 年年会综述[J]. 高等教育研究，2014（9）.

〔英〕约翰·亨利·纽曼. 大学的理想（节本）[M]. 徐辉，顾建新，何曙荣，译. 杭州：浙江教育出版社，2001.

〔美〕约翰·塞林. 美国高等教育史（第二版）[M]. 孙益，林伟，刘冬青，译. 北京：北京大学出版社，2014.

〔美〕詹姆斯·杜德斯达. 21 世纪的大学[M]. 刘彤，屈书杰，刘向荣，译. 北京：北京大学出版社，2005.

张华. 课程与教学论[M]. 上海：上海教育出版社，2000.

张华. 课程与教学整合论[J]. 教育研究，2000（2）.

张华峰，史静寰. 走出"中国学习者悖论"——中国大学生主体性学习解释框架的构建[J]. 中国高教研究，2018（12）.

张红霞. 从国际经验看研究型大学本科教学改革的基本原则[[J]. 高等教育研究，2006（12）.

张静宁. 美国本科教育中的"教学资本主义"述评[J]. 现代大学教育，2013（5）.

张俊超. 推进从"教"到"学"的本科教育教学变革——"院校研究：'以学生为中心'的本科教育变革"国际学术研讨会暨中国高等教育学会院校研究分会 2012 年年会综述[J]. 高等教育研究，2012（8）.

张良. 从简单性到复杂性——试论我国教学范式的重建[J]. 清华大学教育研究，2013（5）.

张文雪，王孙禺，李蔚. 高等工程教育专业认证标准的研究与建议[J]. 高等工程教育研究，2006（5）.

张学良，李辉. 过程取向与自主建构：美国高校顶石课程形态[J]. 中国高教研究，2017（3）.

张应强. 从政策到行动：建设一流本科教育需要面对的关键性问题[J]. 江苏高教，2019（9）.

张忠华，张苏. "互联网+高等教育"变革路径探析基于《斯坦福 2025》的思考[J]. 高校教育管理，2018（3）.

章建石. 基于学生增值发展的教学质量评价与保障研究[M]. 北京：北京师范大学出版社，2014.

赵呈领，申静洁，蒋志辉. 一种整合创客和 STEM 的教学模型建构研究[J]. 电化教育研究，2018（9）.

赵炬明. 论新三中心：概念与历史——美国 SC 本科教学改革研究之一[J]. 高等工程教育研究，2016（3）.

赵炬明. 打开黑箱：学习与发展的科学基础（上）——美国"以学生为中心"的本科教学改革研究之二[J]. 高等工程教育研究，2017（3）.

赵炬明，高筱卉. 关于实施"以学生为中心"的本科教学改革的思考[J]. 中国高教研究，2017（8）.

赵婷婷，杨翊. 工科学生学习投入的国际比较研究——以 A 大学为例[J]. 高等工程教育研究，2015（2）.

赵婷婷，杨翊，刘欧，等. 大学生学习成果评价的新途径——EPP（中国）批判性思维能力试测报告[J]. 教育研究，2015（9）.

郑东方. 欧盟调优的举措特点与发展动态[J]. 中国高等教育，2014（2）.

郑燕祥. 教育范式转变：效能保证[M]. 上海：上海教育出版社，2006.

周光礼. 公共政策与高等教育——高等教育政治学引论[M]. 武汉：华中科技大学出版社，

2010.

周光礼. 以"九个坚持"为根本遵循扎根中国大地办大学[J]. 中国高教研究，2018（11）.

周光礼. 一流本科教育的中国逻辑——基于 C9 高校"双一流"建设方案的文本分析[J]. 湖南师范大学教育科学学报，2019（2）.

周海涛，李虔. 大学教师发展：内涵和外延[J]. 大学教育科学，2012（6）.

周少南. 斯坦福大学[M]. 长沙：湖南教育出版社，1996.

周仕德，刘翠青. 何谓好的大学教学？——30 年来国外大学卓越教学研究的回顾、特点及启示[J]. 现代大学教育，2019（4）.

周雪光，艾云. 多重逻辑下的制度变迁：一个分析框架[J]. 中国社会科学，2010（4）.

朱春奎，刘宁雯，吴义欢.《国家中长期教育改革和发展规划纲要（2010—2020 年）》的价值结构分析[J]. 复旦教育论坛，2011（5）.

朱清时. 21 世纪高等教育改革与发展——国外部分大学本科教育改革与课程设置[M]. 北京：高等教育出版社，2002.

庄丽君，刘少雪. 美国研究型大学本科教育改革现状及其个案研究[J]. 清华大学教育研究，2008（2）.

Anderman E M, Anderman L H, Yough M S, et al. Value-added models of assessment: Implications for motivation and accountability[J]. Educational Psychologist, 2010, 45(2).

Angelo T A, Cross K P. Classroom Assessment Techniques: A Handbook for College Teachers[M]. San Francisco: Jossey-Bass Publishers, 1993.

Astin A W. Achieving Educational Excellence[M]. San Francisco: Jossey-Bass Publishers, 1985.

Astin A W. What Matters in College? Four Critical Years Revisited[M]. San Francisco: Jossey-Bass Publishers, 1997.

Astin A W. Student involvement: A developmental theory for higher education[J]. Journal of College Student Personnel, 1999(5).

Atkinson M P. The scholarship of teaching and learning: Reconceptualizing scholarship and transforming the academy[J]. Social Forces, 2001(4).

Baldwin T. The Cambridge History of Philosophy: 1870—1945[M]. Cambridge: Cambridge University Press, 2003.

Banta T W. Building Scholarship of Assessment[M]. San Francisco: Jossey-Bass Publishers, 2002.

Banta T W, Blaich C. Closing the assessment loop[J]. Change, 2011(1).

Barnett A T, Crandon I, Lindo J F, et a1. An assessment of the process of informed consent at the university hospital of the west indies[J]. Journal of Medical Ethics, 2008(5).

Barr R B, Tagg J. From teaching to learning—A new paradigm for undergraduate education[J]. Change, 1995(6).

Barr R B. Obstacles to implementing the learning paradigm—What it takes to overcome them[J]. About Campus, 1998(4).

Bergquist W H, Phillips S R. Components of an effective faculty development program[J].The Journal of Higher Education, 1975(2).

Bligh D A, Jaques, D., Warre, D., et al. Methods and Techniques in Post-Secondary Education (2nd)[M]. Paris: UNESCO Press, 1980.

Bloom A. The Closing of the American Mind: How Higher Education has Failed Democracy and

Impoverished the Souls of Today's Students[M]. New York: Simon & Schuster Paperbacks, 1987.

Bobbitt F. The curriculum[J]. American Journal of Education, 1918(26).

Boggs G R. "Letter to Colleagues and Friends", Palomar College 2005: A Shared Vision[M]. San Marcos: Palomar College Press, 1991.

Boggs G R. The learning paradigm[J]. Community College Journal, 1996(3).

Bosch W C, Hester J L, MacEntee V M, et al. Beyond lip-service: An operational definition of "learning-centered college"[J]. Innovative Higher Education, 2008(2).

Boyer E L. College: The Undergraduate Experience in America[M]. New York: Harper & Row, 1987.

Boyer E L. Scholarship Reconsidered: Priorities of the Professoriate[M]. San Francisco: Jossey-Bass Publishers, 1990.

Brandes D, Cinnis P. A Guide to Student Centred Learning[M]. Oxford: Blackwell, 1986.

Bransford J D, Brown A L, Cocking R R. How People Learn: Brain, Mind, Experience, and School[M]. Washington: National Academics Press, 1999.

Bratton B. Instructional improvement centers in higher education: A status report[J]. Journal of Instructional Development, 1984(2).

Braxton J M, Bray N J, Berger J B. Faculty teaching skills and their influences on the college student departure process[J]. Journal of College Student Development, 2000(2).

Bushier R, Huang Y. In the house of scholarship of teaching and learning(SoTL), teaching lives upstairs and learning in the basement[J]. Teaching in Higher Education, 2008(6).

Centra J A. Types of faculty development programs[J]. Journal of Higher Education, 1978(2).

Cole J R, Barber E G, Graubard S R. The Research University in a Time of Discontent[M]. Baltimore: The Johns Hopkins University Press, 1994.

Dill D D, Sporn B. Emerging Patterns of Social Demand and University Reform: Through a Class Darkly[M]. New York: Pergamon Press, 1995.

Duderstadt J J. A University for the 21st Century[M]. Ann Arbor: The University of Michigan Press, 2000.

Eckel P D. The role of shared governance in institutional hard decisions: Enabler or antagonist? [J]. The Review of Higher Education, 2000(1).

Eder D J. General education assessment within the disciplines[J]. The Journal of General Education, 2004(2).

Ewell P T. Assessment and accountability in America today: Background and context[J]. New Directions for Institutional Research, 2008(S1).

Frank F A, Doberneck D M, Robinson C F, et al. Meaning making and "the learning paradigm": A provocative idea in practice[J]. Innovative Higher Education, 2003(3).

Frederick R. Curriculum: A History of the American Undergraduate Course of Study Since 1636[M]. San Francisco: Jossey-Bass Publishers, 1978.

Gaff J G. Toward Faculty Renewal Advances in Faculty, Institutional and Organizational Development[M]. San Francisco: Jossey-Bass Publishers, 1975.

Gibbons M, Limoges C, Nowotny H, et al. The New Production of Knowledge: The Dynamics of

Science and Research in Contemporary Societies[M]. London: Sage Publications, 1994.

Gosling D. Educational development in the UK: A complex and contradictory reality[J]. International Journal for Academic Development, 2009(1).

Grainger T, Barnes J, Scoffham S. A creative cocktail: Creative teaching in initial teacher education[J]. Journal of Education for Teaching, 2004(3).

Grudin R. The Grace of Great Things: Creativity and Innovation[M]. New York: Ticknor and Fields, 1990: 152

Herry D D. Challenge Past, Challenge Present: An Analysis of American Higher Education Since 1930[M]. San Francisco: Jossey-Bass Publishers, 1975.

Hutchings P, Huber M T, Ciccone A. Scholarship of Teaching and Learning Reconsidered: Institutional Integration and Impact[M]. San Francisco: Jossey-Bass Publishers, 2010.

Katz J A. The chronology and intellectual trajectory of American entrepreneurship education 1876—1999[J]. Journal of Business Venturing, 2003(2).

Kember D A. Reconceptionalisation of the research into university academics' conceptions of teaching[J]. Learning and Instruction, 1997(3).

Koester J, Hellenbrand H, Piper T D. Exploring the actions behind the words "learning-centered institution"[J]. About Campus, 2005(4).

Krajcik J S, Blumenfeld P C, Marx R W, et al. Inquiry in project-based science classrooms: Initial attempts by middle school students[J]. The Journal of the Learning Sciences, 1998(3-4).

Kuh G D. Assessing what really matters to student learning: Inside the national survey of student engagement[J]. Change, 2001(3).

Kuh G D. What we're learning about student engagement from NSSE: Benchmarks for Effective Educational Practices[J]. Change, 2003(2).

Kuh G D. The national survey of student engagement: Conceptual and empirical foundations[J]. New Directions for Institutional Research, 2009(141).

Kuhn T S. The Structure of Scientific Revolution(2nd)[M]. Chicago: The University of Chicago Press, 1970.

Lattuca L R, Stark J S. Shaping the College Curriculum: Academic Plans in Context[M]. San Francisco: Jossey-Bass Publishers, 2009.

Lieberman D, Guskin D. The essential role of faculty development in new higher education models[J]. To Improve the Academy, 2003(1).

Light R. Making the Most of College: Sudents Speak Their Minds[M]. Cambridge: Harvard University Press, 2001.

Liu O L. Value-added assessment in higher education: A comparison of two methods[J]. Higher Education, 2011(4).

MacKenzie N, Eraut M, Jones H. Teaching and Learning: An Introduction of New Methods and Resources in Higher Education[M]. Paris: UNESCO Press, 1976.

Marcia B, Magolda B. Learning-Centered practice is harder than it looks: What it means to challenge our assumptions about learning[J]. About Campus, 1999(4).

Mechemer P L, Crawlord P. Student perceptions of active learning in a large cross-disciplinary classroom[J]. Active Learning in Higher Education, 2007(1).

Mertler C A. Designing scoring rubrics for your classroom[J]. Practical Assessment Research & Evaluation, 2001(25).

Mostrom A M, Blumberg P. Does learning-centered teaching promote grade improvement?[J]. Innovative Higher Education, 2012(5).

Newman F, Couterier L, Scurry J. The Future of Higher Education: Rhetoric, Reality, and the Risks of the Market[M]. San Francisco: Jossey-Bass Publishers, 2004.

O'Banion T. A Learning College for the 21st Century[M]. Phoenix: Oryx Press, 1997.

O'Banion T. The learning revolution: A guide for community college trustees[J]. Trustee Quarterly, 1997(1).

O'Banion T. An inventory for learning-centered colleges[J]. Community College Journal, 2000(1).

O'Meara K A, Terosky A L. Engendering faculty professional growth[J]. Change, 2010(6).

Palmer P. Teaching and learning in community[J]. About Campus, 1997(5).

Palmer P. The Courage to Teach: Exploring the Inner Landscape of a Teacher's Life[M]. San Francisco: Jossey-Bass Publishers, 1998.

Pascarella E T, Terenzini P T. How College Affects Students: A Third Decade of Research[M]. San Francisco: Jossey-Bass Publishers, 2005.

Prosser M, Trigwell K. Understanding Learning and Teaching: The Experience in Higher Education[M]. Buckingham: SRHE & Open University Press, 1999.

Richard P B, Strommer D W, White E. University Colleges and the Student-Centered University [M]. Muncie: Ball State University Press, 1999.

Rowley D J, Lujan H D, Dolence M G. Strategic Choices for the Academy: How Demand for Lifelong Learning will Re-Create Higher Education[M]. San Francisco: Jossey-Bass Publishers, 1998.

Rust C. The impact of assessment on active learning[J]. Active Learning in Higher Education, 2002(3).

Savage H J. Fruit of an Impulse: Forty-five Years of the Carnegie Foundation[M]. New York: Harcourt, Brace, and Company, 1953.

Shulman L. From Minsk to Pinsk: Why a scholarship of teaching and learning? [J]. The Journal of Scholarship of Teaching and Learning, 2000(1).

Shulman L. Teaching as Community Property[M]. San Francisco: Jossey-Bass Publishers, 2004.

Smith K, Tillema H. Clarifying different types of portfolio use[J]. Assessment & Evaluation in Higher Education, 2003(6).

Spady W G. Outcome-Based Education: Critical Issues and Answers[M]. Arlington: American Association of School Administrators, 1994,

Sparks D, Hirsh S. A New Vision for Staff Development[M]. Alexandria: Association for Supervision and Curriculum Development, 1997.

Steinmo S, Thelen K, Longstreth F. Structuring Politicals: Historical Institutionalism in Comparative Analysis[M]. Cambridge: Cambridge University Press, 1992.

Tagg J. The Learning Paradigm College[M]. San Francisco: Jossey-Bass Publishers, 2003.

Tiberius R. A brief history of educational development: Implications for teachers and developers[J]. To Improve the Academy, 2002(1).

Tierney W G, Minor J T. A cultural perspective on communication and governance[J]. New Directions for Higher Education, 2004(127).

Timms M J. Letting artificial intelligence in education out of the box: Educational cobots and smart classrooms[J]. International Journal of Artificial Intelligence in Education, 2016(2).

Trigwell K, Martin E, Benjamin J, et al. Scholarship of teaching: A model[J]. Higher Education Research & Development, 2000(2).

Weimer M. Learner-Centered Teaching: Five Key Changes to Practice[M]. San Francisco: Jossey-Bass Publishers, 2002.

Zimmerman B J. Self-Regulated learning and academic achievement: An overview[J]. Educational Psychologist, 1990(1).

后　记

我们处在一个更加不确定性时代，美国未来学家库兹韦尔在《奇点临近》一书中指出，我们正在向奇点走去，走向变化的不确定性未来。所谓的"奇点"并没有一个非常准确的定义，可以说它是未来可存在或不存在的那一个点，具有很大的不确定性。面对不可预测的不确定性，唯一永恒的就是"改变"。2006年，我在华东师范大学读博士，处在寻找博士论文题目的焦虑期，一日下午在图书馆查阅文献，无意之中读到了巴尔和塔戈的《从教到学：本科教育新范式》，这篇发表在 Change 上的论文让我豁然开朗，让我第一次接触到"学习范式"这一概念，改变了我对大学本科教育的认识，当时就准备以此为主题开展博士论文研究，但由于种种原因最终未能如愿。博士毕业后，在大学的工作使我进一步加深了对本科教育的理解，更加确定了以"学习范式"的视角来研究大学组织发展与本科教育改革，先后发表了系列研究论文，2018年获批全国教育科学规划国家一般课题——"大学本科教育的'学习范式'转型：国际趋势与本土探索"。本书是该课题研究的最终成果。

书稿的写作是对本科教育改革认知的一个不断深化的过程。2015年，联合国教科文组织发布的《反思教育：向"全球共同利益"的理念转变？》研究报告中提出，21世纪的第二个十年标志着人类进入一个新的历史节点，给人类的学习和发展带来了新的机遇和挑战。伴随着智能时代的到来，知识迭代更替速度日益加快，科技革命浪潮对本科教育有可能会产生颠覆性的影响。本科教育向"学习范式"的整体转型是时代发展的需要，也是本科教育内在逻辑的必然回归。不仅如此，本科教育向"学习范式"转型也是大学实践逻辑的实然选择，随着高等教育从大众化向普及化的转型，世界发达国家研究型大学进一步强化和凸显人才培养的基础性地位，"回归本科教育"成为世界一流大学共同的行动纲领，以学生为中心的本科教育"学习范式"在世界高等教育领域占据着主导地位。从本质上来说，本科教育"学习范式"的提出引发了一种新的思维方式，需要重新思考本科教育的本质和教学的内涵。本科教育"学习范式"转型是本科教育从"教"到"学"的范式转换，强调教学过程中"学习"的中心地位，教的目的在于引发学，教是手段，使学生产生学习才是最终目的，在个体层面，将学生接受知识转变为提升学习能力和产生深度有意义的学习；在院校层面，强调构建"学习中心大学"，大学的首要目标应定位于产生学习的机构，促进学生产生有意义的学习。大学组织和文化需要发生转变，大学规划、治理范式、资源分配、课程开发以及所有的教学支持服务都要聚焦于提高学生的学习效果。

  书稿的写作是一个漫长的过程，在此过程中得到了很多人的帮助。尤其是要感谢南京信息工程大学校长李北群教授的大力支持和鼓励，在他的激励下，我始终保持着工作与学术的平衡，在忙于繁杂的日常事务的同时不忘却坚持学术研究，由此才能按时完成书稿。2020年新年伊始，一场突如其来的新型冠状病毒肺炎疫情改变了社会生活方式，也给本课题的案例研究带来了很多不便。为了获得案例学校本科教育改革的第一手资料，常熟理工学院党委书记朱时中教授、南京大学本科生院院长徐骏教授、南京信息工程大学教务处处长郭照冰教授等人给予了大力支持，提供了案例学校本科教育改革的丰富资料。同时，本书也参考了南京大学、南京信息工程大学、常熟理工学院等相关研究者的成果，在此一并表示感谢。在书稿写作过程中，南京信息工程大学高等教育研究所马星博士参与了本科教育评价部分内容的资料收集与整理。同时，我的团队中硕士研究生吴芝青、陈美玲、童沁妍、徐楠、朱瑶瑶、张雨钦、张露、王紫荆、许文静等人参与了书稿的校对工作，对他们的认真付出表示感谢。

吴立保
2021年6月8日